高校辅导员培训参考用书

不忘初心 铸魂育人
——新时代高校辅导员"十大育人"百佳案例选编

主　编　杨　建　饶先发
副主编　周　鸣　李翰超　于陆璐　姚　崇
编　委（以姓氏笔画为序）

于陆璐	卫军帅	王　刚	王　倩	王　萌	王　晨
王　晶	王乃婧	王丹丹	王伟江	王治平	王海军
从文奇	朱志勇	任　倩	许　醴	孙　珊	孙　晨
刘再春	江雪标	何　燕	李小睿	李亚飞	李翰超
杨　建	吴　巍	邹敏琳	张　夏	张　敏	张少萍
张文明	周　鸣	赵　颖	赵颖虹	饶先发	姚　崇
夏晓青	徐　敏	郭　斓	唐业喜	谢佳锡	赖　华

中国科学技术大学出版社

内 容 简 介

本书为适应新时代我国高等教育对高校思想政治工作新要求而编写，汇集了包括课程育人、科研育人、实践育人、文化育人、网络育人、心理育人、管理育人、服务育人、资助育人、组织育人等十大育人优秀工作案例共100篇，并按照项目案例和个体案例两个类型进行编写。项目案例从解决思想政治工作中的普遍性问题出发，找准切入点，创新性开展工作，从项目设计、实施、效果等方面进行全面阐述，理论与实际相结合，注重科学性、可操作性。个体案例以育人育德、育人育心、育人育才为原则，从个体问题出发，注重对案例具体细节的展示与剖析，分析案例本质，将工作理论、工作经验与方法运用于解决案例中。每篇工作案例都增加了专家点评环节，有助于读者把握案例中的精髓，提高案例的应用价值和指导价值。

图书在版编目(CIP)数据

不忘初心　铸魂育人：新时代高校辅导员"十大育人"百佳案例选编/杨建，饶先发主编. —合肥：中国科学技术大学出版社，2022.3(2023.5重印)

ISBN 978-7-312-05345-0

Ⅰ. 不⋯　Ⅱ. ①杨⋯ ②饶⋯　Ⅲ. 高等学校—辅导员—工作—案例　Ⅳ. G645.1

中国版本图书馆 CIP 数据核字(2021)第 014653 号

不忘初心　铸魂育人：新时代高校辅导员"十大育人"百佳案例选编
BU WANG CHUXIN ZHUHUN YUREN: XIN SHIDAI GAOXIAO FUDAOYUAN "SHI DA YUREN" BAIJIA ANLI XUANBIAN

出版	中国科学技术大学出版社 安徽省合肥市金寨路 96 号,230026 http://press.ustc.edu.cn https://zgkxjsdxcbs.tmall.com
印刷	合肥市宏基印刷有限公司
发行	中国科学技术大学出版社
开本	787 mm×1092 mm　1/16
印张	32.75
字数	835 千
版次	2022 年 3 月第 1 版
印次	2023 年 5 月第 2 次印刷
定价	88.00 元

本书由以下研究课题、辅导员工作室支持

研究课题

教育部高校思想政治工作专项经费资助项目
教育部高校思想政治工作中青年骨干队伍建设项目（教思政司函〔2020〕2号）
安徽省高校思想政治工作能力提升计划暨"三全育人"试点省建设奖补项目
高校思想政治工作中青年骨干队伍建设项目（sztsjh2019-8-26）
新时代高校后勤服务育人创新与实践（sztsjh2019-7-6）
创新创业创客三创融合大学生社会实践基地（sztsjh-2020-2-7）
"三三法"资助育人（sztsjh-2020-5-15）
2020年度安徽省质量工程项目：线上线下混合式和社会实践课程——大学生职业发展与就业指导（2020xsxxkc093）
2017年度安徽高校人文社科重点研究基地研究项目（SK2017A0239）
三全育人视阈下大学生创客意识培育研究与实践（2020jyxm0218）
"三全育人"视阈下地方工科院校"新工科"学风建设路径探究（SK2020A0191）
安徽工业大学"课程思政"建设项目："大学生创业基础"课程思政建设的研究与实践
安徽省高校优秀人才支持计划重点项目（gxyqZD2020086）
校企合作实践教育基地项目（安徽工业大学-安徽知问律师事务所实践教育基地，XJ2021050）
2021年江西省大学生创新创业训练计划"良师益友"（S202110407050）
2021年江西省高校人文社会科学研究一般项目（SZZX21032）
2020年中国学位与研究生教育学会面上课题（2020MSA465）
2020年江西省学位与研究生教育教学改革研究项目（JXYJG-2020-128）
2020年教育部高校思想政治工作队伍培训研修中心（江西师范大学）课题（JXSDSYZX001）
江西理工大学教学质量工程立项教材项目
"以美育人"视域下高校思想政治教育研究（SK2020A0188）
新时代审美向度下的思政课教学要素创新研究

研修中心和辅导员工作室

安徽省弘扬社会主义核心价值观辅导员名师工作室
大学生创新教育名师工作室
理论宣讲名师培育工作室（sztsjh2019-2-19）
"思政+艺术"辅导员名师工作室（sztsjh-2020-1-33）
辅导员思想引领能力提升名师工作室（sztsjh-2020-1-34）
江西省高校辅导员培训与研修基地（江西理工大学）
江西省高校辅导员名师工作室——饶先发工作室
江西理工大学"红心环语"辅导员工作室
广东金融学院大学生思想理论教育工作室

序

2021年7月,中共中央国务院印发了《关于新时代加强和改进思想政治工作的意见》(以下简称《意见》),将思想政治工作的地位推上了新的台阶。《意见》指出,开展思想政治工作是党的优良传统、鲜明特色和突出的政治优势,是一切工作的生命线。《意见》明确,要把思想政治工作作为治党治国的重要方式,要提升基层思想政治工作质量和水平,要推动新时代思想政治工作守正创新发展,要构建共同推进思想政治工作的大格局。

为进一步推动高校思想政治工作会议精神落地生根,提升高校开展思想政治工作的顶层设计水平,《高校思想政治工作质量提升工程实施纲要》明确提出了课程、科研、实践、文化、网络、心理、管理、服务、资助、组织等"十大育人"体系的实施内容、载体、路径和方法。其总体思路是聚焦短板弱项,坚持把破解高校思想政治工作不平衡、不充分问题作为目标指向,着力构建一体化育人体系,打通育人"最后一公里"。

辅导员工作处于大学生思想政治教育工作的第一线,直接影响着大学生思想政治素质的形成。本书聚焦立德树人根本任务,凸显全员参与、全过程覆盖、全方位协同育人的特点,准确把握导与试的关系、点与面的关系、共性与个性的关系、规范与突破的关系、继承与创新的关系,把各高校"十大育人"案例中有突破、有创新、有推广价值的案例遴选出来,为全面推进"三全育人"综合改革发挥典型示范作用,力争带动形成更多更好的经验、做法、成果。本书的案例来自全国90多所高校,这些案例是一线辅导员和专业教师经过长期的积累,从日常工作中凝练出来的典型经验和成熟做法。本书围绕"十大育人"体系进行筛选,最后形成10类100个案例,涵盖学生思想引领、学风建设、心理辅导、就业指导、网络育人和组织管理等各个方面的关键点位。这些案例看似为个案,但较为精炼,具有典型性、前瞻性,为意欲采用案例研究方法开展思想政治工作的高校提供了

新思路、新启发。在研究过程中,我们坚持结构严谨、条理清晰等原则,力求使研究体现以下几个方面的特色:

一是创新性。示范案例围绕立德树人根本任务,适应新时代高校思政工作的新形势、新任务,遵循"三全育人"要求,针对"十大育人"体系建设中存在的突出问题,着眼加快构建高校思想政治工作体系,充分尊重基层首创精神,鼓励积极探索、敢于尝试,让一线的思想政治工作者、基层单位在开展思想政治工作的具体路径、方法、载体等方面放开手脚、先行先试,遴选出包含前瞻性、开创性办法和举措的案例及项目成果。

二是可复制性。案例基于业已成熟的实践做法,每篇案例都有具体的处理办法,注重案例以点带面、点面结合、示范带动、整体推进,形成管用的、可推广的做法、制度、规范、模式、经验,对于广大思想政治工作者来说,具有很强的借鉴性和可操作性。

三是示范性。本书精选的案例,70%以上为在全国各省学生工作案例评比中的获奖作品,而且每篇案例末尾都有各高校思政专家的点评。点评分析精辟入里,直击要害,能够帮助思想政治工作同仁在阅读中触类旁通、深入思考。

本书作者基于对思想政治工作的执着和热爱,基于对于研究方法的探索和找寻,基于对实践工作的反思和改进,将"十大育人"体系相关案例集中起来,提炼、总结出思想政治工作典型经验的做法,为新时代思想政治工作开辟了一个又一个新的研究领域,不断提升高校思想政治工作的质量和水平。同时,作为经验介绍,也能够帮助新入职教师在处理相关问题时,有据可依、有章可循,将大大提升思想政治工作的效率和育人效果。作为高校思想政治工作管理队伍中的一员,借此机会,向辛勤工作在一线的所有老师们致敬,真诚希望老师们能够站稳脚跟,胜任挑战,共同携手为党和国家培养出更多优秀的人才!

洪建武

2022 年 1 月

前　　言

党中央和国家一直以来非常重视高校思想政治工作。习近平总书记强调，思想政治工作是学校各项工作的生命线，各级党委、各级教育主管部门、学校党组织都必须紧紧抓在手上。在庆祝中国共产党成立一百周年大会上，他对中国青年寄予厚望，提出要培养"不负时代，不负韶华，不负党和人民的殷切希望"的时代新人的要求，同时也是对"培养什么人、怎样培养人、为谁培养人"这一根本问题的最新回应。

高校辅导员是高校思想政治工作的重要组成部分，在推进教育现代化、建设教育强国、办好人民满意教育的进程中，承担着伟大工程的施工员、伟大事业的质检员、伟大斗争的战斗员、伟大梦想的服务员的职责。拥有一支政治强、业务精、纪律严、作风正的高素质辅导员队伍是高校做好思想政治工作的基本保障。党的十九大以来，教育部深入贯彻落实习近平总书记关于高校思想政治工作的重要论述、指示批示精神，推动辅导员队伍建设步入了职业化、专业化、专家化的快车道，高校辅导员队伍的整体水平得到了大幅度的提升。

面对着中华民族伟大复兴和世界百年未有之大变局的"两个大局"以及"两个一百年"的历史交汇期给高校思想政治工作和学生管理工作带来的新挑战和新机遇，本书围绕"十大育人"的宗旨，面向全国辅导员征集了百篇优秀工作案例，以此搭建全国高校辅导员相互学习、相互交流的平台，以促进共性问题得到及时解决，提高高校辅导员在实际工作中的科学性、系统性和实效性。

参加本书编写的作者既有来自高等院校的辅导员，也有来自职业院校的辅导员，所选取的百篇优秀案例充分体现了新时代的辅导员在面对学生管理工作的新难题时的探索和思考，为解决同类案例提供了有效的新思路和新方法。其中，不仅体现了辅导员的理论思考，也展现了工作方法的创新，具有很强的理论性、实践性、创新性和示范性，有利于辅导员在阅读案例的时候进行学习和再创造。

本书的编写得到了全国辅导员同仁的大力支持,所选取的工作案例内容实践性、代表性、可推广性强,且每篇案例都有思政专家的精心点评,对于在一线工作的辅导员,尤其是刚参加工作的辅导员具有很强的借鉴意义和参考价值。当然,本书的研究还有很多局限和不足之处,恳请广大同仁批评指正。

目　　录

序 ·· （ⅰ）
前言 ··· （ⅲ）

第一篇　课程育人

基于"钢铁冶金概论"课程开展思政育人工作案例 ······················· 王海军（ 2 ）
基于"热交换器原理及应用"课程开展思政育人工作案例 ············· 张亮（ 7 ）
基于"行政法学"课程开展思政育人工作案例 ··························· 罗光华（12）
基于"汽车电子控制技术"课程开展思政育人工作案例 ··············· 邸立明（16）
基于"钻井工程"课程开展思政育人工作案例 ··························· 郑黎明（22）

第二篇　科研育人

创新创业创青春　科研平台育人结硕果 ···································· 杨建（30）
基于学科竞赛模式的科研育人案例 ·· 古阳（36）
以大学生学术科技竞赛促进拔尖人才质量提升 ············· 陈金波　殷实（42）

第三篇　实践育人

追寻红色足迹　助力圣地发展 ·· 赵颖（50）
用爱逐梦　让梦筑梦——天山雪莲们的成长记 ··························· 张雯（57）
点燃创新创业激情　实现学生全面发展 ··································· 付铭举（61）
构建"三位一体"育人模式　提升思政工作实效性 ··············· 熊彧　王景（66）
砼心筑梦　播撒希望与梦想的种子 ·· 王艳（71）

田园躬耕第二课堂　使者厚植三农情怀 …………………… 马香丽　杨士同　范琼波(76)
用"伐树"助人　借实践铸己 ……………………………………………… 韩笑天(81)
创新实践成果转化机制及其建构路径 ……………………… 黄晓珩　林逢春(86)
构建"七个一"实践体系　打造红色育人平台 …………………………… 王静珊(92)
十九大精神宣讲进基层　广轻学子助力乡村振兴 ……………………… 罗雪榕(97)
"我奉献,我快乐"　公益路上你我同行 ………………………………… 王建东(101)
礼敬家国·求索中外——"浸润式"爱国主义情怀培育 ………………… 王少珺(106)
关于高校"三拒文化节"实践育人的新探索 ……………………………… 角升俊(111)
"孟子居"电商扶贫登上《新闻联播》头条 ………………………………… 邓张升(117)
小水滴公益联盟"公益创业＋教育帮扶"项目 …………………………… 刘明卿(122)
树工匠精神　育职业素养 ………………………………………………… 胥佳利(126)
知行课堂:分层推进,四位一体志愿服务实践育人 ……………… 王乐　张海峰(131)
文达清源:一个"因势而新"开展实践育人的案例 ……………………… 唐华(136)
立知行合一标杆　育党员先锋模范 ………………… 陈楚敏　邵泽丽　朱慧琳(141)

第四篇　文化育人

涵养"仁爱"精神　培育新时代卫生健康服务人才 ……………… 姚霞　杨鹏飞(148)
中医药文化自信视域下医学生专业思想教育体系研究与实践 … 杨玉赫　白宇　吕国旭(152)
"与信仰对话,为青春护航"主题教育活动 ……………………… 陈然然　袁伟(156)
创新文化育人模式——"易"百天遇见不一样的自己 ………………… 王静珊(162)
弘扬井冈山精神　筑牢理想信念之魂 …………………………… 欧阳亮　戴利有(167)
打造实境课堂　赓续红色基因 …………………………………………… 夏晓青(172)

第五篇　网络育人

静守初心助花开 …………………………………………………………… 毋登辉(178)
新媒体时代下钉钉日志专栏网络育人工作案例 ………………………… 王彪(183)
构建网络矩阵　着力提升"互联网＋"育人质量 ………………………… 田伟贵(188)
构建"易班＋"文化模式　打造"称手"易班 ……………………………… 颜子如(193)
主动占领网络阵地　引领学生健康成长 ………………………………… 赵德虎(199)
优化三大网络平台　塑造南师文院新形象 ……………………………… 王晨(204)

同心筑梦育新人　"易"展风采谱新篇 ………………………………… 李若海　陈佳妮　梁珣（209）

第六篇　心理育人

强心健体　与"白色瘟疫"Say Bye ……………………………………………………… 石可婧（214）
抗疫与暖心并举　隔山隔水不隔心 ……………………………………………………… 孙平（218）
关于有心理疾病且实施过自杀行为学生的疏导 ………………………………………… 吴汉（222）
一台摔落的电脑　偶然与必然 …………………………………………………………… 董译文（227）
谁在那里嘲笑我？——校园欺凌背后的心灵创伤 ……………………………………… 朱丹丹（231）
乌龙事件中暖暖的师生情——"伪自杀"干预中的心理疏导 …………………………… 方琪（235）
一个学生被骗8600元带来的思考和启示 ………………………………………………… 饶先发（239）
因心理问题而保持长期谈话的林同学案例 ……………………………………………… 闫新利（243）
真心关爱　助力学生走出心理阴霾 ……………………………………………………… 刘银华（249）
愿你做最好的自己——单亲贫困生自信心培养案例 …………………………………… 何燕（252）
校园危机事件处理与思考——一例躁狂症学生案例分析 ……………………………… 梁小燕（257）
打破距离障碍　关心出境学生健康 ……………………………………………………… 张亚婷（262）
理性情绪方法缓解疫情下就业焦虑的案例分析 ………………………………………… 彭梦瑶（267）
基于认知-行为理论的大学生网络成瘾教育案例 ……………………………………… 王伟江（274）
以爱博爱、以诚相待　做学生成长护航员 ……………………………………………… 库颖（279）
脚步疫前不乱　同心共克时艰 …………………………………………………………… 刘嘉妮（283）
毕业季　辅导员与学生从"心"出发的毕业教育班会 ………………………………… 陈鑫婕（290）
为心灵戴上"口罩"——疫情下高校辅导员有效开展心理健康教育工作 …………… 王秋芳（297）
悉心呵护　引领前程——记"心灵驿站"心理健康教育活动 ………………………… 胥佳利（301）
"五位一体"心理育人模式的构建 ………………………………… 廖忠明　于俊红　骆莎（305）

第七篇　管理育人

守正创新　筑梦育魂——用实际行动做学生的引路人 ………………………………… 付霞（312）
倾听　理解　尊重——记一次学生质疑评选的事件处理 ……………………………… 张鹤（317）
让我陪你走过每一个难熬的黑夜 ………………………………………………………… 付铭举（321）
理性消费　对校园贷说"NO" …………………………………………………………… 刘银华（326）
用真心对待学生　助力学生健康成长 …………………………………………… 罗威　胡开杰（329）

加强思想引领　坚定专业信心 ………………………………………… 黄森文(333)
高校一起水痘疫情的分析和处置对策 …………………………………… 高存福(337)
化解情感危机　重塑管理信心——优秀学生干部的引导教育案例 ………… 王伟江(342)
等闲识得东风面　学风建设显成效——考研录取率达52% ……………… 刘晓彤(346)
"初民党建"构筑思想政治教育工作新平台 …………… 郭剑波　宁全旺　侯巧丹(350)
亲爱的同学，你究竟有几重迷茫？ ……………………………………… 邹敏琳(354)

第八篇　服务育人

做好新疆少数民族学生管理工作需要"三心二意" ……………………… 王颖茜(364)
馅饼还是陷阱？——一起高薪就业实习案例的思考 …………………… 李鹏鹏(368)
从弱小走向独立的阳光少年 ……………………………………………… 霍曙光(373)
律己慎思明辨　远离网络赌瘾——一场大专生的赌球风波 ………………… 胡畔(377)
提升谈心谈话技巧　增强思想引领有效性 ……………………………… 孙鲁霞(382)
走进心灵的互动——对一起学生宿舍矛盾事件的处理与思考 …………… 鲜于乐娇(387)
兼职不成反被骗　误入刷单黑色链 ……………………………………… 兰冰芯(392)
聚焦个体、一人一策　关注学生个体成长 ………………………………… 库颖(397)

第九篇　资助育人

点燃希望　雪莲花开 …………………………………… 王盼盼　范宏民　葛倚汀(402)
扶困、扶智、扶志　助力学生成为"自强之星" ……………………………… 连选(407)
"栗子"成长计划——从助困、筑梦到铸人 ………………………………… 谢亭立(411)
点亮小A的创业人生 ……………………………………………………… 张雷(415)
育人育心　传承互助 ……………………………………………………… 王译梓(421)
追本溯源　多元协同——解"学困"生心之"困" ……………………… 刘天姿(425)
天健筑梦　育人发展 ……………………………………………… 李若海　吴仕宇(429)
地方高校"四维三全　多元协同"资助模式与育人探索
　　　　　　　　　　　　　　　　……………… 许良发　刘阳卓　吴程浩　李鑫泽(433)
"三三法"资助育人 ……………………………………………………… 卫军帅(440)

第十篇　组织育人

"熔炼凝聚、追求卓越"素质拓展训练 ·· 任云兰（448）
创新学生管理模式　加强学生思想政治教育——以"红星班"为例 ············· 邓小林（452）
师生齐力谋发展　支部共建绘新篇——1234师生支部共建育人体系 ········ 李敏仪（457）
"学科+"大学生党员培养新思路 ······························ 武俊　张茜　郭炳君（462）
扎根学生守初心　党建引领育英才 ··· 陈丽敏（466）
学思践悟　建功立业——专业教育与组织育人相结合助力学生成长 ·········· 吴思嫒（471）
"一二三四"大学生党员后续教育管理案例分析 ······································· 李娜（476）
"我与党史共成长"红色文化系列主题党日活动 ······················ 袁伟　陈然然（480）
论时代之事　发内心之声 ·· 周鸣（486）
推进"三个一"工程构建学生党员经常性教育体系 ··················· 陈金波　殷实（492）
高校大学生基层党组织功能提升与实践 ·· 刘晓彤（498）
青春转角处　扬帆向"灯塔" ··· 刘妍萍（503）

第一篇
课程育人

基于"钢铁冶金概论"课程开展思政育人工作案例

【作者简介】

王海军,男,博士,讲师,安徽工业大学团委副书记(兼),原冶金工程学院辅导员,主要从事电工软磁材料基础理论及应用开发研究,主持国家级项目1项、产学研项目18项。工作学习期间多次被评为优秀共产党员、优秀本科生导师、优秀班主任、军训优秀指导教师;指导学生获"挑战杯"系列赛事国家级金奖1项、省级奖项多项;指导学生获SRTP国家级项目2项、省级项目2项;指导学生获批专利百余项。

一、案例简介

习近平总书记在全国高校思想政治工作会议上确定了课程思政的理论基础与建设原则,课程思政的第一要务是立德树人,总书记在学校思想政治理论课教师座谈会上进一步强调,我们党立志于中华民族千秋伟业,必须培养一代又一代拥护中国共产党领导和我国社会主义制度、立志为中国特色社会主义事业奋斗终身的有用人才,深刻回答了"培养什么人、怎样培养人、为谁培养人"这一根本性问题。

"钢铁冶金概论"是冶金工程领域的专业必修课程,课程涵盖冶金发展概况、采矿与选矿、炼焦、铁矿粉造块、高炉炼铁、炼钢、连铸、金属压力加工、钢铁产品及其质量检验、钢铁生产用耐火材料、钢铁生产节能与环保等专业知识,为冶金工程专业和相近专业的学生提供基本的钢铁工业设备及工艺理论知识。钢铁工业作为我国最重要的基础原材料产业之一,对我国国民经济的发展和国家安全具有重要作用。

钢铁冶金中一系列"卡脖子"的技术需要去不断攻克,在课程中融入思政理念,将爱党爱国教育融入其中,有利于帮助学生树立至诚报国的理想信念,为钢铁行业的"中国制造"贡献自己的一份力量。通过课程专业知识的学习,使得学生明白钢铁冶炼过程是一个精益求精、不断锻造的过程,启迪学生成功不是一蹴而就的,需要经历种种困难和挑战历练。同时,在学习中,结合钢铁行业的"大国重器",帮助学生感受中国力量,提升民族自尊心和自豪感,培养学生创新意识和工匠精神,激励学生成为可堪大用、能担重任的栋梁之才。

二、案例分析

传统的"钢铁冶金概论"课程授课主要分为三个阶段,一是授课准备,教师将备好的教学资料,通过邮箱、QQ 群、微信群等方式提前发送给学生,让学生在课下预习;二是授课阶段,教师利用多媒体系统,结合授课资料对课程内容进行讲解,学生则在教师的带领下学习知识;三是课后总结学习,教师在授课完毕后,通过布置和批改作业完成授课。针对课程思政内容的嵌入式教学思路为:引出课程思政融入点,利用思政教学环节设计,达到思政教学目标(图 1-1-1)。

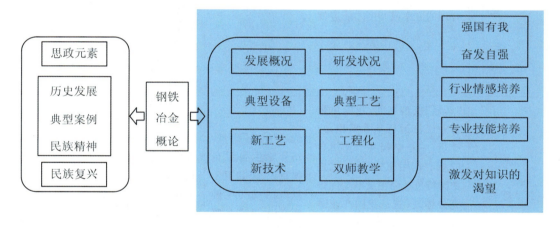

图 1-1-1 课程思政教学结构

本课程的理论教学为 24 学时;课程教学共有六章(八个环节),本课程思政案例处理分析如表 1-1-1 所示。

表 1-1-1

课程内容	思政融入点	思政教学目标	思政教学环节设计
一、绪论	钢铁强国	培养学生的家国情怀，深刻理解幸福来之不易，提高对我党、国家、民族的认同感	在历史上很长一段时间，我国钢铁冶金技术一直领先于西方。鸦片战争开启了我们百年屈辱历史；抗日战争中，中华儿女前赴后继，用血肉之躯构筑我们新的长城；如今我国进入新发展时期，成为世界钢铁发展的中心
二、采矿与选矿	千里马常有，而伯乐不常有，遇见伯乐你才能成为千里马。要辩证地看待问题，角度不同，结果可能就不同。同时，在后续的工作学习中，合理的方案或制度才能造就成功的结果	培养学生树立正确的人生观	当前，我们把其所含有用矿物资源的质和量适合于工业利用，并在现有技术经济条件下能够被开采利用的矿产叫矿床。也就是说，目前并不是所有的矿产都可以利用的，个人能力必须同国家和民族命运相结合才能发挥重要作用；而选矿是利用矿物的物理或化学性质的差异，借助各种选矿设备将矿石中的有用矿物和脉石矿物分离，并达到使有用矿物相对富集的过程，"不经一番寒彻骨，怎得梅花扑鼻香"
三、炼焦	"新冠"疫情期间，我国焦炭行业经济运行基本平稳，归结于：一是中国共产党领导的核心作用充分彰显；二是中国特色社会主义制度优势充分体现；三是我国产业链齐全完整的能力，基础医疗设施的保障能力提供了强力支撑；四是国民的集体精神、奋斗精神	通过"抗疫"事件，培养学生自觉自律意识、公共卫生意识、个人卫生健康意识，特别是遵规守纪的法律意识	炼焦是将煤在焦炉内隔绝空气加热到 1000 ℃，可获得焦炭、化学产品和煤气的过程。把焦炭炼好，需要装备、原料，没有良好的装备、原料，即使人再有水平，也不可能完成
四、铁矿粉造块	贯穿马鞍山金家庄街道的幸福路是 1958 年和 1959 年毛主席两次视察马鞍山时走过的路。马鞍山人民对幸福始终有着孜孜不倦的追求和深刻于心的理解，马鞍山人民埋头苦干、砥砺前行将昔日的江边渔村绘成了一幅波澜壮阔的精彩画卷	培养学生解决实际问题的能力及沟通协作能力	无论是烧结矿还是球团矿，都是将不能直接加入高炉冶炼的粉矿、精矿、二次含铁粉尘与熔剂和燃料混合得到具有一定粒度组成的人造富矿。充分认识困难，合理利用科研工具解决工程问题

续表

课程内容	思政融入点	思政教学目标	思政教学环节设计
五、高炉炼铁	钢铁产能过剩；降低生产成本与采用精料技术的矛盾；面临环境保护准入条件的严格要求和"双碳"达标；生产结构、产品结构和炉料结构需调整	培养学生坚定四个自信、工匠精神、科学精神	改进生产工艺及操作，更新和改造耗能高的设备。降低能源损失（"废料"、煤气、热能、压力能），减少生产工序。回收利用散失热量。加强企业能源管理，加强能源利用技术的研究工作，提高操作技术水平，充分发挥现有设备能力，以节能为目标合理组织生产
六、炼钢（转炉炼钢、电炉炼钢）	炼钢的基本任务与人的成长	培养学生吃苦耐劳的精神、工匠精神	通过生动的视频、PPT展示、鲜活的实例，将工匠精神与钢铁生产联系起来，把工匠精神内化为自己的信念，干一行，爱一行，对技艺勤学苦练，对责任勇于担当，让学生用自己的行动和担当，谱写属于钢铁人的工匠精神

三、启示与思考

（一）启示

通过科学设计思政教学体系，包括章节设计、PPT设计、知识点总结、微视频、优秀MOOC、在线测试等环节，改变学生被动学习的习惯，激发自主学习的能力和兴趣，更好地锻炼学生独立思考的能力。同时，学校搭建了超星教学平台、雨课堂等，为此项工作的开展带来了巨大便利。学生通过线上学习后，能够对所学内容有较好的理解，教师在课堂上有更多的时间在教学内容的广度和深度上进行拓展。此外，授课教师可根据线上学习情况有针对性地进行线下讲述，潜移默化开展立德树人教育，实现学生创新性、批判性思维的培养，实现德育教育与专业教育的双提升。

（二）总结与反思

专业教学与思政协同开展，将立德树人贯穿课程，以树立理想信念为树人的基本要求、以培养本领为树人的重点目标,以使命担当为树人的重要内容,培养多元化、创新型的冶金工程人才,为我国冶金工业再添新生力量。但在开展的过程中存在以下问题:

(1) 课程思政理念的提出,给高校思想政治工作指明了方向,改变了原有的政治理论课的说教,丰富了思政教学内涵,但当前专业教师课程思政理论功底较为薄弱,开展思政教学存在一定困难。

(2) 课程思政元素切入生硬,不能做到润物无声,因此,在课程教学设计环节要进行重点研究。

【专家点评】

"钢铁冶金概论"是冶金工程领域的专业必修课程,课程涵盖冶金发展概况、采矿与选矿、炼焦、铁矿粉造块、高炉炼铁、炼钢、连铸、金属压力加工、钢铁产品及其质量检验、钢铁生产用耐火材料、钢铁生产节能与环保等专业知识,为冶金工程专业和相近专业的学生提供基本的钢铁工业设备及工艺理论知识。导入新时代课程思政,实现对学生正确的人生观、价值观引导以及工匠精神和科学精神的培养,有效提升了学习主动积极性,是将专业知识教学与课程思政育人实现无缝衔接的新模式,希望在后期教学周期中能不断优化迭代,进一步提升"三全"育人效果。

王建军 安徽工业大学冶金工程学院教授,博士生导师

基于"热交换器原理及应用"课程开展思政育人工作案例

【作者简介】

张亮,男,博士,副教授,燕山大学教师,曾获燕山大学课程思政教学竞赛三等奖、燕山大学优秀党务工作者称号。

一、案例简介

"热交换器原理及应用"课程主要涉及流体在热交换器内传热发生的过程及内在机理、常用热交换器中流体的传热过程及常见问题,是能源与动力工程专业的一门专业课。该课程在热计算基本原理的基础上,以间壁式、混合式、蓄热式热交换器为主要对象,系统阐述其工作原理、传热计算、结构计算、流动阻力计算和程序设计,并对几种典型的高效间壁式热交换器作了集中介绍,最后又扼要地对试验研究方法、强化传热途径、优化设计和性能评价进行探讨。课程的部分知识点比较抽象,为提高学生的学习效率,先让学生产生一定程度的责任感,使其在内心深处明白传热过程及设备的发展与国家发展及生产的安全息息相关。为强化这方面的责任感,同时使学生尽量长时间地保持高效的学习状态,在教学过程中融入教师本人的人生经历,通过现身说法的方式来触动学生的心灵,激发其学习的欲望,挖掘其学习的潜力,培养学生持之以恒的学习精神,树立奋斗成就未来的人生观,最终达到通过思政课程提升学生学习能力的目的。

二、案例分析

在课堂教学中,结合课程特点找到合适的思政切入点,对学生进行价值引领。本课程的案例分析如表1-2-1所示。

表 1-2-1

课程知识点	思政教学内容	思政教学目标	思政教学环节设计
管壳式热交换器的标准	做事需按照一定的标准与规则进行	培养学生的标准意识、规则意识	换热器有其设计标准及规则,我们做事也不例外。例如,在没人监管的十字路口,过马路时候能不能闯红灯?按照交通法规,答案是不能的
热交换器的分类	人的交往何尝不是如此,你可以按照不同的标准去结交朋友或界定朋友,按照不同的标准去分析事情,界定事情性质。只有标准得当,方法得当,你的分类或者界定才不会出现方向性的错误	培养学生用合理的标准去界定朋友、分析问题的能力	你可以按材料、用途、温度、流动方向、热量传送的方法等分类标准,界定出不同类别的热交换器
热交换器计算的基本方程式	学任何东西都应该从基础学起,否则学的东西就是空中楼阁	培养学生在学习过程中追根溯源的能力	方程式虽然很基础,但很重要。只有把基础知识学懂、学透,才能达到所学专业的广度和深度
平均温差的极限	要知道自己能力的极限点,在极限点内奋斗、拼搏,如我个人的奋斗历程	培养学生最大限度地挖掘并发挥自己潜力的能力	任何变化都有极限状态,如速度,温度,压力,人的潜力也不例外。既要充分挖掘自己的潜力,又不能因噎废食
流动方式的选择对不同换热因子的影响	抓事物的主要矛盾	培养学生抓主要矛盾的能力	流动方式不同,换热因子不同,选择某种流动方式会提升一种热因子,降低另一种换热因子,这就要求我们判定哪种控制因子起主要作用,重点分析并改善起主要控制作用的因子,这正如在生活中的众多事物中抓主要矛盾,可列举相关事例

续表

课程知识点	思政教学内容	思政教学目标	思政教学环节设计
如何避免温度交叉	人生中应避免一些影响大方向的事情发生,若这样的事情发生,或许会引起你的人生方向的急转直下,甚至让你失去奋斗的机会	培养学生正确的人生观	温度交叉现象是换热器内不利于换热效果的因素,应该予以避免
各国对热交换器的标准和规范	借鉴和参考一些好的标准或规范,再结合自身具体情况,制定符合实际情况的标准	培养学生将国内外知识融会贯通的能力	不同国家的热交换器标准或者规范不同,我们可以借鉴参考一些好的标准或者规范
管子在管板上的排列方式	具体问题具体分析,面对不同的换热要求,要采用不同的排列方式	培养学生解决实际问题的能力及沟通协作能力	选择合适的排列方式来适应具体的换热要求,这正如生活中伯乐与千里马的关系,遇见伯乐,你才是千里马。每个人的视角和观点是不一样的,要用合理的政策或者合理的决策才能选出合适人才,这和合理选择管子在管板上的排列方式的道理是一样的。学生分享并列举相关事例
分程隔板	了解分程隔板的作用	培养学生将知识升华和内隐化的能力	分程隔板的作用就是让流体在管程内往返流动,来增加其换热效率。正如我们深入学习某些东西的过程一样,我们需要不断的反复学习,才可以让知识升华、内隐化
防冲板	学会如何保护自己	培养学生采用合理方式保护自己的能力	由于流体入口处流体的流速较大且垂直冲击换热管,我们在换热器的入口处添加了防冲板来缓冲这种冲击。生活种我们也应该用这种方式来保护自己,避其锋芒,免得无谓受伤

续表

课程知识点	思政教学内容	思政教学目标	思政教学环节设计
管壳式换热器的结构计算	如何提升学生的自信心与价值感	学生的自信心与价值感得到提升	这个计算过程非常繁杂,涉及的知识点较多。当你完成一次结构计算后,你就会从中体验到设计出一款热交换器后的喜悦,感觉自己起码做了一些设计工程师可以做的事,感觉自己能设计一些东西了,可以提升自身的自信心与价值感
管壳式热交换器的流动阻力计算	分析事情的利弊,并如何做到轻危为安	提升学生的分析能力和随机应变能力	当设计完热交换器后一定要检验流动阻力是否在合理的范围内,若不在合理的范围内,要及时调整甚至重新设计热交换器。这正如我们做事情的时候不要总盯着其有利因素,也要对其不利因素进行分析,当不利因素大于有利因素时,要及时调整方向
传热速率的提高	如何提高速率、效率	锻炼学生的节点意识,提高做事的效率	通过身边发生的时事举例,告诉学生在现代社会中速度就是效率,要充分利用时间,争分夺秒干大事,如高铁提速、港珠澳大桥开通等

三、启示与思考

高等学校思想政治教育起初是以思政课程为主,但是并没有起到所期望的思政效果。课程思政理念的提出,给高校思想政治工作指明了方向,改变了原有的政治理论课的说教形式,大大丰富了思政教育的内涵。

要从根本上改变传统教学的思维模式,就要在合理的切入点上切入课程思政,在教学过程中课程思政元素的融入要"润物细无声"。同时所用案例要切合学生的实际,不要一直用大道理或者大人物的故事,如比尔·盖茨、马云、马化腾等,进行说教,这样会使学生的自我效能感较低。在课程思政案例的规划与设计过程中,也要选取一些跟学生生活、学习相关的案例,必要的时候可以现身说法,这样容易让学生产生较高的自我效能感。

【专家点评】

"热交换器原理及应用"以"工匠精神"贯穿课程思政教学,以提高学生的学习效率为目标。课程思政让学生产生一定程度的责任感,使其在内心深处建立传热设备的发展与国家发展及生产的安全息息相关的理念。为强化这方面的责任感,同时使学生尽量长时间地保持高效的学习状态,在教学过程中融入了授课人的人生经历,激发了学生的学习欲望,挖掘学生的学习潜力,培养学生持之以恒的学习精神,树立奋斗成就未来的人生观、最终达到了通过思政课程提升学生学习能力的目的。授课人的思政理论水平需持续提升,不断丰富思政素材,形成规范化、同时不失特色化的思政课程。

李　昊　燕山大学车辆与能源学院教授,硕士生导师

基于"行政法学"课程开展思政育人工作案例

【作者简介】

> 罗光华,女,硕士,副教授,广东金融学院公共管理学院行政管理系教师。主持的教改项目有:2011年校级教学改革项目"影视教学在法学案例教学中的功能、问题与对策",2012年校级网络课程建设项目"行政法学",2020年省级教改课题"大思政格局下行政管理专业课程思政的教学设计与实践——以'行政法学'为例"。参与的教改项目有:2014年省级精品课程"公共管理学"建设,2015年省级教改课题"'公共政策学'课程实验构建的探索与实践",2019年省高校青年教师高等教育学研究课题"广东省企业参与高校职业教育转型机制研究"。

一、案例简介

"行政法学"是广东金融学院公共管理学院行政管理专业开设的一门专业必修课,2学分,34学时,其开设目的是培育学生良好的法律素养和道德素养,成为德法兼备的公共管理人才。它作为行政管理专业的核心课程,具有鲜明的政治性,也能够发挥重要的思政功能。本课程旨在将思政元素融入行政法教学,以充分发挥"行政法学"课程的德育功能,主要尝试解决以下几个问题:一是明确"行政法学"的思政目标;二是在行政法教学融入哪些思政元素;三是探索如何在行政法教学中融入思政元素;四是初步验证"行政法学"课程思政的实效。

二、案例分析

针对以上所述需要解决的问题,"行政法学"课程思政的教学设计和实践在以下五个方面展开:

（一）教学目标和原则

"行政法学"作为行政管理专业的核心课程，有着独特的天然的思政教育功能。"行政法学"是研究行政法现象及其规律的学科，主要研究行政权力运用所带来的一系列法律问题。行政法学的专业目标是教育培养学生运用法治思维和法治方式解决公共问题，使学生成为具有较高法律素养的公共管理人才。"行政法学"的课程思政目标是充分发掘课程的德育内涵，把社会主义核心价值观、中华优秀传统文化等内容融入教学中，培养学生的"四个自信"，培养学生的民族意识和国家意识，成为具有较高道德素养的公共管理人才。综合起来，就是把学生培养成"德法兼备"的公共管理人才。推行课程思政的关键是善于把思想政治教育的元素融入专业课程教学各环节和各方面，把隐性思想政治教育做细、做透，把显性专业教育做强、做实，实现思想政治教育与专业教育的双赢。本课程思政坚持遵循以下原则：第一，坚持整体设计，突出协同性。行政法课程是课程思政的实践基础，课程本体内容是基础，应在充分尊重课程本体内容的基础上发挥课程的天然思政能力，使思政教育与专业知识传授之间协同前进。第二，坚持需求导向，注重实践性。把解决学生的思想问题和实际问题结合起来，即在课程中讲道理，又在课外办实事。

（二）教学内容设置

专业课程思政与思政课程在进行学生的思想政治教育上存在着路径的差异，思政课程教育属于显性教育，专业课程思政教育属于隐性教育。因此，专业课程思政在教学内容的选择上必须恰当，以求达到"润物细无声"的教育效果。例如，在课程中将社会主义核心价值观、中华传统优秀文化、爱国主义、诚信教育、社会主义法治理念等内容，以及国际国内时事融入课程教学中，比如选取"新冠"疫情中的事件作为案例进行课堂讨论。

（三）教学方法和手段

课程设计是实现课程思政目标的基本路径，要让课堂成为思想政治教育的有效载体，充分发挥课堂教学的育人功能，课程教学方法与手段的多样化、交互性必不可少。本课程采用以下教学方法和手段加强思政元素的有效融入：第一，采用案例教学，理论与实践结合。在法学教学中采用案例教学是比较常见和有效的方法，通过案例教学引导学生积极参与和思考，既激发学生对专业课程学习的兴趣和专注度，也引发学生认知、情感和行为的认同。第二，采用情景模拟教学，引入体验式教学。主题体验式教育通过创造实际的情境和机会呈现或再现教学的内容，并引导学生自主进行体验。例如，在模拟行政执法的过程中，让学生切身体验不同的角色,既训练运用法律知识解决实际的能力,又引导学生树立公平正义的价值观。第三,充分利用"互联网+",实行线上和线下结合。第四,充分利用第二课堂,拓展课堂育人渠道。例如,通过社会调查引导学生对社会生活中的行政法现象进行实地调查、分析原因、提出对策,让学生在亲身参与中认识国情、了解社会,在实践中增强社会责任、培养家国情怀。(图 1-3-1)

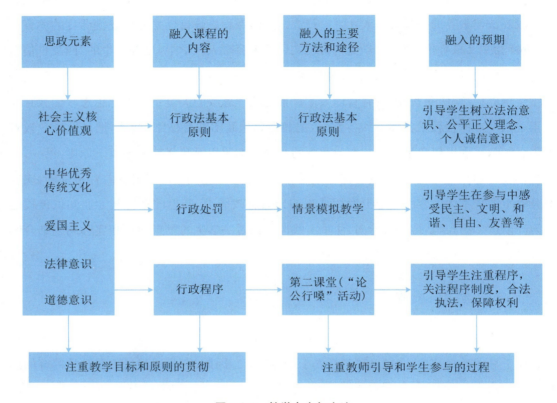

图 1-3-1　教学内容与方法

(四)教材选用

教材是体现教学内容和教学法的知识载体,是进行教学的基本工具,也是深化教学改革、提高人才培养质量的重要保证。现有的国家级的部门法,包括行政法的教材中体现课程思政元素的不多,在选用教材时选用"马工程"系列教材。

(五)课程考核

开展课程思政后,"行政法学"的考核应进行相应的调整。第一,考核比例的调整。"行政法学"现在的考核方式主要是以考试为主,占80%;平时考核包括考勤、课堂表现和作业,占20%。进行课程思政设计后,对"行政法学"的考核,平时成绩的比例会调整到40%,甚至更多。第二，考核方式的多元化。本课程建立立体互动式的考核方式，改变平时成绩以学生回答问题和静态作业为主的教学惯性，在期末考试题型与内容上也有所创新。首先，建立一种动态平时成绩呈现方式，在传统的静态文本作业基础上，在情景模拟式教学中增加动态的视频记录。其次，加入学生自评与互评作为平时成绩的考核方式。互评环节主要是在学生进行案例讨论、研究式学习汇报、情景模拟活动结束后，由其他同学对该小组同学进行提问或评价。

三、启示与思考

课程思政不是"课程+思政"，也不是课程"思政化"或者"去知识化"，而是对包括思政课在内的所有课程发挥育人功能的新要求。课程思政是一个系统工程，需要不断摸索与改进。

（一）课程思政的教学实践要注重"三个立足"

即立足专业、立足学生实际、立足社会需要，围绕这三个方面选择融入的内容，选择融入的教学方法和手段，使学生在课堂上能够"身动、心动、神动"。本课程在进行课程思政时就是基于德法兼备的公共管理人才培养需求、行政管理专业就业倾向、"00后"学生的学习特点等选择课程思政的内容，采取案例教学、情境模拟和第二课堂等教学方法和手段。

（二）课程思政的育人成效如何得以体现、如何进行评估是进行课程思政的一大难题

有学者认为，要把课程思政的育人成效分为初级、中级、高级和最高层次四个级别，通过教育实验的方法来评估。在接下来的课程思政教学实践中都是可以进行尝试的。

【专家点评】

"行政法学"是行政管理专业的核心课程，主要是教育培养学生用法治思维和法治方式解决公共问题，将社会主义核心价观和中华优秀传统文化融入日常的教学当中去。罗老师的课程设计能够始终围绕着"立德树人"的教育理念，在教学管理工作中做到"三个立足"，将显性教育和隐形教育有效融合，实现了思想政治教育和专业教育的双赢，在注重做好课程教学方法与手段多样化的同时，有机地融入思政教育的元素，激发学生参与课堂教学的主动性和积极性，在实现专业教学目标的同时，也达到了课程思政"润物细无声"的效果。

邹国振　广东金融学院马克思主义学院教授

基于"汽车电子控制技术"课程开展思政育人工作案例[①]

【作者简介】

> 邱立明,男,博士,教授,燕山大学车辆与能源学院教师,主要研究方向为燃烧过程控制与非接触点火技术。曾获得2012年国家精品课程师资培训《汽车构造》骨干教师称号。2015年6月,赴香港理工大学开展高校教师研修交流;2017年9月~2018年8月,作为访问学者到加拿大温莎大学开展访问交流。

一、案例简介

"汽车电子控制技术"是燕山大学车辆工程、车辆工程(卓越计划)专业的主干课程,共32学时,其中课堂理论教学24学时(6周)。2019年秋季学期开始建设"课程思政"教学模式,实现了基于CDIO工程教育理念和OBE产出教育导向的项目式教学改革。课程涉及的思政内容以相关案例为依托和过渡,实现专业知识与时政要素的无缝衔接,通过开展立德树人教育,以专业知识为切入点,辩证地分析和研讨时政要素问题,从而培养学生的创新性、批判性思维,潜移默化地增强学生对"四个自信"、工匠精神和科学精神的感悟,奠定学生家国情怀与母校归属感的根基。同时,利用"超星学习通"教学管理平台,提升课堂互动和信息化教学水平,实现对学生随堂表现进行在线高效统计并存档,丰富了学生参与思政教学内容的形式,提升了学生学习的主动性和积极性。

[①] 本案例曾获2019年燕山大学第一届课程思政教学设计竞赛二等奖。

二、案例处理分析

（一）教学思路

课程思政内容的嵌入式教学思路：开堂利用"超星学习通"教学管理平台进行出勤签到，对学生的日常出勤情况进行考核并存档→介绍本堂课内容架构，抛出思政教学内容与知识点的关联问题→讲授与探讨课程专业知识内容，在与课程思政相关联知识点的讲解中采用知识引申、拓扑或案例关联的方式，无缝过渡到课程思政内容教学→将车辆工程、社会环境、可持续发展战略、职业规范等知识和能力指标贯穿课程思政内容教学，着重培养学生的实践创新能力、精益求精的工匠精神，以及踏实严谨、追求卓越的优秀品质。

（二）教学设计和组织形式

1. 课前准备

在开展相关思政教学环节课程之前，基于马克思主义、毛泽东思想及邓小平理论，任课教师构思并分析专业知识点与相关思政教学案例的关联性，从中提炼思政教学的目标，设计由专业知识点向思政案例引申过渡的教学方法。根据教学设计需要，任课教师提前收集相关概念、政策、法规、图片、视频等资源，并制作授课多媒体课件。

2. 课中授课

表 1-4-1 "汽车电子控制技术"课程方案

课程知识点	思政教学内容	思政教学目标	思政教学环节设计
汽车电控技术发展趋势	阿里和上汽的斑马、百度的Carlife、比亚迪的DiLink、科大讯飞和江淮的智聆等车机网络互联系统，可与国际厂商比肩	培养学生坚定"四个自信"，树立工匠精神	关联过渡：智能车辆
AUTOSAR 汽车开放式系统架构	由标准化、兼容性和扩展性的各行业进化趋势，推演中美贸易战最终赢家定属中国	掌握专业伦理知识，引导学生坚定"四个自信"，了解时政要事，树立家国情怀	关联过渡：开放共赢

续表

课程知识点	思政教学内容	思政教学目标	思政教学环节设计
节气门位置传感器、宽带氧传感器、NOx传感器	中国航天的"备胎"意识及"化被动为主动"大国重器技术	培养学生坚定"四个自信",树立工匠精神	关联过渡:知识拓扑
发动机燃油喷射系统	"地表最强"长安汽车1.5T蓝鲸发动机;国产车从歧管喷射时代跟跑,进化到缸内直喷时的代的逐鹿中原	培养学生坚定"四个自信",帮助树立家国情怀和工匠精神	关联过渡:典型案例
发动机点火系统	中国高压输电核心技术领跑全球	帮助学生树立家国情怀和工匠精神	关联过渡:知识拓扑
废气再循环控制	全球垃圾分类回收处理最强的国家是谁?中国!	培养学生坚定"四个自信",了解时政要事,树立可持续发展观念	关联过渡:知识引申
双离合自动变速器	全球十佳——长城汽车7速湿式双离合自动变速器;国产主流汽车厂商均已实现双离合变速器自主知识产权	培养学生坚定"四个自信",帮助树立家国情怀和工匠精神	关联过渡:典型案例
ACC自适应主动巡航	Baidu阿波罗计划领跑车辆智能辅助驾驶领域	培养学生坚定"四个自信",树立工匠精神	关联过渡:辅助驾驶
汽车安全控制系统	(1)吉利收购沃尔沃逆天变局——蛇吞象后的技术反哺与市场盘活没落豪车之路,双赢共赢是王道战略 (2)长城汽车前瞻性布局全球,务实国际化战略,在2018～2019年行业萧条亏损下逆势增长	引导学生辩证地看待事情,坚定"四个自信"、树立家国情怀和可持续发展观念	关联过渡:典型案例
毫米波雷达探测系统	(1)领跑世界的中国雷达科技 (2)中国FAST——世界最大射电望远镜为人类探索宇宙插上翅膀	培养学生坚定"四个自信",帮助树立家国情怀和工匠精神	关联过渡:知识引申
汽车控制网络技术	(1)"中国制造2025"只能扎根于万物互联时代 (2)华为5G技术的涅槃逆袭是中国崛起的时代召唤	培养学生坚定"四个自信",了解时政要事,树立可持续发展观念,学会辩证地看待事情	关联过渡:知识拓扑
汽车电控系统故障诊断	iOS与Android系统之争,谷歌催生华为鸿蒙系统,将不得不面对政治因素对其开源生态带来的尴尬命运。	掌握专业伦理知识,引导学生坚定"四个自信",树立家国情怀,了解时政要事,学会辩证地看待事情	关联过渡:开放共赢

3. 课后回顾

（1）每次课程思政教学环节结束后，根据实际课堂专业知识点与思政案例过渡衔接的效果，及时总结和完善知识无形引申过渡的技巧。

（2）根据随堂思政教学过程中同学们的反应和兴趣点，适当增补和删减相关内容和优化教学设计，以实现不断提升随堂思政教学效率。

（3）根据同学对思政教学相关问题的参与度和参与深度，及时调整优化思政教学的考核方式，做到"课内深入探讨与课外灵活参与"互补，面对课内参与度低的思政教学内容，通过合理设计"课外作业"的方式，实现有限课上思政学时情况下的"互补式"均衡教学效果。

（三）"新冠"疫情期间课程思政内容和体现形式

"新冠"疫情期间的课程思政主要与正常教学内容相衔接，均通过网络平台开展教学，因其特殊性，主要补充和融入的思政特色内容主要有以下几个方面：

（1）通过国内外具体时政形势对比，在开展思政案例和相关内容时，无声融入并客观分析我国在疫情爆发后，从中央到地方，对医疗、教育、市场等资源调配与监管的有效措施与高超执政效率，体现中国特色社会主义应对突发危机的独特优势。让学生坚定制度自信和道路自信。

（2）面对突如其来的"封城"，我国教育部门、相关网络平台和教育机构通过多方面磋商迅速达成共识，一时间，多个有着优秀教育资源的网络教学平台迅速崛起，如学而思、有道精品课、学习通、雨课堂、中国大学 MOOC 等，迅速补位并覆盖了从小学到高校的各个教学环节，良好解决了疫情期间"停课不停学"的问题。学校相关部门也通过组织网络培训，使教师们迅速地掌握了网络教学技能，保证了我国人才培养各个环节与梯队建设的连续性。相较于国外而言，中国人面对危机时所体现的超越个体利益的"大国小家"的大局意识，更有利于帮助学生坚定制度自信。

（3）疫情期间，面对"隔离""封城"的管制措施，全国人民都积极配合，并对打赢这场"战役"充满信心。同时，各大企业响应家号召，积极备战国内外抗疫攻坚战，不仅保证国内物资供应，还积极配合国家对外国实施救援，相较于国外某些国家在疫情面前的手足无措、互抢物资、甩锅抹黑等短视行为，我们国家和人民的行为很好地诠释了什么是大国担当。从时政要事的角度，引导学生学会辩证地看问题，坚定"四个自信"，树立家国情怀。

三、启示与思考

（一）案例优势

基于学习通等新型教学平台与技术，能提升课堂信息化管理水平和知识传授时效性，增强课堂互动，改善随堂知识消化不良及课程思政内容单向硬性灌输问题。面向 OBE 产出教育导向理念，基于案例化引导教学，提升学生面对时政敏感问题时的辩证分析能力，达到学以致用的目的。潜移默化地开展立德树人教育，培养学生的创新性、批判性思维，探索"价值塑造"与 OBE 理念"能力培养"的双实现、德育教育与专业教育的双提升。

（二）教学效果

疫情期间，教学工作主要基于 MOOC 平台及"慕课堂"软件开展。一节课中，专业课知识的教授时间占比较大，但在教学中，加入思政案例讲解，会发现学生的积极性和课堂参与度明显提升，绝大多数同学能及时响应，积极参与随堂互动，如投票、讨论等。例如，"慕课堂"能自动记录并统计学生在思政教学课程中的互动情况，并形成参与度数据，这为课程思政教学效果的量化评价与改进提供了参考。

（三）总结与反思

通过"新冠"疫情期间的第一轮思政教学实践，教师们发现，线上教学融入思政教学这一做法，既是困难，也是挑战。

（1）教师对同学们的教学反馈无法做到像线下课堂教学那样清晰直接，导致对课堂把控和应急调整的依据主观性偏强。因此，必须通过课前全面精心设计、课中细致观察把握和体会、课后及时总结与反思来不断提升和精进教学效果。

（2）思政教学案例的精心设计是教学环节成败的关键，要能让学生沉浸其中，没有"违和感"，不生搬硬套，并从内心信服是思政教学成败的关键。

（3）从专业知识点到思政教学内容的自然过渡和无声转变，是思政教学潜移默化般融入专业课堂的神来之笔，这个过渡与引申做得好，就能使思政教学顺利开展并为取得预期的效果奠定基础。所以精心选择与专业知识点相关的案例固然重要，但更应重视相互关联与伏笔等过渡技巧。

（4）与当前时政要事相结合的思政教学内容更能引起学生共鸣。因此，要充分挖掘和利用教学期间的时事要闻,并通过巧妙设计将思政教学案例等融为一体,才会起到教学"调味料"和"催化剂"的良好奇效。

【专家点评】

"汽车电子控制技术"是众多高校车辆工程专业的骨干课程,也是专业人才培养知识构成重要课程之一,其教学形式的与时俱进和教学质量的高低,也在一定程度上体现了相关专业人才培养的水平层次。本课程通过采用"学习通"等新型现代化教学平台,有机嵌入新时代课程思政育人要素,以开展案例式教学改革,实现对学生坚定"四个自信"、树立工匠精神和科学精神的培养教学模式的探索,进而提出以着重培养学生家国情怀与母校归属感为首要的务实目标。

此外,课程思政合理构建在实现基于 CDIO 工程教育理念和 OBE 产出教育导向的项目式教学基础上,利用现代教学管理平台提升课堂互动和信息化教学水平,丰富了学生参与思政教学内容的形式,有效提升了学习主动积极性,是将专业知识教学与课程思政育人实现无缝衔接的新模式,望在后期教学周期中能不断优化迭代,进一步坚持独特的课程改革特色。

金立生　燕山大学车辆与能源学院教授,博士生导师

基于"钻井工程"课程开展思政育人工作案例

【作者简介】

郑黎明,男,博士,讲师,燕山大学车辆与能源学院石油工程系教师。

一、案例简介

"钻井工程"课程是石油与天然气工程领域的专业必修课,以培养未来钻井工程师为宗旨。该课程思政教学以"传播行业与时代精神"为主旨,着重于"讲中国事、话中国梦",将思想政治教育元素融入到石油与天然气工程领域课程中,潜移默化地对学生的思想意识、行为举止产生影响,实现"立德树人"价值,号召同学们走向保障中国化石能源安全的崇高职业。

"钻井工程"课程思政实施贯穿课前调研—课中讲述—课后反思整个环节。利用信息化手段发挥先期调研优势,基于"溯源+追踪"模式,深化思政内容建设;寻找与时代精神、行业精神的融合点,提高学生课程重视程度;提升教学着力点和课程内涵,以创新思维、辩证思维引领学生;将课程思政融入课程建设全过程,实现精品化、常态化共举。"钻井工程"课程思政案例建设突出四个方面——抓好课程定位、联系行业精神与时代精神、思政与知识连贯、思政形式多样化,使思政教学有思想、有灵魂、有兴趣(图1-5-1)。

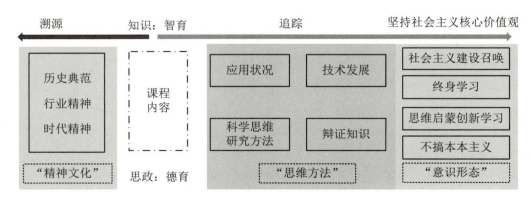

图1-5-1 "钻井工程"课程思政模式

二、案例分析

"钻井工程"课程思政案例分析表 1-5-1 所示。

表 1-5-1

课程知识点	思政教学内容	思政教学目标	思政教学环节设计
绪论	铁人精神	了解"铁人"精神的内涵和继承性	宣讲铁人精神内涵、体现时代发展,通过"铁人"王进喜、新时代"铁人"王启民的个人生平予以体现铁人精神的传承
钻井的工程地质条件	宣传安全理念	提高安全意识	以钻井事故反思(如 12·23 重庆开县特大井喷事故)安全操作的重要性;提示观看综艺节目"了不起的挑战·阮氏兄弟当钻井工",观察劳保用品和安全逃生方法
钻井工具	装备发展重要性	注意生活和工作中创新的重要性	通过石油钻井装备的发展,说明现代制造业对中国伟大建设成就意义重大,号召同学们投身"中国制造""中国设计"。课内汇报环节中体现了钻井装备特点与进步
钻井工人	走能源报国之路	坚定理想,形成石油行业保卫能源安全的荣誉感	播放并讨论播放"石油工人之歌""勘探队员之歌",体现其中的石油工人奉献精神
钻井液	环保理念	提倡环保,加强"绿水青山就是金山、银山"的理念	由布井井位选择、钻井液对自然的影响说明钻井行业贯彻生态钻井理念
钻井参数优选	钻井中的生产力与生产关系	形成宏观观察分析的视角	由哲学分析课程内容架构,将钻井工程的前三部分等价至生产力,将后四部分等价至生产关系
井眼轨道设计及轨迹控制	重视技术发展	培养发展的眼光,正确地权衡课本内容和现实方法	讲述水平井钻井技术与钻井案例,对比课本知识的迭代,警醒同学们用"发展的眼光"看待世界
油气井压力控制	团队合作	强调团队合作对于处理突发状况的正面价值,职业精神	分析井控步骤中人员职责;强调现代企业对分工与合作的重视,号召同学们在日常工作中相互合作

下面,以"钻井工程"绪论和"钻井工具"章节的思政教学内容为例,介绍该课程思政教学的设计与实践。

(一)案例一:传承"铁人"精神

基于"绪论",既讲述"铁人"王进喜的光辉事迹,阐述大庆精神,宣传建国初期石油人为国家能源需求大无畏献身的革命情怀,号召大学生投身能源服务岗位;同时也讲述"新时代铁人"王启民科技报国的事迹,深刻体会"铁人"精神的传承性。

1. 内容引入

讲述钻井工程技术与装备的四个发展阶段(概念时期→发展时期→科学化时期→自动化时期),对比不同时期的钻井装备差异(图1-5-2)。

图1-5-2 课程示例(1)

在此处,忆苦思甜,感受新中国建立初期的钻井装备,深入体会中国石油工人在"一穷二白"的年代"手拉肩扛"献石油的场景(图1-5-3)。

三、课程思政的示例说明

③ 思政内容—示例：铁人精神

思政目标：了解铁人精神的内涵和继承性

"溯源"：钻井工程中反映出的光辉事迹
　　讲述"铁人"王进喜：阐述大庆精神，宣传新中国建立初期石油人为国家能源需求大无畏献身的革命情怀。

"追踪"：社会主义现代化建设发展过程中铁人精神的发展
　　讲述"新时代铁人"王启民科技报国的贡献，深刻体会铁人精神的传承性。

"德育"：现代化成果来之不易，中国建设需要同学们加盟
　　号召大学生投身能源服务岗位

王进喜

技术发展
精神进步
斗志不减

王启民

图 1-5-3　课程示例（2）

2．内容讲解

1）溯源

讲述新中国成立初期"铁人"精神典型代表王进喜的光辉事迹，阐述大庆精神，宣传建国初期石油人为国家能源需求大无畏献身的革命情怀。

1958 年，王进喜带领钻井队创造了当时月钻井进尺的全国最高纪录，荣获"钢铁钻井队"称号。1959 年，他被评为全国劳动模范。群英会期间，他积极要求参加石油大会战。1960 年，他率队到大庆参加石油大会战，组织全队职工用"人拉肩扛"的方法搬运和安装钻机；他用"盆端桶提"的办法运水保开钻，甚至不顾腿伤跳进泥浆池，用身体搅拌泥浆压井喷，被誉为"铁人"。1970 年，王进喜因患胃癌逝世，年仅 47 岁。

2）总结

铁人精神是"爱国、创业、求实、奉献"大庆精神的典型化体现和人格化浓缩，是中华民族精神的重要组成部分，得到历届中央领导的充分肯定，深受社会各界的广泛承认和高度评价。

3）反思

王进喜所代表的"铁人"精神，在中国社会主义现代化建设过程中是否需要继承与发扬？是否会涌现出"新铁人"？

3. 内容深化

1）追踪

答案是肯定的。中华民族要发扬艰苦奋斗的精神，在社会主义现代化建设过程中继续传承"铁人"精神。通过讲述"新时代铁人"王启民科技报国的贡献，深刻体会"铁人"精神的传承性。

20世纪60年代，王启民提出"高效注水开采方法"；70年代，他率队到中区西部10年试验，主持"分层开采、接替稳产"开发试验；90年代，他组织实施"大庆油田高含水期稳油控水系统工程"结构调整技术；1996年，大庆石油管理局党委称他"新时期铁人"；2019年，授予王启民"人民楷模"国家荣誉称号。

2）总结

"铁人"精神已渗透到石油与天然气工程领域建设者的血液中，广大学子要敢于吃苦耐劳，又要积极创新，走科技兴国之路。

（二）案例二：注重装备发展的重要性

在学习"钻机与钻具"这一章内容时，在讲述PDC钻头的特点与应用时，结合2020年我国新钻成重点预探井"轮探1井"施工经验，摆事实、讲道理，说明课本"PDC钻头不适合软硬交错地层"结论的局限性，使同学们反思科学发展进程，明白应该加强学习课本知识，但也不能搞"本本主义"（图1-5-4）。

图1-5-4　课程示例（3）

1. 内容引入

在讲述 PDC 钻头的结构特点后,总结认识 PDC 钻头的应用地层,对于课本中"PDC 钻头不适用于深井、软硬交错地层"进行讨论。

2. 内容讲解

1)溯源

课本介绍 PDC 牙齿为平面齿,那么是否存在非平面齿呢?

结合 2020 年我国新钻成重点预探井"轮探 1 井"施工经验,进行 PDC 钻头适用性的分析。该钻头采用了异型齿 PDC 钻头,钻超深井、软硬交错地层。

2)追踪

根据课外调研内容,补充目前 PDC 钻头非平面齿的类型和混合式钻头,并将牙齿类型与牙轮钻头镶齿类型进行对比说明。

PDC 钻头异型齿有斯伦贝谢 Smith 钻头公司的锥形切削齿、贝克休斯公司的凿形切削齿、Firestorm PDC 切削齿等。中石油休斯敦技术研究中心也研发了非平面齿 Tridon PDC 钻头。

3. 内容深化

1)总结

对课本结论进行辩证性看待:"常规 PDC 钻头不适用于深井、软硬交错地层,一定条件下,深井、软硬交错地层可采用改进的 PDC 钻头"。

2)反思

辩证性看待课本知识,要坚持科技进步,用发展的眼光看问题,鼓励同学们多调研学习,积极进行创新,不能尽信书。

三、启示与思考

(一)"钻井工程"课程思政兼具"德育"功能,能够实现协同育人目的

(1)课程思政使师生共同活跃起来,增进了学生们对石油工程行业文化的了解,提高同学们投身能源报国道路的荣誉感,提高本专业的就职倾向;促进了学生学习的热情,用哲学的思维辩证地认识课本中的知识体系;有利于开展头脑风暴,启蒙学生的创新思维,调动学生们进行知识串联、知识交叉的积极性。

(2)课程思政的全过程贯穿也体现至课程考核,既可让同学们正确探讨思政内容,又能以更加广泛的形式探讨钻井工程知识与技术问题。

(二)思政内容坚持"新颖化、内涵化、系统化",坚持"讲中国事、话中国梦",坚持致力于"中国社会主义现代化建设"

(1)课程思政可考虑由教师主导向师生共讲发展;形成各章节均思政的良好风气,培养能思政则思政、坚持追踪行业动态的积极态度;思政课程增加视频、歌曲等其他文艺作品比重,对学生加强关于思维意识和创新思想的培养。

(2)课程思政应突出为中国社会主义现代化建设服务这一目的。开展思想政治理论学习,发挥思政先锋引领作用,团队集体思政讨论,加强思政过程监督,是专任教师课程思政深化建设的必要步骤。

【专家点评】

> 以"传播行业与时代精神"贯穿"钻井工程"课程思政教学,实现育德树人目的,引导学生坚定中国特色社会主义道路荣誉感,培育和践行社会主义核心价值观,深化认识职业价值观。钻井工程思政教学选题内容涵盖丰富,增加了课程的知识性、人文性,同时将辩证唯物主义和科学思维引入教学,培养学生探索未知、追求真理、勇攀科学高峰的责任感和使命感。
>
> 将课程思政融入课堂教学建设全过程,持续提升教师思政理论水平,是钻井工程课程思政建设的有力保障。由教师主导走向师生共讲,是深化课程思政教学效果和提高思政深度的大胆尝试。鼓励"钻井工程"课程思政继续追踪中国社会主义伟大实践和优秀成果,丰富思政素材,形成更加规范化、有特色的思政课程。
>
> **韩东颖** 燕山大学车辆与能源学院教授,博士生导师

第二篇
科研育人

创新创业创青春　科研平台育人结硕果

【作者简介】

> 杨建，男，博士在读，副教授，安徽工业大学冶金工程学院党委副书记、副院长、纪委书记，安徽省弘扬社会主义核心价值观首席专家。曾获第六届全国高校辅导员年度人物、安徽省五一劳动奖章、安徽省优秀教师、安徽省教育年度人物、安徽省教学成果奖特等奖、安徽省向上向善好青年等荣誉称号。所带班级获全国先进班级集体称号，负责的工会获"全国工人先锋号"，所带学生涌现全国见义勇为英雄模范、全国向上善好青年、全国高校"百名研究生党员标兵"，他们的先进事迹被光明日报、中国教育电视台等媒体广泛关注。

一、案例简介

5年来，安徽工业大学冶金工程学院通过举办创新创业试点班和大学生创新能力训练营，获批了省级弘扬社会主义核心价值观"大学生创新教育名师工作室"和"点石成金"大学生创客实验室，学生的创意、设想达20000余条；学生参与创新创业创客活动的规模不断扩大，获国家、省级大学生创新创业训练计划项目资助200余项；学生共申请专利385项，授权专利360项（发明32项），5项专利技术成果转让给相关企业。学生在各类国内外大型竞赛中取得良好成绩，获全国和安徽省"挑战杯"大学生课外学术科技作品竞赛、创业计划大赛奖项35项，学院多次在校"挑战杯"作品竞赛中，获得"挑战杯"和"优胜杯"。

大学生创新创业能力不断增强，学生中涌现了第十三届全国见义勇为英雄模范、安徽省大学生年度人物、中国大学生自强之星提名奖（科技创新类）、省"向上向善"好青年、省十佳大学生提名奖、安徽省"双创之星"、校十佳大学生、校社团年度人物等一批优秀学子。

二、案例分析

经过多年的探索和实践,大学生创新教育名师工作室开辟了"12345"的大学生创新创业创客人才培养之路,即"一个目标""两个社团""三步法""四个平台""五个一建设",形成了"一年级培养兴趣打基础、二年级集中培训提能力、三年级重点组队练实战、四年级服务社会谋创业"的大学生创新创业创客教育模式。

(一)树立"一个目标"

围绕立德树人,把创新创业教育贯穿于人才培养全过程,重点培养大学生创新创业精神,提高大学生创新创业创客能力,全面推进学校创新创业创客教育工作。

(二)依靠"两个社团"

成立了"大学生创新创业试点班"和"发明创新协会",树立典型和示范,形成了教师传授,学生模拟训练,"传、帮、带"的创新创业创客教育闭环育人体系。

(三)实施"三步法"

实施由原校长李家新提出的以"启迪创新意识,开发创造潜力,体验创新过程"的大学生创新教育的"三步法"(图2-1-1)。

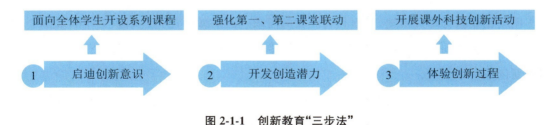

图 2-1-1 创新教育"三步法"

(四)构建"四个平台"

以第一课堂创新创业创客教育为基础,将创新创业创客课程与专业课程紧密结合,构建三创教育"理论教育平台";以第二课堂创新创业创客活动为主线,构建"兴趣引导平台";以第三课堂大学生创新创业创客类项目资助和比赛为载体,构建"资助孵化平台";以第四课堂校友感恩反哺母校创新创业创客为途径,构建"校友资助平台"(图2-1-2)。

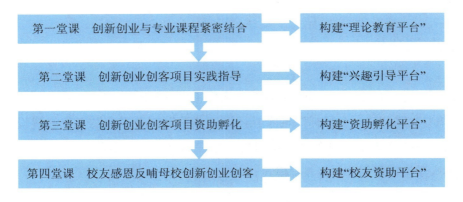

图 2-1-2　创新教育"四个平台"

(五) 开展"五个一建设"

在实际教育和实践中,团队着重进行创新创业创客平台的建设和机制的完善,围绕物质保障、师资队伍、创新创业创客团队、培训和竞赛机制、激励机制五个方面开展建设工作。

1. 争取一部分资金支持,为大学生创新创业提供物质保障

团队教师从自己的科研经费、学校大学生创新创业项目、大学生创业孵化中心中争取部分经费,作为学生参与创新、创业、创客项目的经费,为学生开展科技活动和竞赛提供了强有力的物质保障。

2. 建设一支高水平的指导教师队伍,为创新创业活动提供智力支持

创新创业教育师资紧缺,又面临着巨大的需求。团队教师在完成本职工作的基础上,主动承担起学生的创新创业创客教育,积极为学生提供创新思路与研究经费,鼓励学生自主参与创新创业创客活动。

团队教师组织学生参与专利学习,修改专利申请文件,带领学生开展科研活动或指导科技竞赛,并且吸收本科生参加自己的科研项目,开展科研活动并指导学生参加比赛。团队教师拥有多年的教学、研究、实践等经验,专业领域包括冶金、统计学、市场营销等创新创业相关专业,有效拓展了创业团队成员的知识面,保证了对大学生创业团队的素质培养,从而为科技创新创业活动提供智力支持。

3. 建设一支具有进取精神的学生梯队,为创新创业活动储备优秀人才

在科技创新活动中,团队注意面向学生、点面结合、重点突破。根据不同的科研活动特点采取不同的组织方式,建立不同的科技活动小组和科技活动梯队,形成了"一年级培养兴

趣打基础、二年级集中培训提能力、三年级重点组队练实战、四年级服务社会谋创业"的活动模式。发挥学生梯队"传、帮、带"的创新创业的培养模式优势,从而最大限度地吸收感兴趣的学生参加科技创新活动。

4. 立足专业特点,建设一套完整的学科竞赛体系

团队根据大学生创新教育名师工作室特点,将创新创业教育有效融入课堂教学,并基于科研软硬件平台,发挥专业特色,选择其中关键工艺环节,全面开展工艺革新、节能减排、环保新技术、重大装备改进、资源综合利用等科技创新活动,激发学生的创新思维,并积极进行创新创业训练,形成了一套完整的学科竞赛体系。采取重点突破的做法,主要围绕"挑战杯"竞赛、节能减排大赛、大学生创业创新训练项目(SRTP)等开展科技创新创业活动,多位一体,统筹联建,整体推进,锻炼并提高大学生创业创新创业创客团队成员的各项能力和素质(图2-1-3)。

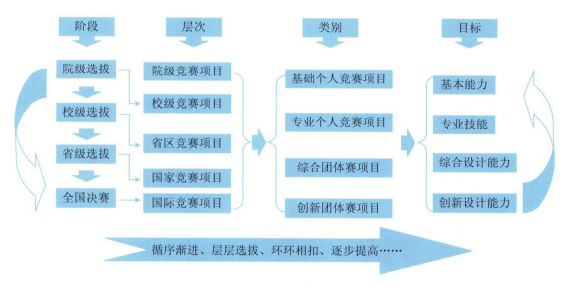

图 2-1-3　多层次、全方位的大学生学科竞赛体系

5. 建立一套合理的激励保障制度体系

在科技创新活动中,团队本着引导学生的宗旨开展工作,同时又将科技创新活动与学生自身的发展积极挂钩,给学生适当发放科研津贴,形成合理的激励机制。鼓励学生积极参加各种科技竞赛活动,最大限度地调动学生的学习积极性,从而促进学风建设。

三、启示与思考

(一)形成了大学生创新创业创客教育模式

经过多年实践,形成了"一年级培养兴趣打基础、二年级集中培训提能力、三年级重点组队练实战、四年级服务社会谋创业"的大学生创新创业创客教育模式。

(二)形成了一套完整的学科竞赛体系

学生通过参加不同级别的学科竞赛,形成了多位一体、统筹联建、整体推进的学科竞赛体系,有效地锻炼了大学生创新创业创客团队成员的各项能力,提高团队成员的各项能力和素质。

(三)形成了大学生创新创业创客"三创"指导管理体系

以辅导员为骨干,教师参与大学生创新创业创客"三创"组织与管理、课程教学和课外培训指导、课题研究(图2-1-4)。

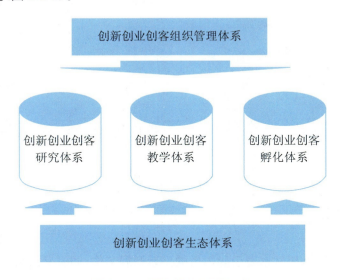

图 2-1-4 "三创"指导管理体系

(四)形成了大学生创新创业创客"三创"教育生态自循环育人体系

团队教师通过创新课程教学与实践,培养大学生创新意识和创造性思维,开发创造潜力,通过开展大学生创新能力训练营、大学生专利培训班和大学生创业模拟实训提高了学生创新创业创客能力,通过"三创"项目的资助和孵化使他们"在做中学、在学中做",通过自身引导和榜样作用进行言传身教,进一步提高教师和学生的"三创"能力。

【专家点评】

创新创业试点班和大学生创新能力训练营掀起了学院"大众创业、万众创新"的高潮,综合利用"大学生创新教育名师工作室"和"点石成金"大学生创客实验室,进一步凝练推广,实现了资源共用和共建共享,为其他高校创新教育指导教师及参与创新创业、科技竞赛的大学生提供了可借鉴、可复制的模板。

杨佳龙　安徽工业大学冶金工程学院教授,博士生导师

基于学科竞赛模式的科研育人案例

【作者简介】

　　古阳,男,讲师,电子科技大学材料与能源学院辅导员。曾获中国"互联网+"大学生创新创业大赛银奖(指导老师),首届高校"电子信息+学生工作"创新论坛优秀论文三等奖,电子科技大学优秀研究生辅导员,电子科技大学"优秀分团委书记",主持和参与高校思想政治工作项目多项,发表论文11篇。

一、案例简介

　　《中共教育部党组关于印发＜高校思想政治工作质量提升工程实施纲要＞的通知》(教党〔2017〕62号)指出:"发挥科研育人功能,优化科研环节和程序,完善科研评价标准,改进学术评价方法,促进成果转化应用,引导师生树立正确的政治方向、价值取向、学术导向,培养师生至诚报国的理想追求、敢为人先的科学精神、开拓创新的进取意识和严谨求实的科研作风。"科研育人是"十大育人"体系的重要组成部分,让学生在科研领域进行探索,不仅可以实现对专任教师科研工作的有力支撑,还可以利用科研平台,在科研活动中,对学生进行理想信念教育、社会主义核心价值观教育等,让学生树立科研报国的理想。研究型大学在开展该类型育人方面,拥有得天独厚的优势。

　　随着近年来"互联网+"创新创业大赛等学科竞赛受到大学的普遍重视,各高校可以以学科竞赛为牵引,建立符合学校学院发展特色的科研育人体系。本案例以电子科技大学材料与能源学院为主,介绍了该学院开展以创新创业竞赛为牵引的科研育人体系,介绍了相关工作经验和发力点,并对下一阶段工作进行展望,为研究型大学本科生科研育人工作提供了新的思路。

二、案例分析

(一)案例背景及解决问题

1. 研究型大学科研育人基础条件越来越好

随着我国高校"211工程""985工程""双一流"等的实施,研究型高校的科研经费、科研课题、科研实验室和仪器设备、科研人力等方面都有了量和质的积累。这些丰富且相对优质的科研资源为本科生科研训练活动奠定了良好的基础。

根据"青塔"统计数据显示,作为研究型大学代表的大连理工大学,2015年科研经费为13.2亿元,2017年达到15.1亿元,另外一所研究型高校哈尔滨工业大学从2015年的25.5亿元增长到2017年的30.2亿元。笔者所在的电子科技大学材料与能源学院科研经费也从2018年的3080万元增长到了2019年的4597万元。研究型大学经费的增长体现出了研究型大学科研实力的提升。近年来,各研究型高校的专任教师使用的仪器平台、设备等都有了质的提升。这都为研究型大学开展本科生"科研育人"提供了可靠保障。

2. 国内重视本科生科研训练氛围愈发浓厚

1989年,"挑战杯"大学生课外科技活动举行,这成为国内鼓励高校开展科研活动的第一个风向标,也成为"科研育人"的起点。近年来,国家对大学生科技活动愈发重视。尤其是"互联网+"全国创新创业大赛在2015年举行后,迅速带动了全国高校大学生科研创新和成果转化工作,成为"科研育人"的重要牵引力。2020年2月21日,中国教育学会发布了《2019全国普通高校学科竞赛排行榜》,对全国范围内的各个学科领域学科竞赛进行梳理,排名前五的竞赛如表2-2-1所示。

表2-2-1 2015~2019年全国普通高校学科竞赛排行榜内竞赛项目名单(前五)

序号	竞赛名称
1	中国"互联网+"大学生创新创业大赛
2	"挑战杯"全国大学生课外学术科技作品竞赛
3	"挑战杯"中国大学生创业计划大赛
4	ACM-ICPC国际大学生程序设计竞赛
5	全国大学生数学建模竞赛

在此基础上各个高校纷纷加大投入力度，充分挖掘各类科研资源，让更多本科生投入科研竞赛，促进基于竞赛引领的科研育人工作开展。

（二）当前研究型大学本科科研育人问题分析

虽然目前从基础硬件条件和赛事引领方面，以学科竞赛引领的"科研育人"具有较为成熟的发育土壤，但是现阶段仍然存在以下问题：

1. 学科竞赛和科研育人尚未完全形成合力

在管理方面，学科竞赛往往在学校由学校团委进行牵头和组织，依靠学生社团的自发支持，指导教师利用空闲时间对科技作品进行指导；科研训练项目由于和课程衔接紧密，往往由教务处牵头组织。两头管理导致当前培养学生创新能力的两大主要平台各自为政，未能形成综合培养体系，无法发挥培养学生创新能力的最大功效。在针对如"互联网＋"创新创业大赛等的重要赛事的准备中，往往通过项目征集的方式，从现有专任教师的科研项目中针对学科竞赛进行二次开发，没有在项目的整体过程及竞赛准备过程中贯彻"育人"功能。

2. 专任教师重"科研"轻"育人"

在脱离了学科竞赛的科研育人体系中，专任教师往往专心于各个项目的完成进度，带领研究生开展科研攻关，针对研究生的学习和生活给予关注较多，但缺乏对研究生"理想信念""社会主义核心价值观"等方面的引导；进入实验室的高年级本科生，更多只能作为研究生助手存在，对项目进度帮助较小，且本科生未来是否在该实验室继续深造都存在变数，对他们而言，专任教师明显缺少在科研过程中的育人热情。

3. 课程建设不足，培养缺少系统性

当前本科生的课程模式为学生课程学习，在实验课中进行知识实践，并将在以上环节中学习的知识在项目中进行应用。但当前大学课程中，几乎没有基于"科研项目"的课程，学生很难将课程中学习的知识与科研项目结合；没有项目的支撑，在学习过程中也难以产生思想共鸣。"科研育人"缺乏系统性和规范性，全凭任课教师在授课和实验过程中介绍项目情况，渗透"课程思政"内容，达到育人目的。

（三）案例思路

以"互联网＋"创新创业大赛为牵引，在新生入学教育中开展针对科研启蒙的课程教育，从而提升新生对大学科研系统化、专业化的学习；与此同时，选拔对科研兴趣浓厚、基础较好

的学生进入"启蒙计划",该项计划依托大学生创新创业计划,将本-研的培养方式有机结合;学生亦可以直接联系学院课题组老师,跟随老师进入实验室进行科研学习。通过以上三种方式,完善学院科研育人体系(图2-2-2)。

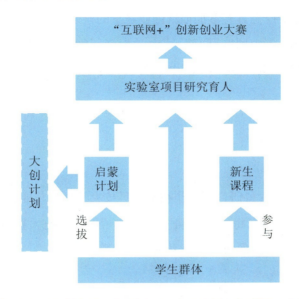

图 2-2-2　以"互联网＋"创新创业大赛为牵引的科研育人体系

（四）方法与实效

1. 基于低年级学生科研育人的"启蒙计划"

"启蒙计划"是电子科技大学材料与能源学院在大一新生中实行的基于"科研育人"的科研训练计划。在大一年级学生刚刚学习完基于项目的新生课程后,充分借用大一新生对科研的好奇心理和可塑性强的特点,立即让学生充分参与到实验室的科研中来。虽然大一新生基础知识弱,基本不具备开展科研工作的能力(无法专注于具体的科研问题),但是恰是这种"空白"为"科研育人"的"育人"效能留足空间;实验室专任教师和研究生可以充分利用项目资源、实验室设备和环境开展理想信念教育,渗透至诚报国的理想追求、敢为人先的科学精神、开拓创新的进取意识和严谨求实的科研作风。目前电子科技大学材料与能源学院科研育人平台已覆盖所有学生,学院学生参与科研比例达100%,其中,通过"启蒙计划"进入科研平台学习的本科生达80%,极大地助力了科研育人的人才培养战略。

2. 以"互联网＋"创新创业大赛为牵引的科研育人工作

学院将"创新创业"教育贯穿思政教育始终,并在专任教师中积极渗透科研转化思想,在教师端,充分结合学院科研方向特点,通过校友、政府、行业企业精英等,推动教师思想意识积极转变。在学生端,通过"启蒙计划"进入实验室的本科生思维活跃、创造性强,辅导员开展思政工作时,时刻绷紧"创新创业"这根弦,充分利用专任教师实验室资源,开展科研育人工作,并从实验室课题中挖掘具有参加创新创业赛事的科研创新点。目前,电子科技大学材料与能源学院斩获2019年中国"互联网+"大学生创新创业大赛金奖一项,本科生于2019年发表论文45篇,其中SCI论文41篇(电子科技大学材料与能源学院本科生总人数332人)。

三、启示与思考

以"学科竞赛"为牵引的科研育人工作在电子科技大学材料与能源学院取得了良好的成效,2019年学院推荐的项目获得了第五届"互联网+"创新创业大赛金奖。未来,该体系还将在如下几个方面进行强化,促使培养体系更加健全稳定:

(一)加强对"启蒙计划"学生的过程把控

为了避免学生进入实验室后出现懈怠情绪,也让专任教师时刻关注本科生在实验室中的表现,增强科研育人的效果,未来针对启蒙计划,将从辅导员角度入手,对进入实验室的同学在6个月后进行中期检查,12个月后进行总结汇报,实验室表现等和奖学金评定等挂钩,促进同学参与的积极性。

(二)引入竞争机制,扩大"启蒙计划"参与性

学院将各类实验室面向全校范围内同学开放,招收大一学生,引入外学院的竞争机制,通过"鲶鱼效应"让在实验室学习的学生拥有更强的紧迫感,同时为专任教师提供了更多的吸引优秀本科生的渠道。

(三)进一步强化专任教师参与科研转化的意识

专任教师往往更加关注科研项目进展,缺少对项目落地转化的敏感度,今后通过搭建专任教师与地方政府、创投领域精英等之间的平台,提升专任教师科研转化的思维意识。提升专任教师对各类创新创业赛事的参与度和关注度,建立"创新创业""学科竞赛""科研育人"之间的正反馈激励机制,提升人才培养质量。

【专家点评】

　　科研育人是十大育人体系中的重要组成部分,研究型大学因其拥有强大的技术实力、科研背景和硬件条件,在科研育人体系中拥有得天独厚的优势,对激发学生主观能动性,培养学生科研思维成效良好,特别是实验项目研究和育人平台,将全体科研教师形成合力,共同为学校人才培养提升了质量。

李翰超　电子科技大学材料与能源学院党委副书记

以大学生学术科技竞赛促进拔尖人才质量提升

【作者简介】

> 陈金波，男，硕士，助理研究员，北京师范大学生命科学学院党委副书记。曾获北京师范大学"弘德"辅导员等荣誉。
>
> 殷实，女，硕士，助理研究员，北京师范大学生命科学学院团委书记。曾获第六届全国高校辅导员职业能力大赛三等奖等荣誉。

一、案例简介

为鼓励大学生积极创新，着重培养大学生的实践能力和创新精神，拓宽国际视野与世界眼光，加强生物学科拔尖人才培养，2014年5月至2020年，北京师范大学生命科学学院学生工作办公室配合本科生教学，合力开展"大学生学术科技创新竞赛项目"，以组队形式参与国际遗传工程机器设计竞赛（International Genetically Engineered Machine Competition，iGEM）为重要契机和项目试点，开展大学生学术科技创新竞赛项目。参赛6年以来，BNU-CHINA团队在全球比赛中频获佳绩，斩获三金两银一铜。"以高水平大学生学术科技创新竞赛项目 促进基础科学拔尖人才培养质量提升"实践案例曾获北京师范大学第五届思想政治教育实效奖。

大学生课外学术科技创新活动是提高大学生创新和实践能力的载体。大学生课外学术科技活动包含学术科技的学习、创新和应用三方面的内容。对于生物学等基础学科来说，学术科技创新竞赛无疑是最为理想的活动形式之一。而iGEM是国际上合成生物学领域的顶级大学生科技赛事，由麻省理工学院于2003年创办，2005年发展成为国际性学术竞赛，受到学术界和工业界的广泛关注。iGEM的理念在于鼓励大学生积极创新，用创新去改变世界。具有多学科背景的iGEM团队需要利用标准生物模块来构建基因回路、建立有效的数学模型,实现对精致复杂人工生物系统的预测、操纵和测量以完成比赛。

北京师范大学生命科学学院通过组织本科生参与 iGEM,一方面以研促赛,以赛促学,学以致用,培养大学生的创新能力,拓宽国际视野;另一方面从组队、运营、管理等方面积累宝贵经验,探索形成大学生学术科技创新竞赛的支持体系。通过 6 年的实践,积累了宝贵的经验,取得了卓越成效。

二、案例分析

(一)领导重视,教学联动

生命科学学院党政领导对于本科生参与国际高水平赛事高度重视并给予大力支持,在活动费用、实验器材、指导教师、物理空间等方面为 BNU-China 团队提供了坚实保障。同时,学生工作办公室与本科生教学双方联动,为团队顺利开展竞赛研究提供全方位协助。朱旭东教授(教育部"新世纪优秀人才支持计划")和杨冬副教授两位专任教师担任学生科技辅导员,为团队进行专业指导。学院分党委副书记陈金波老师担任项目管理导师,协助与监管 iGEM 小组的课题设计、项目管理、人员培训等内容,确保项目团队的正常运行(图2-3-1)。

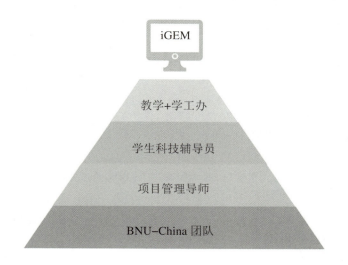

图 2-3-1　iGEM 团队管理运行机制

(二)制度保障,课程建设

抓好大学生科技活动,促进创新人才培养,制度建设是前提和基础。学院出台了相应的政策,将竞赛指导教师的工作量纳入年终绩效考核,这一做法是对指导教师的工作的高度认可,极大地激发了指导教师的积极性。同时,为增强队伍凝聚力,提高工作效率,规范队伍管理,拟定了《BNU-China 2016 队伍管理办法》,对团队架构、常务管理、考核评价等都进行了详细规定。此外,以"课程化"作为建立长效机制的有效手段,在本科生"科研训练与创新创业"这一必修学分中,将 iGEM 作为选修模块,以课程化体系进行竞赛的介绍、讲解、选聘与指导(图 2-3-2)。

BNU-China 2016 队伍管理办法

一、总则

  为了增强队伍凝聚力,提高工作效率,规范队伍管理,便于日后队员的考核,特拟定BNU-China 2016队伍管理办法如下。

二、队伍管理

1. 参赛部分
1.1 总负责人
  BNU-China 2016队伍设队长一名,副队长两名,职责如下:
(1) 队长负责队伍的整体运转,统筹和老师学员的交流等各方面工作。
(2) 两名副队长分别负责参赛部分和常务管理部分。参赛部分包括参赛报名、官网注册、官网最新信息的传达等。常务管理部分包括后勤、财务、文件的统筹管理等。
1.2 各部分组成
  整个队伍分为实验组、建模组、wiki组、美工组、HP组,各小组之间即时沟通互相交流,保证整体项目的有序进行,并最终保证项目的完整度。
(1) 实验组
  实验组视项目而定可分为若干个小组,每个小组设一名负责人,负责该小组实验进度并及时向队长反映实验情况。实验人员须认真做好实验记录。
  队伍有两名指导老师和两名助教,在实验方面遇到问题要及时和老师和助教沟通,解决问题。
(2) 建模组
  建模组设一名负责人,负责与实验组交流,了解实验进度并据此与建模组成员设计建模方案,以更好地辅助实验进行并增加项目完整度。
(3) wiki组
  wiki组设一名负责人,负责协调整个项目wiki方面的工作,并与美工组、HP组和队长即时交流,可根据项目进展设计相应的网页、数据库或APP等,作为项目的补充。

图 2-3-2 《BNU-China 2016 队伍管理办法》

(三)多元协同,校际交流

  iGEM 涉及生物学、计算机科学、数学等多学科,是以合成生物学为核心多学科交叉的世界级科技竞赛,因此需要团队成员具有多学科背景。我们注重加强对学生多专业、多学科协同的引导,培养协同作业意识,包容汇聚了一批有志于挑战iGEM的优秀人才,积极开展跨校、跨院合作。比如,2014年BNU-China团队邀请了2名北京大学生物医学英语专业的大学生协助进行资料翻译,团队成员还包含了来自我校生命科学学院、励耘学院、信息科学与技术学院等院系的学生。2015年该团队还吸引了物理学系、化学学院、地理学与遥感科学学院以及数学科学学院的优秀学生的加入。同时,团队注重通过校际交流与国际交流,不断开阔视野,拓宽思路,思想碰撞,以学促思。两年来先后与中国海洋大学、华中地区高校、台湾交通大学、北京理工大学、北京大学等高校进行了交流展示(图2-3-3)。

图2-3-3 华中地区iGEM交流会(华中农业大学,2014年8月)

(四)文化建设,动态监管

重视团队文化建设,逐步培养形成学生iGEM科技创新兴趣小组,一方面以兴趣小组/社团的形式固定运行模式,保障团队运行的延续性和稳定性;另一方面以兴趣为导向兼容并包,吸纳优秀人才,激发团队活力,以兴趣小组/社团搭桥,引导和鼓励BNU-CHINA打造出团结、卓越的团队文化。与学院积极协调,为团队提供场地开展文化墙设计,有助于进一步增强团队凝聚力和荣誉感。实施每周例会制度,项目管理导师对例会与项目进展情况进行动态监管。

(五)创新孵育,成果转化

注重比赛宣讲与团队宣传,BNU-China队伍在面向全校师生宣讲后,平均每年收到近百名学生的报名申请,带动全校学生进一步关注学科竞赛,激发创新意识。在四轮的竞赛辅导培训后,孵育出10支队伍,不限主题、不限形式,自由进行iGEM的模拟选题汇报(mini-iGEM),筛选出最终的出征队伍。在 mini-iGEM 评比中,各小组涌现出了非常多的优秀创意和想法。这 10 支队伍的项目涵盖了生物氢电池、bio-domino、PEACE、DUKANG、温度警报器、柑橘黄龙病的治疗、植物对重金属的吸收、光信号传导与再生、细菌发电站、甲醛终结者等。同时,学院还积极鼓励各小组进行项目成果转化(图 2-3-4、图 2-3-5)。

图 2-3-4　BNU-China 2016 团队风采

图 2-3-5　mini-iGEM 队伍汇报答辩

2014 年 10 月至 2019 年 10 月,我校生命科学学院 BNU-China 团队共获得"三金两银一铜"的优异成绩。2019 年,BNU-China 团队第三次获得金牌并获得最佳疗法项目提名(Best Therapeutics Project Nominee),展现了北师大学子高超的学术科技素养和水平,参赛学生也获得了科研能力、团队协作能力、语言表达能力、拓展国际视野等多重成长。

三、启示与思考

大学普遍把科学研究和知识创新作为工作的中心,高校也承担着绝大多数的研究项目,在这样的背景下,科研育人是当务之急。北京师范大学生命科学学院以"大学生学术科技创新竞赛项目"为抓手,促进学科发展,指导并促进科研育人,提升人才培养质量,反思科研的育人功能淡化,避免对科研产出和成果的功利化追求,做到科研和育人的融合。

习近平总书记在全国高校思想政治工作会议上的讲话中指出,开展思想工作要落实"三全育人"。生命科学学院通过"大学生学术科技创新竞赛项目",统筹学工、教学等多方力量,有效实现了全员、全过程、全方位育人。通过学术导师和学术顾问的全程指导,加之辅导员全程跟进,保证积极向上的团队文化,以赛促学、促研、促教,全方位培养和提升了学生的实践能力、合作能力、创新精神、国际视野,丰富了学生能力提升与个性化能力发展等学业辅导内容,为促进基础科学拔尖人才培养质量提升探索了一条可行的道路。

BNU-China团队展现了我校学子在国际高水平生物赛事中的优良风貌与高超水平,是提升高校人才培养质量、实现高等教育内涵发展的一次卓越实践。例如,iGEM第一届团队成员王宣成功参与"BluePHA蓝晶(北京)生物科技有限公司"创业,张书以共同作者身份在《Nature》上发表研究论文,张启明以第一作者身份在国际顶尖杂志《Cell》上发表研究论文等。学院以iGEM项目平台为依托,以基础科学拔尖人才培养为突破点,通过学科交叉辐射带动全院乃至全校各学科本科生人才培养质量提升,不仅在全校范围内极大地推广和普及了合成生物学的相关知识,同时也有助于培育具有创新意识、教学实践能力、宽广的国际视野、强烈社会责任感的生命科学领域科研与教学精英人才。

【专家点评】

2014年10月,北京师范大学生命科学学院BNU-China团队首次参赛,就以高水平的团队实力、高水平的竞技发挥,获得竞赛金牌;2019年,BNU-China团队第三次获得金牌并获得最佳疗法项目提名(Best Therapeutics Project Nominee)。六年来,BNU-China团队"三金两银一铜"的亮眼成绩,既展现了北师大学子高超的学术科技素养和水平,也证明了以高水平大学生学术科技创新竞赛项目促进基础科学拔尖人才培养质量提升这一思路的正确性。

科研育人是高校发挥育人功能的重要途径,将思想政治教育与教学科研有机结合,通过科学合理的制度激励PI团队指导本科生参加高水平国际竞赛,学工团队统筹协调做好思想保障与教育工作,有助于获得"1+1＞2"的教育效果,是值得借鉴的工作思路,对于促进"三全育人"理念的落实具有积极意义。

  白 勇 北京师范大学党委学生工作部学生就业与创业指导中心主任,副研究员

第三篇
实践育人

追寻红色足迹　助力圣地发展

▶【作者简介】

> 赵颖,女,硕士,讲师,安徽工业大学艺术与设计学院副处级辅导员。工作期间,多次被评为校优秀共产党员、校优秀辅导员、校社会实践优秀指导教师、校军训工作指导教师、校三全育人先进个人、安徽省社会实践优秀指导教师等荣誉称号;个人先后获得安徽省就业指导课、创业指导课大赛三等奖,校辅导员职业能力大赛一等奖等荣誉;指导学生获得"挑战杯·创青春"全国大学生创业计划竞赛铜奖1项,安徽省金奖2项,银奖1项,指导安徽省职业规划暨创业规划大赛金奖1项,指导学生团队获得团中央全国优秀社会实践团队荣誉称号;主持安徽省社科规划青年项目等省部级以上课题2项,发表论文多篇。

一、案例背景

一个民族的文化自信"是更基础、更广泛、更深厚的自信","是更基本、更深沉、更持久的力量"。文化自信是一个国家、民族、政党对自身文化内涵的清晰认知以及对自身文化价值的高度认同与积极践行。中国的革命文化作为中国特色社会主义文化的三大来源之一,孕育并成长于革命战争年代,综合了革命理论、革命精神、革命作风与传统等内容,内含着深厚的意识形态底蕴,镶嵌着坚定不移的人民立场,彰显了矢志不渝的奋斗精神。当代大学生要以实际行动传承与弘扬对革命文化,才能具有坚定文化自信的强大底气。

延安在革命战争年代曾是中国共产党的指挥中枢和战略后方,中国共产党在这里运筹帷幄,做出了关系中国革命前途命运的一系列重大决策,为夺取全国政权奠定了坚实基础。这里孕育了伟大的"延安精神"。"延安精神"是中国共产党的传家宝,是中华民族宝贵的精神财富。

二、案例简介

习近平总书记指出:"老一辈革命家和老一代共产党人在延安时期留下的优良传统和作风,培育形成的以坚定正确的政治方向、解放思想实事求是的思想路线、全心全意为人民服务的根本宗旨、自力更生艰苦奋斗的创业精神为主要内容的延安精神,是我们党的宝贵精神财富。"

2019年,为深入贯彻落实习近平总书记在纪念五四运动100周年大会上的重要讲话精神,进一步引导广大青年学生实地感悟"延安精神",探究梁家河"大学问",践行"不忘初心、牢记使命",安徽工业大学艺术与设计学院基于视觉传达专业、产品设计专业的实践能力提升和红色文化文化传承基础上,申请参加了由团中央青年发展部、中共延安市委、延安市人民政府组织开展的2019年"追寻红色足迹·情系圣地发展"全国大学生延安暑期社会实践专项活动。

延安是中华民族重要的发祥地,人文始祖黄帝曾居住在这一带。1935年10月,中共中央和中央红军胜利到达吴起镇,延安成为中国革命的落脚点和出发点。党中央和毛主席等老一辈革命家在这里生活战斗了13个春秋,领导了抗日战争和解放战争,培育了"延安精神"。延安不仅是全国革命根据地城市中旧址保存规模最大、数量最多、布局最为完整的城市,还是全国爱国主义、革命传统和延安精神三大教育基地。

20世纪上半叶,延安在中华民族历史上写下了辉煌的一页。民族英雄刘志丹、谢子长创立的陕北革命根据地,成为中央红军长途征战的落脚点。从1935年到1948年,延安是中共中央的所在地,是中国人民解放斗争的总后方。13年间,这里经历了抗日战争、解放战争和整风运动、大生产运动、中共七大等一系列影响和改变中国历史进程的重大事件。特别是毛泽东等老一辈革命家亲手培育的自力更生、艰苦奋斗、实事求是、全心全意为人民服务的延安精神,是中华民族精神宝库中的珍贵财富,已经成为全国人民团结一致进行社会主义现代化建设的重要精神支柱。

我们期望在实地探寻延安的同时,可以身临其境感受革命圣地的不平凡岁月,加深我们对延安精神的认知与理解,激发当代大学生的爱国主义情怀,提升大学生为实现中华民族伟大复兴的"中国梦"责任感与使命感。"大学生假期不应该只在朋友圈欣赏祖国的大好河山,而是应该真正到祖国的大好河山去,到基层去。"实践队员们希望通过专业知识和具体实践的有机结合,服务社会,回馈社会,用自己微薄的力量助力延安地区的红色文化品牌建设,将延安的红色基因一代代传下去。

三、案例过程

本次实践活动的主题为"延安红色文化创意品牌创建",活动内容大致划分为以下几个方面:

(一)参观学习

通过对前期数据资料的调研分析,团队成员沿着革命先辈们的奋斗足迹奔赴延安,先后参观了延安革命纪念馆、宝塔山、清凉山、枣园革命旧址、杨家岭革命旧址、王家坪革命旧址、鲁迅艺术学院旧址、南泥湾、壶口瀑布、延安北京知青博物馆等一系列中国革命文化标志性建筑,将自己融入当地的革命文化中,体会和感受当地的革命气息、感知延安精神的文化内涵。

(二)调研分析

为了更加深入地了解延安革命文化,团队集中收集了延安的红色文化理念、革命发展历程、革命根据地的创立、当地红色文化的传播情况,以及已有的特色旅游产品的总和等,通过全方位、多元化、细致化的分析整理,明确设计思路和对象。

(三)设计定位

通过前期的网络调研、实地调研,队员们积极讨论、各抒己见,进行创意理念碰撞,确定了针对延安革命精神传承的文创产品设计方向,从用户体验角度考虑文化传播的范围,品牌创建方式,结合用户定位、用户需求定位、产品定位(功能、造型、色彩、结构、材质、使用方式等)、品牌LOGO定位(造型、色彩、使用样式等),进行作品设计。

(四)方案优化、效果展示

经过筛选,在确定创意想法及初步草图方案之后,队员们精心绘制效果图,精雕细琢,确定产品造型、结构、色彩方案等,再通过三维建模、PS等平面软件设计初稿,通过平面化和立体化的展示,进一步讨论产品是否符合预期目标。经过多次细致化的设计和创意思路的碰撞,制作出最终效果图及模型产品,最后形成一份详细、明确的设计报告书,予以展示。

四、案例实践成效

（一）编撰一本红色之旅感悟集

实践队员追寻红色足迹，参观学习红色遗迹，身处革命旧址，看着一件件具有年代感的革命用品，一张张珍贵的照片，队员们在缅怀先辈的同时也不禁为先辈们的伟大而激励着。在感悟延安精神中，实践队员们撰写了多篇实践日记，经整理后统一收纳在一本红色之旅感悟集内，以实际行动大力弘扬红色延安老一辈的革命精神和梁家河"大学问"。

（二）拍摄一部红色基因纪录片

重温革命岁月，追寻青春足迹。实践队员用镜头捕捉革命圣地延安的红色文化，形成了一部红色基因纪录片，对今后传播和弘扬延安的革命文化，传承"实事求是、理论联系实际，全心全意为人民服务，自力更生，艰苦奋斗"的延安精神，培育和践行社会主义核心价值观，具有重要的意义。

（三）开展一次校地合作深交流

根据对延安的现有产品进行调研，对市场进行了解，对其旅游商店进行走访，分析调研当地的红色旅游文创产品。实践队员们结合所学专业知识，踊跃提出改进延安市文创产品的建议，获得了延安市团市委的肯定。实践队代表安徽工业大学与延安市团市委签署了《延安市人才项目战略合作框架协议》。

（四）开发一套延安红色文创品

实践队员们结合产品特色、用户需求、品牌形象等方面，针对不同的设计对象，采取不同的设计思维，创作了一套以红色为主色调，围绕延安革命文化创意品牌创建（图3-1-1）。为了实现旅游体验的"品牌化""闯进化"的转变，队员们从自己的专业角度出发，打造了延安革命文化的新时代符号，让所有在当地参观学习的同志在延安重温革命岁月的同时，又能够选购具有延安革命文化特色的产品。

图 3-1-1　延安红色文创品设计效果图

四、启示与思考

（一）革命信仰要在文化自信中传承

革命信仰与中华民族精神一脉相承，是中华优秀传统文化与马克思主义相结合，在中共领导中国革命取得胜利的过程中不断得到验证，经过革命洗礼与历史沉淀，其科学性和先进性保障了中国革命的胜利。革命信仰是基于红色基因在当代文化形态下的自信，中华民族从站起来到富起来再到强起来的伟大历程决定了文化自信的本质就是对红色文化的自信，红色文化是文化自信的根本支撑和价值渊源，是新时期中国特色社会主义文化的底色，也是信仰传承的本源。

活动过程中团队成员通过书籍、报刊、网络、专家报告会、辅导报告等手段了解参加对延安市及周边县区的参观学习、走访调研、座谈交流等活动，对延安精神有了更深层次的解读，对今后传播和弘扬延安的革命文化，培育和践行社会主义核心价值观，具有重要的意义。

（二）革命信仰要在坚定信念中传承

革命信仰的传承需要我们不断坚定信仰信念、增强"四个自信"。在思想认识上，要从党的百年非凡历程中汲取营养、筑牢定力，坚定对马克思主义的信仰，对社会主义、共产主义的信念，对实现中华民族伟大复兴中国梦的信心，在工作中，进一步提高政治站位，不断提高政治判断力、政治领悟力、政治执行力，增强"四个意识"、坚定"四个自信"、做到"两个维护"，自觉在思想上政治上行动上同以习近平同志为核心的党中央保持高度一致；要自觉弘扬伟大革命精神、培植共产党人精神家园。要传承弘扬党在各个历史时期形成的伟大精神、优良作风和革命传统，从中接受精神洗礼、陶冶道德情操，以革命英雄、建设楷模和时代先锋为榜样，加强思想锤炼和实践历练，弘扬优良校风、教风、学风，展现新时代高校的新气象新风貌。

活动通过对延安革命文化的考证，围绕反映延安历史、革命文化、特色旅游、环保创意等，创建延安品牌形象，围绕形象系统，深度开发独具延安地方特色、适合市场需求的红色文化旅游产品，用红色文化旅游创意产品的形式，增强红色文化旅游情感体验，有助于推动延安地区的经济发展，树立延安革命文化的品牌形象。

（三）革命信仰传承在具体实践中传承

革命信仰传承需要厚植大学生的爱国情怀。讲好党的故事，不仅要有广度，还要有深度；不仅要有意义，还要有意思；不仅要扬正气，还要接地气，要注重将老故事、新故事、身边的典型故事、个人的成长故事作为主要内容，从红色基因血脉中汲取信仰力量，从学习实践中端正价值追求。

通过本次暑期社会实践，队员自身的实践创新能力、动手能力，以及服务社会的能力可以得到很大程度上的提高，通过在实践中与广大群众的接触，提升自己的交际能力，巩固专业知识，为自己在毕业后能更好地融入社会。通过实践提升我们团队协调能力，培养我们队员的大局意识、协作、服务精神和集体荣誉感。

本次社会实践能够使实践队员将在学校学习的理论与设计相结合的机会，通过前期准备、实地调研、团队协作、资料整理与分析等过程，能够切切实实让队员将课堂上、书本上所掌握的知识融入社会实践,学以致用,服务社会,通过亲身体验、亲自设计,整个团队按照活动要求、流程与目标,完成延安红色革命文化创意品牌设计。

(四)革命信仰要在社会齐心协力中传承

做好革命信仰传承,需要营造信仰传承的文化氛围,不断加强普及、推广、强化社会主义核心价值观教育;要把红色资源保护好、开发好、利用好,深挖红色资源的丰富内涵,让历经时代洗礼的红色资源"火起来""活起来",打造体验式、沉浸式地红色旅游模式,让广大群众在游览、阅读、体会中,感受历史力量,根植红色基因,坚定信仰传承;拓展宣传渠道,优化红色基因传承环境,不断改进和创新红色基因传承的内容、形式、载体、方法、手段,才能真正把理想信念的火种一代代传下去。从个人角度来讲,我们每一个人都是革命信仰传承的因子,革命信仰的传承有助于激发我们内心的需要,帮助个人树立更好的人生追求与崇高的人生境界。因此,我们要在工作中,懂得信仰的力量,练就过硬的本领,坚定正确的立场,真正将信仰化作实践、结合现实、融于生命,以信仰的力量武装自己,以信仰的光辉指引道路,以信仰的动力成就未来。

正如习近平总书记所讲:"理想因其远大而为理想,信念因其执着而为信念。"真正的信念不是温室的花朵,石可破而不可夺其坚,丹可磨而不可夺其赤。铁一般的信仰,也正是在"浪打天门石壁开"的考验中变得更加坚定,在"千磨万击还坚劲"的砥砺中变得更加坚强,这种坚强的力量将会支撑起我们祖国的强大,实现中华民族的伟大复兴。

【专家点评】

> 如何进一步加强大学生的红色文化基因,有效发挥革命文化传统教育基地的重要教育资源,是提高大学生思想政治教育的实践效果的重要渠道之一。本案例以安徽工业大学赴中国革命的落脚点和出发点——陕西省延安市,以"追寻红色足迹·情系圣地发展"为主题的延安红色旅游文创产品开发实践为切入点,探索大学生专业能力提升与传承红色基因,开展爱国主义教育的有效建设模式。从实践过程的合理安排与实践方案的有效结合,注重沉浸式、体验式地革命文化学习,寓教于乐,充分发挥了大学生的主观能动性,拓宽了思想政治教育的引导路径,发挥了革命传统文化教育的价值引领功能,提升了大学生思想政治教育的效果,具有较好的示范作用和典型意义。
>
> 需要指出的是,案例具有很好的推广价值,但实践活动设计还可再优化,理论方面也应进一步思考总结。
>
> **方勇** 安徽工业大学艺术与设计学院党委副书记、副院长、纪委书记,讲师

用爱逐梦　让梦筑梦
——天山雪莲们的成长记

【作者简介】

张雯，女，汉族，中共党员，1991年6月出生，心理学硕士研究生，国家二级心理咨询师，南京工业职业技术大学电气工程学院辅导员。工作期间，曾指导学生项目《把祖国的美好播种在新疆孩子的心田》参加中国第五届"互联网+"大学生创新创业大赛，获得国赛铜奖、江苏赛区金奖，其本人获得"优秀指导教师"称号。她曾指导学生参加全国高等职业院校"发明杯"大学生创新创业大赛，并荣获一等奖2项，三等奖4项；曾荣获"优秀指导教师"称号、2017年在宁辅导员岗前培训"优秀学员"称号、校"五四青年标兵""优秀共产党员"等30余项荣誉；主持江苏高校哲学社会科学研究项目1项，发表思政类文章7篇等。

一、案例简介

近些年来，创新创业教育在高校工作中的比重越来越大，高校教育工作者将创新创业教育融入人才培养全过程，提出教育理念，创新教育模式，提高育人能力。本案例选取第五届中国"互联网+"大学生创新创业大赛"青年红色筑梦之旅"项目全国赛铜奖、江苏省金奖项目，围绕一名新疆女孩祖比亚，讲述其从成长成才到最终站上创新创业赛事最高领奖台的逐梦过程。

一直以来，学校有着浓厚的创新创业氛围和优质的资源，并关心和维护每一位在校学生和毕业生，"把祖国的美好播种在新疆孩子的心田"项目就是在学校有广度、有厚度、有温度的育人环境背景下应运而生的。整个项目牢牢把握住"中华文化始终是新疆各民族文化的情感依托、心灵归属和精神家园，也是新疆各民族文化的动力源泉"这个思想不动摇，前期项目团队深入新疆各个州市,了解到目前少数民族地区,尤其是维吾尔族孩子在学习普通话时面临的困境,深刻认识到"扶贫先扶智,扶智先通语"的道理,于是祖比亚召集了一批双语优质老师,开设普通话培训课程,坚持加强民族团结和交流,立足于新疆少数民族同胞掌握普通话的现状,结合传播和传承中华传统文化,探索出适合少数民族地区孩子学习的课程设计,加以推广。

本案例牢牢扣住大赛的精神,即先进的育人理念、良好的政策扶持、精准的需求定位、成功的教学模式以及立竿见影的效果,实实在在地将民族事业做大做深,将创新创业贯穿于思政工作整个过程。

二、案例分析

2015年,国务院办公厅印发《关于深化高等学校创新创业教育改革的实施意见》,全面部署深化高校创新创业教育改革工作。创新是引领发展的第一动力,是建设现代经济体系的战略支撑。一直以来,创新作为推动国家、社会向前发展的原动力,高校辅导员作为学生身边的解惑者、指导者、导航者和关怀者,理应将创新创业的理念教育和实践教育工作在高校阵地上铺展开来。

新疆籍同学祖比亚在毕业之后,选择回乡(新疆维吾尔自治区吐鲁番市)创业,创办吐鲁番育才培训学校,主要针对目前在新疆地区少数民族双语教师缺乏、普通话氛围不浓、中华传统文化缺失、普通话能力提高有限等问题,面向少数民族孩子、成人、残疾人教授普通话课程。支援祖国西部教育工作,以实际行动助力精准扶贫,守护西部孩子的梦想,服务乡村振兴,助推国家文化交流、民族融合的伟大事业,坚守中华文化立场,传承中华文化基因,构建各民族共有的精神家园。

在这期间,学院辅导员一直和祖比亚同在,帮助她将创新创业思想和意识贯穿于教学育人的全过程。帮助她了解国家地区政策,并结合当地特色,给她提供创业就业指导。向她普及大学生就业创业优惠政策;为她注入信心,运用自己教育学、心理学的专业知识和从教经验给祖比亚的课程设计提出建议和指导,切入难点,寻找亮点和特色,帮助她探索出一条通过营造浓厚的中华传统文化普及和学习氛围,推广普通话、教授普通话的教学模式,实现了学校能自主经营盈利,同时能反哺社会、提高少数民族孩子普通话水平的双赢局面。同时,辅导员为她创造机会、搭建平台,鼓励她参加各类创新创业大赛,例如,帮助她获得中国第五届"互联网+"大学生创新创业大赛国赛铜奖、江苏赛区金奖,激励她、陪伴她继续前行,守护她的赤子之心,早日实现自己的梦想。

三、启示与思考

（一）主抓思想政治教育领地，培育创新创业种子

对于当代大学生而言，创新创业不仅是实践，更是一种思想和意识，要将创新创业教育融入思想政治教育、专业教学和人才培养全过程。培养创新型和就业型大学生的同时，也要注重培养全方面高素质人才，引导学生将个人的创业梦想与国家、社会、人民的利益相关联。祖比亚同学进入大学后，深受学校爱国主义、强军之路、理想信念教育等的教育熏陶，从志愿服务到征兵入伍，再到支援家乡，创办普通话文化学校，将个人的创业梦想与家乡的需要、人民的福祉结合在一起，充分体现了她家国情怀，这也是项目能做大走远的重要原因之一。作为大学生的指导者和关怀者，辅导员要主抓思想政治教育领地，立足高远，引导学生们树立远大理想，培养学生与祖国同呼吸、共命运的责任感和使命感。

（二）切入难点、特点、亮点，"量身定做"创新创业方案

大学生是最具创新创业潜力的群体之一，他们对时代、社会的触角是最敏锐的。在这个过程中，根据大学生的需求、专业、经历等，切实了解他们创新创业的想法，找到实施过程中的难点，攻克壁垒，寻找项目的亮点，精心完善，给项目"画出"精准画像，因时、因材、因人定做创新创业方案。与其他同学相比，祖比亚的创业之梦更加特殊，少数民族、西部教育资源不足等现实情况都让创业之路变得不一般，辅导员和祖比亚一起从政策、教育环境、少数民族孩子需要等角度精准定位、寻找突破口，探索出最优化的创业方案。

（三）搭建创新创业展示平台，助力创新创业落地开花

积极探索创新创业新途径，将创新创业与专业学习相结合、与服务社会相结合、与择业就业相结合，搭建创新创业展示平台。祖比亚在校期间，得益于学校、老师对于平台的搭建，她积极参加省市级各类创新创业大赛，牢牢抓住每次历练的机会，在各类场合中打磨自己。如今的她，面对几千人的演讲，也毫不怯场，娓娓道来。平台的搭建帮助了她对创新创业项目的打磨和完善，更是培养了她的表现能力、劳动观念和职业道德。学校要把创新创业实践作为创新创业教育的重要延伸，通过举办创新创业大赛、讲座、论坛、模拟实践等方式，丰富学生的创新创业知识和体验，晋升学生的创新精力和创业能力。

【专家点评】

  选对项目对创业者来说会起到"事半功倍"的效果。祖比亚同学在大学读书期间携笔从戎来到南京军区政治部文工团，成为一名优秀文艺兵。她能歌善舞，技能出色，退伍重回大学读书期间又参加家乡的义务支教活动，她从事自己喜欢的、熟悉的普通话与传统文化推广普及等培训创业活动，可以说她具备了把业态做精的可能，战略上是成功的。在经营模式上，与新疆中国画画院实现强强联合，将文化课与美术课结合培训，起到了科学搭配、互利共赢的效果。

  当前，企业发展壮大了，原先的企业标准需要调整提高——需服务更多的少数民族孩子、成人、残疾人，将创造更大的社会价值作为企业家的人生价值取向。只有志存高远的企业当家人才能走得更远更长，此案例充分体现了将创新创业贯穿于整个育人过程中，既能成业也能成人。

马多勇　南京工业职业技术大学电气工程学院党总支书记，副研究员

点燃创新创业激情　　实现学生全面发展

【作者简介】

> 付铭举，男，硕士，讲师，大连交通大学电气信息工程学院辅导员，校团委兼职副书记，创新创业指导教师。曾指导学生参加科技竞赛，获省级二等奖1项，校级奖励多项；指导的暑期社会实践成果被评为2019年辽宁省暑期"三下乡"社会实践活动优秀成果。曾荣获辽宁省暑期"三下乡"社会实践"习近平新时代中国特色社会主义思想"宣讲交流专项行动先进个人，辽宁省第七届大学生戏剧节优秀辅导教师、优秀导演，大连市党委系统优秀信息工作者，大连市优秀学生思想政治教育工作者等多项荣誉。

这几年，"大学生创新创业"无疑成了大学生进入社会的垫脚石和考研复试的敲门砖。职业规划与就业创业指导是高校辅导员九大工作职责之一，作为辅导员，有责任和义务让学生知道创新创业的重要性，并帮助学生在创新创业中取得优异的成绩。而对于转专业的学生来说，第一次接触电气类相关专业，要更加重视他们的创新创业能力培养，进而促进创新创业教育与专业教育的有机融合。

一、案例简介

有一个电气工程及自动化专业的学生，他自进校以来便对创新创业有着浓厚的兴趣，可是原来的专业并不能很好地应用于创新创业项目，入校后便下定决心好好学习，并在大二的时候成功转到了新专业。可是，虽然同为理工科专业，之前的专业偏化学，而电气偏物理，因此专业基础的差异对他后面的学习造成了不小的困难。不仅如此，由于刚刚进入新的班级和环境，他还不愿意与老师、同学交流，自己承担着一切苦恼，一味地憋在心里，使得他没有办法集中精力学习，导致成绩下滑，甚至对创新创业的兴趣也渐渐减少。

我和他多次攀谈交心，他也渐渐放下心中的芥蒂，向我吐露了心声："我非常想参加创新创业，正是之前的专业在创新创业项目上没有优势，所以转来电气专业，但感觉自己的专业知识不够,也没有经验,害怕失败。"我很能理解他,但这并不能成为他不去尝试的理由,我又和他聊了很多次,让他深层次理解什么是创新创业项目,引导他放下对创新创业的恐惧,直面创新创业中可能遇到的各种挑战,指出他可以承担创新创业项目的优势在哪里。

通过对该生的正确引导和教育,他不仅重新对创新创业燃起了兴趣,而且还带动身边的同学及学弟学妹们开始投身大学生创新创业项目的研发中。经过刻苦钻研、顽强拼搏,该生不仅学习成绩名列前茅,而且在各类创新创业大赛中都取得了优异成绩,如曾荣获校一等奖学金,成功加入大连供电段三好新媒体青年工作室并荣获全国铁路青年科技创新奖,荣获第五届中国"互联网+"大学生创新创业大赛暨大连交通大学校内选拔赛一等奖,第十三届国际大学生"ICAN创新创业大赛"暨大连交通大学选拔赛三等奖,第十五届全国大学生交通科技大赛暨第八届大连交通大学"畅通杯"交通科技大赛三等奖等,孵化基地创新创业项目成功结题。对于该生来说,创新创业项目的研究不仅使其在本科学习中对专业基础知识有了更深层次的理解,同时激发他更加努力去学习相关知识来扩充知识面,为项目的成功增加筹码,更有助于该生将来考研专业课的复习以及考研复试时项目经验的阐述,为进一步提升自身价值、促进全面发展奠定了坚实基础。

二、案例分析

随着科技的进步,电气类相关专业因其广阔的就业领域成为了高就业率专业,而电气工程及自动化专业的就业需要更多的实践经验,大学生创新创业项目则为学生们提供了一个很好的积累经验的平台,因此,解决该生的问题,既有利于今后创新创业教育的开展,又能激发更多的学生积极投身于创新创业中。该生前期出现的问题主要有以下几个方面:

(一)不善交流讨论

该生作为转专业学生,与新班级同学一起成长的时间相对较少,一开始难免会有隔阂,不懂得主动与同学交流合作以及利用网络、人脉等收集相关的资料和信息。眼看周围的同学都在为自己的项目或竞赛奋斗,而他碍于面子等原因,既不愿意向同学请教经验,又不愿意询问老师关于创新创业相关的问题,陷入了"死循环",更加迷茫,原本对创新创业的浓厚兴趣也渐渐被消磨了。

(二)缺乏创新思维

该生作为转专业学生,虽然成绩优异,可是当面对创新创业项目时,并不能很好地构思出一个切实可行且与专业相关的想法,从而导致每一次面对竞赛题目和大创项目时都有心无力;加之不愿和别人交流,更使得他没有好的创意去参加相关比赛和项目,导致当初那份对创新创业的热爱逐渐减退。

(三) 害怕项目失败

刚转来时,该生想在新专业有所成就,但由于有部分专业课需要补修,前后衔接不上,觉得自己比别人落后,对于学习和创新创业有些信心不足;加之更害怕创新创业项目的失败,因此他选择放弃,逃避问题。随着年级的升高,越来越多的同学逐渐重视起创新创业项目的研发,他那份曾经的冲劲和现实的困难再一次使他感到矛盾、无措。

(四) 挖掘深层原因

该生遇到的以上三个问题是大部分学生普遍存在的问题,而不同的是,该生是一名转专业学生,还要顾及其转专业后的专业课衔接及心理问题。经分析后,发现出现上述情况,主要有以下三种原因:

1. 缺乏合作意识

该生对于创新创业有着十分强烈的热情,但由于转专业的原因,没能真正融入新的集体,不愿意和老师、同学交流自己的创新创业想法,很难与老师、同学共同努力完成一个研发项目。众所周知,项目的成功开展,需要领头人统筹大局,更离不开一个团队的协调合作。

2. 不会知识迁移

该生由于之前的实践课都是重复前人有结论的实验,过程比较刻板,因此逐渐削弱了将课本知识与创新创业相结合的能力。在该生眼里,电气工程及自动化专业相较于其他专业而言,范围更广,更符合日后创业的发展趋势,而事实上该专业的灵活性很高,需要同学们找到自己感兴趣的点深挖下去,才能有所建树。

3. 遇事选择逃避

现在大部分学生抗压能力较弱,有时失败后,就可能怨天尤人,而逃避这些困难和挑战则是烦恼最小的方式。该生害怕创新创业项目失败而不敢去尝试,实际上就是选择逃避和放弃。大学生应勇于尝试,要允许自己犯错试错,允许任何不完美的开始和不完美的结果,尝试了或许会成功,而逃避一定会失败。

（五）解决方案

对于学生的教育要因材施教，对于学生遇到的问题也要对症下药。对于该生的问题应采用不同的育人方式去解决，主要包括以下三个方面：

1. 鼓励合作，共享资源

由于该生对新同学还存在芥蒂，因此我首先通过举办班级创新创业项目的讨论活动，在教会同学如何使用中国知网、CSDN 等专业网站搜寻资料的同时，让该生真正融入新的集体；接着鼓励他们学会合作共赢，共同讨论创新创业的想法，共享创新创业的经验，在讨论中完善彼此的作品，在思维的碰撞中共同进步。

2. 前辈助力，激发思维

为了激发该生的创新思维，除了为他提供各项赛事的信息外，我还组织了有高年级的学长学姐参加的讨论会，以同龄人的思维和角度，通过对"专业知识如何扩展""创新创业项目如何进行""本专业的优势在创新创业项目中如何充分发挥"等问题的讲解，激发该生的创新创业思维，并且将这项传统延续下去，帮助更多的学生学会将课本知识迁移至创新创业项目，让每一届学生都对创新创业充满热情。

3. 言传身教，共同参与

为鼓励该生迎难而上，不要逃避，我参加了该生大部分的创新创业项目，和他共同努力面对项目中出现的问题。通过自身的行动，再一次点燃了他对创新创业项目的激情，更让他明白要跳出自己的"舒适圈"，面对困难，要迎难而上，利用创新创业这个优秀平台来重新塑造自己的价值，为将来的就业打好坚实的基础。

三、启示与思考

（一）通过现象，探究本质

该生表面上是不愿与他人交流，而实际上缺乏合作的表现。有时他只会羡慕同学获得的成就而不懂得交流合作，共享资源，共同进步；缺乏创新想法则是因为他不懂得如何将本专业的知识和创新创业项目有机结合，过于刻板和循规蹈矩；他害怕失败的根本原因是逃避困难，做好一个创新创业项目是十分困难的，没有强大的抗压能力和坚持下去的动力，往往会半途而废,显然该生还没有做好这方面的心理准备。因此,我们要透过现象看本质,解决每个学生的核心问题,加强学生创新创业的正确引导,对开展创业的学生给予及时、必要的指导,重新点燃学生对创新创业项目的热情,从而全身心地投入创新创业项目的研发中。

(二)以点到面,扩大影响

该生由于原专业不能和创新创业很好地结合,因此选择转专业来实现自己的价值,并且在转专业后十分渴望在创新创业上有所收获。由于一开始急功近利且没有找对方法,最后渐渐放下了创新创业的想法。针对这类学生,我们除了对他们更加的关注、耐心的引导外,还可以让有相同经历的学长学姐们来传授经验,使他们重新找到努力奋斗的方向;最后以他们为点来扩散至整个专业、整个学院,并且将该方法一届一届传递下去,让每一届的学生都对创新创业充满热情,从而不断提升学生的综合素质和实践能力,促进创新创业教育与专业教育的有机融合,保证学生德、智、体、美、劳全面发展。

【专家点评】

在这个案例中,我们可以看到,不仅解决了该学生的问题,甚至通过他,把创新创业项目的触角延伸至更多学生,有利于今后创新创业教育的进一步开展。通过言传身教的形式,与学生同甘共苦,感同身受,以支持者的身份让学生信心倍增,这是一种值得推崇的形式。对于创新创业的教育,一味地口头阐述并不能真正让学生明白,而一次项目的研究,无论成败,都能让学生积累经验,完成蜕变。不足就是没能够及时发现该生对创新创业项目的力不从心,由于转专业学生更渴望取得成就,所以问题更加的突出。该名学生的问题是普遍存在的,因此对于该类学生需要更加密切的关注,及时发现他们的问题,加以引导教育,促使每一个学生都能将创新创业和专业知识相结合,为将来的就业奠定基石。

盛　虎　大连交通大学电气信息工程学院副院长,副教授

构建"三位一体"育人模式
提升思政工作实效性

【作者简介】

> 熊彧,女,硕士,副教授,曾获四川护理职业学院,思政部专职教师,省级思政示范课主持人,主持并参与厅级、院级课题多项,发表论文多篇。
>
> 王景,女,硕士,副教授,四川护理职业学院,思政部主任。曾获得四川省优秀创新创业导师、德阳市就业创业教育之星,曾指导学生参加双创项目获国家级比赛一等奖2项、省级创新创业大赛银奖2项、铜奖2项,主持《构建新时代高职院校思想政治理论课实践教学体系的研究》等厅局级教改项目5项,院级课题多项,发表学术论文多篇。

一、案例简介

为进一步贯彻落实教育部新时代高校实践育人工作新要求,构建实践育人共同体,打通实践育人"最后一公里",四川护理职业学院围绕"培养什么人、怎样培养人、为谁培养人"这一根本性问题,以习近平新时代中国特色社会主义思想为指导,在"健康中国"战略实施背景之下,结合当代医学生特点,分析实际问题,大胆创新,勇于实践,通过探索构建实践育人共同体,将思想政治理论课实践教学环节与学生的日常思想政治教育进行有效融合,以"思政课实践教学平台、科研创新实践平台、社团文化实践平台、社会实践平台、志愿服务实践平台"五大平台为载体,以"引领型、教学型、服务型、自治型"四大实践育人机制为抓手,将学校、学生、社会三方进行有机结合,形成了思政实践、校园实践、社会实践"三位一体"的实践育人模式,帮助学生实现"三个回归"(即回归价值理性、回归科学理性、回归认知理性),促进学生精神成人、专业成才。

二、案例分析

（一）案例背景及解决问题

在全国卫生与健康大会上，习近平总书记用"敬佑生命、救死扶伤、甘于奉献、大爱无疆"概括了广大卫生与健康工作者的精神。卫生与健康工作者怀揣"医者仁心"的职业信仰，肩负防病治病、传播健康的使命，他们的事业崇高而神圣，是健康中国建设的重要力量。医学生作为我国医药卫生行业的预备队和生力军，不仅需要专业的技能，还需要具有良好的职业素养。重视和加强医学教育中的思想政治工作，对于进一步加强我国医药卫生行业乃至整个社会的精神文明建设，建立和谐卫生领域具有积极的意义。本案例通过"三位一体"实践育人模式的构建，打通实践育人"最后一公里"，促进学生专业成才、精神成人。

（二）案例思路

具体思路见图 3-4-1。

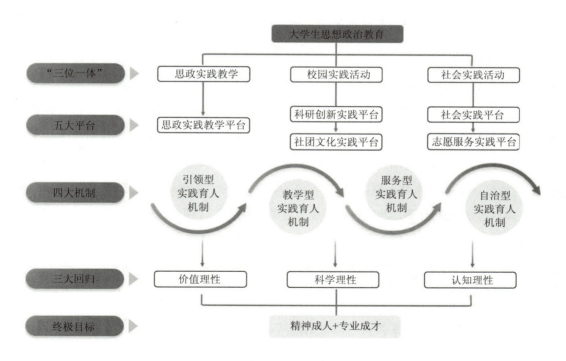

图 3-4-1 大学生思想政治教育课程思路

（三）做法与成效

1. 思政实践教学——夯实思政育人的主阵地

学院开设"思政综合实践"课程，明确课程内容，规范教学要求，有效解决了思政实践教学的无序化、随意性等问题；紧密围绕生命教育、价值观教育、医德教育三个主要目标，校内打造思政 VR 实践教学基地、思政虚拟仿真实践教学中心，校外与四川卫生党史馆、黄继光纪念馆等展馆合作建立校外思政实践教学基地，充分保障了思政实践教学条件；打造"个性课堂"，组织学生到康弘药业授课——《做医药改革生力军，为健康中国添动力》；参观四川卫生党史馆，引导学生传承四川卫生人精神，培育学生职业精神、增强职业认同感；打造"红色课堂"，开展"长征路上寻初心，新征程中担使命"思政实践教学活动，在重温长征史诗的实践中收集鲜活的思政素材，在追寻英雄足迹的征途中宣讲伟大的长征精神；打造"时政课堂"，组织学生参观成都规划馆，将十九届五中全会精神第一时间准确融入思政教学，让全会精神在思政课上"讲起来，用起来"，在学生中"说起来，做起来"。思政实践教学相关建设成效先后多次被中国教育网、四川省教育厅、四川省卫健委等官网报道。

2. 校园实践活动——提升育人质量的助推器

紧扣校园文化，积极开展系列活动，以思政讲座、科技创新、社团活动等多种文化为载体，开展思想政治教育。开展"思政大讲堂"，邀请南丁格尔奖章获得者成翼娟，学院优秀毕业生、"抗疫战士"佘莎等先进典范作报告，通过思想引领，着力提升师生职业意识及职业素养，坚定理想信念，传承敬佑生命、救死扶伤精神；建设科技创新实践平台，开展大学生创新创业训练计划、大学生创新创业大赛等项目，紧跟时代步伐，将社会人才需求与专业建设紧密结合，把创新创业思维融入校园实践，不断提高学生的创新意识和创新能力。近年来，学院学生参加全国职业院校大学生创新创业大赛并获一等奖 3 项、二等奖 3 项；参加四川省大学生创新创业大赛并获金奖 1 项、银奖 4 项、铜奖 4 项；开展"国旗下演讲""青春心向党，建功新时代"主题团日活动、"诵读新思想 奋进新时代""5·12 护士节"等主题鲜明、形式多样的实践活动，促进学生专业素养与人文素养的协调发展。

3. 社会实践活动——彰显育人本质的现实基点

紧扣职业文化，大力开展志愿服务和社会实践活动，引导学生利用所学专业知识，为精准扶贫、健康四川等公益事业提供力所能及的服务，引导学生在服务社会中受锻炼、长才干、做贡献。开展"禁毒防艾，青春在出发"三下乡活动，深入凉山州戒毒所、民族中学、乡村等地,开展内容丰富、形式多样的禁毒防艾宣教活动及专项调研,团队入选"青少年禁毒防艾宣传暑期志愿服务活动"四川省重点团队,荣获 2019 四川省"禁毒防艾"暑期志愿服务活动"最佳组织奖";成立"川护壤巴拉健康服务志愿队",创新健康扶贫模式,服务贫困县 4.7 万人,志愿队分别在第五届中国青年志愿服务项目大赛四川省赛和第二届全国卫生健康行业青年志愿服务项目大赛中荣获金奖。在"新冠"疫情最严峻的时刻,成立"四川护理职业学院抗击新冠肺炎爱心志愿服务队",筑牢社区抗疫防线,守护四川 24 万社区群众生命健康,志愿服务队队长张先庚被中华护理学会授予"杰出护理工作者",被中央宣传部、中央文明办评为"全国疫情防控最美志愿者"。

三、启示与思考

(一)紧扣专业特色

聚焦健康行业发展新形势,以社会主义核心价值观为引领,以当代医学生为中心,以学院"天使文化"校园品牌为支撑,构建起了具有川护特色的实践育人品牌体系,富有鲜明的专业特色。

(二)打造品牌项目

成功打造出"青马社团""红色课堂""时政课堂""思政大讲堂""经典诵读""5·12 护士节"等系列实践育人品牌活动;同时,"禁毒防艾,青春在出发""川护壤巴拉健康服务志愿队"等青年志愿者活动不断深化,实践育人创新创业基地、实习实践基地建设不断加强,为下一步不断开创实践育人工作新局面,提供了更加坚实有力的保障。

(三)实现育人目标

将促进学生健康成长成才作为开展一切实践育人工作的出发点和落脚点,坚持以"受锻炼、长才干、做贡献"为育人宗旨,推动实践育人工作规范化、制度化、常态化,依托学科专业优势,统筹实践教育资源,创建引领型、教学型、服务型、自治型四大实践育人机制,为青年学生成长成才营造了良好的育人生态环境,进一步激发学生的爱国情怀与人文关怀,增强学生的社会责任感和服务意识,帮助学生真正实现"三个回归",完成精神成人、专业成才的育人目标,培养出一批批社会主义现代化国家的合格建设者和堪当民族复兴大任的时代新人。

今后,学院将进一步提升"三位一体"实践育人工作的质量和水平。坚持目标导向,对标国家行业培养需求,创新实践育人工作体系;坚持问题导向,强化内涵健全工作机制,完善实践育人工作格局;坚持结果导向,压紧责任狠抓工作落实,提升实践育人工作质量。在更深程度上凝聚实践育人共识、在更大范围内形成实践育人合力,将大学生思想政治教育落实到各个环节、各个方面,做到春风化雨、润物无声,打造更加良好的全员全过程全方位实践育人工作新局面。

【专家点评】

从理论上讲,该案例运用马克思主义哲学关于实践的基本观点,突破了思想政治理论课长期以来存在的认识与实践对举、理论与实践分离的二元对立教育教学模式,紧抓学生这一实践主体,贯彻实践的思维方式,秉承了马克思主义关于人的全面发展理论。

从实践来看,该案例强调思政实践教学、校园实践活动和社会实践活动"三位一体"育人模式,从而实现实践育人开放性和生成性的要求,并通过"四大机制"促进专业知识教育与思政育人目标的有机统一,力求实现学生主体的双向对象化发展,取得了喜人的成效。

从未来发展看,该案例可进一步充分发挥其在虚拟实践育人方面的特征和优势,结合"00后"大学生群体特点,不断丰富和完善虚拟实践教学、研修的范围和内容,更加彰显实践育人教学的时代性和实效性。

张　圆　西南医科大学马克思主义学院党总支书记,副教授

砼心筑梦　播撒希望与梦想的种子

【作者简介】

王艳，女，中共党员，博士，湖南科技大学土木工程学院党委副书记，湖南省青少年研究会会员，曾获全国优秀实践带队老师、全国"镜头中的三下乡"优秀指导教师、湖南省三下乡活动优秀指导者等荣誉。

一、案例简介

为积极引导青年学生了解国情、感知社情、体察民情，充分发挥社会实践在学校人才培养和社会服务体系中的重要作用，履行习总书记对青年学生的嘱托——"让勤奋学习成为青春飞扬的动力，让增长本领成为青春搏击的能量"，湖南科技大学土木工程学院党委组织"魅力乡村 筑梦雪峰"社会实践团①，带领学院 29 名青年学子深入邵阳市洞口县雪峰山下山门镇和桐山乡开展"三下乡"志愿服务活动。

山门镇和桐山乡属于贫困山区，水资源和红色教育资源相对丰富，存在的突出问题主要体现在以下几个方面：一是留守儿童较多；二是小河流水较多，桥梁设施丰富但因年代久远需要检测；三是新农业发展模式给村镇水生态造成污染；四是村落给排水状况堪忧。针对两个乡镇的优势特色和存在的问题，结合土木工程学院学科优势，经多次研讨，确定组成由王艳副书记任组长，市政工程系主任邓仁健博士、院团委书记廖继彪老师、省优秀志愿者夏平老师任指导老师的团队；设置政宣调研、筑梦支教、技术勘测、宣传报道四个工作小组，并根据小组工作需要招募具有工作特长的小组成员；确定在两个乡镇开展新农村建设现状调研、爱心支教、"砼心筑梦"小书屋捐赠、贫困生资助、"美丽蓓蕾"防性侵安全教育、红色革命教

---

① 湖南科技大学土木工程学院"魅力乡村 筑梦雪峰"社会实践团，获得 2019 年全国大学生百强暑期实践团队之优秀实践团队(全国前 30)、全国"镜头中的三下乡"优秀报道奖、全国"千校千项"优秀团队案例、湖南省大中专学生暑期"三下乡"社会实践活动优秀服务团队等荣誉。

育、美丽家园守护教育实践等系列活动,并利用专业优势进行乡村路桥检测、水利资源勘察与水质取样检测、村落给排水规划等实践。

二、案例分析

(一) 走村入户,实地调研了解民情民意

调研是本次实践活动的重要基础,是了解民众困难、体察村落民意的主要抓手。我们将政宣调研组分成三个调研小分队,通过实地走访、问卷调查、重点访谈、家庭座谈等方式,就山门镇大合村新农村建设、村镇产业发展现状、村民对脱贫致富的信心及对国家具体扶贫政策的了解程度、政府扶贫工作的力度等问题,与政府工作人员、村委会成员、村民等进行深入沟通。该村共398户人家,调研组逐户走访了312户,分发问卷256份,回收有效问卷228份;并对镇党委书记、镇长、镇人大主任、分管扶贫工作的副镇长、村委会书记、村长、村妇女主任等进行了深度访谈。调研为我们了解该村新农村建设现状及村民的思想状况与诉求提供了最为真实全面的数据材料。通过对数据材料的统计分析,将该村发展存在的障碍瓶颈与发展建议形成分析报告递交给当地镇政府和村委会,为助推当地政府有的放矢开展脱贫攻坚工作提供了可贵的资料和对策。

(二) 爱心支教,精心呵护美丽蓓蕾成长

绿遍山原白满川,子规声里雨如烟。"百年大计,教育为本",针对当地青壮年大多外出务工,大批孩童留滞家中的现状,支教组的志愿者们早早地做好了教学计划,备好了各色教具,开展了以学业辅导为主,同时开展励志教育、感恩教育、环境教育、心理健康团体训练等主题教育活动;携手"美丽蓓蕾守护计划"课题组,开展"美丽蓓蕾,用爱护航"农村留守儿童防性侵安全教育公益活动;为贫困学子捐赠助学金,激励更多的寒门学子奋发向上;捐赠图书近千册,创建"砼心筑梦小书屋"……丰富多彩的教育活动不仅拓宽了孩子们的视野,促进留守儿童身心健康成长,更激励他们树立远大理想,在他们的心田播撒了希望与梦想的种子。

(三) 专业勘探,科技服务助力乡村振兴

水环境生态治理是大合村发展的重要一环,在邓仁健博士的带领下,技术勘察组对大合村及其周边的基础设施建设进行实地调研,并对排污治理方案等进行专业评估。勘测组的

志愿者们不畏艰难险阻,不惧烈日风雨,采集大合村回龙泉、河流各段水样和桐山乡高山泉水,勘察测量大合村及周边桥梁数据、村落给排水现状等。特别对村民反映强烈的由村部引进的养猪场废水排放问题,志愿者从排放渠、农田、河流等多段调查取样,并对其周边可适应受污染水体、改善水质的植物进行取样检测。通过大量的勘测及数据采样,同学们与专家一起做出水质分析报告12份、路桥检测报告6份、村落给排水方案2个;针对养猪场水质污染制定农田植物生态治理调配方案,针对回龙泉、高山泉提出水质保护利用方案等,用所学专业知识助力建设美丽新农村。

(四)红色记忆,传承革命文化基因

为了让孩子们进一步了解家乡历史,激发青年学子不畏困难、砥砺品格、继往开来,实践团开启追寻红色记忆之旅。在山门镇蔡锷故居,感受到革命先辈蔡锷坚定不移、临危不惧的精神和为国为民战斗到底的英雄气概;在桐山乡雪峰山抗日战争遗址,在蜿蜒崎岖、杂草丛生的山路中,在相通相连的战壕边,诵祭文奠英魂,重温了血与火的革命战争年代的艰苦岁月,接受了一场深刻的革命洗礼,传承了红色革命的文化基因,极大地激发了实践团成员与孩子们的爱国热情。

三、启示与思考

(一)坚持知行合一,将"教育与生产劳动相结合"

中共中央国务院《关于全面加强新时代大中小学劳动教育的意见》指出,"要牢固树立劳动最光荣、劳动最崇高、劳动最伟大、劳动最美丽的观念"。"教育与生产劳动相结合"是我党的教育方针,是中国优秀传统文化教育思想精华。要与教育相结合或者教育要与之结合的"劳动",不仅指体力劳动,更多指"专业劳动"。"魅力乡村 筑梦雪峰"实践团以学生专业特色为立足点,让专业学生在专业老师指导下充分发挥自身所长,运用专业知识为当地提供帮助,在教育中参加劳动,在劳动中受到教育。"知"与"行"的高度统一,保证了实践团为当地提供参考意见的科学性与权威性。

(二)坚持立德树人,将爱国教育融入实践全过程

习近平总书记强调:"高校立身之本在于立德树人""要把立德树人融入思想道德教育、文化知识教育、社会实践教育各环节"。在实践活动中,必须坚持立德树人,把思想教育、爱

国教育融入实践全过程。本次实践活动,志愿大学生们通过深入基层,服务群众,深刻理解国情、民情和社情,并与当地群众建立起了深厚的友谊,激发了他们为基层建设做贡献的热情;同时充分利用当地的红色资源,参观蔡锷公馆、探寻抗日遗迹、祭奠英魂等,是最为生动的爱国主义教育,增强了当地孩子和志愿者的民族自豪感和社会责任感,激发了他们的爱国之情、报国之志。

(三)坚持以人为本,将素质能力提升作为实践重要目标

《国务院关于深化教育改革全面推进素质教育的决定》规定:"学校不仅要抓好智育,要重视德育,还要加强体育、美育、劳动技术和社会实践,使诸方面教育相互渗透,协调发展,促进学生的全面发展和健康成长。"社会实践活动是促进学生全面发展和健康成长的重要途径。在"魅力乡村 筑梦雪峰"实践活动中,我们坚持以人为本,既立足于团队成员专业特色,也充分发挥各成员自身特长:高年级课题组成员跟随专业老师实地考察,多才多艺的成员筹备文艺汇演,摄影技术高超、文字功底扎实的成员充分发挥媒介的积极作用……志愿者们在这个过程中增强了理论联系实际的能力,培养了创新创造能力和奋斗实干的精神;同时在实践过程中耳濡目染、互相学习、取长补短,进一步丰富了志愿者的知识结构,拓宽了视野与格局,提升了他们的素质与能力。

(四)坚持统筹规划,推进实践活动互利双赢与可持续发展

社会实践活动是将青年学子的智力、技术、文化积累和项目资源辐射到广大农村,让青春之花绽放在祖国最需要地方的重要契机,必须坚持统筹规划,做好活动前的顶层设计、活动中的精准实施、活动后的科学分析;只有学生和实践所在地互利共赢,才能保证实践活动的良性运行与可持续发展。"魅力乡村 筑梦雪峰"社会实践团活动从准备到结束历时一个多月,实现了顶层设计科学化、实践内容专业化、队伍结构多元化、主题活动特色化和"校—政"沟通畅通化,育人成效显著,地方受益匪浅。不仅志愿者们在实践中受到了教育、锻炼了能力、提升了素质,且为后续的课程设计、学科竞赛、课题研究等准备了丰富的第一手数据材料;更为主要的是活动的开展与科学的检测为新农村建设提供了助力,实现了内容与形式并重、培养能力与服务社会共赢的良好效果,得到了市、县、镇各级领导的充分肯定与地方群众的一致好评,被中青网、光明网、新湖南、红网、当代大学生网、今日头条、邵阳新闻网等主流媒体报道超 70 次。

【专家点评】

　　湖南科技大学土木工程学院"魅力乡村　筑梦雪峰"三下乡实践活动从民情调研、教育服务到乡建勘测，活动编排与设计有主题有创新，充分发挥了实践团成员的专业特色与个人特长。该实践团队纪律严明、分工明确、准备充分，以创新的教育模式、丰富的实践载体、多彩的实践内容，使学生将所学专业知识运用于社会实践，将理论知识和实践锻炼相结合，达到了"知"和"行"的有机统一，很好地服务了实践当地的建设和发展，并将理想、理念的种子播散在了寒门学子的心田，实现了内容与形式并重、培养能力与服务社会共赢的良好效果。该案例特色鲜明，影响广泛，充分体现了实践育人的创新性、科学性和实效性，值得推广。

吴怀友　　湖南科技大学马克思主义学院院长，教授，博士生导师

田园躬耕第二课堂　使者厚植三农情怀

【作者简介】

> 马香丽,女,硕士研究生,讲师,西北农林科技大学机电学院分团委书记兼学生工作秘书,国家中级职业指导师、国家心理咨询师、国家创业指导师。曾获得校级辅导员业务能力大赛优秀奖、校级先进工作者、校级思想政治教育先进个人等荣誉。
>
> 杨士同,男,硕士研究生,讲师,西北农林科技大学林学院党政综合办公室主任,国家中级职业指导师、国家心理咨询师。曾获得陕西省心理工作优秀教案三等奖、校级思想政治教育先进个人等荣誉。
>
> 范琼波,男,大学本科,助教,西北农林科技大学风景园林艺术学院思想政治辅导员,负责分团委、学生会、研究生会工作。

习近平总书记强调,青年要成长为国家栋梁之才,就要注重在实践中加强磨炼、增长本领,扎实推动实践育人工作对于提升新时代高校思想政治工作质量、培养德智体美全面发展的社会主义建设者和接班人具有重要的现实意义。但农林高校实践育人的现状与理论研究相对薄弱,实践育人的质量和成效有待提高。加之当前农业4.0崭露头角,我国新农科建设三部曲已奏响,农林高校承担着人才培养的重要使命。"新农科"建设要成为世界高等农林教育的"中国方案"、新典范,除了跨界融合的学科专业知识外,还必须根植于中国大地本土文化,有主动融入本土文化的意识,打上中国特色的烙印。区别于其他学科,农林高校学生必须具备"三农情怀"。这种"三农情怀"就是要一方面从思想上认同,从农民的角度出发,以农民的期盼、农民的需求作为努力方向,自觉站稳人民立场这个根本政治立场;另一方面在实践中践行,必须带着感情、饱含热情、充满激情去学农业、干农业、服务农业,做到深知"三农"、心系"三农"、热爱"三农"。因此,在第二课堂探索厚植农林人才的"三农情怀"的实践路径意义重大。

一、案例简介

高等农业院校涉农专业大学生存在专业思想不端正、认同感不高等现象，在全球经济形势严峻的情况下，作为就业市场中弱势群体的农业院校大学生就业更加困难，间接导致农林专业学生转专业学习、跨专业深造比例持续增长的现象，农林人才"用不上、下不去、留不住"的问题突出。究其原因，主要是学生的支农爱农、强农兴农的"三农情怀"培养亟待加强。西北农林科技大学基于农林教育的特殊性，把学习贯彻习近平新时代中国特色社会主义思想，同新农科建设背景结合起来，以深化实践育人作为农林人才"三农情怀"培养的发力点和突破点，通过开展"田园使者"活动，实现"学之于农村"与"用之于农村"的统一，实现知识教育与能力培养的统一，实现能力提升与思想教育的统一，由此总结凝练出让农林教育回归到"三农"上的实践育人工作案例。

二、案例分析

（一）问题剖析

在全球经济形势严峻的情况下，高等农业院校涉农专业大学生成为就业市场中弱势群体，在校大学生存在专业思想不端正、认同感不高等现象，出现了农林专业学生转专业学习、跨专业深造比例持续增长的趋势，农林人才"用不上、下不去、留不住"问题突出。究其原因，除就业市场大环境因素外，"三农情怀"教育存在一定不足，农林高校"农林"特色不够突出，农林行业前景展示不足、助农爱农情感体验缺失、宣传互动感染有待提升。

（二）解决思路

西北农林科技大学团委立足学校特色，以"把课堂放到田野里，把作业写在大地上"为思路，策划并组织实施的实践育人"田园使者"活动，通过选聘本科生、研究生，发挥他们在现代农业园区开展大棚作物、营销和土地银行规范化建设等方面的智力优势，架起专家、学生与农户的沟通桥梁，落实"一懂两爱"教育入实践，解决农林人才"用不上、下不去、留不住"的现实问题。

（三）实施方法与过程

1. 统筹规划，逐层施策，解决"用得上"问题

对实践育人工作进行整体规划布局，确立培养"一懂两爱"的农林人才目标，优化实践育人路径，实现学农与爱农培养贯通。调动学生、专业课教师、学校周边合作社等积极参与，以"田园使者"活动为实践载体，实现学校各院系、专业学生全覆盖。引导不同学生跨学院、跨专业、跨年级组建团队，利用课余时间对接合作社开展实践。在与合作社的具体活动开展中，要求一年级学生侧重于"三农"通识教育，通过定期观测作物生长周期、特性等，激发学生学农爱农的热情；对二、三年级学生侧重开展专业实操技能，如协助育苗、打蔓、嫁接、扦插等，提高动手能力；对四年级学生侧重活动教育反馈，面向低年级学生开展情怀教育，以宣讲会、经验交流会等方式引导学生到农村去、到基层去，坚定学生"选择农业就是选择未来"的决心；对研究生则侧重于对接专家开展技术指导。

2. 制度保障，先进引领，解决"下得去"问题

学校将"田园使者"活动纳入实践教学环节，制定实施《大学生创新与技能八学分认定办法》和《学生素质综合测评实施办法》。"田园使者"聘期1年，服务期不少于30个工作日，参与活动满60学时，经考核合格后，分别计1个创新与技能学分和1个素质拓展学分。为每支队伍配备一名教授作为指导教师，给予全面实地指导，每天计6个学时工作量。学校列支专项经费用于指导教师课时费、学生交通补助以及"田园使者"的招募、培训、考核、表彰奖励等。地方政府将活动纳入大学生"创业引领"计划，参与过"田园使者"活动的创业大学生可享受税费减免、资金补贴、小额担保贷款等各项优惠政策。

在氛围营造上，通过举办"我的基层劳动故事"系列分享会，邀请高年级学生讲述实践故事，挖掘实践过程中涌现出的先进典型，充分发挥其示范引领作用。通过发挥学科专业优势，深入学校周边，定期为合作社提供农技服务。

3. 校地合作，协同育人，解决"留得住"问题

农林教育具有很强的实践性和季节性，除了对接周边合作社外，还大力实施学校场站、试验站等"高地"的教学功能提升工程，探索区域性共建共享基地，增强其综合性实践服务能力，拉长专业培养的全产业链，提升学生的实操技能，运用好实践教学平台和基地，做好学生的跨界体验教育，拓宽学生视野。

地方政府根据属地农业合作社、土地银行、"田园村庄"农业技术服务需要，向学校提出岗位需求；学校根据需求在全校范围内公开招募志愿者，选聘高年级本科生、研究生组建"田园使者"服务队。校地共同召开聘任大会，做好服务对接；每月定期召开联席会议，解决服务工作中遇到的困难和问题；不定期地对活动开展情况进行实地抽查、考核。

（四）取得的成效经验

"田园使者"活动开展多年以来，经过积极探索，已经开辟了一块实践育人新阵地，探索了一套"校地协同"实践育人共同体新路径，打造了一个深受学生喜爱的实践育人新品牌。"田园使者"利用课堂所学的专业知识，在教授的指导下，通过社会实践服务地方农村经济社会发展，既检验了理论知识、增长了才干，又磨炼了意志品质、巩固了专业思想，达到了良好的育人效果。

《中国青年报》曾以《西北农林科大七百学子当"田园使者"》为题报道了我校田园使者活动（图3-6-1）。

图3-6-1 "田园使者"给大棚西瓜打蔓

三、启示与思考

西北农林科技大学在新农科背景下以"田园使者"活动为抓手推进实践育人工作中，逐步总结出一些启示与思考。

（一）立足思想政治教育，引导学生学农爱农

"一懂两爱"教育要注重理论与实践结合，要为学生打开一扇学农、爱农的新窗户，让学

生与农业更亲近。带领学生走进农村、走近农民，积极参与社会实践，只有培养学生对农业农村农民的深厚感情，才能坚定学生投身农业科学技术研究的决心和信心，不断练就服务"三农"事业的过硬本领。主动引导学生对接脱贫攻坚、乡村振兴、生态文明和美丽中国建设等国家战略，帮助学生树立科学的成才观，使学生对"三农"工作更向往。

（二）结合学科专业教育，鼓励学生实践运用

要构建活动"组织策划、过程管理、考核应用"一体化的联动机制，统筹研究部署实践育人工作，为学生提供强有力的组织保障。建立专家、学生、合作社三方联动的工作机制，加强督促检查力度，优化考核激励机制，努力形成全过程、立体化、高效快捷的工作机制和广泛参与、共同推进的促实践育人工作格局。在转变观念上下工夫；在拓展路径上，求突破；在活动抓手上，增强实践性，使实践育人活动树品牌、见实效。

（三）盘活校企校地资源，形成协同育人合力

坚持开门办学、拓展合作交流内涵，鼓励农林行业知名企业更多地参与到学校管理和学生培养中去，共同制订实践计划、组建团队、共享资源、管理质量，增强学生对行业的认知，强化"科技兴农、科技兴企"意识。建设深度融合的协同育人新平台，实现"四个对接"，即培养标准与市场需求的对接、培养过程与岗位标准的对接、培养重点与能力提升的对接、培养模式与职业发展的对接。

【专家点评】

> 我国是人口大国、农业大国，中国的现代化离不开农业农村现代化，但长期实行的优先发展重工业的经济发展战略，使城市和农村划分出明显的区别，形成了我国独特的城乡二元社会格局。中国的高等农林教育面向"脱贫攻坚、乡村振兴、生态文明和美丽幸福中国建设"等战略需求，就必须架构起农林人才特有的"新农人"品格，即"三农情怀"。该案例通过打造"田园使者"这一品牌活动，将实践育人与情怀教育有机融合，是很好的探索路径，有较强的操作性和示范推广价值。
>
> **殷旭辉　西北农林科技大学马克思主义学院马原教研室主任，副教授**

用"伐树"助人　借实践铸己

【作者简介】

> 韩笑天,男,讲师,湖南大学数学学院辅导员,学院分团委书记,学院本科生第二党支部书记,全球生涯教练(BCC)。曾获得湖南省辅导员职业技能大赛一等奖,湖南省三下乡优秀指导教师,湖南省研究生辩论赛优秀指导教练,湖南大学共青团先进个人、湖南大学学生工作先进个人,湖南大学"长缆"奖教金和"华为"奖教金。

一、案例简介

大学里流传着这样一个段子:"从前有棵树,叫高数,上面挂了很多人。"高等数学是绝大部分专业本科生的一门必修基础课,它是由微积分学、代数学、几何学以及它们之间的交叉内容所形成的一门基础学科。对许多本科生来说,学起来非常难,因此这门课程的不及格率也一直较高。但这门课程又非常重要,它既是本科教育评估关注的重点,又是学生考研的必考科目,因此"伐掉"这课"高数"非常有必要。

目前不少同学因为数学专业是基础学科,会选择在本科阶段学习数学专业,考研时再选择其他专业方向,结合自身扎实的数学应用能力进行科学研究。但在考研时,数学专业学生如果跨专业考研,将面临非数学专业高等数学考试要求和他们在数学专业课程学习中的侧重点不尽相同问题,这无疑给数学专业学生考研增加了难度。因此,为帮助全校同学降低高等数学挂科率和解决数学专业同学跨专业考研需增加高等数学训练这两个问题上,我带领数学学院分团委学生会提出实践育人项目——"伐树"计划。"伐树"计划旨在第一课堂之外,由数学专业的同学组成志愿者为全校范围内的同学开展线上答疑、集中讲解、短视频教学等三个维度的志愿服务活动。在志愿服务活动中,志愿者既为全校学生解决了学习中的热点、难点,又给自身提供了高等数学训练的机会。"伐树"计划自2019年6月启动以来,截至2019年12月,共建立QQ群14个,直接指导学生323名,解答题目约500道。项目录制短视频100个,连续在学院"伐树公众号"进行推广,累计点击量达到60266次,较好地服务了广大同学。"伐树"计划也被立项为湖南大学学风建设重点项目,是湖南大学学生品牌活动。

二、案例分析

随着教育改革的不断深入和发展,教育的实践属性得到了越来越多人的关注和重视。实践育人理念强调的是实践是教育的内在属性,让学生的主体性通过实践充分发挥作用。因此,不断推进实践育人发展,既是高等教育的本质要求,又是时代发展的必然需要。而志愿服务的内容涉及多种社会实践,在学生心中具有较强的感召力,志愿服务作为实践育人的重要载体,需要不断推陈出新,与时俱进。

"伐树"计划是在学院党委和学校学生工作部的指导下,通过志愿服务让同学们在实践中提升自身责任感,实现实践育人。

"伐树"计划主要分为三个方向:第一个方向是由数学专业的同学组成解题志愿者服务团队,为全校有高数问题的学生进行线上解题;第二个方向是组织数学专业的老师和同学相互研讨,并将高数各章节典型题目的讲解录制成短视频在网络传播;第三个方向就是结合线上咨询题目和典型题目,针对特定团体进行线下辅导。

(一)线上解题,有求必应

首先我院组织优秀的本科生成立辅导志愿者小组。志愿者小组建立微信公众号和QQ群,面向全校学生征集日常学习的难题,由志愿者团队成员在QQ群进行相关的讲解,开展线上解题。为了及时且有效率地回复同学们提出的题目,志愿者往往需要自我管理和自我协调,这在潜移默化中提升了志愿者的组织协调能力。同学们提出的题目往往具有一定的代表性,志愿者在解题的过程中可以以点带面的检验自身知识水平。志愿者利用休息时间讲解题目,并与提问同学进行交流,线上解题也可以收到同学们的快速反馈,从而对志愿者形成正向激励,激发志愿者的学习热情,起到教学相长的目的。

(二)线下辅导,对症下药

志愿者小组每两周进行一次例会,会议中邀请一名高等数学的任课教师参与。一方面例会在任课教师的带领下,对下一周的知识点进行预习,对经典题目进行讲解,为志愿者在下一阶段答疑做好准备;另一方面会上大家集中汇总本阶段高频出现的题目,共同梳理解题方法,以便让每一位志愿者熟练掌握。志愿者通过系统化的训练,对于高数知识有了更深入更系统化的了解。同时,志愿者小组接受学生团体的授课申请,开展线下辅导,由于准备充分,讲解更有针对性。例如,志愿者对部分学院的少数民族学生进行了线下的讲解,这部分学生在期末考试中,挂科率较以往学期大幅下降。

(三)录制视频,碎片传播

我院志愿者团队和学院高等数学任课教师一起精心准备,拍摄经典题目的短视频,每个视频长度一般不会超过5分钟。团队会根据上课的进度,保持大致相同的进度进行推送。时间较短的视频会在短视频软件上进行推送,所有短视频都会在"伐树公众号"进行推送。短视频充分利用学生碎片化学习习惯,进行碎片化辅导,深受同学们的喜爱。

"伐树"计划在2019年被立项为湖南大学学风建设重点项目,获评湖南大学学生品牌活动。"伐树"计划获得较好的成功主要有以下四个因素:

1. 整合资源,成立团队

项目整合学院现有的资源,成立三支团队。第一队由高等数学教师组成的高数教育团队,第二队由本科教学老师组成的引导志愿者辅导促进志愿者教学相长的辅导团队,第三队由学院学工队伍组成的项目推进队伍。从试点部分学院开始,逐步推进。详细制定项目推进具体时间表,整体规划保证项目稳步推进。

2. 朋辈辅导,碎片服务

学困生在辅导过程中常因为身份差异感到心理压力。因此,项目在实施过程中以学生团队为主,利用同辈辅导的身份,拉近与辅导学生的心理距离,更容易提升辅导效果。通过与同辈的交流,学困生还可能了解到除题目讲解外,包括学习计划、学习方法等问题,帮助更大。碎片化学习已经成为学生学习的特点之一。项目试图利用碎片化的学习特点,根据线下难题的统计结果,定期录制短视频,在短视频平台进行发布,利用学生碎片化学习习惯进行碎片化辅导。同样,志愿者团队也是利用碎片时间进行解答,既不影响专业课程学习,又充分锻炼自己,获得了一举两得的效果。

3. 激发兴趣,客观鞭策

要解决高等数学训练不足的问题,既需要向数学专业的学生传授学习解题技巧,又需要激发他们的学习热情。在"伐树"的志愿活动中,志愿者们接收到了受助同学解答效果的快速反馈,在心理学上又叫做正向反馈。这样的反馈让志愿者们感受到了助人的快乐,感受到了学习的价值,更好地激发了他们参与训练的热情。

4. 聚星成火,育人引领

参加"伐树"计划的志愿者都希望在活动中能够对有疑问的同学有帮助。他们作为星星之火,通过"伐树"活动聚集在一起,就形成了一支具有能量和战斗力的志愿者团队。在团队中,他们可以相互激励,相互学习,对于数学学习和志愿服务都不再觉得孤单和畏难。学院党委和分团委也高度重视这支队伍,在团队中建立团支部,本科生党支部也在团队中设立了党小组,从而起到积极引领志愿者思想、强化理想信念的作用。在团队中,递交入党申请书的志愿者占团队总数的80%,发展党员数量达到20%,育人效果显著。

三、启示与思考

"伐树"计划从起步开始就受到了学校职能部门和学院领导的高度关注和大力支持,在同学中也收到了广泛的好评。根据"伐树"计划的经验,我觉得辅导员在指导学生活动中,应该继续做到三个"坚持"。

(一)坚持开展志愿服务,全面提升学生素养

近些年,随着志愿服务的理念深入人心,志愿服务活动在学生心中具有一定的影响力。而志愿服务活动本身没有物质上的回馈,更能纯粹地在精神和能力上对学生起到全面提升的作用。因此,作为实践育人中重要的组成部分,志愿服务活动应该是需要积极探索和大力推动的活动形式。

(二)坚持学习服务结合,激发学生学习动力

学习本身对于部分同学而言,因其反馈的周期较长而显得乏味。但是当学习与志愿服务结合的时候,就会建立在心理学上所说的正向反馈。当正向反馈建立之后,将进一步激发学生的学习兴趣。应该说我们每一个专业,都必然有其应用的范围,如何营造恰当的帮扶场景,既决定了志愿服务活动的成败,又决定着学生参与的动力大小。因此,努力尝试建立适合的学生志愿活动,是学风建设中行之有效的办法。

(三)坚持碎片传播方式,选择适当形式传播

近几年,短视频软件的火爆,我们可以发现快节奏的传播方式逐步被人们所接受并喜爱。因此"伐树"计划也选择以短视频为突破口,传播学科知识。通过学生的反馈可以发现,

这种形式给学生的影响并不逊于大家、名师的长视频,因此我们在追求信息传播的方式方法时需要不断探索学生的兴趣爱好,选择学生喜闻乐见的方式进行传播,才能实现"学生在哪里,我们就在哪里"的目标。

【专家点评】

实践育人是"三全育人"重要方位,是增强高校思想政治工作实效性的重要途径。本案例遵循大学生成长规律和信息传播规律,以问题为导向,从学生实际需求入手,整合学生、教师、网络资源,既解决了学生学习中遇到的热点、难点问题,又为其提供了学科训练的机会。

高校思想引领工程要"因事而化、因时而进、因势而新",案例紧紧围绕学生需求,把高校学生思想引领、实践育人理念贯穿服务育人活动全过程,做到了三个统一:一要将学生需求与教育服务统一,针对数学专业学生学习的具体困难制定教育服务方案;二是将社会服务与教育教学统一,教学老师参与组织辅导,促进志愿团队教学相长;三是实践育人与网络育人统一,构建志愿服务新媒体传播框架,以网络视频、音频录播的方式,打造生动活泼的学习微视频。在此基础上,项目内容、模式、范围还可进一步拓展,积极探索新时代高校志愿服务实践育人体系。

蔡建国　　湖南大学学生工作部部长,副教授

创新实践成果转化机制及其建构路径

【作者简介】

> 黄晓珩,男,硕士,助教,广东工业大学管理学院辅导员。曾获2018年度广东省高校学生资助工作研究课题一等奖、广东省思想政治教育辅导员案例比赛优秀奖等若干奖项。项目《实践育人视角下大学生创新实践成果转化机制——基于多元主体协同合作》曾获广东工业大学第二届辅导员工作精品项目一等奖。
>
> 林逢春,男,硕士,副教授,广东工业大学应用数学学院党委副书记。长期从事大学生创新创业的研究,近些年主持了2018年高校学生工作课题、团中央课题各1项。有关阶段性成果荣获首届全国大学生创新创业实践联盟年会论文三等奖、2017大学生就业创业实证研究论文三等奖及广东工业大学第十次党建与思想政治教育研究年会优秀论文一等奖。参与《创新创业教育:生态系统、前孵化器及众创空间》(张育广等著,暨南大学出版社,2017版)一书的编写。

党的十八大以来,习近平总书记站在新的历史背景下,先后多次与青年座谈,给青年群体回信,从方法、目的及要求等不同方面论述了实践在青年成长成才过程中的重要作用,强调当代青年"既要读万卷书,又要行万里路,在社会实践和社会活动中树立对人民的感情、对社会的责任、对国家的忠诚"。实践育人是高校人才培养的重要环节,是课堂教育的延伸和升华,也是满足学生自我发展的内在需求的重要途径。

随着我校迈入广东省高水平大学建设行列,学校对创新型与应用型人才培养的呼声日益增强。近年来,广东工业大学管理学院致力于构建大学生创新实践成果转化机制,通过制度完善、经费支持等措施,促进专业教师、辅导员和校友等社会力量多元主体协同合作,借助"立志·修身·博学·报国""互联网+青红赛道"主题教育系列活动等实践载体,提高学生创新实践能力和爱国主义情怀,让学生认识到自己身处中国特色社会主义新时代,自觉把个人梦想与实现"两个一百年"奋斗目标和中华民族伟大复兴中国梦结合起来。

一、案例简介

2018年6月，习近平总书记就禁毒工作做出重要指示："走中国特色的毒品问题治理之路，坚决打赢新时代禁毒人民战争。"2018年12月4日，广东省率先在全国建成"全民禁毒志愿同行"广东省百万禁毒志愿者服务联盟。广东省陆丰市曾经是"制贩毒重地"，冰毒产量占全国份额超过1/3，曾在2011年和2015年两次被国家禁毒委列为禁毒重点整治地区。

为助力陆丰市开展禁毒教育、完善毒品治理途径和提高青少年法律意识，广东工业大学管理学院赴陆丰市禁毒宣传与教育团队在我院创新实践转化机制系列保障措施的支持下，以"反哺老区回馈家乡，助力创建无毒陆丰"为团队理念，于2018年7月开展禁毒宣传与教育"六进"系列活动（进校园、进社区、进农村、进场所、进家庭和服刑人员子女"帮教"服务），引导当地大学生树立使命担当，参与到陆丰市毒品问题治理的行动中，提升了当地青少年的禁毒意识与毒品抵御能力，巩固陆丰市禁毒"摘帽"的成果，为国家禁毒事业奉献力量。

二、案例分析

近年来，我院在已有的创新实践育人体系基础上构建创新实践成果转化机制，依托暑期"三下乡"社会实践活动、大学生创新创业项目和"立志·修身·博学·报国"主题教育系列活动之社会实践调查等活动载体，基于多元主体协同合作，整合校内外资源，借助专业教师和社会力量保障学生实践成果的质量，通过打造管理学院实践育人的品牌活动，为师生提供社会实践自我管理、自我教育、自我服务的大平台（图3-8-1）。

广东工业大学管理学院赴陆丰市禁毒宣传与教育项目组自2018年入驻我院创梦空间以来，在创新实践成果转化机制一系列保障措施的支持下，取得了一定的成绩和社会影响力，更重要的是提高了学生的创新实践能力和爱国主义情怀，引导学生自觉把个人成长与祖国发展结合起来，并在实践中践行和传递社会主义核心价值观。项目组成员曾向广东团省委领导汇报工作并获得高度好评，得到中共汕尾市委办公室、汕尾市人民政府办、中共陆丰市委办公室、陆丰人民政府办等多家政府机关联合发文肯定，人民网、中国青年网、汕尾市人民政府官网等多家权威媒体进行报道宣传，产生了较大的社会影响力。项目曾入选团中央2018年委托青年社会组织开展青少年禁毒防艾宣传教育项目，入选团中央2018年青少年禁毒防艾宣传暑期志愿服务活动项目，被团中央评为"最具影响好项目"，并获得第十五届"挑战杯"广东省大学生课外学术科技作品竞赛特等奖、2019益苗计划重点培育项目、广东省第五届"互联网+"铜奖、第二届志愿服务项目大赛二等奖等若干奖项。

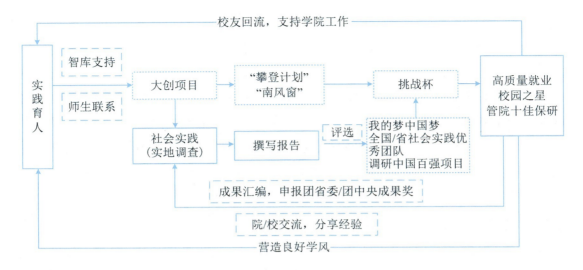

图 3-8-1 创新实践成果转化机制

（一）整合资源，多方联动助力社会实践成果转化

我院高度重视发挥社会实践在教学、自我管理和科研方面的育人功能，凝聚"学工部-专业教师-校外特聘导师"三位一体的力量，建立管理学院创新实践办公室（智库）。2015年5月，我院整合校友、各系室专业教师和辅导员的骨干力量组建起"管理学院创新实践智库"。在实践智库的引导与支持下，管理学院赴陆丰市禁毒项目组成员以大学生创新创业训练计划项目立项工作为契机，2018年4～6月，结合当前社会经济热点问题，确定了禁毒教育的选题，并着眼于下一周期的"挑战杯"全国大学生课外学术科技作品竞赛，提前做好本年度"三下乡"社会实践活动的整体规划，为赴陆丰市开展实地调研奠定良好的基础。

创新实践智库作为创新实践成果转化机制的智力支撑，基本实现政府、企业、公益组织和中小学之间的多方联动，为管理学院赴陆丰市禁毒项目组在孵化过程中注入了新的能量。在政府部门与当地校友的大力支持下，项目与共青团陆丰市委、陆丰市爱心义工协会、陆丰市甲西镇中心小学合作建立多个社会实践基地。在实际调研过程中，陆丰市禁毒办、共青团陆丰市委提供当地相关禁毒宣传作品和资料，协调实践单位，并协助项目组开展宣传工作。我院智库成员君谦（上海）供应链有限公司为禁毒服刑人员的未成年子女提供部分生活、学习物资。广州市大同社工服务中心、陆丰市爱心义工协会给团队开展专业的禁毒宣传教育培训，极大提高了项目组成员的业务能力。

（二）制度引领，"1+1"指导模式加大实践指导力度

我院充分发挥制度力量，激发师生积极参与创新创业和社会实践的积极性和创造性，以

此提升我院创新实践的实效性。我院团委书记协助教学副院长和院长助理制定《管理学院创新拔尖人才培养方案》和《管理学院学工部创新实践奖励办法（草案）》，将教师指导社会实践的绩效与工作量挂钩，激发了一批专业教师指导创新实践活动的主动性和积极性。

所谓"1+1"模式，即学院为每个创新实践团队同时配备一名辅导员和一名专业教师。其中，项目组指导老师黄老师作为一名辅导员，充分发挥中介作用，侧重于组织管理、协调外联和后勤服务，具体包括组织成员定期进行汇报、联系陆丰市当地政府和校友、联系媒体进行报道等。从事社会工作教育20余载的刘老师担任项目专业指导老师，发挥其精深的学科背景与特长，指导学生开展陆丰市毒品治理现状的社会调研、数据挖掘与统计分析以及调查报告与论文的规范性写作。借助广东省社会工作教育与实务协会、广州市大同社会工作服务中心等平台，开展禁毒教育流动画展，挖掘当地非遗资源制作禁毒教育皮影戏等，极大地提高了禁毒宣传与教育的成效，丰富了项目组的实践成果。通过这种行政服务与学术支持兼具的指导方式来发挥协同效应，不断提高调研团队的组织管理和调研实践能力，并使得实践调研成果反馈给基层，为当地开展禁毒工作做出一定的贡献。

（三）朋辈引领，以创新实践夯实良好学风

为了让学生在创新实践活动中受教育、长才干、做贡献，我院通过构建大学生创新实践成果转化机制、完善实践育人工作布局，引导学生健全和践行社会主义核心价值观，以优秀的第二课堂成绩单献礼祖国。

为营造良好实践育人氛围，充分发挥朋辈示范引领作用，我院团委自2014年起，每年举办"管理学院创新实践表彰大会"，重点表彰那些在社会实践和创新创业方面组织有力、成绩优异的教师（包括辅导员与专业教师）、社会实践团队和学生骨干，提升了广大师生对社会实践的价值认知。此外，项目组组长刘汉文荣获第五届广东工业大学"星耀工大"实践之星，新学期在校内各二级学院巡回演讲，充分发挥朋辈榜样作用，提高我校实践育人氛围。刘汉文于2018年8月9日向共青团广东省委等领导汇报项目情况，并受到领导们的肯定和好评。随后，他在接受陆丰电视台的采访时也表示，"有责任有义务回馈家乡回报社会"，充分体现了当代青年的责任担当，并在创新实践活动中传递青春正能量。

三、启示与思考

大学生创新实践成果转化机制自运作以来，我院极大地提高了实践育人成效，同时也保障了学生创新实践成果的质量，涌现出"一路童行""小车百草""三罐头"等优秀创新实践团队，营造了良好的实践育人氛围。

（一）重视实践育人的规划与布局

我院重视创新实践的选题及布局，整合地方政府、企业特聘导师和学院专业教师等资源，共同谋划各阶段实践调研的选题，确保调研项目应有的理论意义与应用价值。每年的5、6月份，我院借助学校领导、校友的资源，深入基层政府和地方企业进行探访，及时了解地方社会经济的现状及其发展需求，期间产生了毒品治理、"小车百草"食品药材、"一路童行"服刑人员子女成长、污染土壤修复等具有一定社会价值与影响力的选题。

（二）制度保障与经费支持

我院先后制定、出台了《管理学院创新拔尖人才培养方案》和《管理学院学工部创新实践奖励办法（草案）》，将教师指导社会实践的绩效与工作量挂钩，提高了专业教师指导学生创新实践活动的积极性。学院对参与创新创业和社会实践的师生予以一定的奖励，对院内立项通过的团队予以经费支持，在"二次教育"成果展示中获评优秀者，亦可获得相应的奖励。最后，设计制度及相关标准，激励学生将社会调研报告在国内公开刊物发表。

（三）思想引领与指导

创新实践活动的根本目的在于让学生在实践活动过程中，利用所学知识开展社会需要且有针对性的服务，进而达到自我锻炼、自我完善，以及实现自身价值的目的。实际上，部分学生由于心智尚未成熟，导致对创新实践活动认识不清、重视不够，流于形式。为解决此类问题，我院团委结合实践育人开展创新实践培训，通过"毓秀讲堂"和"毓秀咖啡书吧"，从思想层面引起学生对创新实践活动的重视，又从操作层面普及创新实践活动的基本流程。

【专家点评】

广东工业大学管理学院把实践育人理念践行在系列创新实践活动的全过程,成果转化机制较为成熟,为广东工业大学管理学院赴陆丰市禁毒项目组的成果转化提供全方面的支持。学院通过出台《管理学院创新拔尖人才培养方案》和《管理学院学工部创新实践奖励办法(草案)》等规章,动员企业特聘专家、专业教师、辅导员参与大学生创新实践活动,推进"1+1"指导模式、构建了三位一体的创新实践成果转化机制,营造了良好的实践育人氛围,让学生在创新实践活动中受教育、长才干、做贡献,并引导学生健全和践行社会主义核心价值观,以优秀的第二课堂成绩单为祖国献礼祖国。文章对案例的提炼恰到好处,整个过程理论与实践紧密集合,体现了作者良好的专业素质,对创新实践活动的指导具有较高的参考价值。

林红菱　广东工业大学管理学院教授

构建"七个一"实践体系 打造红色育人平台

【作者简介】

> 王静珊,女,硕士研究生,讲师,华侨大学政治与公共管理学院学生工作办公室主任兼团委书记,国家高级职业指导师、国家心理咨询师。曾获福建省高等教育教学成果一等奖、福建省大中专学生志愿者暑期"三下乡"社会实践活动先进工作者、校优秀思想政治工作者等荣誉,参加青年教师"精彩一堂课"竞赛、教师团干部讲团课竞赛并获奖。

一、案例简介

2019年是中华人民共和国成立70周年、五四运动100周年,共青团中央发出开展"青春心向党·建功新时代"主题宣传教育实践活动的号召,激励和引导广大青少年大力弘扬爱国主义精神。高校作为人才培养的基地之一,应充分利用以爱国主义文化为代表的红色教育引导思想政治工作。但当前高校红色教育以理论教育为主,《中国近现代史纲要》《毛泽东思想和中国特色社会主义理论体系概论》等一系列相关课程理论性较强,过于抽象,内容距离大学生现实需求太远,容易使得学生对其产生抵触情绪;实践教学方面局限于红色资源的表面感知,缺乏明确的目标原则、效果评价等内容;同时,没有深挖精神层面的红色教育资源,更没有形成整合红色资源的巨大优势。

习近平总书记曾强调"把红色资源利用好,把红色传统发扬好,把红色基因传承好",这为我校红色教育融入高校思想政治工作指明了方向,学校通过建立"七个一"实践体系,以"传承红色基因"为目的,开展多样性活动,打造红色育人的平台。

二、案例分析

华侨大学的"红色基因·红色志愿同行"实践团以"红色基因传承·红色志愿同行"作为

实践主题,结合不同年级、不同专业、不同思想特征等,共招纳47名队员。因充分考虑经费、路线方便、队员人身安全等条件,所以按期分头开展实践活动。队员分为21支小队,前往全国26个城市,以华侨大学为起点,横跨东北、华北、华东、华中、华南等全国14个省,后回到学校进行交流汇报,互相学习。① 我们以"七个一"作为总体实践目标,即"每一支小队,到一个地区,去一所高校,走一处红色基地,做一次红色志愿,唱一首红色歌曲,做一次深度访谈",搭载红色基因传承,以高校党建传红色为方法,提高校园红色实践育人水平,促进大学生传承红色基因,坚定理想信念,形成一个氛围好、凝聚力强、组织建设水平高的高校红色育人版图。

(一)发放问卷做调查:多方共建交流,建立高校新数据库

每一支"红色调查小分队"前往一所高校,发放问卷并采访当地同学。后期将回收的有效问卷交由政治与公共管理学院同学采用专业软件stata1 2.0进行数据整理,建立调查大学红色基因培育路径的数据库,总结撰写研究报告,以供学习和使用。同时与前往的高校搭建"传承红色基因"的交流平台,通过学习和创新达到以本校为主体的多方共建目标。

(二)红色志愿你我他:做文化传播者,实现校地资源共享

每一支"红色志愿小分队"走访一个红色基地,做一天的志愿者。志愿活动包括红色讲解、红色文化基地工作人员采访、秩序维持、交通疏导、安保执勤等工作,通过这种实地感受并参与服务他人的活动形式,近距离感受红色文化,传承红色基因,在做中学,在学中悟,将红色精神内化于心外化于行,真正实现知行合一。该活动受到泉州电视台、福建新闻频道专访,并被凤凰网、中国新闻网、搜狐网、江西日报等主流媒体报道和转载。

(三)慰问老兵传精神:传递初心使命,寻找红色革命故事

每一支"红色慰问小分队"前往一个军区离职干部休养所,寻找退伍老人、革命老兵,看望慰问他们,并寻找红色革命故事,传承红色革命精神。在传递爱心和关注弱势群体的同时,了解无数英雄为祖国抛头颅、洒热血的那段历史,引领当代青年大学生不忘初心,牢记使命,继续前行。

(四)红歌传唱入人心:追寻革命足迹,红歌传唱红心向党

每一支小分队到达一个城市,不仅要完成自己的活动,同时要寻找并学习当地特色的红

---

① 本案例获2019年厦门市高校实践育人文化育人优秀工作案例。

歌,挖掘特色与内涵,在后期与会交流时,开展红歌传唱活动。此活动不仅可以增强红色文化的引领力,还能培养学生爱国情怀和革命意识。

(五)汇报成果互交流:创新交流形式,促进红色文化传承

所有小分队完成实践后,形成书面总结和汇报材料。实践团从全校近1000支暑期社会实践团队中脱颖而出,在全校范围内进行汇报交流。在分享会上,每个团队分享一首红歌或革命故事,并增设学唱红歌环节。其次,各个小分队还根据此次实践,编排6~7分钟的故事小短剧,内容包括革命战士的感人故事、有关志愿者故事的小品、红歌串烧、音乐短剧等。最后,所有小分队采取轮流上台汇报和相互提问的方式,交流实践心得。

(六)红色足迹代代传:培养文化意识,浇筑新时代接力棒

参加活动的大学生作为"学习者和传播者",首先在校园和红色基地学习红色文化,继承红色精神;其次,宣传红色文化,弘扬红色精神,由中小学提供讲课平台,各个小分队由抽签决定,按顺序每周到对接学校,利用一节课的时间,给学生讲述红色故事、展示小短剧或开展红歌传唱活动,培养中小学生的红色文化意识。

(七)宣传效果时到位:发挥网络优势,搭建线上沟通平台

创建本团队微信公众号和同名微博"青年红星闪闪亮",每三支小分队做完实践,则发一篇微博、一篇推文,并进行新闻和网站投稿。从实践开始到结束共发布15篇微博,17篇推文,"青年红星闪闪亮"获得省级、镇级、校级等多方媒体关注。其中8月1日的社会实践活动经八一起义纪念馆推介刊登在江西新闻网。该篇新闻浏览阅读量达7800多次,微博阅读量达33000余次。在保证信息的及时性和有效性的同时,发挥青年大学生的使命和担当,展示实践过程和特色成果,通过线上收集信息并建立反馈机制,使宣传效果大大增加。

(八)英烈故事宣讲会:开创网络专栏,构建线上讲解平台

"新冠"疫情爆发以来,泉州市革命烈士陵园管理所开拓网络祭扫平台,以退役军人事务部清明专题祭扫平台为主阵地,打造新媒体平台"红色高地",联合华侨大学团委、华侨大学政治与公共管理学院开创青年学子讲英烈故事网络专栏,将志愿讲解由线下转为线上,以泉州烈士陵园纪念馆内烈士为主要讲解对象,面向华侨大学全校师生征集英烈故事视频或音频,极大地激发了青年学子向英雄烈士学习的热情。在4月4日清明节当天,泉州市革命烈士陵园创建的"青年学子讲英烈故事"网络专栏在"泉州市烈士陵园"官方抖音号、头条号正

式上线。截至目前,已有 120 多名不同学院学生报名参加,我们将从中选出优秀作品在"泉州市烈士陵园"官方抖音号、头条号上进行陆续展示,该活动还在火热进行中。

三、启示与思考

(一)迎新时代东风揽四方人

此次案例中,团队以华侨大学为起点,召集了全校各个年级共 47 名同学,此次活动横跨东北、华北、华东、华中、华南等全国 14 个省,前往 26 个城市,了解各地红色基因传承情况。横跨范围之广,调查高校大学生之多,组织学生参与了解传承红色文化范围之广泛,这在红色基因传承方面具有较大的先行性。这些活动既对广大侨校学子产生文化震撼,又为传承红色精神提供方式方法。当今高校红色教育应注重红色文化与校园文化相结合,定制校园主题红色文化活动,积极邀请各专业年级学生参与相关活动,促使学生深入透彻地从全方位了解红色文化,更好地传承红色基因,从而培养大学生爱国统一战线。

(二)乘新思想浪潮游四海地

近年来,华侨大学与泉州市革命烈士陵园管理所结对共建,开拓思政课堂,常态化面向在校大学生群体招募、培训一批红色讲解员,把烈士纪念馆开辟成高校思想政治教育的第二课堂。通过建设爱国主义教育基地第二思政课堂,把烈士纪念场所打造成青年学子凝聚信仰的精神高地,让当代大学生在实践中传承红色基因,在行动中培育家国情怀。当前的高校红色教育活动形式单一,应积极寻求各方红色基地,通过开展志愿活动,努力与各个地方建立长效沟通合作机制,使得活动范围广泛化,活动内容丰富化,活动形式多样化,使红色基因得以长期传承,提升高校知名度,塑造高校学子形象,弘扬红色文化。

(三)跨不同关系育红色情怀

在此案例中,团队注重建设四个关系:第一是各高校之间的红色文化交流关系。队员调查各地高校大学生对红色文化的认知度,互相交流学习,共同构建全国大学生关于红色基因培育路径的数据库。第二是高校内部学生之间的红色志愿活动互动关系。队员通过做红色志愿服务、传唱革命红歌、举办线上志愿讲解活动等方式传承红色精神。第三是高校学生与退伍老兵之间的慰问关系。队员根据家乡所在地区进行人力资源的合理配置,被分成多个"红色慰问小分队",走近英雄,拉近青年一代与革命老兵的联系。第四是高校学生向其他中小学的红色基因传播关系。团队将自身打造成为传承培育红色基因的中间链,吸收红色文化的同时,发挥转换器的作用,以更加鲜活的形式将优秀的品格传递给更多的中华儿女。

(四)以青年视角观思政实效

高校思政课堂是培育大学生红色基因的主阵地,因而改变学生对思政课堂无聊、无用、无所谓的"三无"看法,扭转各类思政课堂流于形式、中看不中用的尴尬现状是亟须解决的问题,应注重代课老师的针对性培训,依托多重教学方式建立富有当地特色的教学课堂,脱离古板教学方法,激发学生学习红色文化的兴趣,引导学生主动探究红色历史,使学生从心底真正愿意继承和传播红色基因。

(五)拓多维路径谋培育新篇

由于活动时间、活动人数、活动经费等原因,学生仅在部分城市展开实践,因而研究分析红色基因的传播方式、培育路径等方面稍显片面。在未来的实践研究中,将延长活动时间、号召更多的同学、申请专项经费、打破地域限制、拓宽实践范围,着力引导学生踏上红色文化之旅,以自己的脚步丈量红色文化的底蕴,并从多种维度通过不同方式举办差别性活动,以期完善实践结论。

【专家点评】

"七个一"实践体系下的"红色基因传承·红色志愿同行"主题实践活动增强了当代大学生的历史使命感、精神认同感和社会责任感。学生能够在实践中不断地培养创新实践能力,使学生深刻领悟并真正地融会贯通,促成"学中做,做中学"的良性循环。"红色基因传承·红色志愿同行"系列活动作为高校党建工作的主要抓手,有助于提升高校红色文化软实力,引导入党积极分子、预备党员和党员参与相关的社会实践,有利于充分挖掘并利用优秀的红色文化资源实现红色文化传承,形成"以党建文化为核心,提升软实力为抓手,围绕中心抓党建,抓好党建促发展"的工作思路,促使基层党建工作取得突破性成效,加强大学生对革命文化的认同感和对社会的使命感、责任感。同时,该活动的开展可以进一步整合红色资源,挖掘典型案例,以点带面,营造良好的社会风尚。

陈　捷　华侨大学学生工作部长、学生处处长,教授

十九大精神宣讲进基层
广轻学子助力乡村振兴

【作者简介】

罗雪榕,女,硕士,讲师,广东轻工职业技术学院辅导员,全球职业生涯规划师。曾获得广东省辅导员年度人物提名奖,广东省辅导员技能大赛三等奖,广东高校辅导员优秀工作成果之论文项目二等奖、优秀奖,广东高校思想政治工作实践优秀案例奖,广东省资助先进个人,多次被评为优秀辅导员、优秀班主任、优秀党务工作者、优秀党员、优秀社会实践指导老师等荣誉。指导学生参加比赛获得国家级奖励1项,省级奖励6项,校级奖励多项。

一、案例简介

为深入学习贯彻党的十九大精神,推进生态文明建设,加快形成绿色生产和生活方式,助力乡村振兴,广东轻工职业技术学院生态环境技术学院(以下简称学院)师生将专业学习与党建实践紧密结合,召集优秀党员、优秀学生干部共赴广东省河源市龙川县,开展暑期社会实践活动。本次实践活动按照十九大报告提出的"建设美丽中国""实现乡村振兴"等工作目标,紧紧围绕"乡村振兴"的主题,针对龙川县部分乡村对十九大精神了解程度、水土环境保持、资源能源利用、特色农产品现状进行调研,宣讲十九大精神,探索乡村生态可持续发展现实路径。①

通过学生党支部组织,带领学生深入基层磨炼,下到地里田间,走进街边商铺,身体力行深入基层、了解基层,引导青年学生了解社会、了解国情,充分发挥学生的知识和智力优势,为人民群众生产和生活基本需求服务,培养学生的劳动观念和奉献精神,增强学生的责任感

---

① 本案例获评广东高校思想政治工作实践优秀案例。

和使命感，树立正确的世界观、人生观、价值观，使学生坚决拥护中国共产党的领导，坚定走有中国特色社会主义道路的信念。

二、案例分析

（一）党建引领带队伍，知行合一树标兵

习近平总书记提出："广大青年要如饥似渴、孜孜不倦学习，既多读有字之书，也多读无字之书，注重学习人生经验和社会知识，注重在实践中加强磨炼、增长本领。"大学生社会实践作为实践育人的主要形式，是大学生思想政治教育的重要环节。此次社会实践由学生党支部牵头，采用"教师党员指导，学生党员带头，团员参与"的模式，引导我院党员、入党积极分子、共青团员等投身暑期社会实践活动。实践过程中，优秀党员以身作则，做好十九大知识宣讲，带头美化乡村环境，做好垃圾分类知识宣传，起到了先锋模范的作用。

（二）传承红色基因，服务乡村振兴

1. 传承红色基因——感受·传播

（1）"我去红色基地受洗礼"。龙川县被中央党史研究室确认为"中央苏区县"，通过参观车田大肚塘红四军活动遗址，铭记先烈优良传统，传扬革命精神。

（2）"我听老党员讲党史"，寻访当地老兵和老党员，听当地老兵和老党员"忆革命历史"，在老人家们的言语之中探寻红色革命记忆。寻访当地老人，了解当地的部分革命历史和时代发展变化，传播当地红色文化。

2. 服务乡村振兴——宣讲·贯彻

（1）中国梦，我的梦——传播十九大精神。主要包括主题宣讲和主题墙绘两个方面。用通俗易懂的话语进行宣讲，把精准扶贫、美丽乡村、农业发展、乡村振兴等方面对党的十九大精神进行详细解读。让十九大精神与群众"面对面""零距离"，真正做到入脑入心。主题墙绘将十九大精神绘图上墙，根据美丽乡村、乡村振兴、精准扶贫等十九大报告内容，设计绘制海报，在农家院墙和村宣传栏上描绘。

（2）乡村强，中国强——贯彻十九大精神。我们把社会实践队伍分为3个小分队，进行十九大知识宣传、环境保护宣传、垃圾分类宣传等活动。

① 墙绘小分队：主要对乡村学校的墙体进行修缮美化，以及实践基地5米×16米的墙

体进行主题为"不忘初心跟党走,撸起袖子加油干"的大型墙绘。

② 环保宣讲小分队:对车田中学的校园环境进行了大范围的改造,包括修剪草木,粉刷宿舍墙壁,给学校的树木挂上树牌等工作。通过美化环境,宣传环保知识等活动,提高当地群众的环保意识,共同建设美丽乡村。

③ 资助下乡小分队:宣传国家资助和助学贷款政策。通过摆摊设点宣讲和微信公众号宣传两种方式,帮助当地群众了解国家政策。

三、启示与思考

(一) 社会实践的重点和难点:事预则立,十九大精神怎么进基层

十九大精神进基层的关键是要群众听得懂、能领会、可落实。因此,在实践之前要做好充分的准备。内容上,选取紧紧围绕乡村振兴战略、生态文明建设、美丽乡村建设、教育资助政策、精准扶贫政策等村民关心的热点问题,同时,也兼顾学生的专业知识,能用专业知识解答生态文明建设的重要性,如垃圾分类、污水处理等问题;语言上,采用普通话与地方方言结合的方式,遴选5位客家同学作为宣讲团的主要成员,确保群众听得懂;形式上,有面对面宣讲、主题墙绘、原创歌曲三种形式。通过到田间地头、街边商铺面对面宣讲,绘制5米×16米主题为"不忘初心跟党走,撸起袖子加油干"的大型墙绘进行宣传,用原创文艺作品《美丽乡村建起来》为主题的MV进行宣传,"美丽美丽乡村建起来,撸起袖子别再等待,就是现在",歌曲朗朗上口,凝聚起了人们乡村振兴的信心,充分展示了人们对乡村振兴的信心与期盼,更反映出新时代大学生积极参与美丽乡村、美丽中国建设的激情与决心。我们从内容上、语言上、形式上都做了充分的准备,使得十九大精神通俗易懂,入脑入心。

(二) 社会实践意义:春风化雨,凝聚青春正能量

本次社会实践由学生党支部组织,紧密围绕"青春喜迎十九大,携手共筑中国梦"的主题,在实践的过程当中充分发挥党员的先锋模范作用,带领其他同学深入参与社会实践,极大地调动了同学的主动性,营造了良好的集体氛围,社会实践结束之后,有15名同学递交了入党申请书,3名同学成为了预备党员。参加实践的同学由自发参与传播十九大精神转向自觉提升专业能力,用自身专业知识积极投身到美丽乡村、美丽中国的伟大建设当中。

(三) 社会实践效果:凝聚民心,乡村振兴添斗志

社会实践共分为3个小分队,其中墙绘小分队通过6天不停地努力完成了80平方米的

主题墙绘,大型墙绘上"不忘初心跟党走,撸起袖子加油干"这句话就是对十九大精神最接地气的解读。另外,通过到田间地头、街边商铺宣讲,增强了群众对乡村振兴战略的信心,也提升了群众的主人翁意识、主动意识,动员他们积极参与美丽乡村建设。环保宣讲小分队进行美丽乡村建设之环保宣传、垃圾分类知识宣传、中学校园环境美化等,动员群众积极参与乡村环境整治和保护,养成爱护环境、讲究卫生的良好生产和生活习惯,让生态宜居美丽乡村建设深入人心。资助下乡小分队到当地中学、镇中心地段摆摊设点,宣传国家资助和助学贷款政策,帮助当地群众了解国家政策。

以"美丽乡村建起来"为主题的 MV 充分展示了人们对乡村振兴的信心与期盼,该 MV 还荣获全国千校千项"百佳创意短视频"。十九大精神宣讲进农村的事迹被人民网、中国青年网、大学生网、网易、中青在线、龙川网等主流媒体网站报道,传播了美丽乡村建设的正能量。

【专家点评】

该案例主要有4个亮点:①"学习+宣传",培养学生家国情怀。通过宣传十九大精神,加深了大学生对十九大精神的理解,加深了他们对习近平新时代中国特色社会主义思想的认同。②"专业+技能",激发学生责任担当。在引导村民进行垃圾分类、引导村民改变以往不好的生活习惯、减少污水排放等环境保护问题上,大学生用自己的专业知识和技能取得了群众的认可。③"实践+思考",引导学生明德修身。通过实践,引导学生深入思考,让学生更加坚定理想信念,志存高远,脚踏实地,也使其充分认识到青年大学生在实现"两个一百年"伟大历程中的使命和担当,努力为实现"两个一百年"奋斗目标贡献智慧和力量。④"宣传+总结"巩固深化实践成果,推进实践活动品牌化、长效化。建议拉伸实践长度,进一步凝练"知行合一"的社会实践精神内核,做好实践育人工作。

孙林山　广东轻职业技术学院党总支书记,研究员

"我奉献,我快乐" 公益路上你我同行

【作者简介】

> 王建东,男,硕士,副教授,团中央全国学校共青团研究中心特聘副研究员,大连海洋大学信息工程学院团委书记、本科生党支部书记,国家二级心理咨询师。曾荣获全国高校辅导员年度人物入围奖、大连好人、大连市最美高校辅导员等荣誉。

一、案例简介

为了加强大学生的精神文明建设,培养当代大学生的公民意识、奉献精神和服务能力,促进青年学生的健康成长,大连海洋大学信息工程学院于2007年成立了义工站。秉承"我奉献,我快乐"的理念,从事义工工作,充分表达了学院义工对奉献社会、服务社会的强烈愿望。近年来义工站开展了数十项公益活动,其中包括帮扶残疾孤寡老人吴爷爷10余年。在帮助吴爷爷期间,该活动曾获得"2017年度大连市青年志愿者行动优秀志愿服务项目"的殊荣。义工站平均每周一次参加图书馆志愿活动,并在2019年获得"大连市少儿图书馆优秀文化志愿服务团队"的称号。

近年来义工站还开展清扫大黑石图书馆、社区爱心讲堂及科技讲堂、义务清扫社区卫生、"地球一升水,文明一小时"社区宣讲、防诈骗宣讲、应急救护培训等数十项义务活动。社团通过组织和指导志愿者参加志愿服务,推动校园精神文明建设,促进社会发展和进步。义工站现有成员150人。义工站在志愿活动当中,秉承"奉献、友爱、互助、进步"的宗旨,立足校园,服务社会,以提高青年大学生的思想道德素质和社会实践能力,以实际行动践行社会主义核心价值观。

二、案例分析

（一）实施思路

大学生志愿服务工作，是实施社会主义核心价值观教育的有效载体和重要途径，也是深化社会主义核心价值观教育的关键环节。引导大学生参与志愿服务活动，在帮助他人、服务社会的实践中锻炼意志品质，提升综合素质，增强奉献意识和社会责任感，对有效促进大学生践行社会主义核心价值观、成为中国特色社会主义事业合格建设者和可靠接班人有着重要的意义。

（二）实施方法

1. 学习宣传志愿服务精神

义工站通过宣传标语、横幅、微信公众号等宣传形式营造全民学习志愿者精神的气氛。同时，志愿者在活动中加强宣传及发扬志愿者精神，大力发动广大学生和群众积极参与志愿活动。

2. 积极开展志愿服务活动

义工站通过组织和指导志愿者参加五个类别的系列志愿者活动，在帮助他人、服务社会的实践中锻炼意志品质。同时，把握大学生志愿服务活动与高校思想政治教育工作的相互关系，为提高大学生的综合素质和增强高校思想政治教育工作的实效性提供必要的现实依据和理论依据。

（三）实施过程

1. "阳光助残，青春奉献"系列活动

自义工站成立以来，义工站每一位成员就有了一个共同的爷爷，那就是坐在轮椅上独自生活的吴爷爷。吴爷爷早年因为工伤导致下半身瘫痪，只能在轮椅上移动，虽然下半身瘫痪，吴爷爷却身残志坚，靠自己坚强的毅力游历了大半个中国。从2007年至今，义工站已经照顾了吴爷爷13年，每一届义工站成员都能够尽心尽力地去关心和照顾吴爷爷，和吴爷爷

的关系相处的也十分融洽,给吴爷爷的生活提供了很大的帮助。每当义工站的志愿者看望他的时候,他都教导学生要放远眼光、勇敢地面对生活。照顾吴爷爷不仅让吴爷爷感到温暖,也让每个义工站成员的心中充满了爱,同时也培养了学生无私奉献的精神。

义工站的志愿者们在"阳光助残,青春奉献"系列活动中帮助吴爷爷解决了最基本的生活难题,也在每一次见面的时间里给吴爷爷平淡的生活带去欢乐。

2. "助民服务,情系社区"系列活动

如今"低碳""环保""防拐防骗"等问题越来越被世人所重视,为了方便社区居民的生活,同时顺应时代的要求宣传良好的生活理念,提高他们的自身素质,志愿者们走进社区,进行了数次社区服务活动。开展了"文明一小时,地球一升水"活动,通过宣讲会的形式进行宣传,帮助社区居民明白节约、低碳、环保的重要性,让低碳生活概念得到了推广。开展了"我不和你走,防拐在行动"宣讲会,走进社区和幼儿园,使社区居民以及小朋友明白如今的拐骗行为具体是哪些,该如何防范。在大山广场开展了防诈骗宣讲,使大家的防范意识得到了很大的提高,也锻炼了志愿者们的言语表达能力,让大家明白了什么是公益的力量。

义工站的志愿者们在"助民服务,情系社区"系列活动中不仅增强了社区居民的环保意识和防范意识,还激发了群众的参与热情,为精神文明社会的创建注入了新的生机与活力。

3. "防患未'燃',安全为先"系列活动

义工站开展过一系列的消防安全活动,包括"消防安全宣讲会""消防安全活动日"等活动,培训重点包括扑救初期火灾、灭火器的使用以及应急疏散、逃生自救等消防安全知识,并幽默生动地讲解了报警注意事项和消防设施在火灾发生时的用途,让学生们知道消防安全的重要性。

义工站志愿者们在"防患未'燃',安全为先"系列活动中有效增强了学生的消防安全意识以及自防自救能力,为学生们创造了良好的消防安全氛围。

4. "墨香浓情,志愿同行"系列活动

义工站每月会组织义工三次去大连市少儿图书馆开展义务活动,帮助图书馆管理员分类和整理图书,帮助阅读者了解如何寻找书籍以及如何借还书籍。除此之外,每月还会进行一次义务清扫大黑石图书馆的活动,帮助管理员完成打扫图书馆的卫生、分类图书馆书籍等工作。这些活动充分地培养了志愿者们吃苦耐劳的精神,培养了志愿者无偿为人服务的精神。

义工站志愿者们在"墨香浓情,志愿同行"系列活动中不仅有效减轻了图书馆管理员的

工作负担,还在维持馆内秩序的过程中给阅读者们创造了一个良好的阅读氛围。

5. "'科'盈校园,讲堂宣传"系列活动

义工站联合大连市蓝天救援队开展"应急救助小讲堂""应急救护培训活动",宣传了突发状况下应急救护的重要性,并手把手教会学生如何正确地在黄金时间内实施心肺复苏,大大提高了同学们在面对意外事故和危重病发生时的应急能力。

义工站志愿者们在"'科'盈校园,讲堂宣传"系列活动中不仅提高了自身对应急救护的理解能力,还在后期的宣传中提高了同学们的抗灾自救能力。

(四)案例成效

"我奉献,我快乐"公益路上你我同行项目自开展以来,获得了社会、学校、同学们的一致认可,志愿服务工作已经成为全社会共同关心的事业,大连海洋大学义工站志愿者通过一系列的志愿服务活动,坚持服务学校、服务社会,为实现"奉献、友爱、互助、进步"而奋斗不息。义工站近年来也取得了多项荣誉:辽宁省暑期社会实践活动优秀组织单位、大连市青年志愿者行动优秀志愿服务项目、大连市少儿图书馆优秀文化志愿服务团队、大连海洋大学星级社团等荣誉称号。学院学生工作得到社会各界的广泛认可和肯定,毕业生的认可程度也有所提高。涌现的志愿服务先进典型和先进事迹层出不穷,2018 级 7 名本科生救助失火居民的模范事迹更是被《大连晚报》《半岛晨报》等多家新闻媒体报道。

三、启示与思考

(一)对学生而言

(1)志愿者通过参与志愿服务活动,有机会通过奉献自身能力才学而在不同岗位上发挥自身作用及优势,从而完成自我实现,使奉献精神、社会活动参与感及责任感等人生价值在志愿服务活动中得到体现,精神境界得到升华。

(2)"人人为我,我为人人",在感受到社会给予我们的温暖后,志愿服务也是回报社会的一种表现。

(3)志愿者在志愿服务的过程中,通过对未知事物的接触、对课外知识的学习而实现对现有知识能力储备的提高,培养了自己的组织、协调、交际和领导能力,培养了正确的工作态度和处理问题的方法。

(4)通过参与不同形式且有意义的志愿服务活动,可认识更多领域志同道合的志愿者,

既扩大了自己的社交生活圈子,又接触了新事物、新观念,还亲身体验和接触社会不同层面和领域的人和事,加深对社会的认识。

(二)对他人而言

(1)志愿服务能有效地帮助他人扩大社交圈子,帮助他人融入社会,重拾对社会的信心,增强其社会归属感及社会活动参与度。

(2)帮助他人减轻接受服务时的自卑感和疏远感,从而使其建立自尊心和自信心。

(三)对社会而言

(1)志愿服务活动满足不同层次人群的心理需求,对弘扬民族精神、推动社会发展、升华民族文化精神具有积极意义。

(2)青年志愿者活动为群众提供了互相帮助关怀的社交机会,加强人与人之间的交往,促进了"我为人人,人人为我"的团结互助精神的形成,从而有助于进一步改善社会风气,净化社会环境。

(3)志愿者行动鼓励越来越多的志同道合的人参与到志愿从事社会公益和社会保障事业行列中来,使其更加积极地投入现代化建设的大潮,使奉献精神蔚然成风,从而对促进社会进步起到一定的积极作用。

(4)大学生志愿者已然成为服务社会、奉献他人的一道亮丽名片,也受到社会各界越来越多的关注与赞许。大学生志愿服务活动在促进我国社会道德建设和对高校思想政治教育工作等方面发挥了极大作用,也成为对大学生开展思想政治教育的一个有效途径。

【专家点评】

> 大连海洋大学义工站将大学生志愿服务工作作为社会主义核心价值观践行的有效载体和重要途径,引导大学生参与志愿服务活动,在帮助他人、服务社会的实践中锻炼意志品质,提升综合素质,增强奉献意识和社会责任感,从而有效促进大学生积极践行社会主义核心价值观。项目开展中坚持将志愿服务与社会实践相结合,理想信念教育与实践行动相结合的原则,依托义工站社团,充分利用社会公益活动、校园文化建设等平台,先后多次开展形式多样的志愿服务活动,将志愿服务活动常项化、系列化,将志愿服务精神真正融入大学生的社会主义核心观培育和践行中,促进了大学生思想政治教育工作的开展。该项目获得了多项省市级荣誉和有关媒体的报道,取得了很好的社会效益。
>
> 王红琳 大连海洋大学机关党委书记,研究员

礼敬家国·求索中外
——"浸润式"爱国主义情怀培育

🚩【作者简介】

> 王少珺，女，硕士，讲师，天津外国语大学辅导员，实践育人辅导员工作团队负责人，国家二级心理咨询师，红十字应急救护培训讲师，YABC（青春善言行）同伴教育者。曾获得天津市大中专学生志愿者暑期社会实践活动先进个人、天津市教育系统关心下一代工作先进工作者、校级大学辅导员年度人物、教工先锋岗标兵、青年管理干部基本功大赛一等奖等荣誉称号，荣获天津市高校辅导员优秀论文一等奖、天津市"思政上水平"征文一等奖、全国外语外贸院校学生工作年会征文三等奖。主持天津市高校思想政治工作精品项目、天津市首批大学生思想政治教育专项课题（实践育人专项）、天津市教育工作重点调研课题、天津市教育系统调研课题等多项科研项目，参与课题研究11项，发表论文多篇。

一、案例简介

礼敬家国·求索中外——"浸润式"爱国主义情怀培育实践育人平台，坚持以习近平新时代中国特色社会主义思想为指导，以培育"爱国主义情怀"为主题，通过"浸润式"培育方法，创新性构建"四梁八柱"实践育人工作体系。即围绕"课堂内外、楼宇内外、校园内外、家国内外"四个模块，开展了"综合素质实践课程学分＋活动学分＋楼道热词翻译＋主题教室＋文化宣讲＋传统文化系列竞赛＋实践锻炼岗位＋海外志愿服务"等八个特色主题实践育人活动。2017年依托学校，以天津市和河西区政府签订的"知·行"实践育人共同体为框架，整合各类资源，秉承"中外求索 德业竞进"校训精神，深挖学校特色和学生特质，凝练典型经验,打造了一项具有全校性影响力的爱国主义教育思政工作品牌。①

厚植新时代大学生爱国主义情怀,理应先"浸",让学生"浸"在课堂、"浸"在活动、"浸"在各式各样的社会实践中,深挖爱国主义时代内涵,创新性开展学生易于接受的特色活动,在潜移默化中实现爱国主义情怀培育"润"物无声。我们将爱国主义教育融入日常思政教育的点点滴滴,全员、全方位、全过程点燃青年爱国情怀,直击学生心田,正面回应当代大学生思想困惑,引导学生树立"把小我融入大我"的爱国主义精神和锤炼勇担时代重任的核心素养能力,帮助学生"系好人生第一颗纽扣",全校师生 15000 余人参与其中。

二、案例分析

(一)案例背景及解决问题

习近平总书记在南开大学视察时强调:"爱国主义是中华民族的民族心、民族魂,培养社会主义建设者和接班人,首先要培养学生的爱国情怀。"外语类院校大学生在一定程度上会有更多机会走出国门代表国家,作为认识中国的"名片""窗口",他们的爱国主义素养和民族情怀的高低直接关系到祖国的形象。由于接触外来文化影响较多,受到价值冲击和思想碰撞比较尖锐,所以对于外语类院校的爱国主义情怀的培育意义重大而深远,本案例通过"浸润式"实践育人体系的构建,打通爱国育人"最后一公里",直击外语类院校大学生爱国主义情怀培育问题。

(二)案例思路

通过建立"四大育人模块",实施"八个实践育人特色项目",突出"浸润式"育人特色,实现"爱国主义情怀培育"实践育人平台构建。

(三)方法与实效

1. 课堂内外浸润:厚植新青年爱国主义情怀

依托学校自主研发"综合素质教育实践学分系统",将爱国教育融入课堂内外。以校训

---

① 本案例曾获得天津市高校思想政治工作精品项目立项;曾在全国外语外贸院校学生工作协作会第二十三届年会上作为典型案例与全国高校同仁进行分享,在天津市高校"爱国奋斗,领航青春"辅导员工作创新论坛典型发言中面向全市辅导员作经验分享;以此为案例撰写的论文获评 2019 年天津市高校辅导员优秀论文一等奖。

"中外求索,德业竞进"中"德""业""中""外""求索"和"竞进"为统领,组织全体专兼职辅导员、部分机关干部,面向2017级、2018级、2019级本科生2年开设192门"综合素质教育实践学分课程",累积共有5556名学生通过"课程修业"获得综合素质教育实践学分。其中开设有关爱国主义情怀课程45轮次,开设与爱国主义相关的实践类活动68次、18500人次学生参与活动,取得了实实在在的育人效果。以"教学相长"的形式拉近了辅导员、机关干部与学生之间的距离,感受育人价值,真正把"三全育人"落到实处(图3-12-1)。

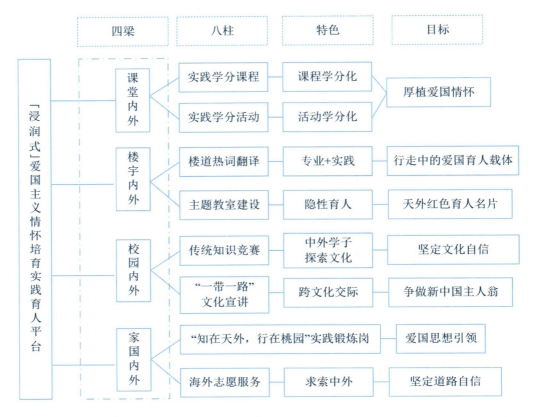

图3-12-1 "浸润式"爱国主义情怀培育实践育人平台

2. 楼宇内外浸润:营造有"温度"的爱国育人氛围

1)楼道热词翻译:行走中的爱国主义情怀培育载体

结合学校多语种优势,组建"天外热词翻译达人社",选取有爱国元素的热点词汇,翻译成不同语言的"楼道热词"张贴在教学楼,让同学们在校园里充分感受"爱国主义"教育的浓厚氛围,让翻译楼道热词成为"行走中的爱国主义情怀培育载体"。

2)主题教室建设:打造环境浸润的天外红色育人名片

通过创建与爱国主义相关主题的教室,张贴突出主题的照片,营造别样学习氛围,让爱国荣校"永驻"天外。4年来,共打造"天外红色名片""天外翻译人""天外从戎"等32类主题、

123间教室,所有教室创建,从主题确定、照片选取、教室简介,全部由学生自己完成,提升学生争做校园主人翁、点滴间融入感恩励志、爱国奋斗之情。

3. 校园内外浸润

1) 传统文化竞赛:用中外学子比拼的方式,浸润爱国情

发挥第二课堂实践育人功效,开展具有"天外特色"传统文化大赛,邀请中外学子共同探索中华优秀传统文化,组建"金石遗灵音、共传华夏魂——撰百题文化感知中华优秀传统文化魅力"实践团,自主编写1000道传统知识竞赛题目及答案解析,引导高校学子从优秀传统文化中汲取营养、传承经典,增强学生传承弘扬中华优秀传统文化的责任感和使命感,献礼祖国70华诞。

2) 体验式宣讲的深度浸润:激发学生自觉爱国潜意识

组建"一带一路"文化政策宣讲团,向普通民众宣传"一带一路"倡议和沿线国家传统文化。2年来,宣讲团与天津市2个区5个街道、6所学校达成宣讲合作关系,开展了50余场文化宣讲活动,2720人次受益,提交了2份高质量调研报告。天外学子深入基层学校、社区,用双脚丈量土地,亲历祖国发生的重大变化,切实增强对党和国家奋斗目标的思想认同、情感认同、价值认同。

4. 家国内外浸润:坚定初心使命,实践砥砺中外

1) 大学生党员赴街道社区实践培养:在为人民服务中坚定初心使命

通过实践学分系统发起实践锻炼选拔工作,选派两批次75人次优秀大学生党员通过自主报名、学院审核、层层面试,在桃园街道8个机关科室和8个社区实践上岗,体验基层工作,在实践中体会"为人民服务"根本宗旨,锤炼有责任有担当的政治品格。

2) 海外志愿服务基地:漂洋过海浸润赤子之心

组建学生海外志愿服务基地,以传统文化社团为班底的艺术团先后三次赴海外孔子学院进行巡演,让天津外国学院的学子走出国门,体验中国文化的传承,将传统文化"漂洋过海"传遍全球。

三、启示与思考

(一) 坚持问题导向,直面学生需求

正面回应"00后"大学生面临的"信仰危机",通过打造"课堂内外、楼宇内外、校园内外、

家国内外"的全新浸润式育人模式,厚植爱国主义情怀,将"千禧一代"培育成"强国一代"。

(二)坚持育人导向,探索"浸润式"全方位育人模式

"浸润式"爱国主义教育,最大的特点是通过教育载体的渗透性、受众体验的深度性和教育成效的持续性,将爱国主义情怀润物细无声地播撒到学生心田,提升爱国主义教育实效性,是一个全员、全过程、全方位的思政育人模式。通过"实践学分",调动起全员"为人师"的积极性,拉近了师生关系,实现全员育人。从"体验式宣讲"到"海外志愿服务",实现了"求索中外"全过程育人。从"楼道热词翻译"到"主题教室创建"等活动,嵌入专业培育、思政教育、学风引领、实践育人,实现"浸润式"全方位育人。

(三)坚持国际化导向,礼敬家国、求索中外

实践学分课程既有中华传统文化课程,也有外国文化类课程,全面培育学生跨文化交际能力;实践学分活动与外语专业人才培养目标紧密结合,特别是热词翻译,同一词汇,30个语种翻译的过程,不仅是自主学习,更是中外文化思想交汇和碰撞的过程;知识竞赛、汉字听写大赛、经典诵读大赛实现了中外学生共同探究中国文化;"一带一路"文化宣讲实践团也有留学生的身影;海外志愿服务,紧扣外语院校人才培养特色,鼓励优秀学子在国内外学习和实践中不断"传承中华经典、讲好中国故事"。

【专家点评】

礼敬家国·求索中外——"浸润式"爱国主义情怀培育实践育人平台案例,积极探索专业教育与思政教育契合点,在实践教育活动中引导学生传承和践行爱国奋斗、礼敬中华的精神,取得良好成效,特别是以实践学分形式创新实践育人形式,发挥隐性德育与实践育人同向合力作用,深挖学校特色、学院特点和学生特质,凝练典型经验,引导大学生成长为爱国奋斗精神的传承者、党和国家事业的接班人、民族复兴大任的时代新人,是一项具有全校性影响力的爱国主义教育思政工作品牌。

陈占权　天津外国语大学学工部部长,高级政工师

关于高校"三拒文化节"实践育人的新探索

 【作者简介】

角升俊,男,本科,讲师,云南艺术学院文华学院辅导员,全国 SYB 创业指导师、全国高校思想政治教育骨干教师。曾获得云南省优秀辅导员、共青团云南省委优秀干部等荣誉;在云南省首届创新创业师资教学技能大赛中荣获铜奖、云南省第八届高校辅导员素质能力大赛中荣获三等奖、云南省第四、五届高校辅导员论文评选活动中均荣获三等奖、校级辅导员素质能力大赛一等奖、校级先进个人等各级各类 20 余项荣誉。

一、案例简介

"三拒文化节"即以"拒绝迟到、拒绝早退、拒绝旷课,争做优秀大学生"为主旨的实践育人项目。① 项目自 2014 年启动以来,以大学生强健体魄、培育团队意识、激发学习动能和促进身心健康为目标,以治理大学生"慵、懒、散"习惯为重点。根据艺术类和非艺术类专业学生类别,结合各类型学生思想特点、专业特征和个性特质,把项目建设与学校办学特点有机结合,为高校实践育人工作增添新活力。

项目建设坚持以弘扬大学生社会主义核心价值观为导向,在科学立项的前提下,通过创新项目模式,系统性建设打破专业壁垒,形成具有针对性、实效性、长效性的校园文化建设项目。在建设的过程中受到艺术类资源的感染,逐渐在艺术与非艺术领域形成独特的项目模式。此模式不具有"排他性",而具有可操作性和可推广性强的特点。

项目开展 6 年以来,学生逐渐养成积极健康的学习生活习惯,校园违纪率逐渐下降,800 余人获得项目奖励。校外获奖方面:累计获得省级以上荣誉 120 余次,其中,在云南省高校工委组织的高校文化节"中华优秀文化"知识竞赛中,81 人荣获"十佳知识达人奖"荣誉;2 名

---

① 本案例项目在云南省第五届高校辅导员论文评选活动中荣获省级三等奖。

同学获得国家奖学金、10名同学获得省政府奖学金,并且先后获得共青团云南省五四先进团支部2次、云南省优秀班集体3次。在就业创业方面,自项目启动至今,共为社会培养输送1200余名毕业生。其中,32名毕业生被表彰为省级优秀毕业生,就业率每年保持96%以上,呈现稳中有升的势态。

二、案例分析

(一)基础夯实、依托专业,助推学生活动精品建设

1. 抓建设、严管理,确保"三拒文化节"科学有序开展

项目设计科学合理,对关键环节、重要活动有着周密设计,如项目的启动仪式、日程安排、经费预算、奖励制度、各类活动开展情况的评价体系与反馈机制、"收官"典礼等方面都有一套行之有效的科学方案。在项目建设过程中做到科学立项,严格把关,认真筛选活动方案,对目标不明确、计划不周详、方案不清晰的活动不予开展。一经批准开展的活动,按严格的管理模式、评价体系和应急方案实施,以确保活动都能够收到实效。

2. 抓特色、筑精品,打造"三拒文化节"系列特色活动

项目自开启至今,共计开展活动140余次,结合学校资源优势,开展了丰富多彩、形式多样且主题鲜明、特色突出的活动,赢得师生一致好评。特别是能够激发学生兴趣、参与范围广泛的活动每学期都将开展一次。如晨间"快闪"舞蹈(在课前10分钟集结到操场上,以简单、简短、轻松、愉快的舞蹈来展示自我)开展4届以来,共计表演21场次,每场各班参与人数达到100%,这样的活动既培养了学生不睡懒觉的习惯,又锻炼了身心、强健了体魄。自从活动开展以来,杜绝了旷课、迟到现象,上课睡觉的劣性也得到有效遏制。这不仅让学生养成了良好的学习生活习惯,而且提升了学习效率。目前,已举办了6届的趣味运动会,学生参与热情高、兴趣浓、规模大,且参与的人数一届比一届增加,影响力也渐渐扩大。

3. 抓内涵、提效能,推进"三拒文化节"助力学风建设

项目注重自身建设,结合公共事业管理专业人才培养目标,先后编写《班级简报》《班级成长档案》《团学工作大事记》等刊物,共计制作20本。《班级简报》旨在为班级学生服务,内容刊登班级建设情况、工作安排、好人好事以及对校内外发生的实事热点进行评析。《班级成长档案》记录班集体在一段时间内,班级建设、个人成长在德智体美劳等方面取得的成绩。

《团学工作大事记》是记录每届学生会在任职期间所做的工作,为下一届学生工作提供参考,同时记录学生干部的成长历程。下一步将积极组织编写一辑体现大学生风采的期刊。通过刊物的编辑,不仅培养了大学生写作兴趣与能力,也为毕业论文写作乃至今后行政办公提供了锻炼的平台。

(二)创新机制、明确主体,提升学生综合素养

创新是项目建设的生命线,明确主体是项目建设的核心,创新的目的在于服务主体。就接收教育、管理,提出服务请求而言,学生是主体,辅导员是客体,他们之间是客体的教育、管理、服务、帮助的有关属性来满足主体需求的关系。从参加活动、感知和认同教育的信息、引起内心冲突、服从管理、解决内心矛盾到实现知行转化等,都渗透着学生的主观能动性,从而达到培养学生德智体美劳的全面发展、提升学生综合素养的目的。

1. 项目激发兴趣,呈现参与人数多、影响面广

以学校特色、专业特点、学生特征为出发点,开展丰富多彩的活动来激发学生的兴趣。开展素质拓展运动、"三笔字"大赛、诗歌朗诵会、"中国梦"红歌比赛、征文比赛、知识竞赛、文艺表演、荧光夜跑、词语变形记、篝火晚会、汉字听写大赛等系列活动,这些活动均列为"三拒文化节"旗下的子项目,每个子项目必须契合"拒绝迟到、拒绝早退、拒绝旷课"的主旨,再结合实际来确立主题。这不仅激发了学生的学习兴趣,而且提升了其表演技能。开展活动的类型由学生主导,真正体现了学生的主体地位,这就大大激发了学生的参与热情(表3-13-1)。

2. 项目注重实践,搭建了自我展示的平台,增强了动手能力

项目十分重视学生技能训练和实践能力,多次举办了营销大赛、志愿服务、寝室文化节、项目策划比赛以及模拟职场等系列实训活动。这些活动的开展培养了学生良好的实践能力、动手能力、表达能力、组织协调能力,提高了学生的实践能力,激发了学生的创新精神。在学校举办的三届大学生营销大赛中分别荣获3个一等奖、6个二等奖、2个优秀组织奖。在大学生"互联网+"创新创业比赛中荣获省级奖金1个、银奖3个、铜奖4个。

3. 项目助力学风、良好习惯的养成,增强了就业创业竞争力

推动学风建设是项目发展的根本任务,为更好地完成这一任务,项目富有针对性地展了"三拒文化节"系列的宣誓签字仪式、微课比赛、《学生手册》学习会、《时代楷模》故事会、教学汇报演出等活动,这些活动大大增强了学生的学习主动性和积极性,增强了学生的综合素质和就业创业的竞争力。在云南省大学生创新创业训练计划项目的立项过程中,学生积极参

加申报,获得省级项目26项、国家项目4项的好成绩。

表 3-13-1 "三拒文化节"项目一览表

主旨	专题版块	活动名称	活动主题	活动时间	活动等级
		"起航"——"三拒文化节"启动仪式			
拒绝迟到、拒绝早退、拒绝旷课,争做优秀大学生	"文"块	"三笔字"大赛	延文化之韵 传水墨之情	九月	★★★★
		中华优秀文化知识竞赛	经典永恒	十月	★★★
		汉字听写大会	不忘"初心"	三月	★★★
		诗词风云会	唐宋神韵	四月	★★★
		征文比赛	燃烧青春	十一月	★
		故事会	"你说我听"	五月	★★
	"育"块	主题班会系列	青春勇担当	每周一次	★★★
		刊物制作系列	留记忆,炫风采	每学期	★★★★
		知识讲座系列	我与梦想面对面	每月	★★
		微课比赛	创意课堂	六月	★★★
		寝室文化节	温馨之家	十二月	★★★★★
	"体"块	趣味运动会	奔跑吧!兄弟	九月	★★★★
		素质拓展训练	团结奋进	十一月	★★
		男女混合篮球赛	风雨同舟	四月	★★★
		"荧光"夜跑	力量	五月	★★★
	"艺"块	"单双三"文艺表演	秀出自我	十月	★★★
		晨间"快闪"舞蹈	闪亮青春	三月	★★★★★
		班级健美操大赛	尚美创新	六月	★★★★
		民族篝火晚会	七月火把	十二月	★★★
	"训"块	创新创业策划	奇迹就在身边	十月	★★★
		营销大赛	我相信,我成功	四月	★★★★
		模拟职场	职来职往	十一月	★★★
		志愿服务月	学雷锋,献爱心	三月	★★★
		艺术实践周	青春实践行	每学期末	★★★
		"荣耀"——"三拒文化节"收官典礼			

注:根据各类活动建设成熟系数,将活动一共分为五级。品牌活动:★★★★★;精品活动:★★★★;特殊活动:★★;重点活动:★★★;一般活动:★。

三、启示与思考

(一)科学谋划、强化管理,让项目的发展后劲更足

新时代已经来临,新征程已经绘就。必须始终坚持项目建设服务高校转型发展的新趋势,在实施的过程中要不断地总结与补充,以问题导向来调整和提升。在谋划上,既要科学又要有高度,注重加强将项目建设上升到理论的高度。在管理上,要夯实基础、细化目标;同时,需要加强资金监管,确保项目的顺利实施。

(二)拓展视野、补齐短板,让项目的发展动力更大

项目建设不能"坐井观天",更不能"闭门造车",必须加强与外界的联系,既要学习本校其他项目的建设经验,又要向校外优秀项目学习。通过学习认识自己的不足,借鉴有助于自己的经验来弥补、改进缺陷,进而扬长避短、补齐短板、蓄势而发,并邀请相关的知名专家与学者对该项目建设提出宝贵意见和建议。

(三)适应规律、创新形式,让项目的发展空间更广

教育规律是项目建设首要遵循的法则。项目在建设的过程中既要利用教育规律,又要尊重教育规律。唯有项目创新类型适应教育规律才能够有强大的生命力和吸引力。在实践中要进一步创新活动形式、拓展活动的类别,使活动的覆盖面、参与人数和学生的受益面更广。

(四)坚持发展、树立特色,让项目的品牌文化更响

要依托学校资源优势,结合学风建设需求,紧紧围绕学校转型发展工作实际,结合发挥自身专业特色特长,制定明确且切实可行的项目目标,突破千篇一律、千人一面的校园文化活动建设困境,打造品牌、树立特色,提升项目的知名度和影响力。

【专家点评】

面对艺术类独立学院学生的心理特点、个性特征和学习习惯，针对学生迟到、早退、旷课较为严重的现状，结合辅导员工作实际，作者以实践育人为切入点，探索出"拒绝迟到、拒绝早退、拒绝旷课"的"三拒文化节"活动。该活动面向辅导员管理的全部学生，积极发挥学生的主体作用，调动学生干部的工作积极性，组织了丰富多彩的课外校园文化活动。从实践来看，效果较为明显。学生迟到、早退、旷课人数持续下降，改善了学生迟到、早退、旷课较为严重的现状。

该活动可操作性强，可为兄弟院校借鉴使用，具有一定的示范推广价值。从对学生的问卷调查来看，100%的学生都不同程度的参与了"三拒活动"。但少部分学生对活动认识不足，有的学生由于惰性，缺乏自觉性、规划性，被动参加活动，没有养成良好的学习习惯，需要加强引导。此外由于学校体育场地的限制，导致活动内容较为单一。因此该项目未来要面向全体学生，必须坚持小型化、多样化、经常化、系列化，有目的、有组织、有计划地开展一些形式新颖、趣味性强、大众化的竞赛活动，增加校园文化氛围，广泛吸引学生参与，形成一种健康的校园文化，促进学生课外活动的持续进行和发展。

孙　迪　云南艺术学院文华学院，副教授

"孟子居"电商扶贫登上《新闻联播》头条

【作者简介】

邓张升,男,讲师,北京科技大学创新创业中心教师。曾获中国国际"互联网+"大学生创新创业大赛、"创青春"大学生创业大赛国家级金奖2项、银奖3项,教育部中国大学生在线网站就业板块专栏"十佳人气"作者。

一、案例简介

2017年8月16日晚7点,中央电视台《新闻联播》头条播出了"用青春书写无愧于时代无愧于历史的华彩篇章"的消息,8月17日人民网首页头条《习近平总书记回信在"青年红色筑梦之旅"大学生创新创业团队中引发热烈反响——把激昂青春梦融入伟大中国梦》也报道了"孟子居"团队参加中国"互联网+"大学生创新创业大赛"青年红色筑梦之旅"实践活动。团队负责人、大三学生杨国庆接受了央视采访,作为向总书记写信的执笔人之一,他谈及了自己的体会,并得到了总书记的回信。本文将回顾该案例的起步、转型、发展历程,启发师生共创中的家国情怀、社会价值导向,感受创新创业的重要育人功能,以及对学生成长成才的重要影响。

2014年9月,"孟子居"生态零食公司还只是淘宝上一家普通的大学生电商,以销售山东邹城红枣、核桃等土特产的公司。2016年,公司走上了公益扶贫的道路,而这个转折的源头竟是阿里研究院2年前的一篇文章,点燃了这星星之火!

二、案例分析

(一)电商扶贫,始于阿里

2015年10月16日阿里研究院发布了一篇文章《阿里巴巴副总裁方建生:电商扶贫,大有可为》。文章提到，2015年10月17日是第二个"国家扶贫日"，阿里巴巴集团副总裁方建生出席"2015减贫与发展高层论坛"并作了发言。发言的核心思想是阿里从2009年开始通过电商赋能农村贫困地区，为全国很多的农村贫困地方做出了很大的贡献。

当时我是管理学院辅导员，读完文章，很受启发。第一次听到"电商扶贫"的新概念以及看到阿里近六年的实践，觉得这里大有可为。

我想到所带学生中那个开了淘宝店"孟子居"的总经理杨国庆。杨国庆来自农村，他能不能将做电商获得的经验与贫困地区的实际情况结合起来，也来一次"电商扶贫"？

于是我们开始围绕文章展开讨论，当时觉得相比"农产品上行"，更多的是"消费品下行"，农产品电商模式有一定的现实困难，而且农村当地也缺乏年轻的互联网从业人员。至少，就当时我们两人的有限观察范围来说，实现"电商扶贫"是有难度的。

但我们达成了共识，觉得"电商扶贫"模式很新颖。在大学期间，在创业公司活下去的前提下，杨国庆做电商不是简单地只为赚钱，更要尝试凭借自身的知识和力量，为社会做点有意义的事情，目前需要积累更多的公司运营、营销实战经验，打铁还需自身硬。

（二）念念不忘，必有回响

2016年1月，大二上学期期末考试刚结束，杨国庆和他的伙伴们便找到我，商量一项计划——"孟子居"是否可以冠名赞助我校十佳社团管理协会的第七届营销大赛。

此项赛事历来都是社会知名企业冠名，如爱国者、娃哈哈、苏宁等企业，从未有过学生创业公司冠名。经过三个多小时的会议讨论之后，决定由"孟子居"冠名赞助此次比赛，由此开创了学生创业公司与营销大赛相结合的模式。

5月活动圆满落幕，提高了"孟子居"在学校的知名度，锻炼了孟子居团队的执行力，并为次年的扶贫公益营销大赛奠定基础。

这时，杨国庆和我提到：想做第二次社会实践。

社会实践是北京科技大学数十年的优良传统，2005年在全国率先开设了《大学生社会实践》课程，并列入全校本科生必修课程，号召学生走向社会、走向农村、走向红色革命老区，涌现京杭大运河现状、保护及申遗政策调查、保卫淮河实践团、禾欣七彩夏令营等一大批具有良好社会影响的实践案例，被誉为"社会实践的北科大模式"。

大一学生是必须参加，大二学生是自愿。我觉得这是一个良好的时机去实践"电商扶贫"，便再次找到杨国庆一同商量，但在"该扶贫哪个地方"遇到了难题。

我和学校团委实践部提出"电商扶贫"的建议，时任实践部部长陈凯老师对此非常支持，把"电商扶贫"的建议列为实践的重点策划之一。但是此时仍没有合适的扶贫点。

念念不忘，必有回响。没过几天，某个晚上，陈老师给我打了一个电话，问：我们找到了一个对口的扶贫点,在甘肃秦安县,要不要做?

我回答可以考虑,并马上告诉杨国庆,说:"机会来了,将你的优势和当地的需求结合起来,既有前人的实践为例,又符合国家的趋势,做吧!"杨国庆随即答应,于是,当天晚上连夜开了碰头会,彼此介绍情况,一拍即合,电商扶贫,开启了行动。

随后,"孟子居"开始深入了解扶贫点的情况、学习更多的电商扶贫的方式方法。我于6月份参观阿里巴巴西溪园区时,学习了淘宝大学和阿里研究院出版的《互联网+县域:一本书读懂县域电商》,更为深入地了解了一些农村电商模式。

(三)甘肃秦安,下沉基层

甘肃省天水市秦安县,这是杨国庆没有去过的地方,这次却要成为第一批以"电商扶贫"的名义来到这里的搞实践的学生。抱着先调研、先学习、再帮扶的思路,"孟子居"电商扶贫团队走进了这片热土。

不同于《互联网+县域:一本书读懂县域电商》一书介绍到的浙江桐庐的政府驱动型电商模式,也不同于江苏睢宁的网上驱动型电商模式,秦安县在政府的引导下建立了一定的电商基础,统筹了当地较大型的几家苹果、桃企业。多年前当地曾出过潘石屹代言的"潘苹果",但是由于当时缺乏运营思路,并没有借势运作好。当地以华园果业为代表的企业仍有重新做好苹果品牌的长远打算。

七八月份的陇中黄土高原,烈日高照,很晒却不炎热。杨国庆带领他的团队在凌晨四五点上山下乡,调研果农,夜里十一二点走访交易市场,其他时间还走访政府,帮助企业完善电商平台、改善品牌设计、拍摄《印象·秦安》微电影,在当地、北科和网上传播很广,短短一个月便有数万播放量。

"孟子居"作为学生层面的先行者,与当地政府、企业、果农建立了良好的关系,为日后的秦安华园果业公司冠名第八届营销大赛建立了信任关系。

一步一步走来,"孟子居"探索出了一条不同于政府、企业电商扶贫的——"大学生电商扶贫"道路1.0版本,即发挥大学生差异优势,在电商赋能、媒体宣传方面形成自己的扶贫实力,进而对接外地的高校资源。

(四)学校支持,扩大战果

2016年12月9日,"孟子居"团队在学校的支持下发起助力甘肃省秦安县精准扶贫129公益接力计划。动员129个学生团支部认领甘肃省秦安县贫困农户的129棵苹果树。

杨国庆代表果树认领团支部与秦安果农合作企业负责人签订了果树认领协议,"孟子居"将全程参与公益果树的果树管理与质量把控。

2017年3月,在校园营销大赛中组织广大师生帮助秦安贫困果农认购957棵果树、销售额达19万余元。全部都是依托于电商平台。

4月和7月,"孟子居"参加了教育部依托中国"互联网+"大学生创新创业大赛平台开展的"青年红色筑梦之旅"实践活动,赴延安通过大学生创新创业项目对接革命老区经济社会发展需求,助力精准扶贫脱贫。4月,"孟子居"团队与延安当地企业签约,成为仅有的两个签约团队之一,制定了帮助当地贫困户销售农产品的策划案。7月17日,"孟子居"团队再次前往延安开展实践帮扶,与当地企业再次签约,将以营销策划的形式帮助当地农民脱贫致富。

活动后,"孟子居"团队继续深化电商合作成果,将延安当地特色核桃、狗头枣的销售与"果树认购"结合,在电商平台上创造性地提出了每日"五枣俩核桃计划",目前已经有10余棵果树的认购量。

与阿里巴巴的电商扶贫思路是在实践中发展起来一样,"孟子居"在连续两年的实践中开创了"大学生电商扶贫"2.0版本,即深度挖掘农产品地域特色+果树认购模式+创新农产品营销渠道。

(五)提炼升华,汇报感悟

"青年红色筑梦之旅"实践活动结束后,"孟子居"团队与其他高校参赛大学生一起给习近平总书记写信汇报了他们的收获和体会,表示要像习近平青年时代那样,立下为祖国、为人民奉献自己的信念和志向,把自己创新创业梦融入伟大中国梦,以青春和理想谱写信仰和奋斗之歌。

杨国庆表示:"收到习主席的回信感到十分激动,感慨我们这一代青年赶上了好的时代。农村创业的经历让我深切感受到了中国农村的现状,我们的祖国不能让任何一个农民过不上小康。作为一名中共预备党员,应该把国家的责任扛在肩上。我们要有总书记'扛二百斤麦子,十里山路不换肩'的顽强斗志和'民为邦本,本固邦宁'的乡土情怀,努力为贫困地区农民脱贫、为全面建成小康社会、为实现中华民族伟大复兴的中国梦贡献青春力量!"

5年里,杨国庆累计组织28个实践团302名大学生前往10余个省市的贫困县进行实践帮扶,累计帮助销售农产品300余万元。这一路不禁令人感慨:将个人创业的事业融入到国家社会的大潮中,在实践中不断前行,将产生不小的社会价值。

这一切的发端,启蒙于阿里研究院当年的那篇文章,却走出了学生电商扶贫的"北科大电商扶贫模式",这来源于学生坚持创业与奉献情怀的统一,得益于学校多年社会实践积累的厚实基础。

当地的农民脱贫受益,参与扶贫的学生更是收获了扶贫能力、家国情怀、社会责任,而我们也看着这样学生越来越多。

三、启示与思考

从一家普通的电商企业到小有名气扶贫电商,"孟子居"的案例给人启发的点非常多:商业机会的识别、行业的深耕、资源的整合、领导者的决策、师生共创……创业从来无早晚,厚积才有薄发时。即使当初选择的行业并没有很大的特色和优势,但是只要脚踏实地,仰望星空,过往的经验都能发挥新的作用,每一步,都算数。"孟子居"往后的发展,更是走上了科技创业的道路,明白科技才是第一生产力,推动了农业技术的研发、智慧农业生产工具的普及。此外,如何平衡商业价值和社会价值,"孟子居"也给出了很好的答案,就是将个人价值融入到国家和社会发展的大江大河中。

【专家点评】

> 北京科技大学邓张升老师深耕创新创业教育多年,已从一名敬业爱生的辅导员成长为一位专业的创新创业指导教师,他辅导了很多成功的大学生创业项目,其中本案例介绍的"孟子居"电商扶贫项目就是被习主席回信激励过的好项目。该项目缘起于他学习的阿里电商扶贫理念和方法,成于北科大"青年红色筑梦之旅"创业团队。在乡村振兴、精准扶贫、建成全面小康社会的当下,新时代更需要涌现更多具有家国情怀、社会责任的社会公益创业者和创业项目。让我们一起为年轻有为的后浪点赞!
>
> **高　伟**　上海对外经贸大学创业学院副院长,副教授

小水滴公益联盟"公益创业＋教育帮扶"项目

【作者简介】

> 刘明卿,男,硕士,讲师,山东理工大学辅导员。曾获得山东省暑期社会实践优秀指导教师、校社团优秀指导教师称号。

一、案例简介

本案例项目初始阶段是依托小水滴公益联盟开展的教育帮扶活动。小水滴公益联盟成立于2015年3月,是热衷于公益事业、志愿奉献的青年学生组成的志愿服务组织。在项目初始阶段,联盟坚持"用知识支教携爱心助学"的公益理念,充分利用寒暑假集中支教、日常志愿服务活动、募集资金或物资等方式实施教育帮扶,取得了一些成果。

然而,随着活动规模的不断扩大,各类开支压力越来越大,仅仅依靠募集资金来支撑项目的开展已经"独木难支",况且募集资金的难度越来越大。资金匮乏成为限制联盟发展和活动开展的短板。只有克服资金匮乏,为教育帮扶项目开展提供可持续性的支撑资金才能深化运行教育帮扶项目。小水滴人不断摸索创新,提出了"携爱心支教、做公益助学"的发展理念,不断磨砺"公益创业＋教育帮扶"的运营模式,通过公益创业激发志愿服务组织的造血蓄能功能,为教育帮扶事业的持续深化提供源头活水,有效解决了阻碍项目运行发展的人、财、物问题,进而做大、做强教育帮扶事业,吸引更多的青年学子加入联盟,践行当代青年大学生责任和使命,为壮大公益教育事业、弘扬志愿服务精神贡献青春的力量。

二、案例分析

2014年7月,43名乐于奉献、满怀慈善之心的青年大学生相聚山东理工大学稷下湖畔,组成了"E行天下——小水滴"暑期社会实践团。水滴虽小,大爱无疆。实践团分别奔赴甘肃、江西等贫困乡村开展了为期20天的支教活动,支教地恶劣的自然环境、脏乱不堪的教学环境、极度匮乏的教学资源深深压抑着小水滴人的心情,然而,支教地小学生们求知的眼神、探求大山之外世界的渴望又让小水滴人的支教梦想再度燃烧起来。小水滴实践团的总结报告中写道:"我们要把支教活动长期做下去,我们要为改变贫困山区孩子们的教育现状做出青年大学生应有的贡献。"

每个人都是一滴水,汇聚在一起就是爱的海洋。为进一步壮大志愿服务力量,团结更多的人参与到公益教育帮扶中来,2015年3月,山东理工大学小水滴公益联盟正式成立,从此翻开了小水滴人携爱心助教的新篇章。自联盟成立以来,一届届小水滴人不忘教育帮扶之初心,牢记青年学生之使命,在教育帮扶的路上书写着无悔的青春和汗水。小水滴公益联盟先后组织25支社会实践团队开展品牌支教活动,动员580多名大学生志愿者参与开展教育志愿服务活动,受惠中小学生达2500余人;开辟长期支教服务基地5个,组织募捐活动42次,累计为西部贫困山区儿童捐赠图书5000余册,捐赠衣物5000余件。

然而,随着小水滴公益联盟组织规模的不断扩大,活动项目的不断增多,组织运营的开支也越来越大。如何进一步深化教育帮扶项目,实现公益项目的可持续化和长期化,成为小水滴人面临的难题之一。没有支撑资金,小水滴公益联盟的每一步都举步维艰,每一次活动的效果都因成本问题而大打折扣,成员参与活动的积极性也日益消沉。同时,因资金困境,小水滴的志愿服务活动只能仅仅局限于寒暑假的支教活动,这些阶段性的帮扶难以产生持续性的改善效果,也难以改善贫困山区的教学条件。教育帮扶要长期化开展离不开资金的支撑,仅仅依靠一腔热情和慈善之心是难以做好公益教育帮扶的。同时,单纯地依靠募捐活动也难以维持稳定的帮扶物资来源。诸如其他公益组织一样,小水滴也遇到了发展的瓶颈——支撑资金问题。如何引导社会资源聚焦社会痛点问题,拿出支持教育帮扶可持续化的创新解决方案,成为小水滴人迫切需要破解的难题。小水滴的教育帮扶项目要可持续发展,需要获得一定的收入,促进项目生存发展,也就是说小水滴人要找到自己的"源头活水",要激活志愿服务组织的造血功能。

问渠哪得清如许,为有源头活水来。为了充实教育帮扶发展基金,小水滴公益联盟不断尝试,逐渐形成了"公益创业+教育帮扶"的运营模式,为公益做教育,以创业强帮扶。小水滴公益联盟与淄博小水滴教育科技有限公司、淄博云工拓科技有限公司达成合作,以山东理工大学校内作为试点,由淄博云工拓科技有限公司投放爱心诚信货架,淄博小水滴教育科技有限公司负责货物捐助,小水滴公益联盟作为代运营方管理并进行义卖活动,义卖的全部收益用于小水滴公益联盟支教活动的经费支持。实施爱心企业挂牌行动,为积极参与或支持小水滴公益教育帮扶工作的企业授予"爱心企业"或"小水滴爱心合作企业",进一步充实丰富爱心货架货源,拓宽善款筹集渠道;积极参与创新创业大赛,通过竞赛不断提升联盟知名度,完善联盟发展框架,同时赢得相应的竞赛基金;积极争取政府通过采购社会组织的服务项目等。

通过公益创业项目支持,小水滴公益联盟深化教育帮扶工作,加大教育帮扶力度,开展水滴助学行动,开展"最励志贫困少年"计划,每学年在各个支教地寻找一位"最励志贫困少年",并给予1000元/人的教育扶持资金。目前共完成22名励志贫困少年的帮扶工作,累计帮扶资金达22000元;改善支教服务基地教学条件,出资共计10000元建立支教地图书角5个;先后通过募捐等活动为支教地学校捐赠善款53000多元;丰富日常志愿服务活动,将每月9日定为"水滴助老日",组织"走进敬老院"、"让环卫妈妈休息一天"、"捐一缕书香"、植树节爱绿护绿植树活动、"文明我先行"、"关爱空巢老人我先行"等日常公益活动120多次;强化自身组织建设,注重志愿者培训和社会工作者师培养资助支持,进一步提升组织的建设力和发展力。

小水滴公益联盟不断磨砺"公益创业 + 教育帮扶"的特色发展模式,项目运营日渐成熟,项目先后获得全国"青年恒好"十大公益项目、"创青春"山东省创新创业大赛银奖、第二届山东省志愿服务项目大赛铜奖、山东理工大学"互联网 + 大赛"金奖、山东理工大学"创行大赛"金奖等荣誉。

求木之长者,必固其根本;欲流之远者,必浚其泉源。展望未来,小水滴公益联盟将继续秉持携爱心支教、做教育帮扶的公益理念,积极探索更加成熟科学的志愿服务运营机制和管理制度,引导更多热衷公益、致力于教育帮扶的大学生加入小水滴的事业中来,吸引更多致力于改善贫困山区教育困境的社会人事支持小水滴的项目,改善贫困山区的教学环境,丰富贫困山区的教学资源,让贫困山区的孩子们能够搭上小水滴的公益之船,沿着小水滴人爱心汇聚的江河,走向更加美好的远方。同时,小水滴将不断探索更加成熟的"公益创业 + 教育帮扶"发展模式,争取更多的发展基金为小水滴的事业提供稳定的源头活水,为小水滴发展模式的复制和推广奠定坚实的基础,实现"小水滴凝聚大能量,小水滴汇聚成海洋"的愿景。

三、启示与思考

(一) 案例启示

(1) 公益创业具有公益性、创新性和市场导向性的特点。高校公益创业应注重市场导向性,强化公益模式创新和自身造血能力挖掘,为公益创业项目长期顺利开展提供保障。

(2) 高校公益创业一般以社团为载体,以志愿服务为形式,应注重团队建设,提升项目管理专业化和科学化。同时,应打磨多元化、层次化的志愿服务活动,引导参与者提升志愿服务意识。

（3）创新创业精神和志愿服务精神贯穿于公益创业项目全程中，都彰显着教育本质，契合高校人才培养的价值追求。

（二）思考建议

（1）受公益创业的自身特点及所处高校环境影响，高校公益创业项目往往陷入"多谈公益少谈市场"的偏见之中，导致高校公益创业项目开展活动力度不够，参与人员积极性不强，项目内外认同度不高。因而，高校层面应强化深化高校公益创业教育，提升学生对高校公益创业的认知度和认同度，营造良好公益创业文化氛围。

（2）高校公益创业项目长期化运营离不开核心团队的管理，而当前师资力量不强、团队专业化程度不高等问题制约着项目核心执行力的发挥和效果，因此，公益组织自身应注重团队建设，加强公益创业知识培训，强化专业项目引导，提升专业化程度。

（3）高校公益创业本身就是一个资源整合的过程，需要更好地利用社会资源，如将律师事务所的公益法律服务等应用于公益创业项目的风险管控当中。

【专家点评】

志愿服务组织活动开展的长期性和可持续性问题是很多公益组织面临的难题。如何找到源头活水，实现造血蓄能功能？如何把创新创业教育和实践育人有效结合起来？小水滴公益联盟探索的"公益创业＋教育帮扶"运行发展模式，做公益创业，用教育帮扶，可以说是为解决这个问题提供了比较成熟的解决方案。多年来的磨砺，该项目历久而弥新，吸引着越来越多的青年学子投身志愿服务，强化了青年学生的责任担当意识和创新创业意识，营造了良好的志愿服务氛围，成为学校学生创新创业的品牌，也成为学院探索实践育人的重要载体。后期，应进一步丰富志愿服务活动类型，规范志愿服务活动，深化教育帮扶效果，强化该项目的品牌效应和带动作用。

娄春婷　山东理工大学计算机学院副书记，副教授

树工匠精神　育职业素养

【作者简介】

>　　肖佳利，女，硕士研究生，讲师，唐山职业技术学院辅导员。曾获得河北省第五届辅导员职业技能大赛一等奖、理论宣讲二等奖，唐山市优秀共产党员，唐山职业技术学院优秀思想政治教育工作者、辅导员、班主任等荣誉。

一、案例简介

"工匠精神"是一种职业精神，包括敬业、精益、专注、创新等内涵，对于高职院校来说，做好工匠精神建设，加强劳动教育实践，是促进和培养学生职业素养的重要途径。在工匠精神建设对于本系专业教育不可或缺的基础上，我们深刻认识到，无论是精雕细琢的口腔工艺技术，还是精益求精的行医求学态度，工匠精神教育对于口腔专业学生来说，既是学风建设、职业素养教育的要求，又是受益终身的财富，更是培养合格人才、服务社会的保证。因此，"树工匠精神，育职业素养"育人项目旨在培养精益求精、注重品质、提升服务的职业精神，根据立根、塑形、铸魂的思路，通过全面教育树学风、多样活动树典型、浸润教育引方向、心存匠情专业精、立足实践育良匠五个环节，塑造新时代大学生的新性格、新形象，营造"匠心口腔""品质口腔"。

二、案例详情

（一）主题思路

我系围绕"树工匠精神，育职业素养"这一主题，开展一系列理论、实践教育活动，进而构筑树立工匠精神的学风氛围。开展思路如下：

1. 立根

针对一年级新生开展入学教育、职业规划教育、心理教育,树立工匠精神意识。

2. 塑形

针对二年级学生开展义诊、雕排牙大赛等实践活动,通过实践养成"匠心"性格。

3. 铸魂

针对见习、实习前学生进行职业素质教育,培育职业道德、职业思维、职业技能。

(二)实施方法与过程

通过开展讲座、竞赛、座谈、社会实践、主题班会等系列活动,以符合学生身心发展规律、易于接受的形式进行五个环节的展开,具体的实施方法与过程如下:

1. 全面教育树学风

通过邀请资深口腔行业专家进行专业前景、职业素养教育讲座,培育职业自豪感,树立初步的职业理想与信念;每年举行9.20爱牙日职业宣誓及义诊活动,树立职业目标,增强职业责任感;开展学风建设主题班会,各班自定形式进行根植工匠精神"萌芽"的职业教育。

2. 多样活动树典型

通过积极组织各类创新创业活动以及精心组织口腔系雕排牙大赛等活动,选拔出一批学习刻苦、勇于开拓、精益求精、成绩显著的明星学生,进行表彰与宣传,形成以点带面、你追我赶的学风氛围,从而让广大学生感受到专注、努力的工匠精神能够带来的进步。

3. 浸润教育引方向

将职业心理教育、实习心理教育、学风教育与日常开展的严肃纪律、宿舍教室文化与卫生、走廊报廊文化、入党积极分子考察、志愿服务等工作相结合,随时随地进行"工匠精神"的宣传、植入与强调,让工匠精神无处不在,在不知不觉间深入人心,形成良好惯性。

4. 心存匠情专业精

树立工匠精神,最主要的一点就是要让学生们拥有职业认同感,树立职业自信心、自豪感,并且为之奋斗,不断钻研。因此,我系常年开展面向老人、儿童的义诊等活动,让学生们感受被需要、被信赖,感受到自己学业的不足之处,认识到工匠精神的重要性,从而学习更加有动力,工作更加认真负责。同时,开展"匠心诉说"交流活动,让同学们将自己在各项活动以及平时工作学习中收获的"匠心匠情"分享出来,将感悟与心得形成书面形式,纳入匠心教育,将匠心的应用和取得的结果进行展示。例如,凝聚了学生心血与匠心雕琢的牙雕模型、手工模型和获奖证书等,加深匠心精神在学生们心中的影响和重视度。

5. 立足实践育良匠

实践是让工匠精神与人融合的最好方式,围绕良匠育成核心,一方面通过竞赛、义诊、志愿服务等"动手"方式来进行专业实践,另一方面通过讲座、班会、经验交流等"动脑"形式来促进理论修养,而其本身也是学风建设工作的一场匠心实践。因此,通过定期交流经验、座谈会议等形式,口腔系辅导员队伍不断探索研究践行育成良匠的路径,将树立工匠精神写入系学生工作日志当中。

(三)主要成效及经验

1. 四个提升

1)学习风气明显提升

工匠精神之严谨、恒心、求真、求精带动学风建设,使学生学习风气显著提升,学生更加严于律己、刻苦学习,精神风貌焕然一新。

2)职业素养明显提升

通过工匠精神教育,我系大部分学生参与实践活动,在见习、实习、义诊、志愿服务等活动中以积极、严谨的态度受到各界的一致好评。

3)专业技能明显提升

工匠精神教育的深入开展,促进我系学生努力专精于自身领域,口腔修复高级技师职业资格通过率不断提高,毕业时年级通过率高达90%以上;在口腔助理医师考试中,我系毕业生通过率以每年5%的速度增长。在专业技能比赛中,也不断取得优异成绩,在2018年"日进杯"全国口腔技能大赛中获得优胜团体奖,三名参赛学生获得三等奖;在京津冀协同发展口腔职业教育合作共同体2019年度全国五省市职业院校口腔技能邀请赛中,一名参赛学生获得二等奖,三名学生获得三等奖。

4)创新能力明显提升

学生创新意识更加活跃,积极踊跃参加创新活动,并在2017年"挑战杯"河北省大学生课外学术科技作品竞赛中获得二等奖。

2. 六条经验

1）制定目标——符合学生需求

项目立意首先考虑高职学生的未来实际工作的需要，将培养学生学习动力、学习习惯、职业认可、职业素质等方面作为第一要务，让工匠精神在学生的脑海中萌芽、生长、深深扎根，成为能够不断钻研、精益求精、有所作为的劳动者。只有学生、家长、学校、社会都认可、都需要，才有辅导员团队不断开展活动、精神薪火相传的意义与动力。

2）合理设计——符合成长规律

项目开展进行了充分的理论学习与经验交流，并咨询相应专家，为学生量身设计了从入学到毕业、从培养工匠精神萌芽到深植于脑海的全程式教育活动，根据学生大学期间的心理变化、发展特点和实际需求，逐步开展润物无声、贴合实际的工匠精神教育活动，给学生以充分的关注和成长的空间，调动学生的参与热情，保证项目效果。

3）寓教于乐——形式易于接受

项目采用学生们喜闻乐见的活动方式，以情动人，以趣引人，以理育人，以绩励人，避免枯燥说教，防止学生产生抵触情绪。采用引导的方式，根据学生心理与需求，新时期学生的特点与共性，通过一个个小活动，形成一个大氛围，逐渐引导每一位学生正视工匠精神，接纳工匠精神，践行工匠精神，传播工匠精神。

4）效率优先——效果及时跟进

要将项目落到实处，起到效果，就需要根据具体开展情况、学生的反馈与接纳情况，随时进行调整和开展效果考察，让每一次活动，都能实实在在地为学生的学习、生活起到帮助作用。对于工作中可能出现的偏差与漏洞，及时改进与弥补，用"工匠精神"的心态，完成"工匠精神"的培育与发扬。

5）紧跟时代——体现核心价值

"工匠精神"是符合社会主义核心价值观、符合时代发展需求的时代精神，更是高职院校师生应该具备的基本素质，将工匠精神教育与社会主义核心价值观教育、学风教育共同开展，可以起到事半功倍、多效共促、共同提升的效果。

6）联动师生——匠心环境育人

项目宗旨在于让工匠精神走入口腔系每一位师生心中，因此，构建一个师生联动、匠心独具的大环境对开展教育活动有非常显著的意义和效果提升作用，并且师生连心，可以让工匠精神扎根更深、持续更久、影响更大，对实现教育立德树人的根本目的起到辅助、推进作用。

三、启示与思考

经过三年的实践与总结,"树工匠精神、育职业素养"育人活动取得了明显的效果,受到系内师生的广泛认可,并给予我们下一步工作实践以启示与思考。树立工匠精神,培育职业素养,加强专业实践,提升劳动教育,是高职学子在中国制造业强国的路上能够发光发热的重要保障,我们计划进一步探索工匠精神融入学风教育机制,形成培养具备精益求精、刻苦钻研工匠精神的长效机制;同时深化工匠精神理论学习与实践探索,开展更加形式多样、效果显著的教育活动,并且不断提升活动品质与规模,成为口腔系品牌活动之一;探索工匠精神整体大环境建立与针对学生个性因材施教的良性结合机制,既有环境浸润带动整体学风,又有个别关心灵活促进个性化教育;分层引导,实现多元化的教育模式,进一步提高教育活动的实效性。

【专家点评】

> 该项目以"树工匠精神,育职业素养"为主题,着重培养学生具备求精、求真、求实、创新的工匠精神。通过"全面教育树学风、多样活动树典型、浸润教育引方向、心存匠情专业精、立足实践育良匠"五个环节的教育,营造了良好的学风氛围,学生职业素养、专业技能、创新能力均有显著提升,取得了良好的预期效果,深受师生欢迎。
>
> **胡珍芬** 唐山职业技术学院党委副书记,教授

知行课堂:分层推进,四位一体 志愿服务实践育人

【作者简介】

> 王乐,女,硕士,讲师,宁波财经学院辅导员,国家三级心理咨询师,宁波市优秀辅导员,校优秀辅导员。
> 张海峰,男,硕士,讲师,宁波财经学院辅导员,宁波市优秀辅导员、优秀思政工作者,宁波市最佳志愿服务工作者。

一、案例简介

学校坚持组织青年、引领青年、服务青年、维护青少年权益的职能定位,以"全员化育人、项目化管理、常态化实施、品牌化创建"为工作要求,针对不同年级、不同服务领域分层推进,构建四位一体志愿服务实践育人平台,带领全校青年积极践行知行合一的教育理念。

(一)全员化育人,着力推进时代新人培养

"培养什么样的人、如何培养人、为谁培养人"是新时代党对高等教育培养"时代新人"的方向性要求,是新形势下加强大学生思想政治教育工作的基本要求和重要形式。目前我校在册志愿者 18453 人,志愿服务时长 43849.5 个小时,位居全市各单位之首。[①]

(二)项目化管理,提高志愿服务工作质量

积极推进志愿服务项目与大学生公益创业大赛的结合。近三年来,我校在创业竞赛中

---

① 数据来自宁波志愿者 WE 志愿平台。

获得省级铜奖及以上30余个,以热心公益、服务社会为目标,我校"重生动力骨骼项目"在全国"挑战杯"大学生课外学术科技作品竞赛中荣获三等奖。通过志愿服务项目申报、培育,"星级"志愿者申报、评比,提高志愿服务质量、激发青年大学生的服务意识。目前,我校传承3年以上的优秀志愿服务项目30余个,每年评选出1000余人次星级志愿者。

(三)常态化实施,构建志愿服务工作长效机制

志愿服务项目常态化实施有利于提高大学生对社会问题的关注,对于启发学生的潜能,培养学生创新精神和实践能力,提升解决社会问题的能力具有重要作用。

(四)品牌化创建,提升志愿服务实践育人成效

我校成立以"教育关爱"、"垃圾分类"、大型赛会服务等为主题的志愿服务项目及团队,整合内外部资源,有效提升了实践育人的成效。其中,时任省委副书记、市委书记郑栅洁对我校志愿服务实践育人成效做出批示,肯定我校志愿服务实践育人做法;并对浙江省"五水共治"(河长制)工作简报2019年第4期(总第679期)相关研究成果做出批示。我校实践育人研究成果《宁波大红鹰学院创新大学生治水实践模式探索》(执笔人:张海峰、吴勇、王乐、陈剑)刊载其中,是本期简报上唯一入选的高校成果。

在此理念的指导下,我校志愿服务实践育人成果颇丰。先后涌现出最佳志愿服务工作者、最美志愿者、优秀志愿者多名;我校青年志愿者协会,连续荣获2016~2019年浙江省志愿服务先进集体;先后荣获宁波市"最佳志愿服务组织"、全国高校"优秀学生社团"、宁波市高校"先进大学生集体"等荣誉。

二、案例分析

(一)案例实施保障

1. "三全育人"思政工作总要求是"知行课堂"建设的宏观指导

习近平总书记在全国高校思政政治工作会议上强调:"高校思想政治工作关系高校培养什么样的人、如何培养人以及为谁培养人这个根本问题。要坚持把立德树人作为中心环节,把思想政治工作贯穿教育教学全过程,实现全程育人、全方位育人,努力开创我国高等教育事业发展新局面。"德、智、体、美、劳全面发展的大学生是高校人才培养的最高目标,其中,大

学生德行教育除了思想政治教师的以身示范，实践教学是重要的一环。

2. 高校思想政治工作"十大育人"体系建设是"知行课堂"建设的具体指导

《高校思想政治工作质量提升工程实施纲要》是高校"思想政治工作创新发展的施工蓝图"，"着力构建一体化育人体系，打通育人最后一公里"是实施纲要对高校思想政治工作创新发展提出的目标要求。纲要提出，要"挖掘各群体、各岗位的育人元素"，实施构建课程、科研、实践、文化、网络、心理、管理、服务、资助、组织等"十大育人"体系。

3. 高校共青团"第二课堂成绩单"制度是"知行课堂"建设的制度保障

《中长期青年发展规划(2016—2025)》(以下简称《规划》)提出，通过探索实施高校共青团"第二课堂成绩单"制度等途径，帮助学生开阔视野、了解社会、提升综合素质。根据《规划》具体要求，我校根据学校实际，完善"第二课堂成绩单"制度，构建包括大学生志愿服务、社会实践、素质拓展、文体活动、科技竞赛等十大内容的"知行课堂"，全方位、全员化推进实践育人思想政治教育工作。

(二)案例实施举措

1. 完善制度，保障"知行课堂"建设

在学校人才培养方案指导下，根据新时代青年大学生发展要求，学校起草出台大学生"第二课堂成绩单"制度，构建包括大学生志愿服务、社会实践、素质拓展、文体活动、科技竞赛等十大内容的"知行课堂"体系。配套志愿服务管理办法、大学生素质拓展学分管理办法、大学生科研项目管理办法、科技竞赛管理办法等规章制度，进一步保障了"知行课堂"建设。

2. 创新内容，引导青年积极参与

针对目标群体设计具有个性化服务的志愿服务项目，创新服务内容和形式，吸引、引导全校青年大学生积极参与。例如，针对"喜憨儿"群体开展志愿服务，内容设计以暖心照顾、入门级手作等；针对"星星的孩子"，内容设计以具有心理安抚作用的音乐类活动、团体辅导为主等；针对需要"临终关怀"群体，内容设计以陪伴为主的服务等。具有针对性、多样化的服务内容设计也是因材施教、因材服务育人理念的体现。

3. 成果激励，培育志愿服务项目成果

目前，我校"知行课堂"在常规实践育人工作开展外，积极为青年大学生搭建平台，促进服务项目延伸。志愿服务项目化管理、品牌化创建极大地促进了项目成果落地。根据项目的具体内容,目前我校志愿服务项目在实践育人成果方面收获丰硕。例如,为帮助下肢残障人士复建,我校志愿服务团队,结合专业学习,发明制作了穿戴式辅助行走设备,并获得国家发明专利、全国"挑战杯"大学生课外学术科技作品竞赛三等奖、浙江省"挑战杯"大学生课外学术科技作品竞赛一等奖、"互联网+"大学生创新创业大赛金奖等成绩。

(三)案例实施经验

分层推进,体现了志愿服务项目在主体、对象上的特殊性;四位一体,体现了志愿服务实践育人整体性思维。本案例的推广主要体现在纵横两个方面。

本案例在纵向上的推广主要是在二级学院中的应用。目前,我校主要有3个校区、9个二级学院,本做法的推广应用,帮助二级学院广泛建立校地合作实践基地,针对青年大学生年级及专业,广泛开展针对性强、专业化突出的服务。

本案例在横向上的推广主要体现在大学生社会实践、科技竞赛等实践育人体系建设上。以大学生社会实践活动为例,在本理念、做法的指导下,近三年来,我校大学生社会实践工作在育人成效上作用突出,我校团委3次获得全国"三下乡"大中专学生暑期社会实践活动优秀单位,我校大学生实践团获得全国、省、市级荣誉近100次。

三、启示与思考

本案例是新时代高校思想政治工作新要求的最新成果,既体现时代要求,又体现我校青年培养的具体目标要求。

针对不同年级、不同服务领域开展志愿服务实践活动,推进全员化育人、项目化管理、常态化实施、品牌化创建"四位一体"的志愿服务实践育人体系建设,在我校青年大学生思想政治教育、实践育人中取得了良好的成效。但由于学校区域位置因素、学校办学性质等多方面原因的影响,学校在整合、挖掘多元素育人要素上存在资源有限、整合作用不突出,经费支持有限等不足。

根据习近平总书记在全国高校思想政治工作会议上关于高校要"坚持立德树人作为中心环节,把思想政治工作贯穿教育教学全过程,实现全程育人、全方位育人"的总要求,我校在志愿服务实践育人工作中将继续坚持分层推进,四位一体志愿服务实践育人的工作做法,践行知行合一的学校办学理念,下一阶段将重点做好以下几个方面的工作:

(一)打破局限,整合资源,搭建丰富的志愿服务实践育人平台

充分利用省市、全国志愿服务项目大赛平台,深化志愿服务项目,以赛促建、以赛促学、以赛促育。通过大赛进一步吸引、整合优质资源,培育项目落地,延伸项目方向,向科技、文化等多方面成果转化。

(二)购买服务,获得支持,培育专业化的志愿服务团队

不断在实践中丰富和加强志愿服务项目的有效性建设。通过购买服务的方式,获得政府和社会各界的支持,培育专业化的志愿服务团队。通过实践,推进志愿服务公益创业项目培育,提高青年大学生的创新意识和创业能力。

【专家点评】

> 该项目具有较强的实践基础,获得全国、省市荣誉较多。项目结构设计合理,内容丰富,具有较强的推广价值。
>
> **何秋叶　宁波财经学院,副教授**
>
> 在该项目的框架下,大学生志愿服务工作深度融入人才培养体系,为我校实践育人提供了较好路径,近年来涌现了一大批省市优秀志愿者、最美志愿者。在"新冠"肺炎疫情防控工作中,有近500位返乡团员青年向社区(村)报到,出现了被中国青年网、《中国教育报》等媒体报道的向"新冠"肺炎患者持续捐献血小板、组建爱心车队运送一线医务工作者的"最美抗疫志愿者"亚春波;被《人民日报》、学习强国等媒体报道的为"新冠"肺炎定点医院运送患者的"最美抗疫志愿者"茅作东;被学习强国、中国教育网等媒体报道的服务抗疫前线的退伍大学生顾少俊等一大批先进青年典型。
>
> **吴　勇　宁波财经学院、副教授**

文达清源：一个"因势而新"开展实践育人的案例[①]

【作者简介】

> 唐华，男，硕士，副教授，温州大学辅导员，现任温州大学商学院党委副书记。国家二级心理咨询师、国家二级公共营养师、全球生涯教练（BCC）。曾获得浙江省大学生志愿服务我国西部计划和我省欠发达地区计划先进工作者、温州市优秀志愿者、温州市高校优秀辅导员、温州市大中学生暑期社会实践活动先进个人等荣誉。

一、案例简介

习近平总书记在全国高校思想政治工作会议上的重要讲话中提出，"做好高校思想政治工作，要因事而化、因时而进、因势而新"。《浙江省全面深化高校"三全育人"综合改革实施方案》指出，要"坚持知行合一，深入实施实践育人工程"，探索既能响应国家需求又能满足学生要求的新的实践载体来开展大学生思政工作，辅导员需要有"因事而化、因时而进、因势而新"的理念与行动，将习总书记的讲话精神落到实处。

温瑞塘河是温州的母亲河，长期作为温州市区及沿河城镇的供水水源。20世纪90年代以来，该河大部分河段的水质劣化为劣Ⅴ类水。温州大学温瑞塘河志愿服务站成立于2003年，是温州市温瑞塘河整治工程指挥部下设的唯一一个高校志愿服务站，多年来开展了"印象塘河""塘河记忆""瓯江净源"等多次暑期社会实践活动，温大学子的保护母亲河的志愿活动得到了各方赞誉。在国务院正式发布《水污染防治行动计划》（简称"水十条"，2015年2月

[①] 本案例获得第二届温州高校思想政治工作案例大赛二等奖。

发布)以及浙江省全面推进"五水共治"的新形势下,我指导学生于2015年4月在温州大学温瑞塘河志愿服务站的基础上成立了省内首家经民政部门注册的大学生水环境保护民办非企业单位"温州市文达清源水环境公益中心"(温民政第100342号,代码32955925-9,以下简称文达清源)。

文达清源以一群热爱公益活动、关注环境保护的在校大学生为骨干,以培养新时代青年环境特使为使命,以实现大学生思想政治教育生态价值为目标,策应了生态文明建设对高校思政教育的新要求,走出一条实践育人的新路子。2018年10月12日《人民日报》头版文章《"青年红色筑梦之旅"在中华大地蓬勃开展——把激昂的青春梦融入伟大的中国梦》对文达清源创新创业团队进行点名报道(浙江省高校唯一团队)。本案例也入选了第二届全国大学生创新创业实践联盟年会大学生创新创业实践案例。

二、案例分析

(一)以"策"选题,顺应社会发展新形势

生态文明建设是关系中华民族永续发展的根本大计,高校是推动生态文明建设的重要力量。浙江省委、省政府"五水共治"的决策部署,为高校开展生态文明教育提供了重要契机。我在担任温瑞塘河志愿服务站指导老师之时,服务站成立已逾12年(2003~2015)。虽然有着辉煌的过去,时过境迁实则发展步履维艰。一是竞争乏力。因温州市温瑞塘河整治工程指挥部早已撤并,温瑞塘河志愿服务站也不再有当初的"光环"。校内同类型的环保社团发展迅速,作为校团委下属的多个组织之一,竞争优势不再明显。二是资金匮乏。学生社团开展活动经费不足是一个普遍现象,即使有着校团委下属部门的"官方"背景,靠校拨经费也只能维持日常运营,温瑞塘河志愿服务站在发展经费上仍然捉襟见肘。三是吸引力弱。同属校团委下属组织,大学生更喜欢到校学生会、校艺术团等部门锻炼,参加保护母亲河这类非功利公益项目的积极性很难调动。基于上述原因,要想重振温瑞塘河志愿服务站,没有全新的运行框架是难以实现的。我敏锐把握国家政策导向,在校团委的支持下将温瑞塘河志愿服务站"借壳上市",主业不变、借势借力,以"五水共治"大学生公益机构的身份开启了"新生之旅"。

(二)以"创"立题,把握志愿服务新趋势

环保实践归根结底是志愿服务的一种形式,多年来高校环保实践活动方兴未艾,但大多数仍然停留在发传单、喊口号、拉人头等"初级阶段",迫切需要发展模式转型。2019年12

月,在第五届中国青年志愿服务项目大赛闭幕式上,中国青年志愿者指导中心主任刘剑波明确表示:"倡导培育优秀的志愿服务组织进行公益创业,积极探索低偿公益的市场化运行机制,实现组织的可持续发展。"文达清源成立后,我指导学生进行了大刀阔斧的公益创业市场化改革探索。文达清源的公益创业定位于水环境公益服务领域,处于环保产业的水环境治理细分市场,探索出一套基于协同创新理念由高校主导的"校政企社"社会协同机制与可持续发展商业模式,着力打造大学生水环境治理服务的"温大品牌",取得了良好的经济效益和社会效益。其内涵为依托传统志愿服务、赋能公益创业;发挥高校学科优势、拓展社会服务;主动参与社会竞争、配置市场资源;广泛动员志愿力量、构建枢纽组织。此模式可快速复制推广,已经引导了校内多个传统志愿服务项目成功转型。尤其在组织"造血"机制上,文达清源相继中标了团市委和市环保局的2个公益创投项目以及温州市科协"五水共治"专题调研软课题、浙江省水环境与海洋生物资源保护重点实验室课题等多个实践调研项目,到账资金达30余万元。其中仅"水立方"App公众参与平台一项就得到鹿城区政府20万资金资助,一举解决了长期困扰高校志愿服务组织发展的资金问题。

(三)以"赛"破题,引领社会实践新态势

文达清源紧扣社会热点,解决社会"痛点",将主营业务定为农村水环境治理。这是生态文明建设与乡村振兴两大国家战略的交叉区域,是创新创业教育的重要场域。我探索了"科研-实践-创业-竞赛"四位一体的高校"实践＋"育人模式,鼓励学生扎根温州大地了解国情民情,用创新创业成果服务乡村振兴。在我的悉心指导下,文达清源学生团队申报了浙江省新苗课题、浙江省"大创"课题等校级以上课题10项,并深入田间地头开展社会调研、水质监测、政策宣讲等多场"新青年下乡"活动。2015级环境专业学生梁嘉慧同学担任负责人期间,以省新苗人才计划项目《农村环境治理公众参与机制探索》为依托,成立了农村生活污水治理调研暑期社会实践队,深入温州市各县市区50余个农村调研生活污水治理情况,写出了1万余字的调研报告。调研报告不但得到了时任温州市委主要领导的批示,还相继获得了校挑战杯一等奖、省"互联网＋"青年筑梦红色之旅金奖、全国大学生节能减排社会实践与科技竞赛三等奖等多项荣誉,其本人也于2019年顺利考入南京大学环境专业,攻读研究生。短短四年内,在以梁嘉慧同学为代表"清源人"的努力下,团队相继获得了省级"互联网＋"大赛金奖1次,铜奖1次;省级青年志愿服务大赛铜奖1次,市级志愿服务大赛银奖1次;省级大学生职业规划大赛优胜奖1次;省级挑战杯铜奖1次,校级挑战杯一等奖2次,金奖1次。

三、启示与思考

（一）辅导员要善做"政治家"

2019年文达清源入选了全国大学生创新创业实践案例，这是对我四年来探索实践育人工作的肯定。项目成功的首要原因在于扣准了浙江省"五水共治"的时代脉搏，深入推动了创新创业教育与思想政治教育相融合，创新创业实践与乡村振兴战略相融合，充分彰显了实践育人的时代性。辅导员要"因势而新"做好大学生思想政治工作，首要要求就是要了解"势"在何处。作为"总操盘手"，辅导员要学懂、弄通、悟透，做实习近平新时代中国特色社会主义思想，特别是习近平总书记对大学生思政工作的重要论述以及习近平生态文明思想，这既是政治要求也是业务要求，站位高远才能眼界开阔。辅导员在做思政工作的同时还要有明确清晰的方向感和方位感，切实当好大学生"四个引路人"。这就要求辅导员在平时工作中要勤学善思，提高政治站位，顺应时代潮流，做到"胸中有丘壑，眼里存山河"。

（二）辅导员要能做"教育家"

实践育人不但是一个"脑力活"，更是一个"体力活"，育人效果的体现绝非一朝一夕之功。以文达清源项目为例，我持续四年跟进指导，将"三全育人"理念落实在一个个具体项目中，大到活动策划、比赛指导，小到报告撰写、答辩演练，手把手地教会学生。比如策划"跟着河长去巡河"活动，带领学生沿河实地走了一个小时进行预演，最后活动得到主流媒体广泛报道；指导"挑战杯"竞赛，凌晨一两点还在修改学生文本，一个文本通常都要10余次来回才能定稿；为学生争取项目经费，不辞辛劳到各大部门进行游说，让文达清源品牌被更多人知晓；等等。学生每一项成绩的取得，无不浸透着指导老师的心血，就是在这样日复一日与学生的朝夕相处中，学生得到了历练，收获着成长，而我也从学生口中尊敬的"唐老师"变成了亲切的"老唐哥"，在立德树人的征程中默默地发出辅导员的光亮。文达清源参加2016年省"挑战杯"公益创业大赛并获奖后，我思考着怎么让实践育人的"清源模式"复制推广，让更多大学生受益，因此还多次应邀到相关学院去做挑战杯的辅导报告，并主动参与了校内多个获奖项目的指导工作。四年坚守一个项目是寂寞而艰辛的，考验着辅导员的坚毅和初心。事实证明，辅导员实践育人和学术研究一样，只要舍得"板凳坐得十年冷"，真正不忘初心将学生成长放在心上，就没有教不会的学生和成不了的项目。

（三）辅导员要勇做"科学家"

辅导员往往学生工作经验丰富，科学研究能力不足，容易导致实践项目浅尝辄止不够深入，影响实践育人质量。育人目标和育人能力之间的矛盾，也曾令我一度非常困惑，尤其是连续十余年带学生开展的暑期社会实践遇到了发展的"瓶颈"，到底是要深化实践内容还是要创新实践形式？当跳出实践看实践，这个问题才变得豁然开朗。"科研－实践－创业－竞赛"四位一体的高校"实践＋"育人模式，源头来自于科研项目。科研的目的是为了解决实际问题，而实践就是解决实际问题的手段，科研与实践存在着内在统一性。正因为辅导员没有带着问题去指导实践，就容易"为了完成实践而实践"，效果自然差强人意。以获得多个奖项的"农村环境治理志愿服务项目"为例，该项目来源于我2016年主持的浙江省科技厅软科学课题。该课题探究"五水共治"背景下农村生活污水治理公众参与问题，而青年大学生参与农村环境治理是新时代环保实践的深化，极具研究价值和实践意义。在我的带领下，一批批大学生用脚步丈量青春，躬身实践不怕吃苦，将广袤的农村变成了最鲜活的思政课堂，将守护绿水青山、实现乡村振兴从"大道理"变成了"真行动"，取得了非常好的实践育人效果。始于科研，成于实践，学生参与的课题成果还让我获得了温州市哲学社会科学优秀成果三等奖。

【专家点评】

> 文达清源创新创业团队是一支致力于生态文明建设的志愿服务组织，在指导教师和志愿者同学的多年共同努力下，始终立足新时代，坚持生态环境问题为导向，将志愿服务与大学生专业特长相结合，在生态环境保护宣传及知识普及中实现新时代志愿服务劳动教育的价值。该团队指导教师为辅导员，教师坚守立德树人使命，引领团队始终秉承"奉献、友爱、互助、进步"的志愿精神，以能当好"政治家""教育家""科学家"的素养高标准要求自我，在师生志愿服务共同参与中实现实践育人的良好成效。希望未来能有更多的专业教师融入指导队伍，进一步提升团队规划的专业性、长远性；以及加强指导教师和学生团队骨干的业务培训，提高志愿服务组织发展的资金投入，为志愿服务劳动教育提供更多的政策保障。
>
> **卓高生　温州大学马克思主义学院院长，教授**

立知行合一标杆　育党员先锋模范

【作者简介】

　　陈楚敏，女，讲师，广州大学辅导员、人文学院学工办副主任、分党校主任、学生党支部书记。曾获得第八届广东高校辅导员素质能力大赛二等奖，广东省辅导员年度人物入围奖；所在党支部曾获"星级党支部"称号，指导学生党员获评"广东省优秀党史宣讲员"，指导社会实践队伍获"推普助力乡村振兴"全国大学生社会实践志愿服务优秀团队。

　　邵泽丽，女，原广州大学人文学院分党校秘书长，现华南师范大学学科教学（语文）专业硕士研究生。曾获得国家奖学金、一等奖学金以及广州大学十佳学生等荣誉；参与的教育类项目研究成果获第十六届"挑战杯"全国大学生课外学术科技作品竞赛二等奖、第十五届"挑战杯"广东大学生课外学术科技作品竞赛特等奖；曾带领梅州支教实践队获"推普脱贫攻坚"全国大学生暑期社会实践专项活动"优秀实践团队"荣誉称号；荣获第一届"中科杯"命题大赛语文学科二等奖。

　　朱慧琳，女，原广州大学人文学院分党校秘书长，现佛山市禅城区黎涌小学老师。曾获得国家奖学金、一等奖学金、广州大学"能力发展性强"十佳、广州大学优秀学生、"创新达人"等荣誉；主持的教育类项目研究成果获第十六届"挑战杯"全国大学生课外学术科技作品竞赛二等奖、第十五届"挑战杯"广东大学生课外学术科技作品竞赛特等奖；曾带领梅州支教实践队获"推普脱贫攻坚"全国大学生暑期社会实践专项活动"优秀实践团队"荣誉称号。

一、案例简介

　　习近平总书记曾多次提到"青年最富有朝气、最富有梦想"，广大青年应"成为有理想、有学问、有才干的实干家"，本案例是高校基层党组织探索创新实践育人工作的展示案例。案例中,广州大学人文学院党委作为"广东省党建标杆院系创建单位",以"人文党员先锋行"为工作核心理念,以"学院党委引领—学院分党校组织—学生党支部落实—学生党员、入党积极分子、团支部共建"四位一体的工作模式,不断总结育人经验,屡创佳绩,较好地解决了以往实践育人工作中存在的活动类型偏少、活动参与度低及创新少的问题。近三年以来,学院党委开拓工作思路,成功开展了"人文党员先锋行"系列学生党员实践育人活动。系列主题实践育人活动主要工作思路为"三大方向"与"七种类型":"三大方向"为服务基层民生、引领团建班建和浸润红色经典;"七种类型"包括寒暑假社区实践、抗疫服务实践、"党员讲党课"宣讲实践、"党员进公寓"志愿服务实践、"七一"党日观摩实践、红色革命故事演绎与红色诗词诵演实践等,特色鲜明,在全校内产生了品牌效应(图 3-18-1)。

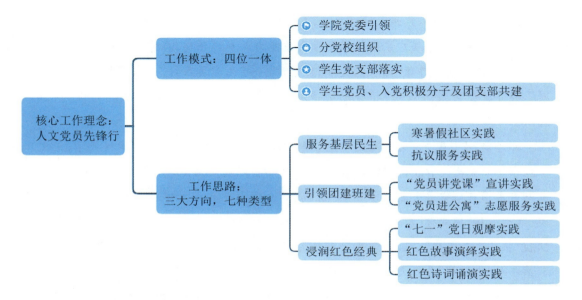

图 3-18-1　人文学院实践育人核心工作理念图

二、案例分析

党的十八大以来,以习近平同志为核心的党中央高度重视实践育人工作,强调实践育人是新时代教育和教学工作中的重要载体,是全力推动新时代育人工作迈上新台阶的强大动力。党的十九大报告则提出"建设教育强国"战略任务,为新时代中国教育事业发展明确了宏伟目标。新形势下的实践育人改革创新,正是实现这一任务不可或缺的重要手段。因此,广州大学人文学院分党校在提高党员知识水平的同时,积极开展社会实践活动,引导支部党员争做人文先锋,以服务同学、服务学校、服务社会为途径,实现理想信念、创新能力、服务意识等多方位的发展目标,强化成长成才、创先争优的主动性。

(一)知民声,务民生

1. 学生党员寒暑假社区实践

党员先锋进社区,贴近基层知民声。我院党委连续两年积极统筹开展寒暑假社区实践活动。学生党员在家乡所在地的社区街道,以个人或组队的形式开展包括党的十九大等重要大会精神以及习近平总书记系列重要讲话精神的小型宣讲活动,或考察调研、学习体会交流探讨等活动,以实践强化党员基层服务意识,发挥党员的先锋模范作用。近年已有约120人次的党员在广西桂平、山西晋中、河北沧州、河南信阳、陕西延安、西藏波密和广东肇庆、湛江等28地开展宣讲和调研,更有党员深入家乡梅州的革命老区进行短期支教活动。党员们在实践过程中主动关心时事政策和群众的思想教育,加强了自身社会责任感,更加自觉地肩负起新时代赋予青年大学生的使命和担当。

2. 抗疫服务实践

抗疫一线党旗红,齐心奋战树先锋。我院党委鼓励党员积极投身志愿活动,自2019年末,新型冠状肺炎病毒肆虐九州大地,人文学院各支部在寒假期间积极响应号召投身于抗疫志愿服务中,一心抗"疫"。学生党员及入党积极分子、入党申请人在家各施所长,为疫情防控贡献青春力量,以高度的使命感和充沛的爱国热情带动同学和身边的家人加入服务队伍中,助力疫情早日结束。

(二)带团建,促班建

1. "党员讲党课"宣讲实践

党员先锋助朋辈,争做新生引路人。在导生党员的带动下,我院"导生-导学制"不断延续优化,为基层中的低年级学生提供切实性的帮助。近两年,我院分党校组织了25名党员开展了新生党课宣讲活动,结合自身认识与经历,引导新生树立坚定信念,争做人文先锋。宣讲内容包括介绍优秀党员事迹、党建知识、鼓励同学们端正入党动机及指明努力方向等。宣讲党员在充分发挥朋辈党员先锋模范作用的同时"助人自助",进一步增强了自身党性修养。

2. "党员进公寓"志愿服务实践

党员先锋进公寓,学习服务双先进。2018年11月,我院党委在学生公寓成立党小组,学生公寓特有的党建活动室作为学生党员进行党内政治生活的重要阵地,把党建工作与创建积极向上的公寓文化相结合,将学生公寓打造成实践育人的重要阵地。各支部定期在活动室组织开展活动,对活动室进行整理、清洁等,学生党员以身作则立标杆,带动了优良院风、班风、学风的建设。

(三)忆初心,绎经典

1. "七一"党日观摩实践

党员先锋访史迹,红色基因代代传。习总书记强调:"要充分利用红色资源,开展党的优良传统教育和理想信念教育。"我院党委充分利用广东地区丰富的红色资源,连续两年成功开展了"七一"党日活动,组织全体学生党员参观爱国主义教育基地,如中共三大会址纪念馆、仲恺何香凝纪念馆、海战博物馆、威海炮台和鸦片战争纪念馆等。学生党员们通过"讲、学、游"的方式深刻感受到了先烈不畏艰难险阻寻找救国真理的革命信念以及誓死捍卫祖国每寸土地的民族精神与爱国主义气节。

2. 红色经典演绎实践

党员先锋绎经典,革命历史焕新生。在学院党委开发的"红色经典三系列"资源的基础上,借助学生社团活动,我院党委组织红色诗会展演、红色诗词讲解、红色诗词书法大赛、拍摄红色微视频等实践活动,以丰富的形式重新演绎当代大学生理解的红色经典。

为更好地展示"人文党员先锋行"社会实践成果,学院党委举行了"传承红色基因,探寻风俗人情"故事大赛。学生党员向观众们讲述在家乡实地考察过的真实存在的红色革命故事及当地因此修建的纪念馆等红色基因传承的故事,既强化了思想觉悟和党性修养,又展现了人文学子强烈的自豪感与使命感。

各党支部党员还重新演绎革命故事,选取了林觉民的铁血柔情、刑场上的婚礼等红色故事,精心制作《眷》《红色印记的重温和追忆》《传承红色基因,筑牢复兴之魂》《守望黎明》等多部微电影,充分联动支部党员与入党积极分子的力量,在追寻红色印记中传承红色基因,深刻理解了当代中国奔赴美好新时代的伟大成就和拼搏精神。

此外,支部党员在 2019 年 5 月参加了"传诗韵文化,育有德之人"佛山市顺德清晖诗会展演,集体朗诵诗歌《花香新景》《新使命,我们一起高歌前进》,发出了属于新时代新青年的心声并表达了勇于担当的志气。党员师生还组队参加在顺德职业技术学院举办的"不忘初心,重温激情燃烧的岁月"主题诗会,用诗歌朗诵《你们依然是共和国的精钢》歌颂军人保家卫国的情怀。2019 年 9 月,第三党支部参与由中共广州市委宣传部指导,市直机关工委、广州广播电视台主办,花城 FM 融媒体平台承办的"青年中国诵,诵读新时代"广州青年党员颂中国活动,赤诚颂唱青春赞歌。

以"人文党员先锋行"为工作理念的育人新思路充分彰显了人文学院党委文化底蕴的深厚和人文党员自身的风采。各项活动的顺利开展带动青年党员从理论到实践全面认识党的工作建设,成效显著,如微视频《眷》《红色印记的重温与追寻》获广东省主题教育系列活动爱国主义教育类二、三等奖,党员和积极分子的诗作获广州市直属机关党建大赛二、三等奖等,坚固了学院党委的堡垒力量,激发党建活力,凝聚党员力量。

三、启示与思考

(一)深入基层,从服务中增强觉悟

党员服务的全面性和朋辈性是实践育人工作的重要特点。党员积极主动接触群众,贴近群众生活,做群众的贴心者,做新生引路人,在宣讲、调研、基层服务中提高个人的政治修养与思想觉悟,有助于进一步加强个人的责任意识,更好地在服务范围内起带头宣传和影响作用。

(二)丰富实践活动类型,推广实践活动成果

不断开拓创新有效载体,丰富实践活动类型是实践育人工作大有可为的一点。抓住重大活动、节庆日等契机和寒暑假时期,广泛开展类型多样、特色鲜明的主题实践活动,兼顾"从做中学"与"学以致用"。同时,开发与利用红色资源,通过"红色经典浸润+实践活动强化"双向互动的方式有利于稳固青年大学生的理想信仰教育,坚定党的领导。

对于实践育人工作中出现的人物、事例典型,要加大表彰力度,及时总结宣传推广实践育人成果,进行先进事例及优秀成果的专栏展示,激发学生党员主体参与的积极性,扩大实践活动的影响力,汇聚榜样力量充分发挥示范教育作用。

(三)四大主体构建互促良性驱动

培育学生党员的同时反哺党委、分党校的党建工作。学生党员们以党委、分党校组织的理论学习为实践基石,又通过"从做中学"进一步消化吸收理论知识,"知行合一、以知促行、以行求知",提高理论学习、修养党性的实效。

一个支部一堡垒,一名党员一面旗。高校基层党组织做好实践育人工作离不开党支部

抓落实抓成效。学生党员在支部书记的带领下,听从组织安排,紧密围绕主题打造支部实践特色。在积极踊跃参与支部活动、取得丰硕的实践成果的同时也有助于党支部在育人工作中坚固自身堡垒作用,提升凝聚力与组织力。

　　凭借出色的育人工作,我院党委被遴选为广东省"党建工作标杆院系"培育创建单位,学生第五党支部亦获评广州大学星级党支部。

【专家点评】

　　人文学院党委素来重视以实践促进学生党员全面发展与素养提升,在实践育人工作方面进行了大量的探索,积累了丰厚的经验。"人文党员先锋行"系列主题实践活动采用四位一体的工作模式形成育人合力,聚焦服务基层民生、浸润红色经典、引领团建班建三个方向,更好地调动了青年党员的参与积极性,丰富了实践育人工作的载体与实践活动的开展形式,也有益于我院基层党组织建设。

　　红心向党,实干兴邦。高校基层党组织能够把立德树人作为根本任务,以育人于行的理念着力推动实践育人模式创新,使得学生真正内化深度体验,实现"知情意行"合一,是十分明智和值得鼓励的。同时,我们也要注意到在实践过程中产生的具体问题,及时反馈、及时解决,不断总结经验,方能将实践育人工作真正落到实处,做出成效。

　　王　琼　广州大学人文学院党委书记

第四篇

文化育人

涵养"仁爱"精神
培育新时代卫生健康服务人才

【作者简介】

  姚霞,女,硕士,副编审,四川护理职业学院党委委员、宣传部部长。曾获得四川省首届新时代健康卫士、四川省医疗卫生系统先进个人等称号。

  杨鹏飞,男,本科,讲师,四川护理职业学院宣传干事。曾获得校级教书育人先进个人、校级优秀共产党员等称号。

一、案例简介

  仁爱是中华传统文化中的核心理念,是医学之魂。医学生作为未来的白衣天使、人民生命和健康的守护神,不仅需要精湛的技能,更呼唤崇高的医德。然而现实表明,当前医学生还存在对"仁爱"精神认识不足、理解不透、生成困难、践行不够等问题。四川护理职业学院坚持问题导向,紧紧围绕"培养什么人、如何培养人、为谁培养人"这一时代命题,结合社会需求和行业发展趋势,聚焦全员全过程全方位育人,积极打造出以"仁爱"为核心、医学人文精神为主题的"天使文化"品牌。该品牌由顶层设计,多部门参与实施。以"五爱五尽"(即爱岗、爱生、爱学、爱家、爱校和尽职、尽责、尽心、尽力、尽美)学院精神引领,以"五大强校"(即"改革创新——强校之路,人文精神——强校之魂,教学质量——强校之本,教师队伍——强校之基,科学研究——强校之标")战略为抓手,在思想教育和价值引领中增强文化自信,通过打造特色文化环境、改革人才培养模式、丰富校园文化载体、树立文化示范标杆等方式,在各领域各环节营造认知爱、感受爱、升华爱的浓厚氛围,在追求科学精神的同时,打造"由外到内、由知到行"的天使文化,不断提高学生人文素养和职业素养,努力培育有情怀有担当的新时代健康服务类人才,为健康中国、健康四川提供人才支撑。

二、案例分析

卫生类高职院校主要培养的是技术技能型人才,因此,"重技能、轻人文"的问题更为常见。四川护理职业学院从改变顶层设计出发,通过特色文化环境的熏陶,以及参加丰富多彩的文化活动,教会学生在浓郁的品牌氛围中提升对"仁爱"精神的认识和理解。通过临床实践中的职业精神塑造,典型示范中的文化标杆引领,创新特色文化品牌培育,多维度聚焦立德树人,由外而内、由知到行解决生成困难、践行不够的问题。

(一)打造特色文化环境,营造学生感受"仁爱"氛围

学院紧扣护理特色和天使之爱的建设主题,打造"两校区三长廊五场馆"特色校园环境。以"仁爱"为题,以中国传统医药文化为线,点缀以护理起源和西方医学精神,打造医学史长廊,重点展示中国历代名医仁心仁术的传世故事和经典理论。选定银杏为校树,打造青春宣言银杏长廊,倡导爱与奋斗。精心设计南丁格尔雕像、制作南丁格尔获得者展示牌,打造南丁格尔大道,以爱为核心,展示天使文化。完成生命健康科技场馆和融媒体中心建设,引导医学生仁爱奉献,专业与人文并重。处处渗透的"仁爱"教育体现了医学的精髓,不仅美化校园,还使学生从中感受到对生命的热爱和尊重,从而延伸和升华到爱患者、爱弱势群体、爱需要帮助的人,解决了对"仁爱"精神认识不足的问题。

(二)促进品牌专业融合,强化学生加深"仁爱"理解

坚持素质教育与专业教育并重,将"天使文化"融入教育教学改革全过程,形成"德能同育、学训交替、医教相融"的人才培养模式。开展"三阶段三能力三层次"培养,突出"早临床、多临床、反复临床"的医学教育特色,构建政-行-校-院-企"五位一体"协同育人模式,将岗位实践、社会实践及职业素养教育贯穿于人才培养全过程,实现知识传授和理想信念教育,职业技能和医学人文精神的双融合双提升。紧扣卫生类高职院校特点,重构课程体系和课程标准,将大爱情怀和医护精神融入各类课程,打造出《基础护理技术》《老年护理》《儿科护理》《临床药物治疗学》等省级"课程思政"示范课,教育引导学生培育和践行社会主义核心价值观,成为有大爱大德大情怀的人,解决了对"仁爱"精神理解不透的问题。

(三)丰富校园文化载体,激发学生涵养"仁爱"情怀

以文化活动为载体,对学生进行"仁爱"教育。精心打造的文化产品舞蹈《希波克拉底誓

言》、诗朗诵《中国心托起健康梦》在全国、全省大型活动中演出。2019年,组织学生赴凉山州喜德县开展防艾禁毒宣传、赴对口帮扶的壤塘县修卡村开展健康知识宣讲,开展大学生讲思政课、资助大使评选等活动,将主题鲜明、内容丰富、富有特色的各类文化活动和思政工作"十大"育人质量提升体系建设融合推进。每年5·12护士节纪念活动的开展是学院"天使文化"品牌的重要组成部分,先后邀请四川省南丁格尔奖章获得者巴桑邓珠、杨必纯、成翼娟为学生授帽,培养学生职业荣誉感,传承南丁格尔精神。通过每周国旗下讲话、德育教育周活动、主题团日活动、社会公益服务、社团文化艺术节、星青年展播、暑期"三下乡"等丰富多彩的活动,全面提升学生综合人文素养。在临床实习之前,提前进行实践教学,培养学生见证生命、感悟生命、敬畏生命的仁爱之心,解决了对"仁爱"精神认识不足的问题。

(四)树立文化示范标杆,引领学生践行"仁爱"精神

疫情期间,院长张先庚教授倡议组建130人的"四川护理职业学院抗击新型冠状病毒肺炎爱心志愿服务队",为社区居民健康保驾护航。广大川护学子加入各地志愿团队,在高速路口、居民小区、超市商场、乡村街道开展防疫宣讲、帮助摸排人员、参与体温测量。无数的川护毕业生义无反顾投身援鄂一线,如"我和其他人不一样"的汶川女孩佘沙,首批援鄂医疗队中的张晶、严燕燕,四川第二批援鄂医疗队领队黎旭,"等妈妈打完怪兽就回家"的钟婷婷,武汉红十字医院等定点医院的赵洁、李利霞、袁清萍等。在海拔3500米的高原藏区,由学院"9+3"毕业生组建的"川护壤巴拉健康服务队"的队员们,背着消毒箱、体温枪和各种药物,艰难跋涉在雪地里,顶着漫天飞雪守护农牧民的生命与健康。全院教职工积极投身疫情防控,或抽调省卫生健康委参加疫情防控指挥部工作,或坚守学校全方位打好校园保卫战。川护人用实际行动践行了天使大爱、责任担当和家国情怀,让"天使文化"成为厚植师生仁爱之心的沃土。学院利用各级新闻媒体和校内宣传阵地,用身边的"白衣逆行"感染广大师生,学院疫情防控专题网站发布各类信息600余条,制作视频28部,中央电视台等各级媒体报道我院抗疫事迹77条。学院领导两次为全院师生上网络思政公开课,引导师生向先进人物、优秀校友学习,彰显新时代卫生人的爱与担当。全体思政教师以战疫为题材,引导学生学好专业提升爱的能力。2020年,由四川省委宣传部、省精神文明办、省卫生健康委主办的5·12护士节庆祝活动暨第三届"健康四川 大美医者"评选宣传活动启动仪式在学院举行,成翼娟、张冀伟、黎旭、佘沙等受邀为全院师生做5·12护士节特别报告,通过爱的传承、爱的守护、爱的传递三个篇章的讲述,用白衣逆行的感人故事和抗疫精神激发学生爱国热情,激励广大学子提升知识本领、勇担时代使命,将师生的抗疫事迹升华为"天使文化"的精神力量,解决了对"仁爱"精神践行不够的问题。

三、启示与思考

四川护理职业学院通过不断丰富"天使文化"的精神内涵,将"爱"持续传递给学生,不断促使学生专业成才和精神成人,努力培养出有社会担当和健全人格、有职业操守和专业技能、有人文情怀和优秀品质、有创新精神和批判思维的"四有川护人"。近两年,学院共有400余名学生升入普通本科院校继续深造。对德、对日合作项目累计派出60余名学生参与海外就业和学习。学生竞赛成绩优异,获得全国护理技能大赛二等奖等省级以上奖项140多人次。历年毕业生就业率和用人单位满意度均保持在95%以上,形成"入口旺、出口畅"的良性循环。

学院将继续坚持校园物质文化和精神文化两手抓,大力倡导以文化人、以文育人,以榜样为力量,通过多维度多形式,积极为学生搭建培育爱、传递爱、践行爱的各类平台,不断丰富川护人精神家园,不断加快校园文化建设步伐,抓住新时代健康人才巨大需求的发展机遇,精准对接医疗卫生事业相关类型人才培养的实际需求,强化实践、发展特色,推动"天使文化"品牌的内涵及价值实现进一步升华。

【专家点评】

> 本案例以"仁爱"为核心打造的"天使文化"品牌,立足把握当前校园文化建设的工作关键点,从政策、制度到实际行动上把文化建设落到实处,致力于全面提升校园文化建设水平,切实使校园文化建设在深化办学特色、凝聚师生力量、提升学院核心竞争力等方面发挥出了重要作用。
>
> 同时,建议更加全面深入挖掘"天使文化"品牌的精神内涵,更加系统把握品牌的机制,使该品牌在深度和广度上继续迈进,做到文化如水、细水长流,形成更独具特色的校园文化品牌,不断增强学院发展的文化软实力。
>
> **杨德霞　西南交通大学副教授**

中医药文化自信视域下医学生专业思想教育体系研究与实践

【作者简介】

> 杨玉赫,男,硕士,讲师,黑龙江中医药大学第二临床医学院辅导员。
> 白宇,女,硕士,讲师,黑龙江中医药大学第二临床医学院辅导员。
> 吕国旭,男,硕士,助教,黑龙江中医药大学第二临床医学院辅导员。

一、案例简介

专业思想教育是高等教育的重要组成部分,是促进学生全面发展的保证,在人才培养过程中具有不可替代的作用。目前中医药院校学生专业思想教育面临诸多挑战,中医药院校学生学习中医学同时也接受西方医学课程教育,存在着部分实习单位中医院西化等现象。本案例在中医药文化自信视域下,通过家庭、社会、学校形成育人合力,多种形式加强学生专业思想教育,具体包括家长关心关注促进、行业专家讲座指引、任课教师潜移默化引领、第二课堂实践稳固、辅导员开展活动影响和朋辈互动带动专业思想教育等,培育学生学习自信、学习习惯、学习态度、思维方式、专业认同和职业素养。

二、案例分析

(一)"三全育人"下功夫,提升专业思想教育实效

通过家长关心关注促进、行业专家讲座指引、任课教师潜移默化引领、第二课堂实践稳固、辅导员开展活动影响和朋辈互动带动专业思想教育,形成家庭、社会、学校育人合力。一

是密切与家长沟通,让家长知晓孩子所学专业的课程设置、就业前景、发展方向等;二是密切与实践基地、实习单位、见习单位联系,多渠道强专业基础,厚专业实践;三是发挥学校育人优势,通过院系、部门做好专业思想教育顶层设计,任课教师、辅导员落实好专业思想教育工作,学生群体组织开展多样专业思想教育活动,突出高校中医药文化育人优势,突出高校产教研实践育人优势。多渠道协同育人,多角度立德树人,培育学生学习自信、学习习惯、学习态度、思维方式、专业认同和职业素养,实现专业人才培育目标。

(二)"精"字上面见文章,做好个性化的育人服务

1. 精细化:理论教育与实践教育相结合

针对中医药院校教育特点及高等教育改革新形势,不失时机地做好中医药院校本科生专业思想教育工作,注重理论与实践相结合,是摆在中医药院校思想政治教育工作者面前的重大课题。对于班级干部群体,在开展专业思想教育过程中侧重于专业学习能力的培养,避免班级工作心思重、专业学习精力弱的现象发生,如邀请德才兼备、品学兼优的高年级学生为低年级学生做报告,讲解如何进行专业学习、如何进行日常工作和学习时间的合理分配等。尽早了解学生未来规划,与任课教师积极沟通,对于立志考研群体,在开展专业思想教育过程中,侧重于专业基础的指导;对于毕业倾向于就业群体,在开展专业思想教育过程中,侧重于专业实践的指导;对于成绩较差群体,在开展专业思想教育过程中,侧重于专业兴趣的培养,帮助其养成良好的学习自信、学习态度和学习习惯。

2. 精确化:做好个性化专业思想教育

专业思想教育是中医药院校学生思想教育的第一步,对于中医药院校学生树立热爱中医药事业、投身中医药事业的志向十分重要。针灸推拿学专业主要培养具备中医药理论基础、针灸推拿专业知识和实践技能,未来能在各级中医院、中医科研机构及综合性医院针灸等部门从事针灸、推拿医疗及科学研究工作的医学高级专门人才。中医康复学专业主要培养具备本专业所必备的基础医学和临床知识,能较系统掌握中医传统康复和现代康复医学基本理论、基本知识、基本技术,具有独立实践操作能力及发展潜力的康复保健专业技术人才。在项目执行过程中,有针对性地邀请了针灸推拿学、中医康复学业内专家做讲座,购买针灸推拿学、中医康复学专业课外书籍开展晨读、晚读,举办了参观中医院针灸病房、康复大厅见习等活动。

3. 精准化:分时期做好专业思想教育

通过对中医药院校学生进行系统的专业思想教育,能够坚定学生长期从事中医药事业

的信念，保持学习热情和效果，达到强化专业素养和提高人才培养质量的目的。在案例执行过程中，前一阶段为专业热情培养阶段。通过中医药知识竞赛、参观大医之路、参观中医药博物馆、设计制作中医药文创产品等喜闻乐见的形式，帮助刚刚步入中医药高等院校大门的同学们培养信中医、爱中医的热情。在案例执行过程中，后一阶段为专业思想初步稳定阶段。通过开展"班风·学风·医风"主题班会、邀请业内专家作专题讲座、优秀毕业生作报告等形式，加强同学们的专业认同感。

（三）成效

自学院举行学生学风建设年暨新生专业思想教育系列活动启动仪式后，项目负责人所带的2个专业8个班级280名新生中，学生违纪情况少，出勤率高，课堂氛围活跃，专业思想教育成果显著。学年内举办专业思想专题讲座10余场、召开专业思想主题班会20余次、组织参观学习交流活动近10次。大一学年结束后，奖学金获得者比例达22%，挂科率仅为4%，大学英语四、六级通过率达54%，各级各类实践活动近乎全员参与，尤其暑期"三下乡"社会实践活动申请立项团队数达7支，参与人数近70人。学以致用，学生获得省"互联网＋"大学生创新创业大赛三等奖1项、省"行业－专业－就业"分析大赛一等奖1项、省"知识产权杯"高校发明创新竞赛三等奖1项，参与大学生创新创业训练计划项目立项7项、发表学术论文3篇、申请国家专利2项。"学生学业指导有效途径探索研究"课题获校一流专业建设及本科教育教学改革重点攻关项目立项，学生工作获中宣部"学习强国"平台、《中国中医药报》、高校思政网、大庆网等媒体报道多次。

三、启示与思考

（一）进一步巩固好专业思想教育成效

1. 要加强思想引导、增强专业满意度和忠诚度

开展新生入学教育，适时引导学生专业学习积极性。新生入学是进行专业思想教育的最佳时机，使学生一进校门就确立起正确的专业思想；强化辅导员的专业思想教育意识，辅导员与学生接触最为紧密，是做好专业指导的重要执行者，是学生专业思想教育的主要力量。

2. 创新教育视角，促进教育内容有机结合

在医学专业教育全过程中纳入专业思想教育内容；从教育视角推进医德医风宣传和教育。

3. 营造良好学术交流氛围

精心组织校园活动营造良好校园文化交流氛围;搭建学术交流平台营造良好学术氛围;拓展多彩社会实践活动营造良好学术交流氛围。

(二)进一步把握好专业思想教育形式

随着学生年级增长,我们将会继续坚持"以人为本",推进"四个回归",继续将专业思想教育作为切入点,筑牢学生专业思想,促进优良学风建设。开展多形式专业思想教育,如专题报告让专业思想教育系统化,社会实践让专业思想教育多元化,线上推送让专业思想教育趣味化等,帮助学生实现职业规划,助力学生成长成才。分阶段专业思想教育模式不仅仅重视学生入学阶段的专业思想教育,同时结合学生成长成才规律,更加注重全过程专业思想教育,使专业思想教育贯穿于学生整个大学期间的不同阶段,是提高人才培养质量的有效保证途径之一。接下来,我们将会按照整个大学期间每个阶段学生学习、思想、行为特点,把阶段细化为专业素质培养阶段、专业能力提升阶段、职业素养形成阶段,开展全过程专业思想教育。

【专家点评】

> 专业思想教育的一项重要内容是引导学生树立正确的学习目标,养成科学严谨的治学态度,同时使学生不断提升专业思维和专业素养。本案例针对学生群体中出现的一些如缺乏学习动力、为考试而学、对专业发展认识片面、专业学习浮躁不踏实、创新能力不强、专业实践能力差等问题,围绕切实加强和改进学风建设、营造和谐奋进的学习氛围、努力提高医学生人才培养质量、培养适应现代化医疗体制的高素质的医学人才等方面开展专业思想教育,着力解决学风建设、专业思想教育中存在的突出问题,教育和引导广大学生努力学习、奋发图强,不断提高人才培养质量。本案例取得扎实成效:帮助学生树立自律意识、诚信意识、责任意识和拼搏意识,调动学生加强专业学习的积极性;进一步加强和改善班集体学习风气,探索建立学风建设的长效机制;通过开展丰富多彩的专业思想教育活动,形成培养知识、能力、品德并重的良好格局。但是还有很多工作需要继续做,今后应该从加强专业爱好、促进学风养成、提升专业能力、开展职业生涯规划等几个方面继续完善设计思路。
>
> 冷德生　黑龙江中医药大学第二临床医学院学生工作办公室主任、副处级辅导员,副教授

"与信仰对话,为青春护航"主题教育活动

【作者简介】

陈然然,女,汉族,硕士,中共党员,助理研究员,SYB创业培训讲师,广东海洋大学管理学院专职辅导员。主要研究方向:思想政治教育、大学生党建、大学生就业创业指导。曾获得"第三届广东高校辅导员职业能力竞赛"二等奖,2014年度广东海洋大学先进个人,2015年度湛江市十佳基层团委书记,2016年度广东海洋大学就业先进个人,2018年度广东海洋大学十佳辅导员等20余项校级以上荣誉。

袁伟,男,汉族,硕士,中共党员,助教,广东海洋大学管理学院专职辅导员。主要研究方向:大学生党建、校园文化建设。2019年指导的学生校园文化作品一项国家级一等奖,两项省级一等奖,一项省级二等奖。2019年度被评为广东海洋大学暑期社会实践优秀指导老师。

一、案例简介

自党的十八大以来,我校开展了形式多样的社会主义核心价值观主题教育活动。从活动开展层面存在以下问题:一是各类活动开展的时间分散、缺乏连贯性;二是主题不够统一,不够鲜明;三是教育内容和教育对象的针对性不强,随机性较大。从学生们对于社会主义核心价值观的理解、认同和践行方面存在以下问题:一是学生们的认识很多时候还停留在感性认识层面上;二是学生们的感情认同有些时候也处于模糊状态;三是学生们的行为存在着一定程度的知行脱节。

因此,管理学院近几年来,以党的十八大、十九大精神为指导,统一部署安排,组织开展了"与信仰对话,为青春护航"主题教育活动,将零散的活动进行有机整合,使教育活动系统化、模块化。该活动以"坚持马克思主义信仰,践行社会主义核心价值观"为目标,以"引领学生成长成才"为主线,通过"理性启迪""梦想召唤""榜样力量""实践护航"四个模块的系列教

育活动，以主题宣讲、精品团日、志愿服务、文明校园建设和社会调研等实践形式，引领广大青年学生把"认同中国梦、践行中国梦、实现中国梦"作为一种价值取向和自觉追求，促进广大青年学生对社会主义核心价值观的深刻理解与践行。2016～2019年，该活动累计活动场次60余次，是学院培育与践行社会主义核心价值观的品牌活动。学校校报曾对该项主题教育活动进行过专题报道。[①]

二、案例分析

（一）方法设计

1. 成立专门活动领导小组

由分管学生工作的领导担任组长，团委书记为副组长，全体辅导员、班主任以及团委学生会主要学生干部任小组成员。

2. 活动对象分类细化

根据具体活动内容和形式的不同将活动对象分为学生党员、团委学生会干部、班级学生干部以及全院全体同学。

3. 活动分为四大模块

具体分为"理性启迪""梦想召唤""榜样力量""实践护航"，每个模块有专门的指导老师负责。

（二）活动过程

学院把此次教育活动设计成不同的模块，是因为以往的活动都是随机开展的，很分散，耗时耗力，效果又不理想。把开展的教育活动进行整合，形成一个环环相扣的有机整体，才能发挥出较好的教育效果。

1. "理性启迪"模块

主要对社会主义核心价值观的理论学习，由学院统一组织开展，目的是打牢理论基础。

---

① 本案例在"2019年广东省高校思想政治工作实践优秀案例"评选活动中获得二等奖。

开展时间为每学年第一学期的9月和10月。对象为全院学生党员、团学干部和班团干部。主要有三种类型：

一是专题讲座。邀请马克思主义理论和思想政治教育等相关专业的专家、教授以及博士生主讲。比如，举办的《中国梦语境下当代大学生政治信仰的塑造》《用社会主题核心价值观引领大学生成长成才》等专题讲座，以深入浅出的讲解，将概念的讲述与真实鲜活的案例相结合，力求贴近学生的学习与生活实际，让学生容易理解、接受和认同。

二是开展"经典著作"阅读及撰写读后感活动，回归经典文本，深入理解社会主义核心价值观的理论内涵。

三是开展形式活泼生动的活动。比如学唱歌曲《马克思是个九零后》、组织观看理论读书节目《马克思靠谱》和理论脱口秀节目《理响新时代》，并以此为基础展开热烈讨论。

2. "梦想召唤"模块

这是具体活动环节，深入挖掘学生自己内心力量。通过每个团支部的精品团日活动激发学生们内心的梦想，增进对社会主义核心价值观的感情认同。开展时间为每学年第一学期的11月和12月。各个团支部依据学院提供的主题，开展各种类型的线上和线下活动，学院对每项活动进行审核评选，对象为全院全体同学。比如，以"共迎八秩、同襄四信""我的中国心""纪念建党95周年""爱国·使命·担当""我的海大""学风建设""中国梦·青春美"等内容为主题的"精品团日活动"。活动形式包括思想引领类、创意设计类、创新创业类和学术科技类四类活动。

3. "榜样力量"模块

这是树立青春的榜样，用榜样力量激励学生成长成才。开展时间为每学年第二学期的3月和4月，对象为全体同学。

一是邀请本学年在学习、实践、创业以及志愿服务等方面表现突出的学生进行事迹报告巡讲，做到全学院覆盖。反响最强烈的是国贸1131团支部的专题采访与实践报告会。该支部被评为全国高校践行社会主义核心价值观"示范团支部"。

二是在学习和社会实践方面表现优秀的高年级学生中选拔"学业帮扶朋辈导师"，与学业有困难的低年级学生进行结对帮扶，制定帮扶目标。

三是召开青春励志交流会，主要帮忙家庭经济有困难的学生，给出针对性的帮扶办法，会后还有持续的帮扶对策。

4. "实践护航"模块

这是对社会核心价值观的践行，主要开展军学共建、志愿服务和社会实践等活动。开展时间为每学年第二学期的5、6月份和寒暑假期。军学共建、志愿服务活动对象主要是学生党员、团学干部、班团干部,寒暑假社会实践活动对象为全体学生。

一是连续五年与共建部队在五四青年节、国庆节和老兵退伍等关键时间点开展了一系列丰富多彩的活动,包括体育竞赛、专题讲座、观摩军营训练等,以期通过军学共建活动,将优秀的军队精神潜移默化渗透到大学生的理想信念、政治思想、道德情操、意志品质、人生态度等各方面。

二是积极组织开展寒暑期社会实践,如支教扶贫、社会调查、科技下乡、创业实习等。从2016年以来,每年都有几支国家级的社会实践团队脱颖而出。这些学生们在假期深入全国各地的山区进行调研,对当地的民生情况进行深入了解。

三是2016年10月学院首次成立专门的志愿服务机构。以此机构为载体积极发动学生参与省、市级运动会、市海博会、学校校庆等学校志愿活动,弘扬雷锋精神,经常性组织清理海滩、资助福利院孤儿、探望敬老院老人等活动。

(三) 活动效果

在该项活动开展近两年后,学院专门组建了一支学生团队进行了广东海洋大学学生践行社会主义核心价值观现状调研活动。此次调研活动以下发调查问卷(问卷1500份)和当面访谈等形式比较深入和全面地了解了我校学生对社会主义核心价值观的认同和践行情况,形成的调研报告为学校相关部门提供工作参考,也是我院主题教育活动教育效果的反映。

1. 学生们对社会主义核心价值的理性认识不断升华,情感认同不断深化

调查结果显示,我校98%的学生都很清楚社会主义核心价值的基本内容和涉及的三个层面,有95.6%的学生认为践行社会主义核心观意义重大,其意义在于提升民族的凝聚力,提高自身素质,促进自身发展;有95.3%的被调查学生表示认同社会主义核心价值观。其中,有95%的学生认为弘扬社会主义核心价值观需要每个人的努力,社会主义核心价值观与我们的生活息息相关;有92%的学生选择了"坚持社会主义核心价值,并立即实践"。

2. 理想信念引领广大学生努力进取,推动积极向上的院风和学风的形成

近几年管理学院学生参加国家和省市级竞赛的人数不断增多,在学科竞赛方面凸显出专业特色,ERP沙盘模拟大赛连续四年获得省级一等奖,国家级二等奖;学生挂科率逐渐下降,2017年我院2017级学生的挂科率创学院历史最低,各类考试的违纪率也在下降,2017级学生和2018级学生在大一全年无违纪情况发生。同时,学生们积极参与校内外的各项社

会实践活动,涌现出很多优秀个人和团队。

三、启示与思考

在大学生中培育和践行社会主义核心价值观是一项重大的系统工程,绝非一朝一夕就能完成,必须有平台、有载体,还要通过丰富多彩的形式使广大青年学生对社会主义核心价值观的认识不断深化、升华,最终内化为自觉追求。

(一)要更加与时俱进,充分运用新媒体

此次活动中的几个线上学习活动比较接地气,很贴近当前学生的生活实际,效果比较好。尤其是脱口秀栏目很有震撼力和影响力,让学习者受益匪浅。今后要更加重视新媒体的开发,利用新媒体,使活动形式与时俱进。

(二)注重调动学生的主观能动性和提高自我教育的能力

教育活动要积极鼓励学生以主人翁的心态参与到活动策划中来,他们自己谋划、自己组织,既是组织者,也是受教育者。我们每开展一项活动都有大量的学生干部参与,很多新颖的观点和想法都是他们自己提出的,而且学生干部们还负责整个活动运作。老师要做的,一是把握住基调和方向,二是要真正站在学生的角度去思考问题,想学生所想,做学生所需,在解决实际问题中解决思想问题。

(三)活动开展要常态化、经常化、日常化

文化如水,润泽万物,潜移默化,滴水穿石。社会主义核心价值观的传承也必然如此。所以,主题教育活动必须要形成长效机制,才能确保将社会主义核心价值观融入学生们学习和生活的方方面面。

(四)活动要加强指导,提高成效

此次教育活动主要是在学院分管领导和学院辅导员老师的指导下开展的,应该积极探讨如何实现"大思政"格局,将主题教育活动与思想政治理论课有机结合,同时推动全院全校师生全员参与。

【专家点评】

　　该项主题教育活动是我校管理学院培育与践行社会主义核心价值观的品牌活动,把以往零散开展的活动以统一的主题进行了整合,层层递进,由点及面,取得了较好的教育效果,对其他学院开展社会主义核心价值观教育活动具有参考和借鉴意义。学校校报曾对该项主题教育活动进行过专题报道。不足之处在于,一是应更加深入地发掘各个模块的内涵和内在联系;二是要充分利用新媒体,增加线上的活动,增加虚拟实践的分量;三是要进一步做好活动效果的反馈工作,根据学生的反馈及时总结不足,不断调整教育活动形式。

　　尹　喜　广东海洋大学学生工作处处长,副研究员

创新文化育人模式
——"易"百天遇见不一样的自己

【作者简介】

> 王静珊,女,硕士研究生,讲师,华侨大学政治与公共管理学院学生工作办公室主任兼团委书记,国家高级职业指导师、国家心理咨询师。曾获得福建省高等教育教学成果一等奖、福建省大中专学生志愿者暑期"三下乡"社会实践活动先进工作者、校优秀思想政治工作者、青年教师"精彩一堂课"竞赛、教师团干部讲团课"三等奖等荣誉。

一、案例简介

"青春不迷茫,何以叫青春。"迷茫,已成了青春的代名词,也是诸多大学生都会经历的阶段。每年9月,成批的大学新生们怀揣着对过去的怀念、当下的迷茫和未来的憧憬步入象牙塔,开启一段全新的旅程。当十八岁的花样年华遇上成长的懵懂,难免产生困惑和迷茫。对于高校教育工作者,就需要为初来乍到的大一新生们提供适应性的平台,尽快帮助他们熟悉大学生活,及时找准定位。

为此,华侨大学政治与公共管理学院设计了"'易'百天遇见不一样的自己"系列活动,以易班为船,以学风建设为帆,创新文化育人新模式,竭力培养德、智、体、美、劳全面发展的新时代优秀大学生。项目以"100天"为活动周期,以适用较广的生涯辅导工具之———"愿景九宫格"为主线,借助易班等网络教育平台,将新老生共进交流会、读书交流会、"易"百天遇见不一样的自己、五优联展等多个活动有机结合,多举并进帮助新生树立正确的目标与方向,提高学生自主学习和合作学习的能力,对内发现潜能,对外发现可能,在合理规划自己大学生活的同时实现综合素质的全面发展。①

---

① 本案例获 2019 年厦门市高校实践育人、文化育人优秀工作案例。

二、案例分析

对于大一新生来说,摆脱了高考的重压,身心得到空前的"自由"和放松,加之距求职尚早,新生普遍目标缺失。同时,教学方式和学习方法的不适应,又离开了父母的约束、中学老师的"监管",面对五彩斑斓的大学生活,缺乏学习动力和自制力,新生们感到不知所措。面对令人眼花缭乱的学生社团活动,不知道是否还要继续参加下去;面对同学不同班,同班不同学,生活习性不同的新伙伴、舍友,不知道该怎么相处;面对各种活动、聚会的花销,由于家庭经济条件不一,不参加心里不安,参加经济上又不允许,内心矛盾。如何改变现状,帮助新生摆脱迷茫,做学生的引路人,是新时代的思想政治教育工作者需要攻克的难题。

结合新生入学存在的诸多问题,项目负责人创新性地实行了"易"百天遇见不一样的自己系列活动。其中,"易"具有改变的涵义,"易百天"既取"100天"的谐音,又包含力求改变助力发展的殷切希望。它打破传统意义上的教师角色,倡导"以学习者为中心",强调学生之间的开放性与互动性,将学生的大学生活分为学习进修、职业发展、人际交往、个人情感、身心健康、休闲娱乐、财务管理、家庭生活、服务社会共九大板块,运用易班等网络教育平台,线上、线下齐头并进,积极举办具有浓厚文化氛围的"易"百天活动,多举措帮助新生树立正确的目标与方向,使育人工作由"输血式"的他律向"造血式"的自律转变(图4-4-1)。

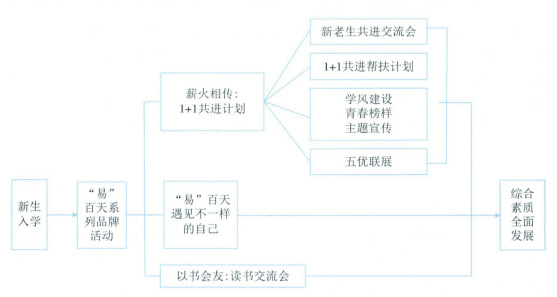

图 4-4-1 活动主体框架

（一）"薪火相传"：新老生共进交流会

以帮助新生为主要目的，新老生共进交流会构建了新生与老生互动交流的平台，使新生能够更深入地了解学院相关专业并及时借鉴前辈的有益经验；同时，建立新生与学姐学长们乃至学院的密切联系，使新生尽快适应大学生活。让新生们在熟悉学校与学院的前提下，增强归属感与凝聚力。并在共进交流会末尾，启动新一届"'易'百天遇见不一样的自己"系列活动。

（二）"以书会友"——读书交流会

"多读书、读好书"是每一个大学生的必做之事。读书不仅能拓展知识面、增加谈吐的质量和深度，还可以在读书交流的过程中寻找共鸣、启迪心灵。通过邀请专业老师定期开列阅读书目，让学生利用寒暑假进行阅读，开学后开展读书交流会展示汇报，为不同年级学生的交流互动打造良好平台，激发学生的阅读兴趣，拓宽专业视野，提升专业素养，带动学风建设，促进综合素质发展。

（三）"脱胎换骨"——"'易'百天遇见不一样的自己"

大学的学习不仅包括传统的知识学习，还涉及能力培养的多重维度。"'易'百天遇见不一样的自己"活动依据"生涯九宫格"，从人一生生涯发展的角度出发，围绕学习进修、职业发展、人际交往、个人情感、身心健康、休闲娱乐、财务管理、家庭生活、服务社会等九个方面内容，并借助易班工作站、微信公众号等线上平台开展网络微课、学习打卡等活动，线下围绕"生涯九宫格"内容组队 PK 展示，线上、线下齐头并进，旨在提高学生参与活动的主观能动性，从而引导新生从入学初期养成良好的学习行为习惯，尽快适应大学生活。

（四）"互学互鉴"——"五优联展"

新生们经过 100 天的成长蜕变，学院结合学科特点组织开展"五优联展"活动，展出优秀的课堂笔记、优秀的读书笔记、优秀的社会实践报告、优秀的社会调查论文以及公共危机案例分析大赛报告，营造"比、学、赶、帮、超"的学习氛围，让同学们在相互学习借鉴中，提高学习的积极性和主动性，推动学风建设的长期有效开展。

三、启示与思考

"'易'百天遇见不一样的自己"系列活动融合了合作学习、自主学习、研究学习的新课标理念,以"行动学习法""生涯九宫格"为指导思想,以学风建设为主题,兼顾能力提升、情感培养、团队合作、社会服务等多重维度,使学生由他律到自律,在象牙塔中绽放自己,实现文化育人。

本项目已成功举办 5 年,近 2000 人次参与其中,在对部分参与该活动的学生后期信息跟踪的过程中,我们欣喜地发现,该项目在有效帮助新生摆脱"入学迷茫"的同时,也进一步促进了学生对自我的规划,并对其择业、就业观产生了积极的影响。5 年间,该项目也成功立项 2018 年华侨大学国家大学生文化素质教育基地活动、2017—2018 校易班建设项目活动,同时项目负责人以此项目参加福建省易班发展中心"宣传新思想 勇担新使命"首届思政网络课程设计大赛,并获二等奖;此外,还获得厦门市高校实践育人、文化育人优秀工作案例。在此期间,我们也逐步得出以下启示与思考:

(一)辩证运用 21 天习惯养成理论

据研究,养成一个习惯至少需要 21 天,而养成一个较难的习惯需要 30~40 天,并且习惯坚持的时间越长,养成的习惯越牢。"'易'百天遇见不一样的自己"系列活动以 100 天为期,契合了人类生理与心理上的适应期限,又留有保持和形成的时间,从活动执行与反馈中发现,100 天可使大部分学生成功地巩固并维持一个良好习惯。

习惯是一个人在后天影响下,逐渐形成的一种自动化、下意识的思维方式、行为倾向和价值选择,具有可塑性、稳定性、自动性和双向性等特点。美国杜克大学的研究指出:"人每天有 40% 的行为并不是真正由决定促成的,而是出于习惯。""'易'百天遇见不一样的自己"系列活动旨在帮助学生塑造良好的学习生活习惯,并使之稳定化,最终成为一种力量,以此来提高学生的学习生活质量和效率。

(二)以行动学习思维应对大学变化

通过实践发现,将学生们置身于一个专门以自我升华为目的的背景环境中,日常打卡可以帮助学生重新定位自身的角色,充分发挥团队的主观能动性,组成学习的团队,群策群力,互相支持,分享知识与经验,在较长的一段时间内,依靠学习团队,解决这些棘手的难题。活动期间,学生不仅是自己学习的规划者、责任者和管理者,还是集体中学习的分享者。我们通过活动,使学生在新的学习、社交环境中准确定位,在新的学习生活中游刃有余,孕育行动学习思维以解决生活中的棘手问题。

(三)"正激励"强化学生积极行为

"'易'百天遇见不一样的自己"系列活动符合积极心理学以人类潜在的积极力量为出发

点的主张,通过举行读书交流会使优秀读书心得与笔记得到赞许;通过"'易'百天遇见不一样的自己"的活动,为严格自律的同学颁奖;通过"五优联展"活动,展出大赛优秀作品,对同学的行为进行正向激励。从积极心理学角度出发,激发同学们的潜在能力,同时配合组内打卡、团队监督,实现学习态度由他律向自律的转变。

(四)跟踪调研保证活动效果

后期主办方对活动参与者进行问卷调查和线下采访,跟踪"'易'百天遇见不一样的自己"系列活动效果,一方面能对活动参与者起到监督作用,另一方面也对该活动的效果进行反馈评价,以便主办方不断总结完善活动方案。据统计,90%的过往参与者至今依然保持着诸如练字、单词打卡的习惯,其中也不乏在生活交际、财务管理、学习、就业等方面的佼佼者。在新一轮的活动中,主办方也邀请往年优秀的活动参与者"现身说法",与新生交流共进,让薪火相传。今后,我们也会不断优化活动方案,进一步扩大活动的参与面,形成连贯式、联动性的长效机制,助力新生成长。

【专家点评】

"'易'百天遇见不一样的自己"系列活动融合了合作学习、自主学习、研究学习的新课标理念,实现了学生由他律到自律的转变,在学习、生活、工作等各方面全面发展,自治自理,最终形成规划性、系统性生活习惯,总体上提高了学生的能力意识、学习意识、规划意识。后期还需进一步强化宣传力度,扩大活动的影响力,提高学生的参与积极性,力求让更多学生参与其中;进一步借助网络学习平台,搭建师生联系桥梁、搭建新老生互动桥梁,实现各种优质学习资源的共享共通共用,形成良性互动;进一步完善学生反馈机制,探寻活动进一步完善发展的方向。

陈　捷　华侨大学学生工作部长、学生处处长,教授

弘扬井冈山精神 筑牢理想信念之魂

【作者简介】

> 欧阳亮,男,硕士,吉安职业技术学院教授。2013年,策划编导的大型情景主题歌舞《记忆庐陵》获第五届江西玉茗花奖"特别大奖";2013年,策划编导的大型采茶戏《那一片遥远的故园》获江西省艺术节一等奖;2017年,策划编导的舞剧《十送红军》获文化部国家艺术基金资助,在国家大剧院公演;2017年,获第七届全国职业院校文化育人高端论坛论文三等奖。
>
> 戴利有,男,硕士,讲师,吉安职业技术学院马克思主义学院院长。"基于井冈山红色文化传承'做-学-导'思政课教学改革与实践"获江西省教学成果二等奖;获得2019年江西省职业院校技能大赛教学能力比赛高职组教学设计一等奖。

一、案例简介

2016年2月,习近平总书记在井冈山调研考察时指出,井冈山是中国革命的摇篮。井冈山时期留给我们最为宝贵的财富就是跨越时空的井冈山精神。今天,我们要结合新的时代条件,坚持坚定执着追理想、实事求是闯新路、艰苦奋斗攻难关、依靠群众求胜利,让井冈山精神放射出新的时代光芒。

吉安职业技术学院(以下简称"吉安职院")作为井冈山革命老区唯一的高职院校,自办学以来,围绕立德树人的根本任务,始终牢记习近平总书记的谆谆嘱托,大力实施"井冈山精神铸校"工程,坚持用井冈山精神铸魂育人,将文化的种子播进育人沃土,精心培育,构建了独具特色的"文化名片"。

多年来,吉安职院坚持把井冈山精神融入学校思想政治工作中,将井冈山的红色元素融入文艺作品中,用喜闻乐见的形式传播革命记忆和革命精神,让更多师生接受红色教育,传承红色基因。2019年,学校成功承办首届全国职业院校红色文化研究与推广高端论坛,并被推选为全国职业院校红色文化研究与教育联盟理事长单位。学校创编的情境舞剧《十送红军》在第七届全国职业院校"文化育人"高端论坛上大放异彩,受邀参加教育部、文化部等多部门联合主办的 2018 年全国职业院校技能大赛中华优秀传统文化艺术表演赛并获一等奖;与兄弟院校联合创编的舞剧《井冈·井冈》荣获 2018 年中国舞蹈最高奖"荷花奖",并作为经典节目在江西省"高雅艺术进校园"活动中巡演。

二、案例分析

(一)依托红色文化,师生共上"第一课"

吉安职院于 2014 年与深圳职业技术学院签订深度合作办学协议,是一所非常年轻的学校,截至目前共招聘了 360 多名硕士研究生。新入职的青年教师是从一个校门(学习)进入另一个校门(工作),缺乏对马克思主义理论特别是党的红色历史的感性认识。为了抓好教师"入校第一课",每年组织新入职的教师上井冈山开展理想信念教育。我校马克思主义学院党支部还通过组织党员教师赴莲花、永新、宁冈和井冈山拜访全国道德模范、参观革命纪念馆和博物馆、瞻仰烈士陵园等方式,对党员教师进行理想信念的教育。

新生入校后的"第一课"是观看舞剧《井冈·井冈》,欣赏的不仅是精彩的艺术,还有当代大学生特别是吉职学子的风采。先后有几届大学生直接或间接参与《井冈·井冈》的表演,大学生也在红色文化的熏陶下,在红色旋律的影响下茁壮成长。另外充分发挥井冈山红色文化资源优势,与井冈山革命历史博物馆等地共建了 8 个思政课校外实践教学基地,带领学生赴基地开展"穿一次红军装、走一段红军路、扫一次烈士墓、听一次红军课、学一段红军史、唱一首红军歌、吃一碗红米饭"等"八个一"实践体验活动。在实践基地兼职教师的授课指导下,按照"自学理论、提出问题—参观学习、深入思考—互相讨论、解决问题—体验感悟、深化理解"四个步骤进行,同时要求学生将活动成果制作成 PPT 或微视频与全班同学分享。

(二)挖掘红色资源,师生共编特色教材

以本地丰富的井冈山红色文化为教学资源,教师在课余时间给学生们布置了收集红色故事、红色诗词的学习任务,整理了丰富、直观、鲜活又贴近学生生活的素材。学生们在"做"收集素材学习任务的同时,也"学"到了更多的红色历史。教师们与学生共同整理素材的同时,给他们答疑解惑、点拨引"导",编撰成涵盖井冈山红色历史、红色故事、红色家书、红色诗词、红色歌谣等内容的校本教材《吉安红色记忆》,并已作为弘扬跨越时空的井冈山精神的红色读本,广为师生所诵读。同时,正在编印《红色故事》《红色书信》《红色歌曲》《红色剧场》

《红色实践》等系列丛书,不断丰富红色文化育人资源(图 4-5-1)。

图 4-5-1 "红色"系列丛书

(三)传承红色基因,师生共演情景舞剧

舞剧《井冈·井冈》由吉安职院联合北京舞蹈学院师生共同创作,吉安职院师生出演。全剧由序、星火凌云、井冈儿女、青谷长歌、十送红军、尾声组成,舞剧通过具有时代特征、地域特色的舞蹈语言和音乐语言,塑造了感人的人物形象,讲述了在第一次国内革命战争时期,井冈山红军战士和人民群众在艰苦卓绝的环境中,忠于理想、忠于革命、艰苦奋斗、乐观进取的斗争生活。2018 年 10 月 25 日至 10 月 31 日,《井冈·井冈》在江西省高雅艺术进校园活动中,先后走进赣南师范大学、赣南医学院、江西环境工程职业学院、赣州师范高等专科学校、永丰二中、井冈山中学等 6 所学校演出。教师带着学生一起参与文本撰写、剧本排演、体验演出、观看表演等,新颖活泼的活动形式,让学生在参与实践活动的体验中实现知行合一,获得深刻的领悟(图 4-5-2)。

2018 年举行的红色家书情境教学,既有教师朗诵的"算人间知己,唯吾与汝"——杨开慧给毛泽东的信、陈觉和赵云霄烈士催人泪下的遗书等家书,也有学生朗诵的陈毅安与李志强的爱情故事——"实现我们真正的恋爱"、铁汉柔情王尔琢的两封家书。

2018 年 11 月,吉安职院接到 2019 年央视春晚井冈山分会场的演出任务后,学校领导高度重视,积极行动,第一时间部署演出工作。在 2 个多月的排演演出过程中,为了达到演出标准,该校 360 名师生以高度的政治责任感和使命感,在 -3 ℃ 的夜晚坚持 10 个小时演出排练。最终高质量的圆满地完成了演出任务,展现了新时代江西大学生的青春风貌,得到了各级领导的肯定,获得了良好的社会反响(图 4-5-3)。

图 4-5-2 《井冈·井冈》演职人员合影

图 4-5-3 吉安职院央视春晚工作总结访谈会

三、启示与思考

高校创新大学生思想政治教育工作,要以习近平总书记"传承红色基因,坚定革命理想"重要指示精神为指针,结合高校思想政治工作实际,紧紧抓住"坚持弘扬井冈山精神"这条主线,灵活运用各种载体,用大学生喜闻乐见的方式,通过上下联动,真抓实干,切实把弘扬井冈山精神融入立德树人全过程,让井冈山精神放射出时代的光芒。

从理论意义方面看,依托井冈山丰富的红色资源,师生共同编写红色校本教材,并将其纳入思政课教学体系,优化了教学资源,贴近了学生的学习生活,增加了教学内容的可读性和趣味性,使思政课教学的吸引力和感染力大大增强,活跃了思政教学课堂。

从实践意义方面看,通过红色文化体验式实践,让学生触摸鲜活、生动的革命历史,以亲身参与的方式将"井冈山精神"融入自己的人生观和价值观;通过唱红歌的方式,感受革命党人的坚强脉搏;通过穿红军服的形式,体验革命时代独特的精神文化。创编井冈山红色文化情景舞剧,在传承井冈山精神的同时提升艺术修养。这些形式多样、内容丰富的实践活动,有效地将思政课堂从课内延伸到课外、从学校课堂拓展到社会课堂,为学生走出校园"见实物、看真景、观实迹"搭建一流平台,形成了学生思想政治教育的全方位、全过程、全时空的"三全育人"新模式,发挥了社会资源协调育人的功效,增加了大学生的获得感。

【专家点评】

如何有效发挥区域性红色、绿色、古色资源,提高思想政治理论课教学效果是新时代高校思政课改革创新的重点之一。本案例以吉安职业技术学院利用本土红色教育资源构建思政课实践教学体系为切入点,设计了"八个一"的系列实践体验活动,总结了高职院校思政课实践教学体系,形式活泼、寓教于乐,拓宽了思政课实践教学途径,发挥了井冈山精神铸魂育人的价值引领功能,提升了思政课教学效果,具有较好的示范作用和典型意义。

需要指出的是,案例具有极好的推广价值,实践活动设计还可再优化,理论方面也应进一步思考总结。

朱欣成　江西财经职业学院思政部主任,教授

打造实境课堂　赓续红色基因

【作者简介】

夏晓青,女,硕士,扬州市职业大学机械工程学院党支副书记。曾荣获全国第四届辅导员职业能力大赛(华东赛区)三等奖、江苏省第四届辅导员职业能力大赛二等奖、2017年江苏省辅导员年度人物提名奖、江苏教育工作先进个人等荣誉,并指导学生团队获江苏"创青春"创业大赛金奖;近年来,她所在支部入选教育部第二批样板党支部创建单位,主持省、市、校级课题11项,公开发表论文20余篇,参编著作2部,获得校级各类奖励40余项。

一、案例简介

(一)活动主题

以史鉴今,资政育人。加强党史、国史、改革开放史和社会主义发展史"四史"教育,用活红色资源、讲活历史故事,是贯彻落实习近平新时代中国特色社会主义思想,做好高校立德树人工作的重要举措。

扬州市职业大学机械工程学院学工党支部2019年以"打造实境课堂 赓续红色基因"为主题开展党日活动。活动基于体验式教育理念,组织学生党员参与实际或模拟情境中去,摆脱枯燥的理论学习和说教,引导学生党员在情境中了解历史真相、理清历史脉络、把握历史规律,强化个人理想信念,提升党支部的"向心力""战斗力"和"影响力"。

(二)设计思路

历史是最好的教科书。支部积极挖掘地方红色教育资源,以扬州籍革命烈士、长篇小说

《红岩》中许云峰的原型许晓轩为学习对象;探索契合青年学子个性心理特征的教育方式,选取许晓轩烈士手植石榴树上盛开的如火榴花为切入点,凝练出以"忠诚、奋斗、担当、奉献"为主要内涵的"石榴花"精神;通过"'青'说'晓轩'故事""'青'听'狱中八条'""'青'行红色文化"等环节打造红色文化实境课堂,赓续红色基因,有声有色彰显信仰之美,入脑入心厚植爱国情怀。

二、案例分析

(一)案例实施

1. "青"听"晓轩"故事

支部先后组织了"我与许晓轩"演讲比赛、"晓轩"故事分享会等多场"青"听"晓轩"故事活动。活动采用"翻转课堂"的形式,从青年学生的视角讲述许晓轩烈士事迹,用讲述、诵读、情景剧等形式,生动再现了烈士短暂而光荣的一生。"狱中八条"、"宁关不屈"、手植石榴树、一封家书等,从"烈士的爱国情怀、铮铮铁骨到他对家人的思念和不舍"多维视角有效挖掘烈士事迹,展现了烈士坚定的革命信念和炽热的家国情怀。活动中,党员师生纷纷表示,这种形式很接地气,让大家学习和了解了烈士更多的事迹,使得心中烈士的形象更加立体丰满,有血有肉,令人动容。

2. "青"听"狱中八条"

忠诚信仰是"石榴花"精神的灵魂。支部自 2016 年成立以学生党员和入党积极分子为主的"晓轩"先锋队以来,充分依托并整合同辈群体中的优秀学生,与许晓轩烈士故居签订共建协议,由"晓轩"先锋队成员担任故居讲解员,让青年用自己的语言讲述英烈故事,解读"狱中八条"。支部将徒步瞻仰故居、石榴树下听党课、移植石榴树、线上线下心得分享等作为党员学习教育的重要环节,改变了过去党员教育传统课堂说教模式,以情景再现、互动模拟等方式打造侧重体验感和实效性的红色文化"实境课堂",让青年学子在历史与现实的时空交错中,在"看、听、思、悟"的过程中,真切感受和体悟到晓轩烈士坚定的忠诚信仰、不屈的革命意志和炽热的家国情怀,并立志在烈士精神的引领和滋养下逐步成长为一名坚定的马克思主义者。

3. "青"行"红色文化"

为了弘扬"红色文化"在学风建设方面的引领作用,学院大力培育和评选"许晓轩班",制定详细的"许晓轩班"建设的"七个一"(即组织一次瞻仰学习,举办一场故事分享会,组建一批学习小组,打造一支双创团队,创建一批 5S 宿舍,开展一项主题实践,形成一项班级特色)标准和评选细则,于"高处"体现理想信念,弘扬烈士为实现革命胜利的奋斗精神;于"细处"体现日常学习,学习烈士身陷囹圄仍持之以恒学习的毅力,将班级学生出勤率、挂科率、优秀率等学生日常表现作为基本导向性指标加以明确。

支部积极组织"晓轩"先锋队同学参与各类社会实践,利用课余实践和假期,先后为扬州市人民检察院、扬州市人力资源与社会保障局等相关单位 600 余人次进行讲解服务,志愿服务受到了烈士故居工作人员及参观者的一致好评。许晓轩故居位于扬州市江都区仙女庙,由于没有直达的公交车,每次往返的时间需要四五个小时的车程,队员们克服了天气炎热、晕车等不适,认真备课,做好每一次志愿服务。一位退休老干部饶有兴致地听完"晓轩"先锋队的讲解后,激动地说:"爱国不是空谈,要从了解历史开始,你们这群年轻人真棒!"此外,支部通过挂牌"示范宿舍",积极参与学院创新创业项目、参加各个职业技能大赛集训队和投身社会志愿服务等,让以石榴花精神为代表的红色文化体现在行动中,落实到实践中。

(二)案例特色

1. 突出思想引领,提升党组织向心力

将体验式教育理念与党建方式相融合,形式活泼,寓教于乐,创新思想引领模式,用特色活动、朋辈辅导、志愿服务、故居共建等方式强调思想引领的体验感,将红色基因融入大学生思想政治教育各个环节,以学院党训班、"青马工程"培训为平台,建设党性和爱国主义教育"实境课堂",不断增强教育的体验感和实效性,引导青年学子回望走过的路,比较别人的路,远眺前行的路,在思想上弄清楚、理解透中国共产党为什么"能",马克思主义为什么"行",中国特色社会主义为什么"好"。

2. 夯实组织基础,增强党组织战斗力

推进党建与思想政治教育工作"双向融合",进一步拓展"1 + 1 + N"(1 名教师党员 + 1 名学生党员 + N 名入党积极分子)党建加法的内涵,深化党员联系学生机制。以实施党支部党建创新项目为抓手,不断激发基层党支部动力和活力。以"晓轩"先锋队为主体,建立党员实践服务基地,积极开展社区共建、烈士故居讲解等志愿服务;推行"初心卡",开展学生党员发展积分制管理,强化对入党积极分子、发展对象和党员的全过程教育和管理,提高党员发展质量。

3. 培育工作品牌,扩大党组织影响力

以学校"一院一品"党建项目——"石榴花开我心中"为抓手,继续积极挖掘地方红色教育资源,大力推进构建"石榴花"精神融入价值引领、融入学风建设、融入创新创业、融入社会实践的"四融入"铸魂育人体系。力求以"青年视角"让青铜和大理石塑造的高大英雄形象重新有了血肉感和体温;让火热的革命历史有了日常生活的肌理感受;使得教育实践活动富有亲和力和感染力,切实增加思想政治教育的温度,润物无声,入心入脑,取得实实在在的教育效果。

(三) 案例成效

自 2016 年来,支部以践行"石榴花"精神为核心,坚持开展各类传承红色文化的主题党日活动。

"1+1+N"党建工作案例入选第二届全国高校"两学一做"支部风采展示活动;红色文化育人工作案例入选江苏省教育工委组织的《江苏高校基层党组织书记案例选编》;《用石榴花精神铸魂育人》被《新华日报》、中国江苏网专题报道。2019 年 12 月底,学工党支部被教育部遴选为"全国党建工作样板党支部"第二批创建单位。

近三年来,学院以"石榴花"为主题开展党课、团课培训班 12 期,符合入党条件新生递交入党申请书比例达 98% 以上,在"许晓轩班"的培育下,先后有 1 人获中国大学生"自强之星"称号,3 人获国家奖学金,3 人获江苏省优秀学生"三好学生"称号,3 个班级被评为省级先进班集体,150 余人获国家励志奖学金,50 余人次在全国、省、市级各类专业职业技能大赛中获奖。

三、启示与思考

(一) 围绕中心是立足点

党日活动要有"高度"。它作为基层党建工作的重要一环,必须紧紧围绕"立德树人"根本任务继承优良传统,深入研究新情况新问题,以改革创新的精神状态、思维方式、思想作风、工作方法,大力推进党的各方面建设的创新。

(二) 载体创新是着力点

党日活动要有"温度"。活动力求以"青年视角"来恢复革命历史的本来面貌,让青铜和

大理石塑造的高大英雄形象重新有了血肉感和体温；让当年的火热历史有了日常生活的肌理感受。活动富有亲和力的感染力，增加了思想政治教育的温度，润物无声，潜移默化，真正"入心入脑、刻骨铭心"。

（三）作用发挥是关键点

党日活动更要有"态度"。红色文化是在革命战争年代，由中国共产党人、先进分子和人民群众共同创造的先进文化，蕴含着丰富的革命精神和厚重的历史内涵。发掘和利用好这些红色文化，传承红色基因，对于教育引导青年学生坚定理想信念，践行社会主义核心价值观都有重要的现实意义。

【专家点评】

如何做好红色文化的传承与育人，一直是高校基层党组织工作的重点，也是高校思政工作的要点，对于培育时代新人实现中国梦起着至关重要的作用。这也正应和了习近平总书记一再强调的"不能忘记来时的路""共和国是红色的，不能淡化这个颜色"的工作要求。

该案例结合地方红色文化，以"石榴花"精神为切入点，通过体验式教学带领学生党员深入领会《红岩》里面革命志士的爱国情怀和大无畏的牺牲精神、奉献精神，并做到以学践行，激发学生党员的爱国热情，活用所学服务于社会，体现了新时代青年大学生的担当精神。这种"渗透式"教学，不仅有效地提高了基层党组织的战斗力与辐射力，而且有效地传承了红色基因，并赋予之时代精神，真正做到了铸魂育人，思想政治教育"入心入脑"。

周　鸣　广东金融学院学生工作处副处长，助理研究员

第五篇
网络育人

静守初心助花开

【作者简介】

> 毋登辉,男,博士,副教授,中北大学辅导员,国家高级职业指导师。先后获得山西省优秀共青团干部,山西省就业创业课程教学竞赛一等奖,山西省优秀班主任,中北大学优秀党务工作者、先进学生工作者、就业创业工作先进个人等荣誉。

一、案例简介

小张,女,21岁,天津人,大二学生,擅长唱歌,长相俊美,幽默风趣,看到网络媒体报道一些"网红"做网络主播月入过万,心生羡慕。于是小张同学利用自身的唱歌特长在网络直播平台上做起了主播。由于自身素质优秀,她在直播平台上"粉丝"越来越多,并很快成为"网红"一级的人物。为了保持自己的关注度以及相当可观的经济收入,她每天把大量的时间精力花费在了直播上,经常逃课。为了方便晚上能正常进行网络直播,她还搬离宿舍在校外寻租了房屋,经常夜不归宿。大二学以来,由于对学业的放松,不及格的课程已经有四门。该生认为目前自己的主播事业处于上升期,网络关注度不断提升,收入相当可观,上大学的目的也是为将来找个不错的工作,目前能有高收入工作,上大学对她来说,意义已经不那么重要,即使不能正常毕业也无所谓。

二、案例分析

近年来,网络直播作为一种新的社交方式迅速走红,数亿人参与到网络直播中。"网络主播"作为一个新型的职业受到广大年轻人的青睐。网络主播的关注量达到一定级别就可以成为"网红"。"网红"不仅收入可观,而且时刻有被关注的感觉,使人们感受到了所谓的成功。大学生很容易被这种轻松获得名利的方式所吸引,加入到"网络主播"队伍的人数与日俱增。

小张同学作为在校大学生,对一些事情的鉴别力较弱,看到网络媒体经常报道某主播月入过万,同时还能受到广大粉丝追捧,心生羡慕;加之自身素质不错,当"网络主播"能轻松赚大钱。经过分析认为,小张同学沉迷于直播的根本原因是她在虚拟的网络中轻松感受到了所谓的"成功"感觉,对现实中的学业和就业产生怀疑态度。因此如何让小张正确认识网络直播,科学分析该职业的本质,弄清楚目前什么是最应该干的事情是问题的核心所在。

(一)处理过程

1. 取得信任,奠定对话基础

双方建立互信的关系是引导小张的根本基础。首先,我通过关注了解该生所在的网络直播平台以及直播时间,作为"粉丝"了解小张同学的直播情况。平台上关注小张直播的人数已经达到7000余人,小张打扮靓丽的出现在直播间,合着背景音乐给网友们唱着歌,时不时给广大网友做一些卖萌的动作。在直播中经常会遇到一些素质低下的网友,言语粗俗,但是出手阔绰,会给小张"刷"出较为昂贵的礼物。

在了解了她直播的情况后,我与她经过多次的沟通,了解到了小张的实际想法:从事网络主播能赚取较多的收入,同时她很享受被众人关注的那种感觉。她也考虑过目前的学业状况,但是无法放下这么长时间积攒起来的关注度和收入。另外,看到一些毕业生就业后的收入远远不如自己从事网络主播的收入,对上大学的意义也产生了怀疑。

2. 共同探讨,认清网络直播现状

为帮助小张同学对自己目前状况有一个正确的认识,我查阅了大量的资料以了解现在网络直播的现状,并和小张一起进行探讨。目前纯娱乐性网络直播满足了青年被尊重、被认可与成名的想象,进而能够在短时间内聚集大量青年。然而极低的从业门槛、多元复杂的从业者加上商业的逐利本质,使得网络直播内容出现了庸俗化、色情化倾向。"高颜值"成为主播们变身"网红"的捷径。目前,随着国家对直播平台监控力度的加大,许多所谓的"网红"因为不健康的直播内容而被国家相关部门封禁,瞬间失业。他们由于习惯了这种"不劳而获"高收入工作,很难融入现实的生活中。经过交流,小张也认可了我对这类纯娱乐化网络直播现状的分析。

3. 职业引导树目标

通过进一步沟通,我帮助小张进行了大学生涯规划。首先向其介绍了我院近五年毕业

的发展不错的校友。在介绍校友的过程中,小张对复合材料毕业的一位学姐跨界成为广州某知名企业的人力资源负责人的事例特感兴趣。后进一步了解到小张对进企业从事相关专业的技术工作并不感兴趣,而是喜欢诸如销售、人事等和人打交道的工作,看到有学姐跨专业发展得这么好,她也树立了信心。我根据小张情况,帮助她列出了大学期间每阶段应该完成的任务,帮助她培养较强的就业竞争力。

4. 朋辈引航助疗效

当一个人碰到困惑、挫折时,从朋辈处所获得的心理支持是帮助其树立信心的良方。为了帮助小张同学尽快从网络直播中摆脱出来,我安排班级的学生干部、党员和舍友主动关心她的日常生活,叫她一起学习,一起运动,帮助她逐渐减少花在直播上的时间与精力,尽快回归正常生活。

5. 搭建平台助成长

网络直播吸引小张的重要因素是获得众人关注的成就感。基于小张的特长,我向学院推荐,让小张加入学院的主持人队伍,使其有机会表现自身的表演能力、沟通能力,让其在为学院做贡献的同时,提升自身素质,在现实生活中获得成就感。

(二)效果评估

通过一段时间的努力,小张有了较大的变化。小张现已步入大三,通过自己的努力,以前的不及格课程已经补考通过。现在,小张有了明确的求职目标,毕业后准备从事人力资源方面的工作。目前,她正在积极备考人力资源资格证书的考试。小张积极参与学院的工作,多次主持我院大型的活动和重要会议,获得了师生的一致好评。她对我说,想想当时的目光真短浅,被一些虚名浮利所吸引,失去了正确的价值判断,真是惭愧啊。就我站在辅导员的角度来说,我看到了一个价值观受当今网络媒体不良思潮所影响的学生逐步回归正常,并且有了明确的努力目标,并为之而努力奋斗,我内心是喜悦的,这就是辅导员价值的真正所在。

三、启示与思考

新媒体时代,网络直播一出现便受到了广大年轻人的热捧,其中很多在校大学生参与其中。由于其处于刚刚起步阶段,系统的行业规范还未形成,网络直播内容充斥着逐利化、低俗化和泛娱乐化的现象,这对当代大学生正确价值观的形成有着巨大的影响。因此,在新媒体时代,提高当代大学生正确认识网络世界新生事物的能力,加强鉴别网络内容的恶与善、丑与美,坚持正确价值导向是辅导员需要思考的问题。

(一)加强大学生网络素养教育

目前,新媒体广泛融入大学生日常生活,大学生获取信息和沟通的主要渠道都来自新媒体,这在很大程度上改变了大学生原有的交往方式、生活方式、思维方式及观念模式,而他们正处于世界观、人生观和价值观形成阶段,不良的网络内容极易扭曲他们的三观,因此必须要加强大学生的媒介素质教育,帮助学生了解网络传播的新现象和新特点,培养学生形成正确运用互联网、参与网络活动的理念和行为体系,自觉抵制网络上一些不良思潮的影响。

(二)做好大学生的职业规划教育

教育学生树立正确的职业价值观,自身的发展要与国家、社会所需结合起来。引导学生客观分析一些职业的本职,而不是仅仅通过收入的多少来衡量一个职业的好坏。

(三)加强大学生自律意识的培养

大学阶段的学习、生活,很大程度上要靠大学生自觉的合理安排,没有良好的自律意识,很难处理好平时学习和娱乐的关系。因此,必须加强学生自律意识习惯的培养,让学生懂得哪些时候应该做哪些事情。

(四)提升辅导员自身的综合能力

辅导员是大学生发展的人生导师,时刻会遇到学生发展路上的各种问题。因此,要树立终身学习理念,了解社会发展潮流,及时把握社会上出现的新生事物,对社会信息的接收要"跑赢"学生,并能运用新形式针对性开展思想政治教育。

【专家点评】

随着信息时代发展,网络已经渗入人们特别是青年学生的日常交往、学习工作、休闲娱乐中,成为他们生活中不可或缺的一部分。本工作案例反映的是大学生从事网络主播的这一现象,案例从概述、分析和评估、工作目标与方案、处理经过、效果评估以及思考建议等六个方面进行写作,可以看出辅导员工作经验丰富,在解决案例时有着清晰的思路,达到了教育学生和引导学生的教育效果。学生小张从起初满足于"网红"的成就感到回归现实中通过努力学习获得现实的成就感,这本身就是辅导员对学生价值观的积极引导。本案例中辅导员的引导不是单调乏味的思想说教,而是建立在信任的基础上对职业生涯的发展与探讨。"授人以鱼不如授人以渔",思政教育在于无声处达到了教化的作用。

杜瑞平 中北大学软件学院党委副书记,副教授

新媒体时代下钉钉日志专栏网络育人工作案例

【作者简介】

王彪,男,本科,讲师,SYB创业导师,职业指导师,全国高校就业指导中级讲师,福州外语外贸学院经管学院辅导员,经管学院学生第二党支部书记。曾带领学生参加全国第二届"创客挑战赛商业策划书"比赛并获得全国第一名;获得"质比天高全国创客讲师讲课"比赛第一名;曾指导学生参加福建省"互联网+"大学生创新创业大赛并获得三等奖。

一、案例简介

大学生网络思想文化阵地是培养社会主义建设者的重要场地,是塑造新时期校园文化的关键一步。"加强网上思想文化阵地建设,是社会主义文化建设的迫切任务",党的十八大也相继发出了"加强和改进网络内容建设,唱响网上主旋律"的倡导。相比传统的教育方式,网络教育有着多样多元、影响度广的鲜明特征。面临新的机遇和挑战,教育工作者应积极主动把握发展方向,从被动变为主动迎接新的探索,以文化建设为主线,充分利用新媒体优势为文化阵地建设设置保障。

《王老师有话说》专栏日志,是有效利用钉钉App日志功能,根据自己在学院所带学生特点,结合网络思想政治教育职责,开设个人日志专栏,专门与学生进行交流沟通的平台,旨在推动思想政治传统工作与信息技术高度融合。

二、案例分析

《王老师有话说》专栏日志,每周坚持至少写一篇思政文章,文章结合学生当下热点事件、个人所思所想、国家政策、传统文化等进行思政教育,网络思政教育主要遵循"六位一体"的育人体系。

(一)日志原则

1. 严把品德关

大学的第一课对新生来说至关重要,如何运用网络平台把大学的规章制度、专业特色、立德树人、爱国教育等内容融入网络教育中去呢?本日志帮助大学新生快速了解大学生活、专业特点、增强立德树人修养品质,是大学生思政教育的重要组成部分。

2. 严把安全关

大学生相对单纯,安全防范意识较弱,本日志通过定期在网络上进行人身安全教育、财物安全教育、外出校园教育,帮助大学生提高防骗、防盗意识;切实促进大学生养成自我安全意识;促使他们自觉遵纪守法,提高警惕性,保障自身生命财产安全。

3. 严把爱国关

正所谓理想是教育的"精神之钙",本日志围绕大学生立德树人占领网络教育阵地,引导学生爱国、爱党,认识马列主义,让共产主义理想信念在网络上生根发芽,让共产主义理想信念在大学生心中开花结果,培养大学生的责任意识、集体意识,树立远大志向,以积极主动的态度投入学习和生活中。

4. 严把心理关

当代大学生,心理问题普遍存在,本日志利用钉钉网络平台,结合学院心理情景剧等活动,在日志中,对学生开展心理健康知识宣传,结合青春期大学生恋爱等特点,引导学生正确面对恋爱等关系,让大学生保持健康心理,形成健康人格。

5. 严把职业规划关

职业生涯教育对大学生至关重要,是大学生走向岗位的必要保证,是成长成才之根本。日志围绕本专业应具备什么样的技能以及将来要从事什么样的工作、如何学习专业知识等内容进行职业规划教育,让新生树立牢固的专业理想,明确学习目标,增强学习兴趣。

6. 严把感恩关

本日志结合福州外语外贸学院大爱文化价值观,严把感恩关口,围绕"善心、善言、善行"

的价值取向,引导人、教育人、鼓励人,并潜移默化学生诚信为人、懂得感恩,在广大学生中营造浓厚的立德树人的氛围。

(二)日志内容

目前,在严把品德中,撰写题为《送新生—— 如果你觉得大学是一场难得的修行,那就不要轻易交白卷》的文章,同时发表在"高校辅导员联盟"上,目前阅读量为2932。

在安全关中,撰写有关校园诈骗文章1篇——《如果被狗咬了一口,是否要去咬狗一口》,告知学生谨防诈骗,但仍心存善良。同时,撰写《关于规则》一文,告知学生要遵守学校规章制度。

在严把爱国关中,撰写《九一八》一文,告知学生理性爱国,不要盲目仇恨,要做到止于至善。

在严把心理关中,共撰写3篇有关大学生恋爱、心理的文章,其中,《恋爱可以承载幸福的爱情,但有时候也是一个迷人的漩涡》和《余生很长,何必着急》告知学生大学期间主要以学业为重,不必过分强求恋情,更要把恋爱与婚姻结合在一起考虑,不必着急。《我们本来就有一束光》一文主要告诉学生心理起伏是正常现象,要用正常的心态来调节心理状态。

在严把职业规划关中,撰写《你有什么样的价值,就有什么样的上限》一文,以告知大学生在校期间要增加自己的价值。

在严把感恩关中,《寒门再难出贵子?》一文,告知学生在评完贫困奖学金后,需要懂得感恩。

另外,在此次新型冠状病毒疫情期间,先后撰写以下文章:《当代大学生,在新型冠状病毒面前,我们能做什么》《疫情中坚守中庸之道》《不要在疫情中做一个精致的利己主义者》《假如这次疫情是一场战争,我们还需要做什么?》《疫情下,跟着总书记书单勤读书》,以引导学生在疫情期间静下心好好学习以及引导学生在疫情中保持思辨能力。

除此之外,日志还包含大学生游戏文章1篇,部门纳新文章1篇,宿舍人际关系文章1篇;更有学生立德树人、班干部工作方法等文章数篇。

截至目前,一共撰写41篇日志文章。最高阅读量在90%,每篇平均阅读量在85%,最高点赞数41%,平均点赞数在25%左右。每篇日志少则500~600字,多则达到3000多字,平均每篇日志1500字左右,累计创作约达6.5万多字。文章与学生在思想方面形成良好互动,同时也增进学生了解辅导员老师所思、所想,以及老师对学生的种种期待。

（三）特色亮点

1. 内容针对性

在新媒体时,学生可以多个渠道获得信息,如学院和学校的公众微信平台,微博等网络互动平台,畅所欲言。然而,钉钉 App 日志功能,与学生日常事务管理绑定在一起,能更有针对性开展网络思想政治教育工作,把握网络育人阵地正确的政治方向,切实有效地提高网络育人的效果。

2. 覆盖全面性

学生日常管理在钉钉 App 上完成,日志内容包括大学生关注的热点、焦点问题,专栏发表的日志达到 100% 的覆盖。

3. 反馈及时性

加强网络育人信息反馈机制。针对学生对日志内容关注的信息和问题,做到及时准确的留言反馈,同时可以定期与学生开展网络信息交流,及时了解学生思想状况,为下一步教育工作提供依据。

三、启示与思考

网络思政日志专栏,是基于辅导员九大职责中第六条——网络思想政治教育形成的,意指熟练应用现代信息技术,结合丰富的网络思想政治教育工作经验,深入研究把握网络传播的规律、研判网上学生思想动态,成为网络思想政治教育专家。

钉钉 App 不仅可以实现学生日常打卡功能,还可以利用其中的日志功能对学生进行网络思政教育。专栏日志工能既有效契合在传统工作与新媒体平台之间,又不失网络思政功能,做到内容针对性、覆盖全面性、反馈及时性等特点。

新时代,"00 后"学生是网络的土著民,他们从小对网络极为敏感。新媒体公众号、微博是他们关注的对象。然而,新媒体网络言论良莠不齐,学生容易被误导,而学生思政教育需要有一块专属的网络思政引导平台。而钉钉日志功能平台,正好可以弥补这个空缺。

例如,在严把安全关中,学生由于缺乏安全意识,被不法分子骗取 6600 元。有人认为"善良没有好报"。针对此,本人快速在专栏中撰写一篇关于安全的日志《如果被狗咬了一口,是否要去咬狗一口》来教育学生,告诉他们在加强安全防范的同时,更要相信善良是人间的正能量，不要因为自己被骗，就失去乐于助人的本性。同时也告诫所有的同学，要注意安全防范。此后所带学生再未有受骗情况，并成功防范五起类似诈骗。因此，思政网络文章就像故事一样，无形中融进学生的生活中。

钉钉日志专栏，每周以一篇记录本周内发生的事件为起点，聚焦社会热点问题，再结合辅导员老师个人所思、所想、所感、所悟，既能做到与学生互动，又让学生感知老师想法，从中吸取经验。

然而，钉钉App是为企业量身定做的一款软件，虽然高校教师、辅导员可以利用软件进行学生管理，但功能有待改进，比如增加对文章的编辑功能（目前日志发表后就不可再修改），再好不过。

【专家点评】

王彪老师的《王老师有话说》日志专栏是基于辅导员网络思想政治教育需要，充分结合钉钉平台各项有利于高校管理功能，把学生日常工作统一管理。同时利用钉钉平台日志功能，从品德、安全、爱国、感恩、心理、职业规划等六项基本原则切入，对学生经常关注热点、焦点、学生思想动态等问题，结合他丰富的思想政治教育工作经验，通过日志文章上进行正向引导。

《王老师有话说》专栏迅速成为王彪老师与学生平等交流的入口平台。该专栏开设以来，每周固定时间有针对性发表文章，文章风趣、幽默，又不失严肃的文体风格，对身边所发生的事物进行独到解读，以启发学生，深受学生喜爱。

然而，也有一点不尽如人意之处：如专栏应发挥更大的品牌传播效应，不应仅仅在钉钉日志专栏平台，建议往公众号平台外延，形成更大的传播效应，以展现个人品牌魅力。

总而言之，王彪老师《王老师有话说》专栏平台，是在践行高校立德树人根本任务，有效地拉进了与学生的沟通交流；是做好思想政治工作非常重要的平台，具有很强的针对性、覆盖性和反馈性，其他老师完全可以复制与借鉴。

林　锋　福州外语外贸学院经管学院分党委书记、副院长，副教授

构建网络矩阵
着力提升"互联网+"育人质量

【作者简介】

> 田伟贵,男,本科,实验师,漯河医学高等专科学校辅导员。曾获得校辅导员职业能力大赛二等奖。

为贯彻落实党的十九大和全国、全省高校思想政治会议精神,漯河医学高等专科学校医疗系在前期工作的基础上积极申报成为河南省"三全育人"综合改革试点。漯河医学高等专科学校医疗系遵循时代发展趋势及学生成长规律,于2019年4月4日率先成立了以辅导员骨干为主导的"十大育人"工作体系,其中以学生为主体的网络育人工作室,创新网络思想政治教育,发挥网络文化育人功能,取得积极成效。医疗系网络育人工作室就是依托一批辅导员骨干和学生骨干所形成的宣传工作人才队伍。

一、案例简介

漯河医学高等专科学校医疗系网络育人工作室于2019年4月4日正式上线后,开启品牌化运营,运营将近1周年。工作室自主设计工作室logo——"田伟贵网络育人",其官方新媒体平台包括"漯河医学高等专科学校医疗系"官方微信公众平台、漯河医学高等专科学校医疗系官网网站、"漯医贵哥有话说"个人微信公众平台、QQ和微信网络矩阵等,多平台共同形成线上线下一体化协同育人体系、现实虚拟全员育人体系。

网络育人工作室主要围绕7个"互联网+教育",即"互联网+新生入学教育""互联网+大学生安全教育""互联网+理想信念教育""互联网+心理健康教育""互联网+职业生涯教育""互联网+诚信感恩教育""互联网+网络思政教育",充分利用互联网技术为各类宣教工作服务,把互联网技术和育人工作相融合。

一年来,医疗系网络育人工作室积极探索以辅导员为主体引领学生成长的网络育人模式,不断从理念创新、队伍建设、组织机构设置、制度建设等方面理顺工作机制,从创新育人形象、呈现方式、育人手段、内容建设等方面建立健全网络育人机制,充分挖掘辅导员作为网络育人队伍开展网络思想政治教育的优势,坚持网络育人与日常育人工作相结合,与提升辅导员网络引导能力相结合,与培养学生网络素养相结合,并以跨界、协同、融合等互联网思维实现其与其他网络平台的互联互通、共建共享。

二、案例分析

(一)"互联网+新生入学教育",上好入学三堂课,做学生新时代引路人

医疗系坚持立德树人,以学生为本,精心策划,周密部署,上好入学三堂课,扣好青年第一扣,引领学生成长成才。

第一堂课:未入校,先施教,上好初心课

医疗系高度重视新生的思想政治教育工作,针对"00后"学生的一些特点,在入校之前,便制定相应的教育策略,构建网上迎新矩阵,如组建班级QQ群、微信群、家长联络群等,并安排不同的教职工对应不同的专业,提前入群。通过网络,宣传学校文化,开展专业咨询,帮助学生树立学习为人民健康保驾护航的价值观。正初心,点亮梦想,为学生医学第一课穿针引线。

第二堂课:校园导航,贴心陪伴,上好贴心课

医疗系创新迎新方式,开发校园导航 App,更好地为新生入学服务。学生只需要通过App,就可以看到校园内各个生活、学习地点,沿途风景等,一键导航直达报到处、宿舍、餐厅、辅导员办公室、体育场、教学楼、图书馆等,进一步方便学生了解校园、融入校园、爱上校园。以人为本,贴心服务,迅速拉近了新生和学校的距离。

第三堂课:专业介绍,文化展播,上好倾心课

医疗系在新生入学报到当天,通过大屏幕全方位展示学校及系部的教育教学实力。专业课教授们深入浅出地介绍专业的培养过程,让学生对本专业有了整体印象;毕业学长的寄语为新生们加油打气;学生们自导自演的《曾在溧医的日子》等MV及历届大型活动视频轮番展播,让学生了解到学校不仅仅是学习的地方,更是他们展示自我、提升自我、追求自身价值的平台,希望他们珍惜大学时光,不负青春,不负未来。

(二)"互联网+大学生安全教育",平安校园,安全先行

为进一步提升大学生安全意识,创新安全教育形式,加强网络与安全教育融合,充分发

挥学生主体和网络功能,医疗系网络育人工作室连续出品《宿舍千万个,安全第一个》《拒绝校园贷,不欠青春债》以及《寒假安全离校》等多个微视频。

"三全育人"的主体是学生,因此,要将学生的积极主动性调动起来。微视频拍摄以"独特"的教育方式,将身边人、身边故事与校园实际中的安全事项融合起来。通过微视频展播的形式,让安全植入人心,从而展现青年大学生的昂扬风貌,共同奏响平安校园最强音。

(三)"互联网+理想信念教育",做新时代"四有"大学生

习近平同志在党的十九大报告中深情寄语年轻一代:"青年一代有理想、有本领、有担当,国家就有前途,民族就有希望,青年兴则国家兴,青年强则国家强。"

为庆祝新中国成立 70 周年华诞,医疗系网络育人工作室为提高医疗学子的理想信念,组织医疗系师生共同拍摄了《我和我的祖国》并被"学习强国"平台收录,并在校大学生展播;医疗系网络育人工作室也带动各班级拍摄以"我有话对祖国说"为主题的微视频,来表达对祖国的热爱以及努力成为有理想、有道德、有文化、有纪律的"四有"青年大学生。

(四)"互联网+心理健康教育",做真正健康的大学

每学期开学初医疗系网络育人工作室与心理育人工作室对新生发放关于心理的网络问卷,并根据结果对学生进行分类筛选,并将有心理问题的学生及时反馈给各班辅导员。医疗系网络育人工作室顾问团张翌老师是专业的心理老师,她在高校辅导员联盟上发表了关于心理健康教育的网络文章——《三全育人理念下大学生心理健康教育中危机干预工作的思考》,此文章在全国热文排行榜排第十位。

(五)"互联网+职业生涯教育",树立正确的就业观

医疗系网络育人工作室旨在帮助大学生树立正确的就业观念。作为医学生需要了解国家宏观就业趋势,敏锐地把握国家就业政策和就业形势的变化。此外,还需要客观地评价自己,正确地定位自我,调整自己的就业心态。医学生也应将原有的一元就业观向多元就业观发展,择业范围不要局限于医院的工作。医学杂志编辑、医学翻译、医药代表等工作都需要具有医学知识的人才。

医疗系网络育人工作室充分运用网络阵地矩阵建设。采用"系部+班级"模式,即 QQ 群采用"3+N"模式(系部年级大群、就业群、专升本群+班级小群),微信群采用"3+N+N"模式(即系部3个大群+班级群+班级家长群),微信公众号矩阵采用"1+N"(系部公众号+班级公众号),通过辅导员骨干力量和学生骨干力量,将就业信息、国家最新就业政策等学

生关心的问题及时传递给学生,努力帮助学生树立正确的就业观念。

(六)"互联网+诚信感恩教育",找好人生立脚点

新生入学军训期间,医疗系网络育人工作室和系学生会拍摄了《浓情九月,师恩难忘》的微视频,以表达对老师们的感恩之情;医疗系网络育人工作室还拍摄了《师恩永铭记》微视频来表达学生对老师的敬意。医疗系网络育人工作室和资助育人工作室共同承办了"诚信校园行"活动,医疗系诚信校园行话剧"题库推销员"获得全校一等奖。考试前夕,网络育人工作室还组织各班拍摄了《诚信考试,从我做起》的微视频。每个微视频都通过QQ、微信以及微信公众平台进行推广,并获得一致好评。

(七)"互联网+网络思政教育",寻根问源

第九届辅导员年度人物:张家玮、徐川、范蕊……都是网络思政教育的高手;2017年9月20日,浙江大学出台新规:优秀网文可纳入晋升评聘和评奖评优;10月,教育部43号令正式实施,将"网络思政教育"列为辅导员的一项重要工作职责;12月,教育部印发《高校思想政治工作质量提升工程实施纲要》,"网络育人"位列十大工程第5位;2018年1月,全国高校思想政治工作网上线开通,时任教育部部长陈宝生在启动会上强调,要"汇聚网络正能量、唱响育人主旋律"。

为引领当代大学生先进思潮,医疗系网络育人工作室引领大学生思想政治教育主要是借助"学习强国"和"青年大学习"平台。新时代大学生应该对国家形式有新的认知,特别是国家政策的及时性。例如,我们应该通过"学习强国"平台,了解到如何树牢"四个意识",如何坚定"四个自信",如何坚决做到"两个维护",坚定不移地跟党走,牢记我们的使命,为社会主义事业做出我们的贡献,自觉做习近平新时代中国特色社会主义思想的忠诚信奉者和坚定实践者。

三、启示和思考

(1)医疗系网络育人工作室培养了数名优秀的学生骨干,其中有学生通过微视频的拍摄,引起了他对影音编辑的爱好,并且毕业后有意向影音编辑发展;有的学生通过编撰微信文章发现通过自媒体可以在社会舞台上传播正能量。

(2)医疗系网络育人工作室注重品牌化运营,用品牌化思维通过制作文化周边产品、设计漫画形象等一系列拟人化的新媒体产品包装,让网络育人工作室logo成为大学生身边有温度的"小伙伴",是并肩行走的"引路人"。这一文化符号内涵丰富,形象时尚,受到学生的

追捧和喜爱。

（3）医疗系网络育人工作室着力打造了一系列网上、网下品牌教育实践活动，成效显著；同时专门策划了一批有特色、有品牌的优秀网络文化作品，提高了育人的实效性，大大增加了工作室在师生中的影响力。

在下一阶段的工作中，医疗系网络育人工作室将继续依托辅导员队伍优势，加强网上、网下思想引导和实践锻炼，帮助大学生分析思想热点、焦点、难点问题，指导大学生正确处理学习生活、人际交往、就业创业等方面的问题，引导大学生树立正确的世界观、人生观和价值观。

工作室将进一步加强对后台数据的研究和使用，通过大数据统计，对选题内容、粉丝增长规律、图文偏好等进行深度摸索，以更加科学的方式推出相关内容，力争实现内容传播效果的最大化。

【专家点评】

工作室在整合多支育人队伍形成育人合力方面做了一些探索，但医疗系网络育人工作室作为一个以辅导员为主体的平台，在如何进一步调动专业教师参与积极性、实现协同育人上，还存在很大的发展空间，工作室应在进一步推动相关政策落地、推动制度保障等方面继续做些探索。

网络育人工作室要进一步加强与同类型工作室和校园其他新媒体的合作交流，以互联互通、共建共享的思维实现共同发展。同时加强学生团队建设，注重学生团队思想政治教育素质提升和业务能力提升，尤其是团队的摄影摄像、平面设计、动画/视频制作等方面的技术，不断加强业务培训，提升学生团队的工作能力。

李占生　漯河医学高等专科学校医疗系党总支书记
张　冬　漯河医学高等专科学校医疗系副主任
马永超　漯河医学高等专科学校教务处处长

构建"易班+"文化模式 打造"称手"易班

【作者简介】

颜子如,女,硕士,助教,西南石油大学辅导员,国家心理咨询师,全球生涯教练（BCC）。

一、案例简介

当前,二级学院易班工作建设面临主客二元挑战:作为学院易班指导老师,在指导学院易班建设的探索之中,逐渐发现易班平台在使用和建设中均存在一定的困难。从客观上来看,易班系统自身存在着一些如登录困难、卡退等现实问题,它不如微信、QQ这类专攻社交的软件便捷。从主观上来看,如果只是为了追逐数据好看而要求学生僵化地去"刷"易班活跃值,则会使学生对其产生反感,进而丧失使用易班的积极性。为了走出易班建设困境,在客观条件一定的情况下,就需要易班建设者巧妙地转变思维,建设有活力的易班,找好切入口、抓好着力点、激发学生主动性,让学生从"被迫"使用易班,到主动拥抱易班。

在构建"易班+"文化模式,打造"称手"易班的理念下,经济管理学院放弃了就易班而言易班,转变将学生强行融入易班活动的单一模式,在深入分析学生思想动态和易班特性后,优化机制设置,将目光转向易班作为平台载体的工具性功能,把它作为实现各类学生活动和网络文化建设"共振"的平台,摆脱单一模式,实现"易班+"心理、党建、生活、学习等的多元模式,从而使易班建设更贴近学生、贴近生活、贴近实际。

二、案例分析

建设有活力的易班,令其富有生命力并且卓有成效地存在,就需要将其生活化、常态化,深入挖掘易班的工具性载体功能,构建"易班+"文化模式,让学生习惯性使用易班这个平台,使易班融入到学生们的日用常行之中,从而达成"日用而不知"的状态。

(一)找切入口:依托学院特色,构建"易班+"文化模式

如果只是单纯要求学生使用易班,期望学生自主在易班中发帖、讨论、阅读文章,那么结果是苍白无力的。我们必须找好切入口,将易班与学院其他工作有机结合,才能有效引导学生使用易班。

因为我自己在学院工作中,负责易班和心理健康工作,也担任了学生党支部书记,所以我在建设易班的过程中,首先就从"易班+心理"和"易班+党健"工作入手;其次我们学院十分重视寝室公约的建设,在学院领导的指导下,经管学院易班继续向"易班+室风"建设和"易班+生活"方向和渠道拓展业务。

1. 一心一"易",心"易"相通,开发心灵之声和心理测评的轻应用

易班心理测评 App 见图 5-4-1。

图 5-4-1　易班心理测评 App

其中,第一期心灵之声邀请学院党委副书记为心发声,让学院领导走近学生,当期作品阅读数为 2524,学生评价 652 条。

2. "易"心向党,建立了党员知识题库,并组织党员使用易班在线答题,限时答题分数纳入党员考核体系

易班在线答题界面见图 5-4-2。

图 5-4-2　易班在线答题截图

3. "易"生"易"室,打造学生寝室公约展示平台和生活分享的基地

易班生活社区界面见图 5-4-3。

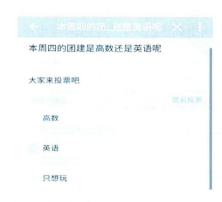

图 5-4-3　易班生活社区截图

(二)抓着力点:善用易班功能,融入多样化学生活动

1. 抓团队建设,培养易班骨干

在一个学院,光靠易班指导老师出力还不够,还得依靠自己的团队。学院学工团队的支持,是学院易班指导老师可以并且应该去争取的资源。只有形成合力,才能获得更大的助力。易班团队建设不仅要有同事们的助力,还需要有得力的学生骨干。学院制定了易班联络员的考核标准:将易班联络员的考核权利放到易班工作站,进行量化考核,这极大地提高了易班联络员的工作积极性(图 5-4-4)。

图 5-4-4　易班联络员考核标准

2. 易班功能的深入探索和使用,灵活结合学生活动

易·问卷、易·投票、易·上墙是易班的基础功能,灵活运用这些功能并融入学院学生活动之中,能够引导学生积极使用易班,提升学生的活跃指数和学院的共建值。

(1)易·问卷——引入学院活动反馈机制,用问卷形式调研学生对于活动的满意度及改进意见,一方面能够核定活动出勤人数,对学生活动做出反馈,促进学院学生活动质量提升,另一方面又使易班灵活地融入学生生活,达成双赢。

(2)易·投票——引入学院学生活动评比机制,一方面增强了学生对活动的参与度和体验感,另一方面增强了活动的趣味性和民主性。

(3)易·上墙——引入学院学生活动过程中,增强了学生活动的互动性,提升了易班使用活跃度。

(三)激发主动性:完善激励机制,主动吸引学生用易班

1. 完善激励机制

将易班使用纳入学院综合测评考核体系,用激励的方法,鼓励学生投身于易班。

2. 善用荣誉吸引学生,激发学生的主观能动性

设置易班约稿通道:易班联络员向班群中发放约稿通知,鼓励同学们积极投稿;当同学们中稿后,再向班群里公示用稿通知,让同学们产生荣誉感,进而激发其主观能动性(图5-4-5)。

图 5-4-5　易班用稿通知

三、启示与思考

存在主义哲学家海德格尔在《存在与时间》中说过:"我们对待锤子的方式,不是盯着它看,而是拿起来用。"他认为,正在使用中的锤子,才是真正的锤子。锤子的本性或内涵,不存在于对其进行静态打理之中,唯有在称手地使用中、不觉得它是一个孤立的东西时,它才能得到体现。同理,易班作为一种供人使用的工具性平台,要建设易班,不能将易班孤立起来,就易班而易班,应当把易班放到生活活境这个境域中去,深挖易班的工具性载体功能,打造"易班+"文化模式,让易班融入学生的生活、活动中去,潜移默化地使学生习惯使用这个工具,如此,易班才能成为一个"称手"的工具性载体。

二级学院易班建设,需要易班指导老师掌握学生的思想动态,了解其好恶,才能让易班的活动葆有对学生的吸引力,激发学生的主动性;还需要易班老师有一定的全局观,洞悉学院各类学生活动与易班的契合性,打通易班+活动的联结;还需要学院各位辅导员通力合作,从重视班级易班建设着手,到配合易班打协作战。基于构建"易班+"文化模式,打造"称手"易班的易班建设理念下,经济管理学院易班活跃指数、共建指数和 EGPA 值有了大幅度提升,尤其是代表学院与学生互动的共建指数,实现了学校排名从 2019 年 3 月的第 8 名到 2019 年 10 月的第 1 名的逆袭。

【专家点评】

本案例从辅导员工作实际出发,探究学院易班建设工作中所面临的学生使用易班积极性不高的实际问题,理论结合实践,从找切入口、抓着力点、激发学生主动性三个方面展开论述,探索解决学院易班建设困境的路径。从文中可以看出,作者在网络思想政治教育工作方面,是有自己的思考和想法的。案例思路贴近实际、贴近生活,有普遍的参考和借鉴价值,能够为二级学院的易班建设工作提供一定的启发。

刘　波　西南石油大学经济管理学院团委书记,副教授

主动占领网络阵地　引领学生健康成长[①]

【作者简介】

赵德虎，男，硕士，讲师，云南师范大学辅导员。曾荣获全国高校辅导员年度人物提名，第七届全国高校辅导员素质能力大赛二等奖，第九届云南省高校辅导员年度人物，第六届、第七届云南省高校辅导员职业能力大赛一等奖，以及云南师范大学"优秀党员""师德标兵""优秀辅导员""最关爱学生班主任"等荣誉。

2017年中共教育部党组印发《高校思想政治工作质量提升工程实施纲要》，要求高校应当不断创新推动网络育人工作。大力推进网络教育，加强校园网络文化建设与管理，拓展网络平台，丰富网络内容，建强网络队伍，净化网络空间，优化成果评价，推动思想政治工作传统优势同信息技术高度融合，引导师生强化网络意识，树立网络思维，提升网络文明素养，创作网络文化产品，传播主旋律、弘扬正能量，守护好网络精神家园。高校要充分利用和发挥好网络思想政治教育的阵地，抓住教育的关键点，发挥网络育人的作用。

一、案例简介

（一）案例内容

2018年11月1日是西南联合大学在昆建校暨云南师范大学建校80华诞。80周年校庆既是展示西南联大到云南师大历史足迹和办学成就的重要时机，也是学校发展迈向新征程、再谱新华章的重要机遇。为传承弘扬西南联大精神，展示云南师大的办学成效，加快云南师大高水平大学的建设发展步伐，教育科学与管理学院党委主办、学院团委承办了"八十载弦歌不辍，新时代再谱华章"——教管师生祝福母校网络传递活动。

---

① 本案例在云南师范大学第七届关爱学生教育管理案例写作大赛中荣获二等奖。

1. 活动时间

2018年10月23日～28日

2. 活动主题

围绕"八十载弦歌不辍,新时代再谱华章"主题,开展"母校,我想对您说"网络思想政治教育活动,组织营造全院师生共同祝福母校80岁生日的良好氛围,形成全院师生"爱校荣校,校兴我荣"的共同目标。

3. 参与人员

1) 教管教师——母校,我想对您说

学院全体教职工以教师身份,从"爱校、爱教、爱学"的角度,结合"四有好老师"的标准和要求,表达教师群体对母校的祝福和感恩。

2) 教管党员——母校,我想对您说

学院全体党员以新时代党员的形象和风貌,结合党的十九大精神和习近平新时代中国特色社会主义思想,以党员群体的身份表达对母校的祝福和感恩。

3) 教管青年——母校,我想对您说

学院全体本科生、研究生以新时代新青年的形象,结合团员青年和学校发展的密切关系,以青年群体的身份表达对母校的祝福和感恩。

4. 活动形式

参与者可以以微博、微信朋友圈、QQ空间等为宣传载体,以"八十载弦歌不辍,新时代再谱华章——母校,我想对您说"为主题发布微言微语,并配以师大校庆80周年宣传海报或者校园风景的图片进行网络祝福传递。

5. 活动要求

本次活动由各党团支部书记负责,通过"云岭先锋"和"云师青团一点通"等媒体平台进行组织宣传,组织学生积极参与,并收集整理好相关截屏图片以便做好工作总结。请各支部负责人于10月26日前选取本支部内容、图片较好的截屏图片10张发送到学院公共邮箱,每张截图要求在2M以上。

(二)案例效果

在此次网络教育活动中,共有近千名师生参加,形成了1000多条网络祝福语,通过微博、微信朋友圈、QQ 空间等形式进行了广泛的传播，覆盖面达到近万人。并且本次活动将作为教育科学与管理学院"八十载弦歌不辍，新时代再谱华章"校庆系列活动之一，从三类群体发送的优秀网络祝福内容中，精心挑选出 60 件优秀内容制作成展板在校庆期间进行全校展示，表达教管师生对母校的热爱。展示的展板让全校师生时常驻足观看，形成了良好的校庆氛围。通过此次网络活动，吸引了全院广大师生的参与，并且创新的参与形式，让广大师生都乐于参与、乐于分享。在祝福母校 80 岁生日的同时，也培养了爱校之情和表达了感恩之意，并且通过互联网的传播，让更多地人知道母校的历史和发展过程，形成了和谐美好的校园网络氛围和积极向上的网络正能量。

二、案例分析

（一）按照学生需求出发，丰富网络思想政治教育内容

高校网络思想政治教育的内容应具有时代性、传播性、引领性的特点，从而引导大学生树立社会主义核心价值观。教育内容要达到受学生的欢迎、真正服务于思想教育的目的，提高思想教育的有效性，就应该以学生为本，充分考虑到大学生思想和心理需求的群体特征，不断丰富和完善网络思想政治教育的内容。高校可以通过视频、音乐、动画，甚至小游戏等形式，在多媒体平台上展示思想政治教育内容，利用好互联网的交互功能，增加学习的乐趣和吸引力。高校应重视网络资源的收集和传播，密切关注当前的事件和校园新闻，并以微妙的方式对学生施加影响。同时，应引导学生积极关注时事，适当地开展一个空间供学生开放和自由讨论，并注重学生的思想动态。高校应为学生提供丰富的参与网络思想政治内容的机会，并举办一系列活动，如网文征集、摄影比赛、微视频等，让学生将他们的作品上传到学校的思想政治教育网站。丰富网络思想政治教育的内容不仅是教育者的责任，还是受教育者参与的过程，网络思想政治工作的真正目的是为学生开展思想政治教育，但应以服务学生为基础。

（二）发挥自我教育作用，提升学生自主学习的积极性

网络与大学生生活依然密不可分，作为教育者只能起到引导作用，在此过程中，要充分利用好大学生的自主学习和自我教育能力，并且逐渐适应网络环境。教育者应尊重网络环境下大学生的主体意识和价值观，提高他们参与网络思想政治的积极性。因此，在使用网络的过程中要提供指导和帮助，以改善学习和应用网络的兴趣和动机。通过课堂和网络社区活动的指导，大学生可以改善网络文明的思想，建立正确的价值观。让大学生在网络条件下

参与高校相关问题的讨论、交流和辩论,如社会热点问题、大学生思想道德和人格成长等。这种思维碰撞方式将得到许多大学生的认可和参与,使大学生在发现问题、讨论交流、总结的过程中进行自我教育。当前,我国的互联网发展已经取得了丰硕成果,也带来了许多安全隐患,虽然国家颁布了一系列法律法规,但网络时代的大学生在享受网络带来便利的同时,也应该注意互联网时代的义务。在互联网时代,学生必须主动接受互联网上的思想政治教育,成为互联网时代的先驱,接受正确价值的影响,有助于维护网络安全和网络环境的和谐。

(三)顺应当前潮流趋势,重视多元化网络平台建设

首先,要利用好微信、微博等即时通讯软件的消息推送功能,特别是腾讯新闻等平台已成为大学生频繁浏览和获取信息的重要途径。网络思想政治教育工作者应重视当前常用网络通信软件的应用和管理功能,主动占领网络阵地,经常性地传播正能量,组织开展利用这些通讯软件的网络活动,做好校园舆论引导。与此同时,手机已成为大学生连接互联网的主要工具,网络思想政治教育专业网络技术人员也要做好自身的网络教育平台的建设,高校可自主开发能够适应学生需求的软件,使学生能够更好地加入网络思想政治教育之中,为大学生和网络思想政治教育工作者提供良好的互动体验,在他们之间营造平等、轻松的交流氛围,建立网络思想政治教育新的输出平台。

三、启示与思考

(一)转变思想观念,积极适应网络环境下的思想政治工作

在新媒体环境中,思想政治教育工作者只有将"堵、压、禁"的观念转变为"疏、缓、引"的观念,才能准确把握当前网络教育的发展趋势;对新环境和新技术有敏锐的嗅觉和强大的控制力,要把教书和育人相结合,实现知识与行动的统一,积极引导大学生;要千方百计改善网络引导工作的供给结构,从"需求方"到"供给方"提升,伴随着学生的成长,网络思想政治教育工作要在和风细雨中润物无声。

(二)利用网络媒体,不断创新网络思想政治教育工作方式

思想政治教育的根本目的是为了解决理想信念问题,进而传达了真、善、美的意义,是一种培养人的活动。在新的媒体环境下,教育工作者要学会分析受教育者的需求,结合当前互联网的发展和青年学生的特点,创新思想政治教育的实践性,提高思想政治教育的实效性,

使思想政治教育更好地发挥培养人才的理论和实践价值。这是思想政治教育与当今社会时代特征相结合的重要体现。

（三）探索"互联网+"思想，加强互联网思想政治教育的辐射范围

首先，建立线上、线下相结合的教育思维，增加教育内容，扩大教育效果。二是实施新的应用程序，如"易班"计划的推广。促进主流教育和以服务为主导的互动，并在诸如"两微一端"的平台上增加学习、生活、心理和交友的专栏；允许教师和学生通过网络表达意见，发布信息并加强指导。三是实施网络文化建设项目，完善网络评论员队伍，培养校园"大V"和"网红"，规范师生自媒体管理，完善网络文明规范。

【专家点评】

网络思想政治教育是当前高校思想政治教育的重点和难点，也是新时代高校改革创新的需要，是提升大学生思想道德修养的需要。教育科学与管理学院充分利用"互联网+"思维，组织开展"八十载弦歌不辍，新时代再谱华章"为主题的教管师生祝福母校网络传递活动。该活动充分发挥网络的特性，并且主动占领网络教育阵地是引领学生健康成长的成功案例，近千名师生参加，学生参与积极性高，活动覆盖面广，育人效果明显。希望今后在开展相关思政教育工作中不仅要发挥网络的作用，更要提升育人的内涵，形成长效的育人机制，充实育人的效果，让网络育人成为当代大学生的日常育人模式。

张　云　云南师范大学教育学部党委书记，教授

优化三大网络平台　塑造南师文院新形象

【作者简介】

　　王晨,女,硕士,讲师,南昌师范学院文学院学工办副主任、团委副书记,国家二级心理咨询师。连续两年获江西省辅导员优秀论文三等奖,还获得校辅导员优秀工作案例二等奖、校优秀教师、校优秀党务工作者等荣誉称号。

一、案例简介

　　习近平总书记在全国高校思想政治工作会议上指出,"做好高校思想政治工作,要因事而化、因时而进、因势而新"。近年来,随着国际国内形势的不断变化以及高等教育自身的深入变革,大学生思想政治教育工作面临着前所未有的挑战,创新和改进大学生思想政治教育工作势在必行。据中国互联网信息中心2019年8月发布的《中国互联网络发展状况统计报告》中显示,截至2019年6月,10～39岁的青少年网民为主体,约占网民总数的65.1%,青年已然成为了互联网使用最活跃的社会群体,也揭示出"互联网+青年"已经成为了互联网事业发展和青年发展的显著特点。

　　南昌师范学院文学院(以下简称文学院)在学校党委的正确领导下,坚持以"立德树人"为教育的根本任务,不断探索其育人路径,转变传统的教育理念,积极推动网络思想政治教育工作。重点解决理论文章普及性不强、学生参与网络思政活动积极性不高等问题,优化学生最为关注的三大网络平台,即文学院官方微信公众号、官方微博、官方QQ空间。截至2020年3月,文学院三大网络平台访问人数超过20000人次,举办活动200余次,创建品牌栏目数十个,从平台栏目中涌现出的优秀学生代表以及打造的品牌活动,被凤凰网、大江网、《中国食品报》等知名媒体报道。

二、案例分析

（一）内容选择有分工、有重点

1. 有分工

官方微信公众号以习近平新时代中国特色社会主义思想为引领，结合"两学一做"学习教育、"不忘初心、牢记使命"主题教育等，发布了习近平重要讲话精神、主题教育、社会主义核心价值观等内容，此外积极从学生中找榜样、树先锋，开设相关品牌栏目，弘扬文学院学子积极向上的形象，营造良好的舆论氛围。QQ空间则定期发布学生学习生活中较为关注的问题，如就业、英语等级考试、心理咨询等内容；另外，还发布各种贴心的生活提示及文明倡导，生动且富有意义。微博则结合当下时事与流行文化，以学生们热衷的"打卡"形式，如"青春告白祖国""给女孩"等大家感兴趣的话题，定时推送传递正能量的推文，让学生在紧张的学习生活中得到放松与感受温暖；另外，增加师生互动专栏，结合文学院的专业特点，发表教师作品，学生在自己喜爱的教师作品下留言并与其互动，促进形成较好的学风、教风。

2. 有重点

当前复杂的国际形势下，大学生受到国内外各种信息的影响，他们善于思考，但由于正处于心理和生理的转型阶段，缺乏正确的判断力。为此，在内容的选择上，文学院始终坚持以"立德树人"为标准，挑选、发布引导青年健康成长的信息，大到国家重要政策、重点策划、连续报道，小到学生实习生活的点点滴滴，结合学生的心得感想，配上图片、视频，引发学生强烈共鸣。

（二）品牌打造有深度、有温度

1. 有深度

文学院近几年着力打造学生喜闻乐见的品牌栏目：有贯彻"两学一做"学习教育常态化的"党史上的今天"主题专栏，通过线上在公众号开设专栏，线下举办"党史上的今天"讲故事大赛、征文大赛等，通过图文并茂的形式，带领大家回眸历史，放眼当下，从而进一步坚定大学生走中国特色社会主义道路的信心和决心，激励他们为中国特色社会主义事业新局面而不懈奋斗；有"与人生对话，文声邀你听"精品夜读栏目，栏目通过播放师生不同类型反映我国社会主义核心价值观的录音作品,使学生受到更多正能量的影响。栏目通过线上、线下两个平台同步进行,除了在公众号上播放作品,还邀请学校、学院的专业教师与学生一起点评作品,探讨录音技巧等,进一步坚定文学院师生文化自信和文化自觉,丰富他们的精神文化生活。此栏目目前已推出一百多期,受到校内师生乃至校外朋友们的喜爱及支持,引发大家热烈讨论和广泛关注,学校广播站每周一下午也会播放夜读栏目的部分优秀作品。

2. 有温度

微信公众号与文学院品牌社团红杏花文学社合作的"杏帘在望"主题栏目,通过推送学生的原创文学作品,发挥学生的专业才能,受到学生的强力热捧。另外,微信公众号专栏"身边的好人"推出以来,挖掘出获中国大学生年度人物提名奖的刘小习、贵溪市见义勇为先进个人陈文辉等优秀学生代表。2020年新型冠状病毒肺炎疫情爆发以来,文学院利用网络新媒体创新活动形式,使网络思想教育工作更具人性化、柔性化:微信公众号结合品牌栏目推出"文援武汉、艺援武汉、声援武汉"——为"武汉加油"系列特辑,通过诗歌、视频、海报等表现形式使学生更加坚定打赢这场"战疫"的信心,转载、留言数创新高;举办"书桌晒一晒、美食晒一晒"等贴近学生日常生活的活动,拉进与学生的距离;QQ空间则每天转发教育部、江西省教育厅等相关文件精神,关注就业、开学等学生最关心的热点话题;微博平台则推出防疫小贴士、学生自制加油视频等,层层突破,实现网络育人"下沉到最后一公里"。

(三)团队建设有制度、有实效

1. 有制度

文学院三大网络平台的主要运营团队是文学院记者团,记者团成员为文学院优秀学生代表,经过专业考核进入记者团。记者团下设采编、运营、设计三个部门,根据网络平台及团队特点,建立完善的工作机制,并聘任校内外专业人员作为团队顾问,如江西电视台资深记者、节目编辑等,发挥特长进行线上、线下结合的指导形式,定期进行研讨、交流等,通过传承、以老带新等形式培育团队精神。

2. 有实效

文学院记者团在上级领导、专业顾问的指导下,各层级各负其责,各环节充分联动。以学生为运营网络平台的主体,充分调动学生的主观能动性,学生在运营平台的过程中不断发现自我、展示自我,注重平台运营的实效性。截至2019年底,微博平台共发送微博2700多条,QQ空间发送1000余条动态,访问人数14000多人,微信公众号共发送1100多篇文章,在南昌师范学院二级院系网络平台运营方面属于佼佼者。

三、启示与思考

(一) 项目取得的工作成效

文学院充分发挥三大网络平台育人功能,在价值引领、风采展示、服务师生等方面发挥了重要作用,其中涌现出一大批优秀学生代表。例如,在"党史上的今天"故事大赛中脱颖而出的熊根辉、戈雨琴等,他们代表学校参加江西省委教育工委、省教育厅举办的"诵读红色家书 牢记时代使命"比赛活动并取得学生组三等奖的好成绩,2019年熊根辉还以研究生总成绩第二名的好成绩被浙江传媒学院传播与主持专业录取;"身边的好人"推荐出来的刘小习获中国大学生年度人物提名奖、余浩萍获"省直优秀共青团干部";陈文辉勇救落水者的事迹被《思政前沿》、中国文明网等多家媒体报道,他本人还获得贵溪市见义勇为先进个人奖;此外,在"杏帘在望"专栏中发表作品的多名学生连续几年在全国大学生三行诗征文大赛、江西省大学生写作大赛等重大比赛中取得好名次,人数多达200余人;2020年2月,我院微信公众号推出"文援武汉"特辑,其中刘梦颖的作品《致敬逆行者》在《中国青年报》官方公众号上刊登;与此同时,校官方微信公众号、校团委公众号多次转载我院抗击疫情相关活动报道。通过学院网络平台的育人举措,增强学生对思想政治教育的认同感,并更加贴近学生的日常生活,助力学生树立正确的人生观、价值观、世界观,从而成为德、智、体、美、劳全面发展的时代新青年。

(二) 经验与启示

1. 网络思想政治教育工作形式要生动化

改变高校以往填鸭式和教导式的被动教育方式,结合学院专业特点,采用学生喜闻乐见的微视频、微话题等形式,对学生潜移默化地产生正面引导和进行积极的思想政治教育,效果良好。

2. 网络思想政治教育工作内容要多样化

教育内容的吸引力是体现影响力、增强教育效果的基础。文学院网络平台内容的选择上坚持从远到近,从大到小,"深入"到国际国内关注的形势问题,"浅出"到大学生成长过程中的实际问题,保证网络教育内容的时效性、针对性、鲜活性。

3. 网络思想政治教育工作运行要规范化

在平台运行方面，始终坚持以学生为主体，充分发挥他们的主观能动性，并且制定一系列网络平台管理制度、人员奖惩制度等，探索学生参与网络平台的评价体系，使文学院网络平台运营长效化、机制化。

【专家点评】

> 该案例结合文学院专业特点，充分发挥网络育人在思政教育工作中的重要作用，通过内容选择、品牌打造、团队建设三方面，优化学生最为关注的网络平台，工作方法上不断探索创新，且取得良好的工作效果。案例中的做法和经验具有一定借鉴和推广意义，希望下一步在如何扩大平台宣传力、挖掘并优化更多学生关注的网络平台下功夫，如抖音、H5等，使网络育人内在理念更加深入人心。
>
> **陈　丽**　南昌师范学院文学院公共语文教研室主任，副教授

同心筑梦育新人 "易"展风采谱新篇

【作者简介】

李若海,女,副教授,广西财经学院学生工作部(处)部(处)长。
陈佳妮,女,讲师,广西财经学院学生工作部(处)副部(处)长。
梁　珣,男,讲师,广西财经学院学生工作部(处)学生思想政治教育科科长。

一、案例简介

2019年是新中国成立70周年,为大力弘扬爱国主义精神,培育和践行社会主义核心价值观,充分宣传展示70年来特别是改革开放以来的光辉历程、伟大成就和宝贵经验,进一步激励广大师生为实现全面建成小康社会目标和中华民族伟大复兴凝心聚力、团结奋斗,讲好中国故事,唱响时代旋律,传递网络正能量,广西财经学院易班发展中心围绕学校人才培养目标,把握"互联网+思想政治教育"规律,从大学生成长成才的需求出发,发挥互联网的传播特点和服务功能,按照统筹规划和特色建设相结合的原则,以贯穿全年的学生思想政治教育工作为主要抓手,通过策划主题鲜明、内容丰富的线上和线下活动,弥补传统大学生思想政治教育单向性的不足,丰富思政教育的方式和途径,坚定在校大学生的理想信念,从而引导新时代青年树立正确的世界观、人生观、价值观。

二、案例分析

(一)分析研判,找准目标抓重点

为及时了解我校学生思想状况,研究解决学生在思想、学习和生活等方面存在的实际问题,畅通学生利益诉求工作机制,明确学生思政工作的思路与举措,学校易班发展中心利用易班轻问卷功能面向全体在校生发布了学生思想状况调查问卷,共收回有效问卷 14414 份,占在校生人数 59.3%。从问卷结果来看,学生理想信念淡薄、班级凝聚力不高等方面最为突出,成为下一步开展学生工作的侧重点。

(二)稳步推进,线上线下育新人

1. 以"礼赞新中国 奋进新时代"大学生主题教育活动为抓手,大力开展爱国主义教育

"礼赞新中国 奋进新时代"大学生主题教育活动是学校在新中国成立 70 周年之际面向全校学生开展的生动的爱国主义教育实践活动。共有线上、线下 9 个子活动:线上活动包含组织参加第四届大学生网络文化节、"新时代 新青年 新作为"百字谈、参观庆祝中华人民共和国成立 70 周年大型成就网上展馆、庆祝中华人民共和国成立 70 周年知识竞赛(线上)。充分运用易班轻应用、优课等平台资源,推动思想政治工作传统优势同信息技术高度融合,增强时代感和吸引力,不断创新活动形式,发挥网络育人实效;线下活动包含"我与祖国共奋进——国旗下的演讲"特别主题团日活动、庆祝中华人民共和国成立 70 周年知识竞赛(线下)、参观广西庆祝中华人民共和国成立 70 周年经济社会发展成就展、系列专题讲座、主题党日、团日活动等。

通过线上、线下活动相结合的方式开展"沉浸式体验"的主题教育,以学生喜闻乐见的方式激励和引导广大青年大力弘扬以爱国主义为核心的伟大民族精神,进一步坚定"四个自信",自觉将个人理想抱负融入党和国家的建设发展,争当堪担民族复兴大任的时代新人。

2. 以"班级'易'秀"系列活动为平台,稳步推进社会主义核心价值观教育

班级"易"秀系列活动是广西财经学院易班发展中心借助易班平台开展的大型网络思想政治教育活动,活动分为"易秀风采""班级易展""班级有约""'齐声诵读国经典 同心共筑中国梦'班级齐诵大赛"四部分。2019 年,共有来自全校 131 个基层班级报名参加,各班级在易班微社区以班级简历、班级风采、班级规划、"我与祖国共奋进"等为内容发布话题进行展示,学校易班发展中心根据指标评选出前 50 名班级话题并在易班网进行置顶推送,排名前 12 的班级入围班级齐诵大赛,由此实现活动从线上至线下的延伸。积极向上的班级精神风貌受到全校师生广泛关注,活动共收到累计点赞量 5854 次、评论 9583 条、浏览量 228060 次,进一步强化了班级凝聚力,形成易班文化品牌,极大提升了我校易班建设共建指数和活跃指数。易班优课学习活跃值稳居广西高校前三名,探索出思想政治教育同新媒体新技术有效融合的新途径。

自 2016 年首届活动举办至今,活动感召力持续增强:一是依托易班平台,创新思政教育

的形式载体。以班级"易"秀系列活动为抓手,将传统的班风、学风建设扩展至线上,打破时间和空间的限制,结合大学生喜闻乐见的形式创新活动参与方式,弥补传统思政教育单向性、灌输性的不足,打造学生真正喜欢且易于接受的思政教育形式。二是结合时事热点,丰富思政教育的实质内涵。在活动中引导学生围绕新中国成立70周年、五四运动100周年、百色起义90周年等开展内容创作,推出系列红色网文、短视频等网络作品,积极传递网络好声音和正能量,践行社会主义核心价值观教育。三是找准实施定位,提升思政教育的育人实效。班级文化建设是落实落细立德树人根本任务的重要内容。每年班级"易"秀系列活动在10月至12月开展,正值新生适应大学生活、培育班级凝聚力的时期。活动为新生提供了一个展现班级风采、凝聚班级向心力的平台,参与活动的过程即班级建设与成长的过程。每年均有高年级班级再次报名参加,体现了活动的号召力与在班级建设中发挥的重要作用。同时,根据教育部易班发展中心关于做好大一新生入驻易班工作相关要求,我校依托班级"易"秀系列活动普及易班平台相关功能,开展易班培训等,无形中将易班与同学们的距离拉近,让新生了解易班的同时也逐渐爱上易班。既丰富了活动的参与形式与内容,又让学生在参与的过程中提升了体验感,真正做到融入其中。

三、启示与思考

(一)"三全育人"体系的建立为网络育人奠定实施基础

坚持立德树人根本任务,培养德智体美劳全面发展的社会主义建设者和接班人是一项长期的系统工程,需要学校各职能部门、教学院共同发力,形成良好的育人环境。广西财经学院有效整合了组织部、宣传部、学工部(处)、校团委、马克思主义学院、招生就业处、创新创业学院、各教学院等教育管理资源,打通第一课堂、第二课堂等育人载体,积极探索全员全过程全方位育人的有效途径,初步形成了"三全育人"理念,在实现高效管理中提升网络育人实效,在满足师生个性化需求和本校网络思政教育的同时,共同参与全国网络思政大格局的构建。

(二)校园网络文化的形成为网络育人营造清朗空间

主要以部门党建年度考核指标和易班校园网络文化活动立项申报制度为抓手,激发全校共同打造校园网络文化的积极性。以易班建设为例,2016年至今,学校每年评选出6个易班建设先进集体,一批易班建设先进个人;共启动6批易班校园文化活动立项申报工作,投入经费35万余元,倡导师生从学校实际情况出发,联系思政教育和校园文化需要,鼓励师生挖掘易班功能,参与易班建设,积极开展易班校园文化活动及网络思想政治教育工作,形成了"易班+校园文化活动"的新媒体组织活动形式,易班已成为各级学生组织开展校园文化活动时乐于使用的新媒体载体。

(三)内外部环境的不断变化对网络育人提出新的挑战

就高校内部而言,传统思政教育方式单一难以引起网络新生代学生的兴趣,高校教师自身网络素养有待提升、各部门统筹联动机制还没有理顺等现象依然存在;从外部因素来看,社会思想观念和价值取向日趋活跃多元,新媒体新技术的普及应用导致信息渠道从单一到多样等,均对高校网络育人提出新的要求。当代大学生成长于网络信息时代,新时代思想政治教育要想被学生接受,必须充分利用新媒体新技术,强化内容建设,夯实平台载体,线上、线下相结合,推进思想政治教育的理念思路、内容形式、方法手段创新,增强工作时代感和实效性。

【专家点评】

广西财经学院"同心筑梦育新人,'易'展风采谱新篇"网络育人案例紧扣新中国成立70周年的重要时间节点,遵循"互联网+思想政治教育"规律,从大学生成长成才的需求出发,通过策划主题鲜明、内容丰富的"礼赞新中国 奋进新时代"大学生主题教育活动、"班级'易'秀"等系列活动,有效整合了线上、线下教育资源,弥补传统大学生思想政治教育单向性的不足,是网络育人的有益探索。在今后实施过程中还应注意不断结合新时代大学生思想特征和内外部环境变化,推动思想政治工作传统优势同信息技术高度融合,持续优化活动的时代感和吸引力,促进高校思政工作因事而化、因时而进、因势而新,切实发挥育人实效。

冯　霞　广西财经学院马克思主义学院党总支书记,教授

第六篇
心理育人

强心健体 与"白色瘟疫"Say Bye[①]

> **【作者简介】**
>
> 石可婧,女,讲师,江南大学辅导员,国家三级心理咨询师。曾获得江苏省"2016 年主题教育征文"比赛优秀指导老师、2019 年江苏省高等教育学会辅导员工作研究会辅导员工作案例一等奖、2016 年校暑期社会实践评优先进工作者、2017 年校优秀共青团干部、2017 年校就业工作先进个人、校第五届辅导员职业能力大赛三等奖及最佳人气奖、2017～2018 学年校优秀班主任等荣誉。

一、案例简介

大一男生小江(化名),因舍友小南(化名)在寒假时被确诊为肺结核,于开学后接受了学校校医院组织的结核筛查,结果因肺部有阴影被诊断为疑似结核。校医院医生建议小江前往本地专科医院做进一步检查,必要时进行住院隔离观察。小江因恐惧拒绝前往,家长得知后情绪激动,准备赶往学校要求解决。该事件在小江舍友、班级同学中引起恐慌。作为刚入校半年的新生,小江本人身心受创,正常学习生活受到影响,有自暴自弃的倾向,不愿意配合进行下一步治疗。

二、案例分析

(一)案例定性分析

此案例反映了学生因传染性疾病导致身体、心理双重危机的问题。

[①] 本案例曾在 2019 年江苏省工作案例评比中获得一等奖。

（二）问题关键点

（1）如何平复该生情绪使其遵从医嘱，尽快得到有效治疗。

（2）如何与家长积极沟通并做好后续处理工作。

（3）如何合理安排该生交往圈学生进行结核筛查，了解病情的扩散情况，消除学生中的恐慌。

（4）如何跟进该生后续治疗情况、心理状态、学习情况。

（三）解决思路和实施办法

1. 用好"听诊器"，了解实情

在接到校医院的疑似结核名单后，我立即与小江取得了联系，开导他肺结核是可防可控的传染病，目前只是疑似结核，不必惊慌，配合学校做进一步检查即可。同时根据校医院安排，把小江送至校医院的病房进行隔离休养。随后将现场收集的信息整理后上报至学院及相关职能部门，做好信息对接，以便制定合理有效的应对措施。

2. 注好"镇静剂"，稳定情绪

在处理好现场情况后，我与小江的家长取得了联系，把检查结果告知家长，一方面安抚他们的情绪，了解他们的诉求，希望家长积极配合检查治疗工作，不要加重孩子的心理压力；另一方面从家长处了解小江的既往病史，为就诊提供帮助。在征得家长同意后，陪同小江前往当地专科医院进行详细检查。

3. 开好"处方单"，对症下药

肺结核虽然属于一种传染病，但具体性状不同传染程度也不同。为了避免小江周围的同学们引起混乱，我及时与他的主治医生交流，时刻关注病情发展。在得知医院确诊小江为肺结核感染者后，与校医院迅速对接。一是对小江所居住的寝室进行消毒。二是立即组织该生同专业同楼层的全体学生进行胸片筛查和PPD测试，确认无新增病患。三是为缓解学生中存在的心理恐慌，我邀请了专科医院医生在学生中围绕肺结核知识开展专题讲座，倡导年轻人健康生活，关爱身体。

4. 过好"康复期"，跟踪反馈

在小江住院期间，我多次探望，鼓励小江遵照医嘱，坚持按疗程服用抗结核药物和定期复查,接受规范治疗,只有这样才能治好肺结核,不会耽误学业和生活。与家长沟通后,及时安排该生休学,通知该生父母来校将其接回家休养诊治。关于后续产生的医疗费用报销情况和现有宿舍调整问题也一并告知。经过3个月的治疗,目前小江已痊愈,重回学校。

三、启示与思考

(一)把提升自身健康素养做在前头,遇到紧急情况冷静处理

学校是一个特殊的集体,人口密度大,一旦存在传染源,很容易造成传播流行。学校的学习生活紧张还体现在大学生面临的适应问题、就业和考研压力上,学生学业负担重,负担着身体和心理上的双重压力;再加上户外活动少、营养跟不上,致使机体抵抗力下降,容易发生疾病。作为辅导员,要正确处理这种突发状况,必然要对大学生常见疾病有一定了解,遇到这种情况要做些什么预防,如何能将这种情况的发生几率降低都是亟须解决的问题。辅导员需要因时而化、因时而进、因势而新,拓宽自己在医疗疾病方面的知识面,时刻关注学生的健康状况,在突发性事件发生时迅速果断采取正确行动,将事故发生率降到最小,将可能产生的危害降到最低。

(二)把普及学生健康知识做在前头,提高对传染性疾病的认知水平

辅导员除了自己要了解大学生常见疾病的预防知识,也要在学生中大力普及健康知识,加强疾病的防治知识宣传,强调室内勤通风、勤洗手以及加强体育锻炼的重要性,增强大学生对常见疾病特点的了解,了解防范疾病的相关知识,提升安全意识。如此一来,学生们便可在自己或者周围同学出现特殊症状时在第一时间提高警觉,联系老师、校医院进行检查。定期的医疗卫生知识宣传应以多种形式积极贯彻执行,如开设讲座、发放宣传手册、进行线上宣传教育等。

(三)把建立可靠有效的学生信息渠道做在前头,提高对重要信息的传递效率

快速、可靠、有效的学生信息队伍的建立对于学生与老师、学校之间的信息畅通具有重要意义,在紧急事件发生时,可确保辅导员与学校在第一时间跟进并采取措施,防止意外事件的影响扩大,保护学生的人身安全。同时也可以增进学生与老师、学校之间的沟通和了解,增强学生对学校的信任感和归属感。

(四)把定期家校互动联络制度做在前头,多方合作关爱学生成长

在紧急事件的处理中,与家长之间的交流合作至关重要,及时有效的信息互通对家校间信任的建立以及对学生的情况跟进均具有重大意义。作为辅导员,应与家长保持密切的联系与交流,在合作中关注学生的身心健康,提醒学生科学安排作息时间,加强体育锻炼,在做到劳逸结合的同时,均衡营养,有效增强机体抵抗力,顺利完成学业,莫让疾病毁前程。

【专家点评】

该案例主题突出、处理得当、效果明显,充分显示了辅导员在面对突发问题时头脑清醒、情绪稳定、沉着应对,具有较好的快速反应、快速应对和快速处理的能力。虽然只是一位同学被诊断为疑似传染性疾病,但是高校师生数量大、来往人员多,一旦处理不好,就可能造成班级同学甚至更大范围的恐慌,乃至形成舆情。所以,该案例的处理具有针对性、指导性和可操作性,具有借鉴意义和推广价值。

张光生　江南大学环土学院校长助理,教授

抗疫与暖心并举　隔山隔水不隔心

【作者简介】

> 孙平,女,本科,讲师,宜春职业技术学院辅导员,心理咨询师(三级)。曾获得过江西省第五届辅导员素质能力大赛三等奖、校辅导员素质能力大赛一等奖、全市喜迎十九大演讲比赛特等奖、诵读红色家书一等奖、江西省高校公共安全教育骨干教师教学能力展示活动一等奖。

当前新型冠状病毒肺炎疫情防控形势严峻,面对突如其来的疫情,除了身体健康的防范措施,自我的心理防护也非常重要。此次疫情给部分学生的心理带来了不可忽视的压力。作为辅导员,每一位学生的安危,每一位学生的身心健康都牵动着我们的心弦。

一、案例简介

小离是班上的文艺委员,1月29日下午,她给我发了这样一条信息:"老师好,我是小离,我最近状态不太好。我爸脾气好的时候和发脾气的时候,真的是天壤之别。最近'新冠'疫情严峻,他依旧到处串门,还邀请亲戚们都来我家吃饭,一来就二三十个人。吃饭就算了,他还特意买了麻将机放在二楼,每次打麻将到深夜,声音特别吵闹,很烦躁。一楼还有一桌打扑克牌的人,搞得家里乌烟瘴气,还总对我发脾气,我晒下太阳看看手机,他就用厌恶的眼神瞪着我,我估计他根本没有站在我的立场考虑。上次我刚洗完澡,妈妈说你多穿点别感冒了,他说感冒了就把你隔离算了,我眼泪当场流出来。这几天也睡不好,他一直催促我起床,还说我睡得晚起得晚。他们打牌、打麻将砰砰砰吵死了。我也不想出门,大家在家就好了啊,非要感染了才罢休,我干脆感染病毒死了算了。"看完信息,我立马意识到问题的严重性:一是小离本就是个需要特殊关爱的心理问题学生(确诊为严重焦虑和中度抑郁症);二是疫情这么严重的情况下,小离的家人和亲朋好友们居然完全无视疫情的严峻性,存在很大的危险。

面对她突然发出的这些信息,我能感受到她的情绪波动很大,也能感受到她的无助,在这个"特殊时期",作为辅导员的我,应该怎么帮她呢?

二、案例分析

(一)原因分析

根据目前的情况,可从家庭和学生自身两个方面来进行分析。

1. 家庭方面

(1)对疫情严峻性的认识不足。当前全国都在抗疫的关键时刻,但是小离的家人和亲朋好友们该聚餐还是聚餐,该玩乐还是玩乐,他们还没有真正了解当前新型冠状病毒肺炎疫情防控形势的严峻;还没有真正认识他们这样做会给孩子、家人、社会带来多大的危险性。

(2)对小离的关心关怀不够。像小离这种情况,容易受到家人的应激反应影响而产生情绪、行为的变化,极容易让她的病情反弹。父母家人对待疫情的态度以及身心稳定的状态,是孩子平稳度过疫情期的基础。

2. 学生自身方面

(1)没有做好自我情绪的管理。在面对这次疫情时,每个人都会产生或多或少的一些焦虑和恐惧,这是很正常的反应。要防止不良情绪的产生,及时调整自己的心态,做到谨慎而非紧张,积极而非焦急。

(2)担当意识不足。习总书记说要依靠全国人民共同努力打赢这场抗疫战争。面对父母亲朋好友的这种无视疫情严峻性问题,学会用科学知识积极向父母亲朋好友宣讲疫情,教会他们如何科学地防范和应对疫情,动知以情,晓之以理,用一种科学、理性的态度来正面和父母沟通,要把属于自己的当代大学生应有的担当和责任扛起来。

(二)解决思路

解决这类问题最主要的是要把解决学生的心理问题和解决学生的实际问题相结合,我将着力从以下三个方面进行问题解决:

1. 善用沟通,做好家庭疏解

(1)第一时间安抚小离,做好心理疏导,防止产生过激行为。

（2）马上联系小离父母，和他们详谈。上个学期因为小离的病情，我和她父母经常会有沟通，所以我们之间虽从未见面，但感觉她父母很信任我、尊重我。我认为，我应尽我所能让他们了解当前新型冠状病毒肺炎疫情防控形势的严峻，让他们积极关注疫情，形成科学认知，重视疫情危害，做好自我防护。

（3）沟通了解小离近期在家的一些情况，如实告知小离目前的情绪状态。让小离父母知道他们对待疫情的态度以及身心稳定的状态，是孩子平稳度过疫情期的基础。

2. 形成合力，持续对症帮扶

（1）建议小离父母不妨利用这个"超长寒假"，给予小离更多的关爱和陪伴，多进行一些亲子活动，开展适度的锻炼，带着她一起做家务，一起劳动，如一起择菜做饭，陪她看一些经典的电视剧和电影，观影后交流分享彼此感受。其实父母的教育是最主要的教育，父母的爱是最主要的爱；多和孩子待在一起，才能真正了解自己的孩子。

（2）鼓励小离做好自我情绪的管理。调整自己的心态，做到谨慎而非紧张，积极而非焦急。在家可以做一些自己感兴趣的事情或做一些能让自己解压的合理宣泄活动，将注意力转移到可以强化自己积极情绪的活动上。

（3）鼓励小离作为当代大学生，要学会用一种科学、理性的态度正确和父母沟通，用科学知识积极向亲朋好友宣讲疫情，教会他们如何科学地防范和应对疫情，要把属于自己的应有的担当和责任扛起来。

3. 借助外力，深入解决问题

（1）根据小离目前的一些情况，连线曾为她咨询治疗的心理专家和医师，看看她是否需要进行医学心理疏导或药物治疗。

（2）给小离推荐一些心理健康知识方面的微信公众号，比如"宜职心语""大学生应对疫情心理防护指南"等，助力身心成长。

（3）推荐小离看一些正能量的书籍，比如《平凡的世界》《习近平的七年知青岁月》《中国人的精神》等，希望她从中体会到作为当代大学生，不能因为任何一点点挫折，就产生悲观的生活态度。要树立正确的人生观和价值观，让自己的人生活得有价值有意义！

三、启示与思考

庚子伊始，岁寒情暖，作为一名辅导员，把自己每一名学生守护、引导、安抚好，就是为打赢这场战"疫"做贡献。

（1）提高政治站位，按照习总书记说的要依靠全国人民共同努力打赢这场抗疫战争。每天及时在班级微信群、家长微信群、学生干部微信群推送一些人民日报官网等公布的疫情情况和相关的抗疫措施，带领大家群防群策。

（2）班级管理网格化，将班级管理以点带面，进行织网管理，特殊时期，确保这个网能罩住每个人。每一个班委对接几名学生，每天关心汇报班级每一位同学的身心健康状况。

（3）对一些特殊学生重点关注，做好心理疏导工作。及时对学生的困难和需求进行梳理，努力解决学生实际困难。

（4）做好舆论引导，树立学生正确的人生观和价值观。推荐同学们多看一些正能量的书籍，如《平凡的世界》《习近平的七年知青岁月》《中国人的精神》等，结合实际情况，找到当代大学生应有的担当和责任。

（5）学生问题无小事。特殊时期，辅导员不应该只是一个上传下达的传话筒，我们要真正地走进学生的内心，隔山隔水不隔心。学生只有亲其师才信其道，他们才会在任何需要的时候第一时间寻求辅导员的帮助，这是我们的责任和担当，也是我们无上的光荣和使命。

【专家点评】

《高校思想政治工作质量提升工程实施纲要》要求坚持育心与育德相结合，加强人文关怀和心理疏导，着力培育理性平和、积极向上的健康心态。作者从学生工作最常见的个案入手，完整呈现了对"心理困难"学生帮扶的全过程，虽然没有逆风翻盘那样惊心动魄的情节，但冷静理性的分析和步步为营的应对，于见微知著中，彰显出一位合格辅导员应有的职业素养——与学生构建信任关系、与家长形成育人合力、与心理专家共聚助人情怀，在正面引导、即时鼓励、有效沟通中帮助学生悦纳自我、向阳而生，不仅如此，作者触类旁通、由此及彼、以点带面，在尊重和包容中努力成为全体学生在疫情防控期间的守护者和陪伴者。

徐　敏　台州学院生命科学学院党总支副书记，副教授

关于有心理疾病且实施过自杀行为学生的疏导

【作者简介】

> 吴汉,男,硕士,湖南科技大学辅导员,资源环境与安全工程学院团委书记,湖南科技大学关于大学生心理健康团队建设项目组成员。2019年湖南科技大学军训先进个人,2019年湖南科技大学暑期"三下乡"优秀指导老师。

一、案例简介

女同学小刘,2001年出生,新疆乌鲁木齐人。2019年9月初到我校报到,成为我校2019级新生。军训一开始,我就多次发现其独来独往,从不与寝室的室友一起活动,回寝室也是从不与室友讲话。她在宿舍给自己床位装了帘子,洗漱完毕后就是立即上床,并立马扯上帘子隔绝外界,显得非常自闭。后来在大学生心理健康课的结课作业——"个人成长报告"中发现其自述在高中就被确诊为重度抑郁、中度焦虑;之后又在2019级新生中进行的心理测试里发现小刘的自杀因子非常高,表示其具有严重的自杀倾向。

综合得知这些情况后,我与她在心理辅导室详谈多次,得知小刘之所以这样与其家庭有很大关系。小刘老家是四川的,在她出生之后便随父母一起去了乌鲁木齐,在新疆长大读书;她母亲现在患了癌症,已经丧失劳动能力,一家人的生活以及家庭开支全都靠其父亲工作所得;可能是过重的生活压力导致了其父亲的脾气过于暴躁,经常对小刘及其母亲打骂,并多次叫嚣让她们母女二人滚走。这种经历对小刘造成很大的心理阴影,甚至曾经在高中割腕自杀过,幸被老师和同学及时发现,得到了救治。大学入学之后,小刘在2019年10至11月,先后5次在晚上10点半以后还逗留徘徊于学校教学楼最高层,还好每次都被我和学院安排的班级心理专员细心安抚带回寝室并安顿下来。2019年11月期中考试前,有一天晚上11点我接到其室友电话,说小刘还没有回到寝室,最后经多方联系寻找,发现其租住在学校附近的宾馆中,经过数个小时的安抚,小刘终于敞开心扉述说其课程没学好,考试压力大,准备到宾馆躲避不参加考试。我们还在宾馆内发现其藏有大剂量的安眠药,经耐心的劝导,收走了安眠药并把她带回寝室安顿。第二天,我马上向学院领导汇报情况,成立应对小组,并且第一时间通知了校心健中心专业心理老师和学生家长,多方参与,共同制定了相应心理干预方案。经多方情况汇总,显示到目前为止(2020年3月)小刘的行为和心理都正常,无过激和极端行为,无失眠多梦等消极状态。

二、案例分析

小刘同学的案例在我们学院并不是个案,现在大学生心理健康疾病大多都与家庭原因有关,他们的成长受父母和家庭的影响较大。没有家庭的关爱,加上父母的冷漠打骂,造成了他们异常的心理;当对学习和生活无望,在遭遇到微小的打击后就会做出极端的举动。在小刘的问题处理上,我们做到了早发现。从其入学军训开始就发现异常,并从那时就开始在她们寝室安排心理专员对小刘同学进行不间断的关注,有任何异常及时上报;把小刘列入高关怀人群中,纳入随时重点关注人员名单中,做到每天到寝室看望,每周2次深入交谈,及时掌握小刘的微信、QQ、微博等网络通信动态;同时联合学校心理健康中心的专业心理医生为其制定专业的心理治疗方案,针对小刘同学的家庭问题,号召辅导员、班主任、同学、室友等给予她足够的关爱;之后更是多次与小刘的家长联系,主要是与小刘的父亲联系。在跟其详细介绍了小刘目前的状况后,他也表示确实因为家庭原因导致成了现在的局面,他也很后悔。2019年11月初,小刘在宾馆因情绪濒临奔溃想要再次自杀时,我们在稳定小刘情绪后,及时通知了家长,她父亲第一时间赶过来配合工作。随后,学院鉴于小刘家庭条件困难的情况,给小刘申请了特困名额,给予适当的补助。到目前为止,小刘经过学院和心理健康中心的治疗,各项心理测试指标基本符合正常标准。我们仍将继续对小刘开展关怀工作,直到其能从学校正常走出去,在社会上立足。

在处理学院这类严重心理健康问题的学生时,我们研究并制定了如下政策:

(一)"五早"预警机制

"早发现、早报告、早评估、早预防、早控制。"每周通过进课堂、进宿舍、进班级了解掌握学生到课、就寝和参加活动等情况,排查学生心理健康状况;每周批阅《班级心理委员手册》,对反应的异常情况要高度重视,及时上报学院相应的主管领导;通过学生的QQ、微信、微博、朋友圈等信息手段掌握学生心理动态,识别学生危机信息;建立有效的学生信息员队伍,加强与班主任、专业老师、学生家长的沟通联系,全面了解学生心理动态。

(二)"7 个重要时段"

"毕业生离校前、放假前后、考试前后、开学前后、新生入学后、重大活动前后和季节交替前后。"在这 7 个重要时段时刻关注心理异常的同学,把握关键的时间点,注意学生心理健康问题的反复,把工作做细致,做扎实。

(三)"七个一"干预方案

对高关怀、重点关注的学生实施了"七个一"管理机制:一名学生、一套档案、一名领导、一个班子、一次研讨会商、一套方案、一抓到底。即每个被列入重点关注的学生要专门建立一个档案袋存放其所有材料,有一名领导来总体负责督促开展工作,要有一个专业的班子成员老师来具体开展,要开一次专门针对他的心理健康的研讨会议,最后要形成心理健康问题帮扶方案,一抓到底。

(四)手段多样

开展心理健康教育宣传节、健康月等活动,加强心理健康知识的宣传教育,大力营造关心学生心理健康、提高学生心理素质的良好氛围,扩大心理健康教育在学生中的影响力;利用网络开展网络预约、在线咨询、开办相关论坛、建立学生博客,引导学生正确解决身心发展中面临的困难和问题。此外,还要重视建立学生心理互助机制,调动学生自我教育的能动性,帮助学生建立心理健康协会等学生社团,支持学生开设心理互助热线。引导学生养成科学的生活方式,生活有规律,科学用脑,劳逸结合,在日常学习、生活中应对挫折、压力时,要保持乐观向上的心态,通过找人倾诉、听音乐、适量运动等方法,使心理困扰及时化解,做到生活中随时随地身心健康。

三、启示与思考

从小刘事件的处理过程中就会发现,造成小刘同学的根本原因是家庭原因,因为缺少关爱,导致其走向极端。但这件事从另一个方面说明了现在大学生们正生活在一个经济迅速发展、社会急剧变化、生活节奏加快的时代,在巨大的精神压力和心理负荷面前,大学生们本应该具备的是良好的适应能力和自我心理的调控能力,但现在大学生绝大多数都是独生子女,他们的成长环境大多数比较安逸,很少遭遇挫折,很少得到锻炼,因此他们的心理素质一般较差,所以大学生心理健康出现问题是很常见的现象。我们高校关于大学生心理健康教

育的途径,主要有以下几方面:

(一)开设心理学课程和心理讲座,普及心理健康知识

在学校专门开设心理学课程和心理讲座,更有利于学生更好、更全面、更广泛地了解心理学的知识,让学生了解自己心理发展的特点和趋势,在遇到困惑时能够从容应对,而不是盲目从众或者无端猜疑,这对学生心理健康的维护和促进十分有益。

(二)建立咨询机构

高校开展的高校心理咨询活动为心理健康教育打下了良好的基础,咨询机构主要负责心理健康教育的宣传、心理素质培养计划的实施,开展大学生心理健康的诊断和咨询,还担负着向全校的教师普及心理知识的任务。

(三)组织学生参加社会实践活动,更好地适应社会的发展

应该在客观条件允许的情况之下,让学生们尽可能地参加社会实践活动,多接触社会、了解社会,从而来调整自己的行为、态度和自我意识,提高适应社会的能力。

(四)营造良好的校园氛围

校园氛围是校园文化建设的重要内容,也是影响大学生心理健康的重要方面,良好的校园气氛可以净化人的心灵,使人与人之间保持着和谐的人际关系,有利于同学之间的良好沟通、互相帮助。

(五)将心理健康教育渗透到课堂中,甚至是各科的课程中

实践表明,任何一门社会学科的教学过程都包含着心理健康教育的因素,因为教学过程是以社会历史积淀的文化知识、道德规范、思想价值观念为内容和主导的。

【专家点评】

> 自杀是一种极端行为,原因有很多。现在大学生压力要比以前大得多,那么他们就想寻找各种方式缓解压力,比如跳舞、上网、交友等。如果没有一个好的渠道去进行缓解,可能就会产生"人生比较失败"的消极想法,也可能是从前失败的痕迹与现在的失败产生共振,让这样一种力量成几何级扩大,最后把这样一种情绪放在了一个点上。可以

说,怒的力量越大,压抑愤怒的力量也就越大,最后发泄出来的力量就越大。那么,在某一个时候,这种力量也会作用于自身,自杀成了自身的需要。还有的就是目标和自身能力产生差距,没有正确认识自己,无法摆正心态,那么负面心态一直积聚,到最后也可能完全否定了自己,从而寻找自杀这种解脱方式。现在许多学生都是独生子女,从小没受过挫折,面临压力就会选择逃避,这也是一种很危险的心态。

刘　韧　湖南科技大学国际教育学院副院长,副教授

一台摔落的电脑 偶然与必然

【作者简介】

董译文,男,硕士,讲师,常州大学辅导员。曾获得校优秀辅导员、校优秀党务工作者、校双创赛事年度最佳服务奖、校工会积极分子、校暑期社会实践优秀指导教师等荣誉。

一、案例简介

小王(化名),男,2016级学生,性格内向且思想上有些偏执,家中父母较为溺爱,生活中自我意识强,不善与人沟通。大一入学不久,小王便由于自身很多不好的生活习惯与舍友产生了矛盾和摩擦,导致双方关系僵化,平时与他们很少交流。小王所在的宿舍共有4名学生,除了小王外,其余3名学生关系较为融洽。小徐(化名)作为宿舍长,一直在努力调和小王与另外两位舍友的关系,但在迁就小王的同时却也承受着来自其他舍友的压力,两难的窘境时有发生,导致其心中一直也很压抑。

某天晚上12点多,除了小王以外,其他舍友都已经上床休息,而小王此时仍开着刺眼的台灯,时不时地翻箱倒柜,整理着东西。还未入睡的小徐便在QQ上悄悄提醒着小王,请他稍微注意些,不要影响舍友们的休息。而小王并没有接受意见,反而讲起了对他们的不满,表示自己没有义务这样做。小徐最终无法忍受,觉得一直以来的迁就并没有得到小王的理解和改变,积压已久的情绪随之爆发。两人就这样吵了起来并发生了肢体冲突。冲突过程中,小王新买的平板电脑不小心被碰落到地。看到一直悉心爱护的电脑摔落,小王情绪突然失控,觉得无法接受现实,随即跑出宿舍来到了六楼的窗户边,准备跳楼。小徐见状,意识到问题的严重性,上前劝阻小王,并马上与辅导员取得了联系。

二、案例分析

此案例反映的是学生因宿舍矛盾、心理问题中的情境性危机而引起的突发事件。解决问题的关键点主要在于如何及时控制事态,保障学生生命安全;如何引导小王正确认识问题,做好其心理疏导工作;以及如何解决小王与小徐等其他舍友的关系,回归正常的学习生活。解决思路和实施办法如下。

(一)第一时间赶到现场,控制事态扩散

作为辅导员应保持手机全天候开机,遇到突发事件后第一时间赶赴现场,尽早采取相应措施,调动学生干部的配合,越早介入越能有效地防止事件进一步恶化。接到小徐同学的电话后,辅导员即刻赶往了现场,并同时通知隔壁宿舍的学生干部小李(化名),让其和小徐一起稳住小王的情绪,确保小王不脱离视线和发生过激行为。

(二)了解情况,及时汇报

遇到重大突发事件,应该在了解情况后及时向上级领导汇报,以获得其他方面的配合和帮助。在赶往现场的途中,辅导员一方面与小李、小徐保持联系,了解现场事情情况;另一方面及时向学工副书记汇报,同时通知物业宿舍管理人员到达现场。

(三)及时和家长取得联系

对于学生发生意外或者突发疾病的情况,辅导员要及时与家长取的联系,这样做既是对家长的负责,也是对辅导员的保护,以防止一些不必要的纠纷;及时做好录音、痕迹管理等,对善后工作提供有效的资料依据及凭证。在了解现场情况后,辅导员与小王父母取得了联系,告知小王目前的情况,其父母立即赶往了学校。

(四)积极关心危机事件中的学生

对于突发事件,辅导员要亲自陪同涉事学生,与他们交流,让他们获得安全感,更重要的是了解每一位学生的情况,真正尽到第一责任人的责任与义务。例如,要了解小王当时情绪失控的原因,是一时的情绪发泄,还是积累下来的负面情绪的爆发。如果是积累下来的情绪,那就要对之前发生的事情进行了解,互相进行探讨,加深沟通。通过面对面沟通方式,全面了解事发原因,为以后开展疏导工作奠定基础。

(五)做好心理疏导工作

危机事件结束后,我们应及时掌握学生思想动态,积极利用各种方式和载体对学生进行心理疏导,帮助其建立自信或者有效的恢复个别心理状况。鉴于事件过程中小王的过激行

为,需及时对其进行心理评估,研判小王是否存在心理问题,如果情况严重,应及时请求专业机构介入。通过与小王和小徐的耐心沟通,正面引导以及采取换位思考、自我评价等方式,劝导当事人珍惜青春、崇学向善。

(六)运用"共情",打开学生心扉,解决宿舍矛盾

在与学生交谈时,设身处地地理解学生的想法,把握学生的内心世界,不时地用"我曾经也是学生,也经历过宿舍矛盾,所以我能理解你的想法""我能体会你的感受"等话语突破学生心理屏障,让学生感到自己是被理解、被接纳的,从而促进良好咨询关系的建立,使学生愿意倾诉内心想法,也愿意听取老师建议。在运用共情技巧取得小王和舍友们的信任后,以朋友的身份与学生平等交流,让学生感受到被充分的尊重,进一步拉近与学生的心理距离。同时,用自身经历过的宿舍矛盾来举例分析,引导小王认清"以自我为中心"的弊端,明白换位思考的重要性,学会尊重他人、理解他人,做到己所不欲,勿施于人。

三、启示与思考

(一)抓好入学教育,缓解入学适应不良现象

入学教育是学生大学生涯的第一课,是新同学了解大学和适应大学学习生活的重要一环。在入学教育中以班会、座谈、辩论会等形式开展主题教育,帮助学生尽快适应大学的学习生活,教会学生如何与身边人相处,引导学生具有包容心、同理心,能够与同学相互沟通,互相帮助,营造良好的宿舍氛围。

(二)及时引导学生正视矛盾,用积极的心态解决问题

宿舍矛盾是学生学习、生活中较为常见的问题,该问题的实质是沟通问题。在解决该问题的过程中,辅导员要引导学生正视问题和矛盾,不要逃避,要学会分析问题,并主动与矛盾中的另一方进行面对面沟通,助其掌握处理问题的方法,学会倾听,并站在对方的角度看问题、思考问题。

(三)做好学生心理普测工作,跟踪帮扶重点学生

辅导员应积极配合学校心理健康中心,利用科学的心理普测软件对新入学的学生进行系统的心理健康筛查。对检测出存在心理问题倾向的学生,建立档案并开展跟踪关心与帮

扶,做到对学生的心理危机提早预防、跟踪辅导、及时化解。

(四)保持家校联动,形成教育合力

家庭教育在学生的发展过程中起着举足轻重的作用,大部分大学生产生心理困扰的原因与其原生家庭有较为密切的关系。在对帮扶心理问题学生的过程中,辅导员要加强与家长的联系,尤其是面对亲子关系不良的家庭,更要做好对学生和家长的双向引导,成为学生与家长之间沟通的桥梁。

(五)健全危机应对体系,提高突发事件处理能力

要加强应急机制建设,形成科学有效的预案,建立健全高效的危机干预体系。保持各级联络渠道的信息畅通,尤其加强学生骨干的培养。做好"零汇报"工作,做到对学生各类问题的早发现、早汇报、早干预。实践证明,制度机制建设是解决问题的根本所在,我们只有不断结合实际,制定科学、合理的处理学生心理问题突发事件的相应机制和制度,才能进一步维护校园的安全与稳定。

【专家点评】

安全事故无大小,辅导员是在学生工作的第一线,要多和学生接触、交流,引导学生树立正确的"三观",帮助学生掌握沟通技巧、提高沟通能力。在日常管理工作中,辅导员要做好学生的思想教育和引导工作,构建班级班长和舍长动态信息反馈机制,了解学生的思想动态,排查梳理学生所存在的心理健康危机。此外,辅导员还要加强宿舍走访,及时发现矛盾苗头,排除问题隐患。防治结合,重在防御,未雨绸缪,以人为本,充分利用新媒体等媒体资源有计划、有方向、有目标的开展学生工作,减缓并逐渐消除危机影响,维护学校教学秩序,确保校园安全稳定。

葛　涛　常州大学机械于轨道交通学院党委副书记

谁在那里嘲笑我？
——校园欺凌背后的心灵创伤

【作者简介】

> 朱丹丹，女，硕士，高校讲师，江西旅游商贸职业学院辅导员。曾获得2019年江西省供销系统"我和我的祖国"征文比赛一等奖，2019年江西省教育系统党的基本知识电视竞答赛教师组三等奖，在第16期、第21期江西省高校辅导员素质能力提升培训班中均获得"优秀学员"称号，学校"书香三八"图书征文比赛一等奖，学校辅导员素质能力大赛二等奖，学校"微团课"比赛二等奖，学校军训期间"优秀指导员"称号等荣誉。

一、案例简介

新生班的小双（化名）是一位忧郁的男生，自闭多疑，不太合群。军训休息间歇，他坐在操场上情绪低落且略有哭泣。其他新生班级甲同学路过看到后，对其吹口哨，尴尬的小双感到自己受到"侮辱"，并对甲同学愤怒狂言，两人发生了口角。事后，甲同学在午休时间竟邀约了他以前的高中同学粗鲁地闯进小双的宿舍，对小双进行肢体报复。

从事件本身看，可定性为这是一个宿舍打架的突发危机事件，当下务必处理好打人学生的处分和教育，给其他新生筑起心灵安全感，强化组织纪律意识。往更深层次去思考，这也是一个心理健康危机干预的典型案例。

二、案例分析

（一）工作思路

由于大学生处于青春期，情绪体验强烈并易冲动、易失去控制，尤其是少数学生存在孤僻和抑郁的心理状态，总有一种自我保护意识，过分的怀有"谁看不起，谁嘲笑他"的忧虑，往往在遇事后头脑不够冷静，容易感情用事。案例中的小双因从小没有得到家庭关爱而导致性格孤僻，他既不满现状，又自觉无力改变现实，因此，自卑感强烈，遇事很敏感。

作为该生的辅导员，必须有针对性地帮助班级这名小双同学学会正确处理好人际交往、健康生活等方面的问题，需要长期观察疏导和关心关爱其成长。

做好心理健康教育工作，显得更为重要。

（二）工作做法

1. 当机立断，第一时间赶往现场

面对校园内外各种突发事件和情况，辅导员应当具备迅速反应的能力，全面了解事件，控制事态恶化，并在任何一起突发的学生打架事件中，最先要保证的是学生的安全问题。

2. 突发事件，及时向领导汇报

辅导员在遇到突发性学生事件后，要立即向主管领导汇报，并商议相应的解决办法，不留其他的安全隐患，减少负面影响，妥善处理突发事件。

3. 新生打人，严肃教育刻不容缓

学生违反校纪校规就要依照相关规定给予处分，处分学生是一种教育的手段，而并非教育的目的。打人学生是一名刚入校的新生，不能给他任何侥幸逃脱处罚的想法，及时找出所有参与打架事件的学生，严肃整治歪风邪气，以儆效尤，对其他同学也起到良好的警示教育作用。

4. 入学教育，辅导员不可忽视

新生入学教育工作，辅导员必须高度重视，所有新生班级应该紧急召开入学教育安全班会，鼓励并引导新生成为遵守校规、有文明素养的大学生，努力提升修养，不能降低自己的品格。此事件中有"口出狂言""肢体报复"等错误行为，大多是由于新生并未完成角色转变，处在大学生活初期的不适应和迷茫阶段，因此，结合军训军事教育，建立新生全方位入学教育。

5. 用心关爱，治疗学生心病良药

人本主义心理学家罗杰斯认为，每个人都有一种内在的需求和动机，用以促进自己的成长和提高。辅导员通过主动添加小双为微信好友（经常沟通交流）、经常下寝走访（关心生活

状况）、课间谈心谈话（对该生的进步及时鼓励）、组织活动（多寻找机会在班上表扬他）等方式，真诚与学生做朋友，用心关爱学生，能够唤醒学生封闭的内心，激发学生改变自我的动机和潜在能力，以促进学生自我发展、增强自信，建立和谐的人际关系。

（三）特色亮点

1. 把学生工作变"危机"为"机遇"

把突发事件当作一次教育良机，让每一次偶然事件变成一次必然教育，使学生工作获得化腐朽为神奇的转机。事件发生后的当晚我便召集了班会，我告诉同学们，遇到困难要互相帮助，不能两眼旁观，并请每个同学上台发言表态；随后，大家纷纷上台，立下铮铮誓言，表态以后一定会团结友好，增强了后续的班级凝聚力。

2. 抓住事件要点，解决核心矛盾

学校决不允许滋生以暴力解决问题的恶劣现象，这一强烈态度和严惩措施紧抓事件的要点。对于受伤害较重一方的学生来说，釜底抽薪，找出根源。心理健康教育是案例的核心矛盾，及时做好心理安慰，为后续工作的开展奠定了良好的基础。

3. 发散创造性思维，做好心理教育

学会突破工作固定模式，尤其是心理健康教育，应该积极思考，主动创建更好的沟通环境。在保证安全舒适的前提下，沟通的地点可不拘泥于校园。在我发现小双对班级活动的参与度不高这一情况后，为了能有效地与小双沟通，我特意选择一个风和日丽的周末，带着他去学校附近的梅岭爬山。到达山顶后，风景秀丽，山峦迭起，我先问他心情好些没，再去试探地问他为什么不爱参加集体活动。他说，从小爸妈一直在外打工，他心理极度没有安全感，所以不敢与大家一起活动。但经过那次谈心后，我觉得跟他更亲近了，他愿意打开心扉，我十分欣喜。

三、启示与思考

通过一个学期的心理辅导和多方面努力，该名同学从过去一个狂躁又有轻度抑郁的男孩，变成现在成熟稳重的阳光男孩。他真切感受到老师及同学们的真诚关怀，积极主动参加各项实践活动，学习也更加自觉，尤其是在为人处世方面，变得成熟了，敢于尝试认识新朋友。他建立了自信，不再有消极情绪，与班上同学相处得愉快，得到了大家的好评。总得来

说,他走上了良性发展的轨道,变得更加阳光。

(一) 充分利用"罗森塔尔效应"

"罗森塔尔效应"告诉我们,学生的成就与教师对其关注程度成正比,这种效应能够激发个人的心理潜力,从而促使良好心理态度的建立。辅导员用父母之心、兄弟之情、师生之爱去呵护学生,关爱学生,寻找他们的闪光点,帮助他们战胜怯懦和悲观心理,引导他们建立和谐健康的人际交往方式;当他们获得了一些成就,他们内心也渴望能让教师为他感到骄傲和欣慰,从而形成良性循环。

(二) 健全危机预防预警机制

学校预先要对危机突发事件有必要的认知和警觉,比如宿管人员的安全敏觉度、学生危机意识教育、畅通信息反馈渠道等,采取动态的管理方式做好干预处理,以减轻事件发生后的主客观性损害,做好心理抚慰工作。事件发生后,学院还特别健全了一些相关制度,如《宿管畅通信息反馈制度》《学生干部异情监控处理制度》等。

【专家点评】

> 案例写得比较详实,能够抓住解决问题的要点和核心矛盾,具有辅导员工作案例的参考价值,有一定启发性。现在的学生多为"00后",思政工作必然要做到因事而化、因时而进、因势而新,并举一反三,案例中的"特色与亮点"部分则能集中体现。
>
> 不足之处:学生思想教育的开展绝不是单独依靠辅导员的力量就能实现,要群策群力,利用一切资源开展好学生思想教育,案例中对学生干部、寝室同学、任课教师等各角色的描述不够,未体现出帮助。
>
> **宋金生** 江西旅游商贸职业学院学工处副处长,副教授

乌龙事件中暖暖的师生情
——"伪自杀"干预中的心理疏导

【作者简介】

方琪,女,硕士,助教,中级社会工作师,安庆师范大学法学院辅导员、团委书记。曾获得校辅导员素质能力大赛理论宣讲二等奖。

一、案例简介

星星,女,籍贯河南,"00后"大一新生,就读于安徽省某高校。新生心理普测的结果显示其有中度焦虑的情绪。11月5日晚,作为星星的辅导员,我约其谈心谈话,了解到星星的确有入学不适应的情况,加上独自在异乡求学,对环境的不适应表现得尤为明显。谈话过程中星星的负面情绪得到了舒缓,并在征求其同意的情况下预约了学校心理健康中心专业的心理咨询老师,下周开始专业的咨询。一切好似向好的方向转变。不料,11月6日晚,我接到学校保卫处和110的报警电话,得知星星当天下午在淘宝上购买安眠药并直接询问客服"吃多少会死",引起淘宝客服的警惕,客服拒绝出售安眠药并鼓励星星积极面对生活。当天晚上,客服打电话报警,电话转至学校保卫处,保卫处紧急通知我赶往现场。

二、案例分析

(一)第一步:紧急干预,确保人身安全

深夜接到保卫处电话后,我连忙赶往保卫处,在监控后台打电话给星星室友,指导其到相对安静的地方落定后,开始询问星星是否安全等,并告诉其室友,尽量悄悄地回到寝室,关

好寝室的门窗、将利器全部收起来,时刻关注星星动态。为了进一步确认星星的人身安全,我连同保卫处工作人员、警察等前往学生寝室楼。为了不惊动其他的学生,避免造成不必要的影响,在与其他工作人员保持联系的前提下,我独自进入学生寝室核实星星目前是否安全,是否通过其他的渠道买到了安眠药,是否已经服用等情况。当发现星星躺在床上且安全无恙,我才得以放心。

(二)第二步:家校联合,共化危机

1. 第一阶段:尚在学校期间,与学生谈心,核实原委

马上联系星星家长,询问星星是否有以往自杀病史,并向家长说明星星情况,通知家长尽快赶往学校。

为了不打扰其室友的休息及缩小影响范围,在核实了星星确有购买安眠药并询问"吃多少会死"的言行后,我将星星带出寝室。在保卫处人员的陪同下,我们联系了校外正规的宾馆,特意定了一楼不带窗的房间,整夜陪同她,直到将星星亲自交到家长的手中。

在此过程中,不断地与星星谈心,全面了解到星星的基本情况。星星承认一直以来就有自杀的念头,只是高中学业繁重没心思去深想,现在一下子闲下来,这种念头又开始浮现了;再加上是外省考生,非常想家,开始出现失眠情况。在与家长沟通的过程中,家长很惊讶,表示从未发现任何异常,他们会带星星回老家找专业的医院诊断。

2. 第二阶段:滞留在家期间,抚慰家长和学生的情绪,协助返校

由于此事涉及警方,学校要求星星再次返校时必须出具由三甲以上医院出具的"无任何心理问题可以正常完成学业的"的诊断才可以返校。

在家休养期间,星星十分想返校,当地的医院诊断星星并无任何精神上的问题,但是无法出具学校要求的证明(需要三位专家会诊)。规章制度强压辅导员,一定要出具相关证明才可让星星返校。星星不明所以,开始对学校心生抱怨,不愿意搭理辅导员,家长也开始对学校有意见,觉得学校在推卸责任。我一直斡旋在两者之间,一边向星星及其家长解释学校的政策和初衷,一边向学校争取是否能考虑学生的诉求,弹性处理。

3. 第三步:多方协调,顺利返学

终于,在我的争取下,学校要求星星必须在家长的陪同下去指定的医院再次进行诊断,无误后才可入校学习,否则需签订一系列的协议书。星星及其家长更加觉得学校不负责任,不愿再次检查,家长不愿意自己的孩子再次受到伤害。他们表示,学校不放心的想法是可以

理解的,但对学校的做法却不接受。后来好在双方达成了一致,我与学校的心理健康中心老师对接,直接预约指定医院的专家号,省去了中间的诸多环节,我全程陪同学生及家长去医院专家门诊诊断,经精神病专家鉴定星星并无任何精神类疾病。医生说,星星问客服"吃多少会死"并不一定是想自杀,而是在问药的剂量问题。自入学以来,星星的睡眠一直不好,买药只是想缓解睡眠问题。

4. 第四步:降低负面影响,助力学生成长

我将专家的结果反馈给学校,陪同星星回到寝室,并与其室友交代清楚,告诫她们严禁此事对外传播,将此事的影响降到最小。我再次请家长放心,表示会与星星一起面对生活中的困难;会对星星进行定期的心理访谈,一直与星星保持良性的沟通。余下学期里星星各方面表现良好。在整个过程中,我也一直向领导汇报最新的情况,事后形成书面报告上交学校主管部门。

三、启示与思考

(一) 如何处理工作中的两难困境

学校制度对于一些突发事件的规定常有疏忽之处,甚至存在不可取的地方。此案例中星星家长做出了妥协,按着学校的要求,带着女儿反反复复地去精神病医院检查,给学生造成了二次伤害,有违"育人"的目标。

辅导员工作就像说媒,是一手托两家的事:一边是学校的雇员,一边是学生的引路人。既要对学校负责,又要对学生负责,很容易陷入两难境地。

遇到两难处境时,我认为保护生命应是最先考虑的问题。鉴于星星出现了伤害生命的种种表现,学校紧急采取了一系列的行动,初衷是对的。再是法律规定,学校的规范优于个人的价值,学生要服从学校的管理,当然学校也要注意倾听学生和家长的心声,灵活处理,注意方式方法。

(二) 日常工作要有风险意识和敏感度

自从谈话谈心之后,我一直将星星作为重点关注对象,不曾想第二天星星竟然就出现了在网上购买安眠药的行为。现在学生的心理问题更加突出和常见,若辅导员的风险意识再强一点,经验再丰富一点,心理危机预警机制再迅速一点,也许这次乌龙就不会造成重复的伤害了。

鉴于有警方的介入,事件有了诸多被动之处,辅导员的压力成倍增长。要学会从新的角度去考虑问题,"吃多少会死"并不一定是想自杀,买药只是想改善睡眠。星星提到失眠这个问题,我们片面地认为星星想自杀,忽略了星星的真实意图。其实很多学生,甚至是大人因为种种问题都萌生过自杀的念头,要判断清楚这是其真实意图,还只是最近发生的负面事件的影响,不能因为学生一提想自杀就全城戒备,慌乱不已。

（三）辅导员工作的最大利器可能是学生的理解与支持

幸亏是乌龙事件,没有带来严重的后果,但是野蛮的处理方式和反反复复的检查无形中给学生带来了二次伤害。好在整个过程中,我一直与星星及其家长保持沟通,实实在在地让星星感受到了辅导员的关心,我的付出和爱以及不断地调和,得到了星星及其父母的信任。师生之间的感情是暖暖的,她才会一直配合。所以说学生的信任、支持和配合是辅导员工作开展的最大的助力。

【专家点评】

> 　　此案件属于校园心理危机突出事件,既一般又典型,其中的诸多都是值得去反思：如何辨别问题的根源？如何降低对学生的二次伤害？如何在执行学校规章制度的同时保护学生？等等。在整个事件的处理过程中,辅导员顶住了很大的压力,学生和家长对学校的处理方式已经产生不满的情绪,尤其是后期,不满的情绪更加严重。辅导员用自己的关心稳住了学生和家长,表明学校是为了学生好的初衷,得到了他们的理解。有心理问题的学生,本身就很脆弱,如何去协调和处理,是我们需要重点思考的。好在是个乌龙事件,辅导员整个事件的处理过程可圈可点,其中值得去深思的地方还是很多的。
>
> 　　**詹德全　安庆师范大学法学院党委书记**

一个学生被骗 8600 元带来的思考和启示

【作者简介】

> 饶先发,男,在读博士,江西理工大学资环学院党委副书记,教育部思想政治工作中青年骨干,全国百名网络正能量榜样,英国雷丁大学访问学者,国家高级职业指导师,国家心理咨询师,江西省高校辅导员名师工作室主持人、高校辅导员工作室主持人。曾获得全国高校辅导员人年度人物提名、全国十佳博客奖、全国学生工作学术成果特等奖、新时代赣鄱先锋、省十大最美辅导员、最受欢迎十佳教师等 70 余项荣誉。出版著作 8 部,主持省部级课题 8 项,发表论文 30 余篇。其中 SCI 论文 4 篇,申请发明专利 7 项,先后为全国 160 多所高校作相关工作报告。

一、案例简介

在 12 月 25 日晚,欧阳同学收到一条《开门大吉》的中奖短信,短信内容为:"通知:你的手机成为《开门大吉》栏目场外幸运观众,获得 5.8 万和电脑一部。请用电脑打开一个网站和验证码。"当时他没有理睬这条信息,也未将信息直接删除。

第二天早上,欧阳同学再次接到同样的短信,同样没有直接删除。欧阳同学上网时闲着无聊,就登录了短信上的网站。随后发现网页上有一张信息表,他按提示填了该信息表。中午 12 时,有人打电话告诉欧阳同学去领奖,但要交 2600 元手续费和运输费,若两个小时内不转账就视为自动放弃,还会被起诉。欧阳同学当时半信半疑,到下午 2 时,他打电话确认,之后决定汇款过去。在汇款后,他再次打电话确认,这次对方说,只能领取笔记本电脑,若要领取 5.8 万奖金还需交纳 6000 元个人所得税。当时欧阳同学非常想放弃,但在骗子极尽所能的诱导下,他非常犹豫不决。晚上躺在床上,一直回想当天的经历,思想斗争之后,决定再相信一次。

第三天上午,欧阳同学到银行汇款之前再次打电话给该男子确认领奖信息的准确性;虽然在通话之后,还是有一些疑虑,但最终还是把6000元汇了过去。再一次打电话过去时,该男子称又要支付返回的公证费。这时,欧阳同学产生了怀疑,该男子却说:"你如果怀疑我骗你,你可以报警!"当日下午6时,室友发现了他的异常。在多次询问后,欧阳同学告诉了室友事情的整个经过。在发现室友都接到该中奖信息后,欧阳同学才发现自己上当了。随后,欧阳同学和室友报警。公安局接到案子后表示,出现类似的案子非常多,而且目前没有更好的办法追回汇款。欧阳同学的这8600元算是打水漂了。

二、案例分析

(一)紧急干预,安全监控

在当天晚上得知该情况后,我立即叫来班干部,详细了解事情的经过。随后再询问欧阳同学的室友,做进一步了解,包括该生以前的一些经历、家庭教育以及平时的一些习惯等。在了解事情原委后,首先安排班干部和宿舍同学24小时轮流陪着和"跟踪"他,以防万一。

(二)联系家长,亲情援助

我马上和欧阳同学的家长取得联系,把这次受骗的经过和他家长沟通,家长知道情况后,非常恼火。面对这种情况,我只能安慰家长,把他在学校优秀的一面告诉家长,然后和家长分析他现在的心理状况。假如家长再给他一定的压力,根据他的性格,很容易走极端,所以希望家长别因为这件事过多地责备孩子,而应多给孩子鼓励。经过一个多小时的沟通,家长的工作终于做通了。在和家长通完电话之后,已经是晚上11点多,再一次打电话给班级干部,了解该同学的状况,并再次提醒班干部一定要注意该生的动态。为了让该生有一个缓冲时间,再加上已经很晚,我决定第二天再去和欧阳同学交谈。

(三)委婉面谈,心理释压

第二天上午见面后,我先开始不提这件事情,他讲到自己从小比较自闭,不愿和他人交谈。然后就谈到他小时候经常和同学闹矛盾、打架,父母也因此断绝了他与其他同学的来往,只让他待在家中,致使他与其他同龄人产生断痕。此外,在初中、高中,他的同桌一般都是女生,和女生相处和谐,和男生在一起时他都不知道如何与他们交流了。来到大学后,因为家庭条件不是很好,加之成绩较差,所以对自己不自信,有了自闭和自卑的现象;不善交际,没有适应大学这个"小社会",容易轻信他人,认为别人说的都是真的,觉得这个社会很好，所以才会上当受骗，没想到社会这么复杂。通过这次交谈，他自己也认识到自己的错误，并表示以后要克服自闭，学会与人沟通交往。

（四）多方协助，走出困境

通过这次交流，了解了该生的心理想法和情况，我吩咐班干部带头和欧阳同学多交流、沟通，并让他多参加班级活动。我再次告诉其父母，欧阳现在的心理状态以及未来想努力的方向，表示会与他一起面对生活中遇到的困难，请家长放心。

三、启示与思考

这只是大学生中被骗的一个案例，由于大学生对社会认识比较单纯，容易受到不良信息影响，对社会事务鉴别能力有限，从而导致人身财产安全受到危害。

本案例中，老师和同学在事件过程中，并未及时发现学生的异常情况，更无法及时采取有效手段，所以我们应该探讨的问题是，介于目前错综复杂的社会安全环境，对于这部分内向型性格的学生群体，我们应该如何入手，如何做好安全防范教育工作呢？回顾这个案例，可以从学校、老师、学生三个方面来总结。

（一）学校层面

应该开设心理健康教育课程，让学生了解一些心理知识常识，并对入学新生进行心理健康普查、建立心理档案。在入学教育时，学校应系统讲解安全和防诈骗知识，定期召开安全教育主题班会，时刻消除安全隐患。

（二）辅导员（班主任）层面

一是应该经常走访学生、密切关注学生心理状况；二是定期与班干部、寝室长交流，关注内向型学生群体；三是要与家长加强联系，及时将学生在校情况对家长通报，同时让家长将学生的性格告诉辅导员。

（三）学生层面

同学之间应该以正确的方式加强沟通和交流，要把自己内心的烦闷、困惑以合理的方式释放出来。遇到困惑或者解决不了的问题时，可以多和知心朋友交流、多找老师交流。

【专家点评】

  大学应该把预防受骗教育引入课堂,通过调查、统计等途径,让大学生了解提高自己的安全意识,并与相关安全部门合作对大学生进行有针对性的指导与教育,使大学生安全问题真正做到防患于未然,让大学生真正做到不再受骗。

李国金　江西理工大学副校长

因心理问题而保持长期谈话的林同学案例

【作者简介】

> 闫新利,男,本科,助教,广州软件学院团委副书记。曾获得广东省大中专学生志愿者暑期"三下乡"社会实践优秀个人,从化区优秀共青团干部,优秀辅导员,2020年最佳员工等称号;2019~2020年,共获得个人荣誉60项;指导学生先后获得第十五届"挑战杯"全国大学生课外学术科技作品竞赛中国华信"一带一路"国际专项赛三等奖,"挑战杯"第十二届广东大学生创业大赛铜奖;获得大学生创新创业训练国际级立项1项、省级3项,广州市党建学会课题重点立项1项等。

一、案例简介

林同学,2016级学生,家里有兄妹三人,父亲患有重疾,家境非常贫寒。林同学经过一年复读终于如愿考上了本科院校(民办本科学费昂贵)。

在新生心理普查结果出来后,林同学的心理普查结果异常。除了与其他同学的共性异常之外,还有几个普查答案出乎意料,如有服用心理相关药物、有去看过心理医生、有轻生的念头,且这种情况已经持续了2年多了。考虑到有的学生会随意填写问卷,遇见这样的情况也是难分真假,我本着负责任的态度,按照学院心理中心关于新生心理普查结果跟进办法,认真地与林同学进行了交谈,并且这四年来我一直保持和林同学通过微信进行无阻碍的沟通和交流。

二、案例分析

象牙塔中新时代的大学生群体,是最满载希望的一群人,是最青春亮眼的一群人,却也

---

① 本案例获得广东省高校思想政治工作实践优秀案例校园危机及舆情事件三等奖。

是最脆弱的一群人。在前途无量的表面之下,大学生需要独立面对生活、学习、工作中的重重压力。可以明显感觉到的是,近年来关于高校心理问题的报道越来越频繁,而这些大学生心理危机事件,对社会、家庭、学校都产生了相当程度的损失。

高校辅导员是最基层的学生工作者,对正处于青春期的大学生心理健康成长发挥着非常重要的作用。在新时代,高校辅导员要成为学生心理健康的导师,就要不断探索适合学生实际的心理健康教育的方法,不断提升自我素质,做好学生的心理指导和调节工作,促进大学生的健康成长与全面发展。

(一) 解决方案的理论依据

新时代背景下,高校心理健康工作及体制建设亦处于形成和发展的探索期。自《关于进一步加强和改进大学生心理健康教育的意见》《普通高等学校学生心理健康教育工作基本建设标准(试行)》《高等学校学生心理健康教育指导纲要》等系列政策文件颁布以来,要求学校引导学生正确认识义和利、群和己、成和败、得和失,培育学生自尊自信、理性平和、积极向上的健康心态,促进学生心理健康素质与思想道德素质、科学文化素质协调发展。

结合心理咨询的基本理论以及辅导员谈心谈话的技巧,我利用倾听、共情等理论技巧,进一步与林同学进行深入交流,了解林同学内心的真正需求。通过倾听等谈话技巧,我了解了林同学过去五年的成长经历;通过共情、包容等技巧与林同学建立良好的谈话关系。

1. 失利失恋,情绪不稳

林同学是一位高中复读的学生,并且之前成绩一直很不错,应届高考前由于生病导致高考失利,给她带来了极大的打击和心理压力。当得知自己的好友考上了好大学,从而变得孤僻、不愿意与人交流,经常自己一个人躲起来哭泣。在复读期间,其父母就已经带林同学去看了心理医生,并且长期服用药物。好不容易复读一年,考试结果还是很不理想,最终被我院录取。

在到我院报到之前,她刚刚和高中相恋两年的男友分手,失恋的阴霾令她一蹶不振。到大学以后,看到别的同学成双成对,就会勾起她对往事的回忆,从而陷入失恋的痛苦之中。

2. 水土不服,身体多病

到广州上学后,她因水土不服而备受折磨,加上军训强度大,难适应,她总是上吐下泻,每天只能吃一些清粥,有时甚至吃不下东西。后面虽略有好转,但身体还是异常的敏感、脆弱,天气有一点变化就会引起她强烈的生理反应。入学教育这段时间,她成了医院的常客,每天奔走于军训场与医院之间。

3. 家庭困难，生活拮据

林同学的家庭情况十分困难，家里有兄妹三人，两人都在读书，父亲还患有尿毒症，定期要做透析。林某某在高中时期虽不能说是最优秀的学生，但她绝对是名认真的学生。她从骨子里是一个十分好强的女生，眼看着自己的成绩成为班里的倒数，回想起遇到的不公、磨难、挫折，林同学埋藏在内心的种种委屈、不甘一下子如火山般爆发了出来。可想起供养自己上大学的母亲的苍老面容与佝偻的身躯，林同学又觉得特别的愧疚。身体与精神的双重打击击碎了她对生活的所有希望，更使她对人生彻底绝望了。

4. 相貌平平，时常自卑

来到大学后，她觉得自己像个乡巴佬，个子不高，相貌平平，别的同学着装高雅，总觉得别人都在疏远自己，导致她自卑心理异常严重，时常因为这些整夜睡不着觉，甚至害怕阳光。

5. 深感绝望，意欲轻生

以上几种因素交织一在一起，令她对自己的生命产生了极度的厌恶感，她一度认为只有死亡才能让她得到彻底的解脱与平静，且这一念头在她的头脑中日渐清晰。她经常在微信朋友圈发一些阴暗的文字，都是解脱和自由之类的。

从以上情况可以看出该生问题已经很突出，已经萌生了轻生的念头，如果不及时发现并进行干预与辅导，很可能出现严重的后果。经分析她产生如此结果的原因主要有以下几点：

一是没有树立正确的爱情观，不能正确处理好因分手带给自己的各种影响与打击，特别是负面的。

二是没有树立正确的生命观，从小到大，父母、甚至老师，没有给她讲过有关生命观的话题，导致她对自己生命的漠视与轻视。

三是性格内向，有心事不愿与他人交流，人际交往能力差；严重的自卑使她变得自闭。

四是学生对网络的依赖程度在增加，在遇到困难时更愿意在网络或虚拟的世界中寻找答案与解脱，甚至会时不时关注一些轻生的新闻或者事件。

（二）案例解决方法

1. 深入班级与宿舍，了解核实情况

我及时找到其所在寝室同学、班级学生干部、主要任课教师了解情况，据大家反应，林同学的主要表现如下：

（1）性格特内向，很少主动与他人交流，有时会一个人在寝室哭泣。

（2）身体多病，体质较差。

（3）课上表现一般，从不主动发言，学习成绩不理想。

2. 及时与家长取得联系，让家长进行干预与关怀

在与家长取得联系后了解到，她确实在高中时有一个男朋友，但后来他考上了好的大学便提出与其分手。平时在家林同学是个很懂事和能干的孩子，不太爱说话，很爱干净，学习成绩不是特别好，但特别用功。我向家长通报了学生现在的情况，尤其是轻生的念头，要求家长对其多关怀、多鼓励、多沟通。父母也很配合地将她在高中复读时看心理医生的整个过程跟我做了说明。

3. 通过倾听了解情况，通过共情获得信任

这一做法旨在使之重新树立起生活的勇气与信心。起初，我曾多次在聊天时表示想与林同学进行一次面对面的谈话，但都被她拒绝了。于是我通过微信耐心地倾听林同学以前的经历，并对她陈述的经历表示理解与悦纳，继续引导林同学自我表达和自我探索。我会时常在聊天中提到生命的意义，我总是鼓励她要坚强地面对生活，珍惜自己的生命。有一次我推荐给她一本书《一片叶子落下来》，想通过这本书让她了解：人生总是变化的，唯一不变的就是变化本身，所以我们唯一能做的就是适应环境；劝告她要好好学习文化知识，只有这样才能使自己有能力面对生命中的一个又一个不确定。就这样，林同学逐渐树立了自信心，乐观地去学习、生活。

4. 建立朋辈心理支持系统

在第一次聊天后我便把林同学的情况及时向党总支书记汇报，并向心理中心老师通报。同时，建立以人本主义心理学为基础的朋辈心理支持系统，让同辈间相互给予心理安慰、鼓励、劝导和支持，提供一种心理咨询功能的帮助。

大家讨论后决定采取并实施以下措施：

（1）给林同学所在寝室同学及学生干部开会，说明林同学的特殊情况，希望大家能对这位离家千里的同学给予适当的帮助与关爱。

（2）党总支书记在例会上通报了林同学的情况，希望授课老师们能够体谅她的特殊情况。老师们得知林同学的事情后，每到期末考试前，就利用课余时间，对她进行单独的辅导，希望她能够掌握本学期课程的要点。

（3）安排班级信息员，密切注意其心理与异常行为，并及时通报。

通过大家的共同努力，半年过后，林行为有了很明显的变化：放弃了轻生的念头；主动学习普通话，并与班级同学关系融洽，性格也趋于开朗；学习成绩明显提高，并获得了当年的三等奖学金；对同学和老师深怀感恩之心，对生活充满信心。

（三）案例处理效果

在老师、同学们的共同努力下，林同学终于走出了生命的阴霾，她还自信地参与班长竞选且成功当选，并且在学院新闻中心做了三年学生干部；此外，还利用周末时间去兼职。她一直积极主动与我沟通，愿意跟我分享自己的事情和自己的情绪变化。

三、启示与思考

（一）女性学生群体要倍加关注

网络与新媒体专业是一个很特殊的专业，因为在这个专业的学生大部分都是女生，而女生的管理方法与普通的管理方式有很大的不同之处。女生的感情是很细腻、敏感的，因此经常会因为一些并不是很严重的事看不开、想不通，这时就需要老师们的辅导与开解。

（二）网络是思想教育的新途径

现在的学生多为"90后"甚至是"00后"，他们对网络的利用率很高，加之现在学生们的自尊心都很强，很难主动与老师当面沟通。为了满足同学们适时与老师交流的愿望，又免除学生当面找老师的尴尬，辅导员要充分利用网络，通过一些社交软件来了解大家的思想状况。

（三）学生恋爱观及生命观教育必须加强

当代大学生恋爱观及生命观教育亟待加强，是辅导员应该考虑的问题之一。现在大学生群体中自杀和他杀现象时有发生，说到底，就是对生命的漠视，没有正确的生命观。要让学生充分认识到爱情是人生命中重要的组成部分，要寻找志同道合、互相促进的伴侣。

（四）开展思想教育工作要有全员意识

学生思想教育的开展绝不是单独依靠辅导员的力量就能实现的，辅导员要有全局意识，要利用一切资源开展好学生的思想教育工作。从此案例中可以看到，学生干部、寝室同学、任课老师对林同学的帮助,对其思想的改变起到了很大的作用。另外遇到涉及学生生命安全的事件时一定要高度重视,要及时与分管领导汇报并与家长取得联系,群策群力。

【专家点评】

> 该案例全面地展示了一个"心理问题学生"经过多方面帮扶引导,最后心理、学习和生活状态明显转变,逐步成长成才的过程。对高校学生工作来说,典型意义明显。案例叙述有明确的问题定位,结合辅导员应掌握的心理学基础知识进行问题分析,解决问题的路径清晰且实施步骤合理,整合了心理、学生工作、朋辈支持层面的资源应用,多方位多对象的深入谈话,不但能了解学生情况,更能建立良好的信任关系。文末对案例的提炼恰到好处,整个过程中理论与实践紧密结合,体现了作者很好的专业素质和人文情怀,具有较高的参考价值。
>
> **黄春梅　陕西师范大学教育学院副教授**

真心关爱 助力学生走出心理阴霾

【作者简介】

> 刘银华,男,硕士,讲师,南京理工大学泰州科技学院辅导员,全球职业规划师(GC-DF),注册国际职业指导师,国家三级心理咨询师,国家三级创业咨询师,创业实训讲师,三级人力资源管理师,北森生涯规划师,商学院学生党支部书记。曾获得校优秀就业工作者、心理工作者、优秀共产党员等称号。

一、案例简介

2013级电子科学与技术专业女生徐某,入学以来学习认真刻苦,成绩优异,大二下学期开学初父亲在送她回校爬楼梯时心脏病猝发病逝。事后她情绪极其低落,经常半夜大声吼叫,行为举止出现各种异常,于2016年3月办理休学手续,被其母亲带回苏州精神病医院治疗,经医院诊断为中度精神分裂症。治疗一年后于2017年2月复学,复学后行为举止仍然异常,经常在教室和宿舍狂奔并大喊大叫,存在语言沟通障碍等症状,给班级其他同学的学习生活造成了一定的影响。该生学习仍然非常认真刻苦,上课也很投入,但一到考试几乎门门挂科。2017年4月12日,我接到学生干部的电话,反映该生在宿舍大喊大叫,情绪不稳定。

二、案例分析

(一)案例定性分析

此案例反映的是由于家庭突发变故,导致心理出现异常。

(二)问题解决关键点

(1) 如何帮助该生稳定情绪,脱离心理阴霾,逐步开始正常的学习和生活,顺利完成学业。

(2) 如何帮助该生解决突发事件后的心理危机,引导她重新开始新的人生,回归正常的人生轨道,承担起家庭的责任。

(三)解决思路和实施方法

1. 及时介入,切实关爱,确立信任关系

班级学生干部在发现该生异常情况后,立即向我汇报,我第一时间联系了她的母亲,询问该生休学期间治疗措施及目前吃药情况,并迅速启动突发事件应急预案,向学校心理咨询与发展中心主任汇报。接到汇报后,心理咨询与发展中心主任立即带队去该生宿舍进行心理干预与疏导。刚开始该生不愿意讲话,存在明显的沟通障碍,性格较为固执,心理咨询与发展中心主任耐心疏导,始终笑脸面对,彼此目光平视,传递出老师对她的尊重,经过约3个小时疏导,该生开始可以用少量语言进行沟通交流,双方初步确立了相互的信任关系。

2. 开展朋辈帮扶,家庭给予温暖,辅导员长期跟踪

首先,我要求班级每位同学,对该生不议论、不排斥,用各种方式方法让她感受到集体的温暖;并安排几名女学生干部陪伴在她身边,一起上课,一起作业,一起上自习。同时,我跟她母亲商量,让她在学校陪读一段时间,给予情感的支持。她母亲也比较配合,放弃了工作,在学校陪护该生。在之后的一段时间,心理咨询与发展中心主任和我经常去宿舍与她谈心谈话,帮她分析家庭的状况,引导她未来人生的方向,让她明白今后自己人生的前途对整个家庭的重要性。

3. 领导关心,政策关怀,真心对待

经过4个月的在校学习和生活,我们发现该生虽然主观上学习很认真,但是由于心理遭受的打击较大,尚未完全走出阴霾,课上、课后经常出现情绪波动和不稳定的情况,给班级其他同学学习和生活带来不少的困扰和烦恼。但该生又执意要在校学习,希望争取通过自身的努力拿到毕业证书和学位证书。我及时把这些情况向心理咨询与发展中心和学院领导汇报,领导当机立断,安排学生回家学习,采取"一人一规划、一人一方案"的措施进行远程学业指导,这样一方面让该生脱离造成心理创伤的场景,避免触景伤情,另一方面让班级其他同

学能够正常学习和生活,也给辅导员和班主任减轻了工作的风险和压力。

心理咨询与发展中心安排了专车护送学生回到苏州家中,让该生在家中学习。考虑到家庭的变故,该生母亲又无固定工作,学校通过各种途径为她申请学费减免以及各类贫困补助,帮助她们渡过人生难关;此外,班级同学也多次组织了募捐活动。该生离校在家休息期间,我不定期与该生和她母亲取得联系,了解其治疗情况,并给予心理方面的安慰和辅导。对于该生在校期间的挂科课程和期末考试的课程,我请任课教师将课程重点划好,由学生干部通过QQ及时传给她。期末考试阶段,寻求学校教务处的支持,采取机动灵活的考试方式,由我、班主任和任课教师一起将试卷送至该生家中监考。

通过多方面的努力,2018年6月该生顺利拿到了毕业证书和学位证书,并进入当地的社区工作。目前她状态平稳,其母亲于2018年7月到校送来了锦旗,感谢学校领导的真心关爱,感谢老师和同学的真情帮助。

三、启示与思考

(1) 在学生工作中,尤其是对待"三困"特殊学生,需要付出更多的尊重、理解和关爱,要深入耐心地去了解学生的真实感受,循序渐进地帮助学生走出心理阴霾。事实也证明,教育的奇迹很多时候都是爱心造就的。

(2) 平时要多注重对学生干部的培养,关键时刻发挥他们的作用。学生干部是老师的得力助手,是班级的顶梁柱,在班级遇到各种突发情况时,学生干部能够第一时间知晓,第一时间紧急处置,第一时间汇报辅导员。

(3) 辅导员的个人能力有限,在处理这类事件时必须及时向领导汇报,必须求助专业的团队,必须借助家长、学生干部等集体的力量,多方联动,群策群力才能妥善处理问题。

(4) 深入落实我院大学生主体性个性化教育理念中的"一人一规划、一人一方案",针对不同的学生采取不同的措施和方案,这样更加有助于解决实际问题,激发学生的优势潜能。

【专家点评】

大学生的心理健康问题是高校思想政治工作者乃至社会重点关注的问题,尤其是对于遭受家庭重大变故的学生,需格外关注。本案例运用情感扶助、物质帮扶、学业帮助,制定个性化的成长方案,多管齐下,真心关爱,成功帮助一名心理异常的学生走出困境。该案例为其他学校在处理类似学生事件及相关学生管理工作提供了借鉴,不失为一个优秀的案例。

刘玉海　原南京理工大学泰州科技学院院长,教授

愿你做最好的自己
——单亲贫困生自信心培养案例[①]

【作者简介】

何燕,女,硕士,讲师,湖南信息学院辅导员,国家二级心理咨询师、二级企业人力资源管理师。2013年起一直从事学生思想政治教育工作,具有较强的思想政治教育、心理辅导、纠纷解决及协调处理能力。在学习、实践、研究方面追求深耕细作,在服务学生成长成才中实现职业价值。获省、校级荣誉20余项。先后荣获"湖南省高校辅导员工作研究与实践先进个人"、"全国民办高校优秀辅导员"、湖南省第二批全省高校"党务示范岗"、"湖南省高校辅导员工作研究与实践百佳个人"等称号。2014年,论文《情感教育背景下的高校学生工作思索》被评为湖南省高校辅导员优秀论文三等奖。2014年、2015年连续两年获校级辅导员职业能力大赛二等奖,连续三年撰写的学生工作案例荣获优秀案例,主持的组织育人项目"构建'选-训-激'高校学生党支部书记培育模式,提升基层党支部组织力"获得省级立项。

一、案例简介

小陈同学是学院已经毕业的学生,单亲家庭,母亲身体不好,自己和姐姐由母亲拉扯大,家庭经济状况比较困难。在校时,他学习努力但学习效果不佳,缺失了原生家庭的完整之后,条件反射一样远离了人群,在别人眼里被视作为孤僻,而在他自己心里,被称作自我保护。他害怕被歧视、被冷落,更加害怕被同情、被可怜。形成了不合理的自我认知。辅导员主要通过个体辅导与团体辅导相结合,帮助他完善自我认知、增强自我肯定的体验,为其成长营造悦纳氛围,帮助其一点点找回自信,适应并融入大学生活。

[①] 本案例荣获2019年度学生工作优秀案例二等奖。

二、案例分析

(一) 第一阶段：了解情况，查找原因

1. 个别谈话，分析个人因素

在合适的时机，与小陈进行深入会谈，全面深入地了解他的家庭情况、中学阶段的学习情况、他对自我的认知等。总体来说，以前的经历带给他的负面影响较大，导致他的自我评价出现偏差，总认为自己再努力也没办法把事情做好，"习得性无助"的特征明显。通过会谈，主要解决自我认知评价失调、寻找价值、培养自信等问题，帮助他正确认识自我，摆脱心理束缚。

2. 联系家长，分析家庭因素

家庭对学生的影响往往是非常巨大的。通过及时跟家长沟通，深入的交流，了解到小陈同学家在农村，父母离异，母亲身体不好，仅靠母亲打零工的微薄收入维持家用。姐姐因为家庭经济原因很早就退学，加之他又是家中唯一的男子汉，母亲基本上把全部的希望都倾注在他一个人身上，希望他将来能考取公务员或研究生，光宗耀祖。显然，家庭过高的期望值给了小陈很大的压力。小陈平时不爱说话，不会主动和别人交流，极少参与班级活动。

经过分析，初步得出结论，小陈所有的行为表现都是由于自卑造成的，由于在成长过程中缺乏家庭温暖、缺少情感体验才导致出现性格孤僻、自我封闭、忽视他人的种种表现。这是大学生中比较普遍的一种心理问题，如不及时进行引导，可能会导致更为严重的精神障碍。辅导员主要通过个体辅导与团体辅导相结合，帮助他完善自我认知、增强自我肯定的体验，为其成长营造悦纳氛围，帮助其一点点找回自信，适应并融入大学生活。

(二) 第二阶段：采取措施，解决问题

1. 家校联动，正视贫困

一是个体辅导。以助学金评定为契机，围绕家庭经济情况的问题与小陈进行了第二次交谈。引导小陈正确看待自己和家庭，纠正他头脑中的非理性观念，使他对生活有一个全新的认识，用发展的眼光看待自己的成长。

二是团体辅导。将评选上助学金的同学召集起来,进行团体辅导。在辅导中,同学们将自己的家庭情况和心路历程等逐一进行分享。其中有一个是我班的纪律委员,家中父亲因车祸意外去世,留下了妈妈和三姐妹。但该生一直以来学习积极努力、待人热情开朗、每天都充满了激情与斗志。她的分享给在座其他人以鼓励。我们不能因为贫困而一蹶不振,而应更加努力克服困难。

三是感受家庭温暖。建议学生家长平时要多与小陈同学保持联系,除了物质上的关心外,更注重关心了解小陈的思想和生活,也可通过"家校联系"平台,在网上进行交流。

四是信息化技术的运用。利用QQ、微信等多种方式进行沟通,经常从小陈的朋友圈里关注他的信息,随时掌握小陈思想动态。

2. 搭建平台,肯定自我

一是因势利导,注重共情,理解、肯定他的行为。利用合适的时机找小陈进行第三次会谈。主要利用埃利斯的合理情绪疗法帮助他一步一步建立合理的自我认知。同时还引用励志和充满正能量的故事激励小陈,鼓励他每个人的潜能都是无限的,在困境中磨炼自己,使人生更加充满信心和力量。

二是寻找价值,感受他人的悦纳。如开展有意义的活动、召开主题班会及学习实践活动等。在活动中,尽可能发挥他的优点,让他找到自己的价值,进一步提升自信心,巩固对自己的积极评价。

三是协同育人(学业导师、专业教师、辅导员多方联动)。将他的具体情况跟专业教师进行沟通,专业教师对其加深了解,因材施教,并针对性的进行学业辅导。在一次财务实训课上,小陈的作业得到了任课老师的认可,老师在班级特意表扬了他,这让他体验到了被人认可所带来的快乐。慢慢地,小陈主动抓住每一次展示自我的机会,获得了越来越多的肯定体验。

(三)第三阶段:多方合力,取得实效

经过老师、家长及全班同学近半年的努力,小陈与以前相比,进步明显,主要体现在:

1. 人际关系日渐融洽

通过半年多的教育帮扶,小陈的性格逐渐开朗,由原来的沉默内向逐渐变得活泼开朗起来,能主动与班级同学交流互动,爽朗的笑声时时回荡在教室、寝室。班级同学的关系也日渐融洽,班级活动积极参加,同学感情日渐浓厚。

2. 学业成绩进步明显

在大家的共同努力下，小陈顺利度过了大学生涯的关键期，学习态度端正，目标明确，学习一直名列前茅。在大四毕业时，顺利被一家银行录取。

三、启示与思考

（一）关爱每个学生

辅导员应努力成为学生成才成长的人生导师和健康生活的知心朋友。在实际工作中，我们要真诚的和学生交流，对学生有耐心，关注学生，帮助学生解决学习和生活中遇到的困难，并坚持"因人施策"。

（二）家校多方协作

一是班级同学以及班干部的配合，让他感受到班级的温暖以及大家对他的接纳。慢慢地，他也卸下了防卫，开始接纳自己，并希望通过自己的努力为班级增光添彩；二是与家长的沟通。建立家校合作机制是很有必要的。对于这个年龄阶段的孩子而言，家庭的环境与家庭的教育会在他们身上打下深深的烙印，发现问题先从家庭原因分析，解决问题也要与家长合作。

（三）全程关注不放松

要坚持把立德树人作为中心环节，把思想政治工作贯穿教育教学全过程。在单亲贫困家庭学生培养过程中，要做到不间断、不留白、不漠视，从入学开始，就要借用信息化技术，建立单亲大学生档案并不断完善，做到对学生家庭情况、学习学业、情感生活、学生活动、就业意向等情况了然于心，并根据全程不同阶段的学业要求和发展要求提出指导意见，给于恰当的帮助。

（四）关键节点要抓紧

关键节点包括比如期末考试、毕业去向等。部分单亲贫困学生承受能力较弱，在一些重大抉择面前感到迷茫，在关键节点会有较大压力。因此，辅导员要紧紧抓住这些关键节点进行引导教育，使学生以良好的心态、正确的方法面对困难、解决问题。

（五）家庭因素要重视

一个人的性格是长期形成的，受到原生家庭、成长环境、地域、受教育情况等多方面因素影响。家庭教育在学生成长中起着举足轻重的作用，应建立学校、家庭的联动机制，为思想政治教育提供家庭支持。双方应形成合力，共同助力大学生成长、成才。

（六）线上线下要结合

充分利用微博、微信群、QQ群等新媒体交流平台，抓住"易班"推广建设契机，建设思想政治教育网络主阵地；开发学生管理信息平台，随时掌握班级学生思想动态。

【专家点评】

> 该案例就当前高校学生工作中出现的实际问题从理论和实践等多个层面进行深入分析与思考，条理清晰地陈述案例背景、解决过程等，能较好地将心理学专业知识与现实问题结合起来，总结出切实可行的方法经验。在该案例分析的过程中，措施具体可行，步骤细致合理，可操作性强。总体来说，整篇案例逻辑思路清晰，观点表达明确，语言流畅。但是在案例处理过程中，措施创新性不强，应多利用信息化手段开展工作，深度还有待挖掘。
>
> **黄　涛**　湖南信息学院党委工作部部长、学生工作处处长，副教授

校园危机事件处理与思考
——一例躁狂症学生案例分析[①]

【作者简介】

> 梁小燕,女,硕士,助教,广东职业技术学院辅导员。曾获得广东省辅导员年度人物入围奖、广东省高校心理健康教育与咨询工作先进个人、校辅导员素质能力大赛主题班会单项第一名、校优秀工作者等荣誉。

一、案例简介

(一)躁狂症简介

躁狂症(Mania)在《中国精神疾病分类与诊断标准》(第三版)(CCMD-3)中,作为心境(情感)障碍(Mood Disorders)中的一个独立单元,与双相障碍并列。以情感高涨或易激惹为主要临床表象,伴随精力旺盛、言语增多、活动增多,严重时伴有幻觉、妄想、紧张症状等精神病性症状。躁狂发作时间需持续一周以上,一般呈发作性病程,每次发作后进入精神状态正常的间歇缓解期,大多数病人有反复发作倾向。

(二)学生情况

C同学,女,大一新生,湛江雷州人,重组家庭(母亲离世后父亲再娶),有同胞哥哥、姐姐,继母育有一女。

在C同学持续出现异常行为若干天后,其助班找到系心灵关爱导师。在系心灵关爱导

[①] 本案例曾获广东省高校思想政治工作实践优秀案例二等奖、广东职业技术学院大学生思想政治教育工作案例二等奖。

师了解情况的过程中，C同学情况愈发严重，晚修结束后情绪激动，并有伤人行为。学校随即启动心理危机干预工作，心理中心老师根据其行为及辅导员的相关描述，初步评估该生可能处于躁狂症发作时期。随后在各部门的合作及努力下，C同学情绪逐渐稳定，次日由家长接回家。最后家长决定为C同学办理休学手续，接受进一步治疗。

二、案例分析

（一）解决方案的依据

本案例以《中华人民共和国精神卫生法》（2018修正）以及《广东职业技术学院大学生心理危机干预实施办法》为指导，严格按照其相关要求保护学生的权益，以生为本，妥善处理此次危机事件，并密切做好与亲属沟通学生心理健康情况的相关工作，保障学生的利益。

（二）案例的解决方法

1. 发现危机

对于存在心理危机的学生，应该早发现早干预，及时与家长联系，家校联动，共同解决问题。早发现、早处理是危机事件处理的关键，这样能降低危机事件带来的不良影响，更好地帮助学生。为了更好地了解学生的情况，及时发现问题，我系在新生入学之初即启动心理关注工作，除设置传统的助理班主任一职外，增设心理助班一职，主要从高年级的心灵关爱站及心理委员中业务能力强的学生中选取担任，在新生入学之初帮助新生顺利过渡，使他们尽快适应大学生活，同时做好军训期间的心理健康知识宣传工作，并鼓励同学们及时反映情况。

经过一年的培训，助班对学生异常行为的识别能力较强。开学初，助班向辅导员反映C同学同宿舍的同学有换宿舍的请求，同时指出C同学的行为中较为异常的方面，希望辅导员能关注该生并进一步了解情况。当天下午，辅导员立刻约谈该宿舍的其余5名成员，了解情况后及时与该班班主任取得联系并作相关说明。随后，班主任与家长联系，以便更好地安排后续工作。

当天晚上9点，辅导员再次接到助班电话，说C同学在篮球场出现异常行为，并有伤人行为。辅导员马上将C同学的情况向心理中心反映，心理中心老师及时赶到现场，立刻启动高危人群干预工作，与辅导员共同处理此次突发事件，相关领导也在场指挥工作。

2. 处理危机

1）工作小组分工明确

多部门联动合力对妥善处理危机事件至关重要。危机事件的处理需要合理的流程，并非辅导员或者心理中心能够独立完成的，学校需要按照相关法律法规及学校制定的文件处理问题，必须时应联系校外相关机构部门协助处理。在此危机事件出现后，《广东职业技术学院大学生心理危机干预实施办法》在指导学生危机事件处理中起到了重要作用。在心理危机事件发生的第一时间，相关组成人员及时到位。学校相关领导在相关环节中给予正确的指示，既能给相关工作人员信心，又能给予他们重要的支持与帮助。相关人员均按照《广东职业技术学院大学生心理危机干预实施办法》的相关规定对问题进行妥善处理，未造成不良后果。

2）专业人员妥善处理

各系部均有一位心理学专业毕业的或有心理学专业背景的辅导员是我校一大特色，学生出现危机事件之初能妥善处理。同时，危机干预需要专业人员的评估以及操作。在本案例中参与心理危机处理的老师均接受过系统的心理学学习，熟悉相关法律法规，能明确自身权责，做到尽可能保护学生的安全与权益，能够及时有效地做好学生的安抚工作，同时合理寻求其他部门的帮助，避免了更多的不良后果。

当天晚上C同学出现情感高涨，情绪反应极不稳定，易激惹，出现摔东西、攻击他人的行为。据现场人员反映，该生把篮球场上一名男生的左腿踢伤。C同学自己也一直重复表述：很内疚当时是用尽全身力气控制自己，可是控制不了。据了解，该生已有四天不眠不休，但一直毫无倦意，精力异常旺盛，思维奔逸，说话声大，且一直说不停并透露自己存在轻生念头。根据该生的表现以及系部提供的信息，心理中心的老师初步评估该生可能处于躁狂症发作期，并存在自杀自残与伤害他人的倾向，超出了心理咨询的范畴，并存在异常行为且无法控制。相关人员拨打110，寻求警察的帮助。当晚，相关领导建议把该生带到教师宿舍进行隔离，在心理老师、辅导员等5人的陪同下度过当晚。同时辅导员联系家长，尽快到达学校。

3）相关部门齐心协力

学生心理危机事件的处理并非仅仅是心理中心或者系部的事情，这是一件需要多部门联合处理的校园事件。心理危机事件发生后，学生若出现伤人或者自伤等行为，当情绪比较激动难以安抚及控制的时，需要保卫处及校医院等相关部门协助，共同处理心理危机事件。

4）及时转介配合治疗

本案例中，C同学可能处于躁狂症发作时期，存在自杀自残与伤害他人的倾向，已超出了心理咨询的范畴。根据相关的法律法规，心理老师及相关人员无法将其送往医院治疗，需由其家长亲自带她进行治疗。若因情况特殊家长无法及时到校，可以由家长授权让他人协助将学生送去接受治疗。同时，由于学生出现伤人行为，可以考虑报案，由警察协助处理问题。

（三）案例处理的效果

次日清晨，C同学的家长将学生接回家。C同学离校回家后，辅导员定期与家长保持联系，并向家长说明了国家及学校的相关管理规定，最后家长根据实际情况，为C同学办理了休学手续，待情况稳定后再作复学考虑。

三、启示与思考

（一）危机预警

1. 制度护航

重视危机预警，预防心理危机事件的发生是学校心理健康教育工作的重点。我校历来十分重视学生的心理健康教育工作，采用"五级关爱"模式，效果显著。一级心理健康防护为学校心理健康教育领导小组。重视心理健康教育工作，定期组织相关教师参与相关培训，提高教师的业务能力。二级心理健康防护为学校心理咨询中心。定期组织相关活动宣传普及心理健康知识，做好心理危机干预工作，对重点个案及时介入并给予专业的指导。三级心理健康防护为各系心灵关爱站。主要人员为负责心理工作的系心灵关爱导师以及学生干部，在协助学校心理咨询中心举办各项活动的基础上开展相关活动，运用科学的理论及时疏导大学生常见的问题。四级、五级心理健康防护分别为班级心理委员及宿舍心灵关爱使者，定期对他们进行相关培训，每月填写《晴雨表》，由他们定期或不定期报告学生的情况。

2. 全员参与

心理工作需要做到细致化、网格化管理。做好学生的心理健康教育工作与提高学生心理问题及异常心理的识别能力很重要，全员参与必不可少。除了心理咨询中心的专业心理老师以外，每个系均有一名心理学专业或者具备心理咨询专业知识的辅导员是我校一大特色。专业的辅导员能更好地深入学生，及早发现问题并解决问题，减少危机事件的发生。同时，日常注重对心理干部、心理委员及宿舍心灵使者的培训工作，提高朋辈心理咨询的作用。

相对简单的问题可由学生进行开导,学生无法处理的问题能及时识别并上报老师,做到大学生的心理健康问题能够早发现、早干预。

(二)立德树人

1. 以生为本

全程教育,对学生的教育工作贯穿全过程,并无一刻松懈;网格管理,对学生的关心关注细致到位,并无一员遗漏;精准帮扶,对学生的主要困难及时发现并处理。本案例中,学校与系部从学生入学前开始对学生进行心理健康教育及宣传,重视学生的心理健康,关爱学生,在发现问题后及时处理,是本次危机事件未造成严重后果的重要原因。

2. 分工明确

立德树人是学校全体教师员工的责任,学生危机事件处理作为立德树人的重要环节之一,同样需要学校各部门的多方联动,齐心协力。除了心理中心及辅导员的专业处理外,其他各职能部门对校园安全及相关学生的保护和教育工作也必不可少。本案例中各部门明确权责,共同努力,为降低本次危机所带来的不良后果,保障全校师生的安全做出了很大贡献。

3. 家长配合

本案例中,家长在接到学校电话后,次日早上立刻赶到学校了解情况并将学生接回家中,并及时就医。随后家长愿意与学校保持沟通,也遵照医嘱为学生办理休学手续,避免了更多不良后果,为学生日后康复提供了重要的保障条件。

【专家点评】

> 在校园危机事件中,完善的制度规范,整合多方资源形成合力是处理危机事件的关键。该案例完整地展示了学生躁狂症发作期间危机事件处理的过程,对学生工作来说具有典型的借鉴意义。案例处理有明确的问题意识,解决问题思路清晰,实施步骤合理,从发现危机到处理危机,整个过程体现了事件处理人员的专业素质以及人文关怀,最终能妥善处理问题,没有引起严重的后果,案例具有较高的参考价值。
>
> **刘学兰　华南师范大学心理学院教授**

打破距离障碍　关心出境学生健康

【作者简介】

张亚婷,女,硕士研究生,讲师,陕西师范大学本科生辅导员。

一、案例简介

小蕾,22岁,河南人,2015级本科生,性格开朗,学习成绩优异。2017年3月,小蕾申请到台湾师范大学进行为期一学期的交换学习。一天辅导员看到该生在学院公众微信群中发了一连串的语音消息,语气和语调都与平时不同,辅导员立即与她联系,询问她在台湾的情况。学生反馈一切正常,并告诉辅导员她在台湾认识了一位历史方面的专家,她通过与该教授对话发现自己父母的家族在历史上做出过巨大贡献;目前她在台湾一边学习,一边做公益,认识了很多人,觉得他们对她都特别好,自己也特别开心;最后告诉辅导员她特别忙碌,接下来的任务就是拯救世界。

辅导员通过与该生的对话,发现该生的精神状态特别不好,说话语无伦次,是典型的妄想症表现。在辅导员准备向学院主管学生的领导反映情况的时候,正好接到了学校交流中心老师的电话,说该生精神失常,在台湾师范大学主管交换生老师办公室大闹说要回来;在课堂上与任课老师争执等,目前情绪特别不稳定,被台湾师范大学的教导员送到医院后诊断为躁狂症,后在台湾精神病院进行住院治疗。经过几天的治疗,学生的状态有所好转。

二、案例分析

(一)案例分析

该事件是由于学生意识形态、学业压力、心理健康等多方面问题引发的身心健康问题。

针对此类案件,一般根据以下步骤进行:第一步根据掌握的情况,及时向领导反映。该生因在台湾,学生的状况是通过转述得知的,因此,要处理及时得当,确保学生的安全。第二步要多方面了解情况,通过学生的生活轨迹,了解诱发学生出现此类病情的原因;同时与家长联系,确定学生此类病情爆发是遗传还是其他因素导致,并根据学生的病情的诱发原因针对性地制定处理方案。第三步在确保学生安全的前提下,寻求使学生身心健康尽快康复的办法。此处做好学生学业的帮扶工作,不能使学业问题再次成为影响学生身心健康的因素。还要和家长商量,帮助学生尽早恢复健康。第四步加强学生的思想引领和心理健康教育,使学生树立正确的世界观、价值观和人生观,健康成长成才。

(二)案例处理

1. 上报领导,寻求解决办法

事件发生后,辅导员及时和小蕾在台湾师范大学的教导员取得联系,了解学生情况,及时上报学院领导,避免了学生出现不可控制的局面。经过学院领导与学校学生处、教务处等部门的协商,立即决定辅导员和学生家长一同前往台湾了解情况,帮助学生处理多方面的问题。

2. 谈心谈话,多渠道了解情况

辅导员从小蕾本人、台湾师范大学相关部门老师、教导员等多方全面准确地了解了学生的情况,做好学生的远程疏导工作,有助于学生排忧解惑的同时,还掌握了学生的精神状态、心理健康状况。

辅导员在与小蕾的谈话中了解到,她在台湾与当地一家居民共同居住,这一家人心地都很善良,他们一起吃饭一起祷告,平时喜欢和这家人聊天。在学习方面,学生结合自己的专业在外面的福利机构兼职,兼职接触的人比较多,认识了一个历史方面的专家,两人比较聊得来。聊家庭的时候,她了解到自己家族在200多年前是大家族,她母亲的家族也是大户人家,两个大家族的结合,使她身上有了贵族的气质。后来他们两个家族共同拯救了河南。学生还说,他们的家族有拯救世界的潜质,以后会拯救全人类。通过交谈,辅导员初步判断学生由于对世界的认识不足,加上其他人在意识形态方面的误导,使学生世界观、价值观和人生观被颠覆。

辅导员在与小蕾母亲的交谈中了解到,学生父母都是农民,家族无精神疾病方面的遗传史。她母亲性格很要强,对孩子学业方面的要求一直很高,要求她凡事必须争取好的结果,无意中会强迫孩子做一些自己不喜欢做的事情。小蕾在大一的时候参加了一个社会性的英语组织,还交了一些费用,后发现是个传销组织。虽然当时没有对她造成显性的伤害,但她心理一直自责。到台湾后,因为新环境和学业压力大等多方面因素积聚,导致学生生理和心理方面的问题爆发。

3. 亲自赴台,帮学生解决问题

辅导员赴台后,与小蕾在台湾的教导员一起去医院了解她的身体和精神状况,并按照医生的嘱咐,为其办理出院手续。辅导员与她一起回到寄宿的民居中,了解到这家一共有3口人,有2位信仰基督教的老人和1位40多岁未出嫁的女儿。家中挂着一张大大的基督教画像,还有做礼拜的工具。同时了解到学生参加的公益组织,与社会接触比较多,加上某些媒体夸大宣传两岸关系,导致该生在生理和心理上失去平衡,从而诱发疾病。

在学业方面,考虑到学生所在专业隔年招生的特殊性,辅导员与台湾师范大学交流中心的老师、专业老师以及孩子家长开会探讨,怎样做才能对学生的学业影响降低到最小。任课老师反馈她在学校一直很刻苦,课堂中经常与老师探讨一些问题,作业都是尽自己最大的努力做好,老师还表示会给学生一些指导,小蕾回到大陆后可自学完成在台湾的课业,并帮助她转化学分。考虑到小蕾家庭的状况,台湾师范大学交流处处长表示会对学生给予相关的资助,帮助学生和及其家庭渡过难关。

4. 持续关注,做好引导工作

处理完台湾的事情后,考虑到小蕾的身体状况,与其家长商量学生休学事宜。辅导员联系主管学生领导和相关部门,为小蕾办理休学手续,并把她从台湾送回家乡进行后续治疗和康复。

休学期间,学院领导、系主任和辅导员多次看望和关心小蕾的身体状况;辅导员定期与她和家长沟通,持续关注她的康复情况。同时,考虑到小蕾的家庭状况,从学校的学生处和学院等部门为她争取到一定的补助,为她尽快恢复健康创造必要的条件。

三、启示与思考

(一)做好思想引领工作,促使学生健康成长

大学生处在青春期,是世界观、价值观和人生观形成的关键时期,近年来,一些不法分子通过自媒体或其他互交平台,将西方意识形态和价值观渗透其中,学生通过媒体和亲身所处的环境获取了大量信息,逐渐受到西方意识形态和价值观念的影响,使学生的世界观、价值

观和人生观受到冲击。

针对这类问题,辅导员在日常的思想政治教育中要做好大学生的思想引领工作,引导学生正确认识中国特色和国际形势,正确认识时代责任和历史使命,使学生树立正确的世界观、人生观和价值观。同时在日常的教育引导中,要加强挫折教育、适应教育,使学生正确认识自我和社会之间的矛盾,增强学生的自我调控和承受挫折的能力。通过价值观和心理健康方面的引导,促使学生成为身心健康的、全面发展的社会主义事业建设者和接班人。

(二)及时掌握学生动态,帮助学生完成学业

辅导员要深入学生中,走进学生、走进课堂、走进宿舍,多了解学生的动态、兴趣爱好,走进学生内心,关心关爱学生,做学生的知心朋友和人生导师。

首先,多开展有助于提升学生综合能力的活动,在活动中全面掌握学生的思想和心理状况,发现问题及时帮助学生疏导,把问题扼杀在萌芽之中。其次,辅导员要培养学生骨干,使学生干部树立责任意识,通过学生干部及时获取学生的动态;在与家长沟通方面,要建立长期有效的家长联系机制,掌握学生的心理状况,达到家校共同培育学生的目标。第三,面对学生的学业压力,辅导员要做好与专业教师的联动机制,及时掌握学生的学业状况,完善学习困难学生的帮扶机制,为学生减轻学业压力,同时帮助学生树立正确的学业态度和荣誉观,培养德、智、体、美、劳全面发展的学生。

(三)完善健康考核制度,把好学生身心健康关

学生远离家乡,不仅要面临学业方面的问题,而且要面临生活、陌生环境等变化的影响,直接影响到学生的身心承受能力,良好的身心健康对一个将出国出境的学生来说尤其重要。因此,在出国出境选拔的机制中,不仅要考核学生的学业,同时也应该将身心健康作为重要因素进行考核。

目前大部分学校对出国出境的学生使用问卷调查或表格填写的方式进行排查,这其中个人主观因素较强,不能真实反映学生的身心健康问题。笔者认为,在学生出国出境心理排查方面应通过专业的心理健康师或者机构进行全面的考核,确保学生出国出境后精力放到学业上,达到人才培养的目的。

四、案例处理结果

该生经过住院治疗、专业人员的引导和自我调节,再加上学校老师和同学的帮助,身心状况逐渐好转,休学一学期后办理复学手续,回到校园继续完成自己的学业。在 2019 年春

季招聘会中,该学生以自己扎实的专业基础和优秀的表现,成功被河南一所特殊教育学校录取,开始自己新的生活。

【专家点评】

　　此案例是因意识形态、心理健康和学业压力三方面因素导致的精神疾病,特殊的地方在于学生是在出境交换期间因为价值观、心理健康和学业等多方面压力下诱发的精神疾病,给辅导员的工作带来了挑战。随着社会的开放,出国出境交换项目在增多,如何保证学生在出国出境后的身心健康是高校应该关注的问题。案例中,辅导员第一时间与学生沟通,确保学生安全,同时和家长商量,前往台湾关心学生、多渠道了解学生出现此疾病的原因、帮助学生解决学业问题、解决学生家庭经济问题,为学生的康复创造了良好的环境和条件,同时在不影响学生学业的情况下,使学生尽快恢复健康,回到校园完成学业,是一个圆满的结果,值得大家借鉴。但案例中导致学生出现身心健康的原因是家庭育人、学校育人、社会育人都应共同思考的问题。

姚　崇　陕西师范大学毕业生就业指导服务中心副主任、副处长,副教授

理性情绪方法缓解疫情下就业焦虑的案例分析

【作者简介】

> 彭梦瑶，女，硕士，江西传媒职业学院辅导员。曾获得省辅导员素质能力大赛二等奖、省高校辅导员工作优秀论文二等奖、校优秀辅导员等荣誉。

随着当前社会经济发展增速放缓，高校毕业生数量的连年攀升，"就业难"已经成为当代中国民生的热点问题。严峻的就业形势使得本身处在社会化初级阶段的大学生感到一定的压力，甚至很多大学生在择业就业的过程中出现了不同程度的焦虑，严重者还会出现心理问题。然而，2020年初这场突如其来的新型冠状病毒肺炎疫情使得还未找到工作的毕业生感到更加的迷茫和焦虑。

一、案例简介

Z某，女，江西九江县人。该生性格较为内向，有轻度听力障碍，成绩一直处于班级中上水平。2019年底开始，Z某已经多次向用人单位投放简历，但还未找到实习单位。疫情发生后，Z某多次通过QQ询问辅导员自己还未找到实习单位怎么办？会不会因为没有按时找到实习单位而影响毕业？自己到底能做些什么？这种找工作的焦虑加上对疫情发展情况的未知和恐惧感，使得该生思想进入"干着急"的不稳定期，出现焦躁不安甚至失眠等情况。

二、案例分析

(一) 原因分析

1. 面对疫情的应激反应

所谓应激反应,是指在稳定的生活环境下,突然被某事件刺激而产生的较大和较强的生理和心理反应,该事件也被称为应激源。通常人们在面对大型突发事件时常常会产生应激反应,主要表现为轻度紧张、焦虑、恐惧、悲伤抑郁、盲目乐观或悲观等,严重的会导致"急性应激障碍",从而带来躯体和行为不适。

2. 长期隔离产生的焦躁

心理学家曾在1954年做过一个名为"感觉剥夺"的实验,将参加实验的学生独自关在房间中,对其进行"三剥夺",即视觉、触觉和听觉的剥夺。在此期间,这些学生产生了不同程度的烦躁不安、精神涣散,甚至出现幻觉。因此,人们在长期处于隔离状态时,若不能科学地安排好隔离期间的生活方式,比如隔离期时看什么、做什么、怎么做等,容易产生负面情绪,甚至心理问题。

3. 屡次求职受挫积累的不良情绪

该生在疫情发生之前已经因为就业问题而积累了一些不良情绪,由于没有能够及时排解或者自我还未意识到,使得在疫情的刺激下,所有情绪瞬间爆发,从而产生了焦虑烦躁、失眠,属于心理常态冲突。

4. 心理承受能力较弱

大学生的情绪相关波动较大,易敏感冲动。由于社会经验的不足以及价值观的多元化,使得毕业生往往不能够成熟、淡定地处理问题,尤其是遇到挫折时,常常会通过怀疑、否定自己或者逃避来面对问题,内心比较脆弱。

5. 自信心较低,不善于人际沟通协调

该生日常学习态度良好,学习成绩一直处于班级中等偏上水平,但因为先天的听力障碍,使得该生对自己信心不足,遇到问题时容易动摇信念。同时,由于性格内向,不善言辞,

与老师、同学等沟通频率较低,家长也不能够给予正确的指导,可能导致很多问题不能够及时有效解决。

(二) 解决思路

本案例将主要采用美国著名心理学家阿尔伯特·埃利斯的"理性情绪行为疗法"(RET),借助网络平台,帮助学生疏导疫情下就业焦虑的心理问题。"理性情绪行为疗法"是通过改变求助者的非理性信念,从而解决其情绪困扰,属于认知疗法。"理性情绪行为疗法"的主要原理有 ABC 理论:A 是指发生的事件;B 是指人们的认知,即你对这件事的看法;C 则是指情绪反应或行为结果。埃利斯强调情绪反应或行为结果(C)不是由这件事情本身(A)直接导致的,而是由自己对这件事情的看法(B)导致。因此,疫情之下利用"理性情绪治疗法"可以在足不出户的条件下实现短程治疗,有效缓解毕业生就业焦虑情绪问题。

(三) 实施办法

埃利斯指出,许多自我困扰的人通过 5~12 次的疗程,甚至更短,效果就比较显著。在本案例中笔者通过 4 次在线对话,每隔 2 天进行一次谈话,使该生的焦虑情绪在短期内得到缓解。在正式开始介入前,辅导员应做到以下几点:第一,迅速对学生情况做出初步诊断;第二,在征得学生同意的基础之上与学生做进一步的交流互动;第三,与学生约定好谈话方式、谈话时间以及谈话时长;第四,预先制定好每一次谈话所要达到的目标;第五,厘清疫情的应激反应、长期隔离与就业焦虑的交错影响机制。

1. 第一次谈话:帮助学生接纳与分享自己的焦虑情绪

对待情绪问题,尤其是负面情绪,除了对抗与压制,应教会学生首先可选择接纳。要帮助学生理性认识到情绪是我们身体的一部分,如果换一个角度去思考,负面情绪可能正是一次内观和升华的机会,并得以探索丰富的自我内心。表面上来看,该生产生焦虑情绪的事件是担心疫情影响就业,那么对于这个事件就要拆分成"疫情""就业受挫""疫情加就业受挫"三个层面理解,只有辅导员首先理解并肯定学生的情绪,才能帮助学生接纳与分享自我情绪。

同时,在谈话中导入负面情绪的价值认知,让学生认识到负面情绪的产生也是一种捍卫自我边界的方式。就犹如身体的边界是皮肤,当有东西刺激到皮肤时,我们会感到疼痛,而这种疼痛就是在保护自己。告诉该生正是我们的负面情绪才会让我们意识到需要关注自我以及反思到底出了什么问题。所以,负面情绪的出现是合理化、普遍化的。最后,辅导员可以通过介绍瑜伽、正念、冥想、音乐疗法、绘画疗法或室内运动等途径,帮助学生学会用科学的方法进行自我缓解。

2. 第二次谈话：引导学生找出导致其产生不良情绪的非理性信念

通过对学生情绪和诱发事件的分析,学生的表面问题似乎是由于担心疫情影响就业,而导致焦虑。根据 ABC 理论的观点,问题的本质原因是该生对于事情不合理的认知和判断所产生的。基于对影响因素中"疫情""就业受挫""疫情＋就业受挫"三个层面的判断,辅导员要引导学生对疫情、就业挫败以及疫情对就业产生影响的合理认知。

1）疫情

在谈话过程中发现该生对疫情产生了一定程度的应激反应,同时因为一段时间的隔离,使得该生更加感到恐慌和无助。那么,在谈话过程中应启发学生对疫情建立合理、科学的认知,尝试认同以下信念:① 所有疫情终将在科学面前消亡;② 树立自我保护意识,疫情面前生命是第一位;③ 树立对国家的信心,"中国速度"正创造世界奇迹。

2）就业受挫

埃利斯曾总结出三种错误的思维方式,即灾难性、绝对性和合理化的思维方式。学生在谈话中几次都陷入这样的认识误区,具体如下:

（1）"自己很没用,几次投的简历都石沉大海,面试几次也失败了,别人都不愿录用我。"这段话中体现了灾难性的思维方式,认为"都不愿录用我",因此,在这种情况下就要引导学生改变认知,尝试认同以下信念:① 很少有人能够在几次的面试中就找到自己中意的工作;② 并不是每一次投递简历都失败,之前学校组织的校园招聘就进入面试了,只是自己因为别的事情耽误了;③ 暂时没找到实习工作不代表自己没用,现在不成功也不代表以后不成功。

（2）"我跟别人都不一样,家里经济条件又不是很好,我必须尽快找到实习工作减轻家里经济负担。"这段话充分体现了绝对性的思维方式,认为"我必须……"那么,启发其调整认知的具体做法如下:① 你没有和别人不一样,你一样考上大学,成绩还排在班级中上水平;② 找到工作自然会减轻家里负担,开始找工作已经是良好开端,不能操之过急,这需要一个过程;③ 孝敬父母的方法有很多,学会爱自己才能更好地爱父母,现在因隔离能 24 小时陪在父母身边也是一种幸福,活在当下。

3）疫情＋就业受挫

学生因疫情的出现及目前的封闭措施,而担心自己不能及时找到实习单位,从而影响毕业。面对这两种因素交织在一起而导致焦虑加倍甚至出现失眠现象,辅导员可以尝试从以下几方面引导学生理性的认知:① 本省已经出台了关于疫情防控期间高校毕业生的相关就业服务工作,可以通过线上系统实现"智就业";② 此次疫情对我国经济的影响属于短期的外部冲击,对中长期的就业趋势影响不大;③ 在疫情中看到机遇,比如基于互联网、大数据等应用将引起生活服务、教育培育、企业经营等众多领域的改变,可适当调整就业意向,先就业再择业。

3. 第三次谈话:强化学生的合理认知

Z某按照约定再次进行线上聊天。Z某反馈,经过反复思考,已经意识到找工作不是一件一蹴而就的事情,需要有更多的耐心和更充足的准备。面对这次疫情应该首先树立"生命第一"的意识,保护好自己就是在为国家做贡献。在此期间,她应该合理安排自己的时间,给自己"充电",做足准备,不要让父母担心。这几天情绪虽然也有起伏,但是已经没有之前那么急躁了。

面对学生的反馈,辅导员对其做法表示肯定,并对其进行正面积极的鼓励;引导该生将此次树立的理性认知进一步强化并拓展,使其明白人的情绪不是被事件本身所困扰,而是由于自己对事件非理性的认知,帮助她强化"既要去做,同时也不要太执着"的意识,保持内心淡定、从容。同时,如果该生有兴趣,辅导员可以进一步介绍"理性情绪行为疗法"的相关知识,以及其在生活实践中调节情绪的运用。之后,应继续鼓励学生在"封闭"时期,合理规划时间,拓宽自我知识和技能储备,同时通过互联网进行职业选择,进行有针对性的应聘准备。最后,再次肯定学生遇到问题能够找辅导员沟通这一做法,并叮嘱如果以后遇到问题,可以随时与辅导员联系。

4. 第四次谈话:跟踪情绪

约一周后,对该生进行电话回访,确定其目前的情绪状态。回访中得知其焦虑情绪已经得到一定的缓解,睡眠质量也提高了。学生也反映自己正在阅读辅导员之前推荐的书籍《我的情绪为何总被他人左右》,进一步意识到应该学会接纳和掌控自我情绪,也经常会在网上浏览一下就业信息,做好就业准备。

三、启示与思考

"理性情绪行为疗法"在处理学生因某件现实事件产生的情绪问题时效果较为显著,也易于辅导员掌握。这种心理治疗方法具有较好的可操作性和安全性,大学生群体也易于接受。因此,在面对任何事件时,辅导员可以积极引导学生发现自我非理性认知,建立合理信念,并在此基础上能够形成一种认知惯性,能够顺利直面各种人生挫折。本案例带来的经验与启示有以下几点:

(一)学会接纳和肯定学生,建立良好的关系

与学生建立良好的信任关系,是辅导员开展一切工作的基础。只有这样,学生才愿意及时与辅导员分享和解决问题。在谈话期间,辅导员要充分接纳和肯定学生的所有情绪,才能使得学生敢于表达自己内心的想法,并勇于接纳自我,这也有利于辅导员能够及时准确的找到问题根源所在,并使后续的工作得以更好开展。

(二)营造"爱"的氛围,抗疫与安心相结合

面对这次大范围的疫情,面对这次本该万家团圆而变成闭门不出的隔离,辅导员需要主动了解和理解学生的应激反应,与学生一起面对每天大量的资讯,用爱帮助学生缓解紧张气氛。要让学生明白越是在这样的时刻,我们更需要齐心协力战胜疫情。生存和生活遇到挑战时,出现焦虑情绪是人的本能,面对危险无动于衷才更可怕。另外,帮助学生树立"生命第一位"的意识,学会科学保护自我。在疫情面前,任何事情都没有生命重要。

(三)熟练工作技巧,遵循"量力而行"原则

辅导员工作中有各种各样的工作技巧,在面对不同的问题时,应该及时熟练地"对症下药"。在挖掘学生的非理性信念以及调整学生认知的过程中,需要辅导员能够有细致的洞察力、较强的辨析能力、丰富的知识储备和良好的口才,只有这样才能够按照"理性情绪行为疗法"的原理,进行有效的技术指导。

(四)客观分析环境,强化就业指导和思想引领

就业问题是最大的民生问题,也是各高校的重要工作之一,辅导员应积极主动关注毕业生在就业过程中的一系列问题,帮助学生缓解就业压力。就业环境对每一届的毕业生来讲是都需要共同面对的。这次疫情可能会对就业形势造成短暂影响,但就业的长期趋势不会有太大改变,这就需要引导这届毕业生理性看待此次问题,不必过度紧张。针对个人,则更应该学会将精力放在提高自我上,汲取更多的知识和技能,熟悉企业的选人标准和目前的行业趋势,这样才能够提高就业竞争力。

【专家点评】

案例中,辅导员彭老师能结合理性情绪行为疗法,抓住问题的主要矛盾和关键症结,具体问题具体分析,春风化雨般帮助学生缓解焦虑情绪,理性面对客观就业环境的变

化。同时,从该案例中我们可以进行更多的反思。

第一,辅导员能否做到将耐心、爱心和细心全覆盖,对每一个学生都能够悉心辅导,把具体做法广泛化。

第二,辅导员在指导女大学生求职的过程中,要帮助她们树立自信心,克服自卑、胆小及怯懦等不良心理,敢于竞争,帮助她们寻找失败的原因,不断完善自我,增强就业勇气。

第三,在疏导学生的焦虑情绪之后,要根据目前的就业政策、就业形势等,通过多种形式的指导,真正帮助学生解决就业难题,将解决情绪问题与就业规划紧密结合,分析自身优势,帮助学生寻找适合自己特点的就业单位。认清形势,做足后续反馈工作,效果会更好。

银平均　江西财经大学女性文化研究所所长,副教授

基于认知-行为理论的大学生网络成瘾教育案例①

【作者简介】

> 王伟江,硕士,思想政治教育助理研究员,广东高校骨干辅导员工作室(大学校园文化活动指导工作室)培育项目主持人、《广东教育》(高校思想教育探索)杂志特约通讯员。现任广州工商学院工商管理系党总支统战委员、学生第三党支部书记兼任学工组组长、辅导员,曾任学工组副组长、团总支书记等职。出版专著2本,发表学术论文10余篇,主持课题2项,参与全国高校共青团研究项目等科研课题8项,参与软件开发与著作登记3项;获广东省辅导员年度人物"最具科学精神辅导员"、广东省社会实践工作"先进个人"等省级以上荣誉奖项10项;获广东高校思想政治工作论文评选一等奖1项、广东省共青团优秀论文评选二等奖1项、2016广东高校辅导员优秀工作成果评选活动案例项目三等奖2项。

一、案例简介

G学院工商管理系学生王某(化名)是一个性格比较内向的女生。10月份,其舍友向辅导员提出调换宿舍的申请,辅导员通过谈话仔细询问该学生申请换宿舍的理由,该同学反映王某经常在半夜玩一款叫QQ炫舞的网络游戏,有时甚至半夜起床与网友聊天,聊天或游戏过程中的键盘声和说话声比较吵闹,影响他人休息。同时,她因沉迷网络聊天,与宿舍其他同学的沟通较少,这种行为严重影响到宿舍其他同学的作息和她本人的学习、生活,甚至导致宿舍关系恶化,危及宿舍关系的和谐。

---

① 本案例系广州工商学院2019年校级项目"基于'五进'的'三全育人'实施路径研究"(KA201925)的阶段性成果。

二、案例分析

了解到这种情况后,我主要按图 6-14-1 中的步骤开展工作:

图 6-14-1　解决机制

(一)与王某深入沟通,了解深层次原因

在问题发生后,我及时与王某谈心谈话,通过沟通了解到其入学前的一些成长经历,并对其一个学期来的学习生活细节进行深入了解。经分析后,我认为王某有了一定程度的"网络成瘾"问题,于是对王某出现此类问题的原因运用 Davis 的认知-行为模型理论展开深层次的分析。

Davis 结合 Young 的 ACE 模型、Grohol 的阶段模型以及网络成瘾者自身的原因,将网络成瘾看作是一个动态发展的过程,是对一种物质的依赖性,并不同于网络使用者对它的着迷。他主张用病态网络使用(PIU)代替网络成瘾,并提出了网络成瘾的认知-行为模式(图6-14-2)。

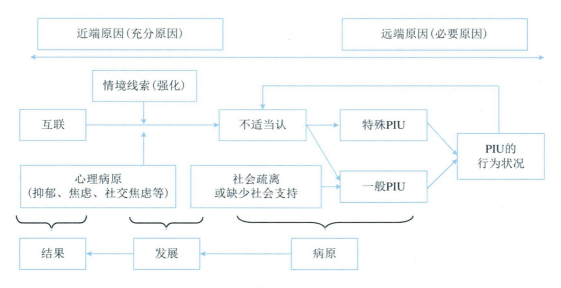

图 6-14-2　Davis 病态网络使用(PIU)的认知-行为模型

Davis认为,网络成瘾行为症状的出现是由一系列原因主导的,并且这些原因由于密切关联才会导致网络成瘾的现象。根据王某出现依赖网络的行为,从家庭方面来看,其家庭经济条件良好,父母因忙于工作而在王某成长的重要阶段忽视了陪伴,并且从未跟王某进行过深层次的沟通。王某认为爸妈除了给她足够的零花钱,就没有关心过她,还不如网友。从人生选择上看,王某按部就班的随爸妈意愿读大学,在读大学的过程中没有学习目标和生活方向;再加上性格原本内向,不能适应集体生活,在他人相处的过程中矛盾增多。因此,王某沉溺于网络生活,日常生活节奏与生物钟彻底被打乱。白天上课时在课室里昏昏欲睡,晚上倒是精神百倍,很难入睡,只能靠玩网络游戏和跟网友聊天来打发时间,度过漫漫长夜。

（二）及时与家长沟通,寻求在家庭层面上的解决方案

建立校内外联动综治机制,家校联合。在了解了王某的情况后,我及时与王某的家长取得联系,并将王某在校情况向家长说明,从家长那里对王某出现此类问题的原因与家庭教育的方式、高中时期的一些成长经历进行了解。王某父母了解情况后也承认他们在孩子成长的过程中没有给予足够的重视,没有抽时间用心去与孩子沟通,了解孩子的想法。其母亲提到她在以前的生活中已经有意识地去认识一些女儿的网友,因为女儿比较喜欢和网友沟通,愿意听从网友的意见与建议。因此,我请求王某父母去联系王某的网友,让网友帮忙做王某的思想工作,并尽可能给她提供一些生活和学习的指导。同时要求王某的父母平时工作不管怎么忙都要与孩子通电话或网络沟通,积极倾听孩子的想法,帮助引导孩子在学习与生活上做出改变。

（三）依托班级,从学生身边寻找突破口进行帮扶

我及时与其身边的同学谈话,包括室友、班委成员以及与其关系密切的同学,了解到王某在宿舍玩的网游是需要去承担主持任务的,而她本人在主持方面刚好有特长。在与网友交流过程中,她表现出她的管理才能,经常去协调游戏群里的一些矛盾,帮助群友解决一些小困难。在宿舍事务中,她虽然比较懒惰,但在金钱上从不计较,懂得帮助困难的舍友分担经济压力,如交水电费等。因此,我分别与王某的三个宿舍友谈话,将王某的成长环境及目前的生活态度讲给她们听,要求其室友在宿舍尽可能多地与王某沟通交流,个别事情上可以退让一点,让王某有个过渡的时间。同时,要求室友在有活动时要带上王某一起,让她感受到集体的气氛与团队的力量。同时让班委在平时的班会或组织会议时,给王某一些发言的机会,让她找到存在感。我本人在召开班级主题班会时,也会提前让王某准备,给她发言的机会。

（四）帮助王某调节生物钟，让其适应大学生活

寻求学院心理咨询中心的帮助，心理咨询中心运用"行为疗法"对她的生物钟制定出一个规范的调节方案，并通过心理暗示、理想信念树立等"认知疗法"在平时的生活中去规范和调节王某的认知行为。在课室听课时我主动坐在她旁边，鼓励她记好笔记；去宿舍聊天时，我主动叮嘱她要准时休息，睡不着可躺在床上听听音乐，放松一下。经过几周的努力，王某的生物钟终于被调整过来，休息好了，身体状态就好了，人也变得开朗了。

经过多方面的努力，王某生活、学习状态明显好转。跟宿友、班级同学的关系也变和谐了。她还积极参加学院和系部的演讲比赛，虽然在比赛中没有取得名次，但可以明显看到她积极参与集体活动的热情。其父母和网友都为王某的转变感到惊讶，同时也肯定了我们对她的教育与引导。

三、启示与思考

本次案例为解决大学生网络成瘾的案例情况提供了参考。部分"90后"大学生有网瘾是一个广泛存在的现象。如何把这部分学生从网络中解脱出来，回归现实，提高学习兴趣，顺利完成学业，我认为可从以下几方面着手：

1. 及时深入地、经常地与网瘾学生沟通

时代在发展，学生也在不断变化，我们应该把新媒体技术运用到工作中。多层次、多角度地借助网络来关注学生的学习、生活情况，从而完善沟通渠道。辅导员应经常就学生的近期表现与他们进行沟通和交流，及时分析学生的心理和精神状态，并结合心理学中的"行为-认知疗法"，对他的社会认知、学习态度或生活习惯进行适当引导，让其回归到现实的学习状态中来。

2. 与家长达成共识，相互配合

通过了解与调研发现，学生有心理上的问题，一般与学生成长的环境和家长在他们成长过程中扮演的角色有很大关系。在问题发生后，辅导员应及时将孩子在校期间的一些心理和行为表现告知学生家长；同时辅导员还要积极与家长进行沟通，对孩子入学前的一些成长经历做进一步了解，对孩子之所以出现此类问题的原因做分析，让家长也明白问题根源，支持并配合辅导员来帮助学生摆脱心理上的问题。只有学校与家长联合起来，才能形成良性的交流环境和解决问题的平台，才能共同协作，有效地帮助学生戒除网瘾。

3. 发挥班级学生干部和宿舍成员的重要作用

学生在大学里生活、学习,平时接触最多的人是同学,与舍友更是朝夕相处。因此,重视发挥班干部和舍友的作用,让他们留心观察、主动帮扶,让网瘾学生感受到集体的温暖,明白自己不是独自学习;还让相关同学留意网瘾学生的生活和学习状况,如果发现其在心理和行为上有大的波动和变化,要第一时间将情况汇报给辅导员,以便及时采取必要的干预措施;同时还要求宿舍成员积极主动地去和网瘾学生交流,讨论学习,主动去关心和帮助他,为他营造温馨的生活和学习氛围。

4. 戒网瘾应该重人情温暖,轻规章制度

对网瘾学生很难用学院的规则或制度去制约他、改变他。在具体处理过程中,辅导员只有以关爱帮扶为主,真心疏导为辅,给学生时间去改变,让学生感受到老师的温暖,并愿意回到现实,接受老师的教诲。切忌生硬地用制度和规章去约束他,这样会让学生不愿意回到现实中,甚至变本加厉网瘾更深。家长、任课老师和同学只有做好沟通工作,达成一致意见,才能形成合力,尽早高效地把学生重新引入正规的现实生活。

网瘾问题的解决需要包括家庭、老师和同学三方面的关爱与努力,作为家长与老师不能操之过急,更不能生硬责备,而应该从学生生活的各个方面着手去改变学生的不良习惯。

【专家点评】

当代大学生是生活在网络环境中的一代人,如何引导学生正确地认识网络并运用网络为个人的学习和生活服务是高校辅导员正在面临的一道难题。本案例中辅导员运用心理学的相关理论和知识,以"关爱帮扶为主,真心疏导为辅"为原则,借助家庭、老师、同学三方面的力量,形成合力协同关爱学生,成功地帮助学生戒掉网瘾,引导学生重拾生活信心,重新回归现实生活。整个教育帮助过程有理有据,方法恰当,辅导员的专业投入和细致帮扶工作令人感动,值得借鉴。

黄　鹏　广州工商学院党委副书记、学生处处长,副研究员

以爱博爱、以诚相待　做学生成长护航员

【作者简介】

> 库颖,北方工业大学辅导员,国家二级职业指导师,25年坚守在学生思想政治工作第一线,先后在团委、学工办和学院工作;2010年5月开始担任学生专职辅导员。2014年获评北京高校优秀辅导员,7次获评校级优秀辅导员。曾获首都高校社会实践先进工作者、北京大学生艺术展演指导教师奖、首都教育系统奥运工作先进工作者、国庆先进个人、学生资助工作先进个人等荣誉称号。

一、案例简介

周周,北方工业大学 2014 级电气专业学生,在校期间曾获新生奖学金、一等国家助学金、学习奖学金(二等)、思想品德奖学金(三等)、春相助学金,获学校智光重朗"耐"字勋章、学院"进步之星"等荣誉称号。在校期间学习成绩进步突出,绩点由大一时的 68 分提高到 80 分,一次性通过大学英语四级考试,大二学年专业课平均成绩 91.5 分。

我第一次见到周周是 2015 年 9 月开学前一天,他到学院办公室注册,那时候他刚刚进入大二,身穿一件蓝色运动上衣和一条牛仔裤,脚上穿了一双磨旧的旅游鞋,他不起眼的身高和朴实的穿着至今让我记忆犹新。和这个贵州男孩的来往也就从那时候开始了。作为刚刚接手这个年级工作的辅导员,我和他聊起了家常。他来自贵州农村,家庭经济困难,家里收入主要靠务农,母亲身体有病,常年靠吃药维持,是村里的贫困户,申请了贷款,缓交学费。刚开始与他接触时,发现他胆子小,性格内向,眼睛不敢和我对视,但始终很有礼貌。

根据和他所在班级的同学交流后了解到的情况和教务系统上他的成绩,我了解到周周家庭经济困难,但入学时成绩较好。当年他是高出一本线 61 分被我校录取,获得了 8000 元新生奖学金。由于他在农村没有接触过计算机,英语基础很差。进入大学后,宽松的学习环境和高考前紧张的学习形成对比,让他一下子放松了:新鲜事物让他眼花缭乱,无心学习,经

常逃课、迟到,上课睡觉,晚上和周末基本都在宿舍,整个大一没有进过图书馆,对学习缺少主动和热情。

二、案例分析

可以说,周周的现状代表了目前部分大学新生入学后的表现:进入大学后没有目标,失去了学习的动力和前进的方向。由于家庭困难,他又十分自卑,不愿意和同学交往。

通过对周周的接触和进一步了解,我决定分步骤对周周进行辅导。首先,我对他进行心理疏导,让他认识到家庭经济困难并不可怕,学校对家庭经济困难学生有许多帮扶政策,学校设立了勤工助学岗位等。我给周周找到了一个勤工助学岗位,鼓励他自强自立。和周周谈论学习时,我表示非常理解他的考试成绩。他在中学没有接触过计算机,英语基础差,特别是英语听力能力薄弱,我不断鼓励他只要努力是可以追赶上来的,相信他认真去做,一样可以取得优异成绩。从这时候开始,我和周周距离拉近了,他开始主动和我咨询学校的学籍管理规定、学业规划等。我帮他分析了四年将要学习的课程和要达到的学分标准,并联系专业老师对他进行专业辅导。

同时,我和周周的班导师、班干部、宿舍的同学沟通,让大家共同帮助周周进步。我找到班级学习委员,希望他主动帮助周周补习落下的功课,尽量让他把基础知识学好;建议宿舍同学经常和他一起上课、自习;周周省吃俭用,同学们和他一起共享饭菜。大家的帮助感动了周周,他渐渐地意识到他的大学生活不应该再像大一的时候那样浑浑噩噩,于是他下决心学好专业知识,把自己的大学生活过得有意义。

周周给自己制订了严密而合理的学习计划,平时没有课的时间和周末都在图书馆或教室自习,遇到不懂的知识会主动向任课教师和同学虚心请教。周周英语基础差,因此在英语学习上更加努力。英语四级模考,前面几次都是20多分,为了能够一次性通过四级考试,他在没课的时候,早晨6:30起床后到小操场背2个小时的单词;每天早晨坚持早读,下午到语音室练习听力;晚上学习到图书馆闭馆;回到宿舍,睡前用手机背单词的软件,每天坚持背半个小时的单词,直到听懂当天的听力才睡觉。这样,他一直坚持到四级考试的前一天。

功夫不负有心人,也正是周周的坚持,最终他以497分的成绩一次性通过四级考试。大二学年,他的专业课成绩平均达到91.5分,成绩绩点提升了10个百分点。我为周周的进步感到高兴,鼓励他再接再厉。

周周平时坚持上课,课下勤工俭学,他的进步得到老师和同学的认可。他在学习上取得了进步,于是,我推荐他在学院2015级四级交流会、端午节慰问家庭经济困难学生座谈会和大家分享他的经历与经验,也希望更多的同学向他学习。此外,我平时多和他交流沟通,常带领他做一些活动。他感谢老师给了他锻炼的机会和展示的平台,这也是他第一次站到讲台上,面对几百名观众,锻炼了自己,收获了许多,他变得更加自信了。我经常鼓励他,每次活动我都会给他拍照纪念,作为劳动成果收藏起来。

周周开始变得乐观开朗,他还当选为班级的生活委员。他热爱自己的班级,热心为同学服务,能够与同学和谐相处。即将进入大四的学习阶段,他说:"虽然自己的家庭不是很富裕,但我一直想考研,渴望学到更多的专业知识和技能,锻炼自己的综合能力,尽我的努力报效祖国,滴水之恩涌泉相报,回报母校对我的培育。"对周周的关爱激励他奋进,他取得了进步,我为他感到高兴和欣慰。

三、启示与思考

(一)全面了解,精心准备

深度辅导不是简单意义上的师生谈话,是一项有着较高的专业化、科学化要求的思想政治教育活动,因此需要对学生情况有深入、全面的把握。要从学生的实际需求出发,针对学生在思想、学业、感情、心理等方面的困惑对其进行深层次的交流和辅导,提供符合学生个性的"一对一"教育服务。有时学生并不能客观把握自己的状况,这就需要辅导员对学生情况有正确的分析和判断,帮助学生去认清自我,正视问题。

(二)以诚相待,平等对话

辅导员在成为学生成长成才的指导者之前,首先要成为学生的知心朋友,赢得学生的信任和尊重是学生坦诚接受辅导的前提。只有实现平等对话,学生才有勇气在辅导员面前表露真实的想法和感受,辅导员才能真正认识学生。因此,在深度辅导工作中要做到以诚相待、平等对话,注重以理服人、以情感人,努力营造亲切、和谐的对话环境。

(三)坚持原则,关怀并重

对待有特殊问题的学生既要坚持人文关怀,又要坚持就事论事原则。要摒弃过度关爱与包容学生的做法,当学生犯错误时,既要让学生体会到老师的理解与支持,又要让学生明确学校的管理制度,学会自己承担后果,规范自己的行为,帮助他们培养自己的担当意识和社会规范意识。

（四）持续跟进，巩固成效

辅导员对每名学生至少进行一次深度辅导，可以达到一定的启发和教育目的，但一次辅导的作用还是有限的，在深度辅导中发现的问题需要后期的跟进和关注，这样才能巩固辅导成效。要持续关注学生的变化，必要时还需做进一步辅导。同时要注意收集学生的反馈，以便及时改进方式方法，真正满足学生的实际需要。

（五）坚持学习，科学提高

做好辅导员工作需要有坦诚开放的意识，也要有坚持不断学习的执着，处理学生的问题时要做到勤思考、勤总结。深度辅导工作不仅需要有敏锐的洞察力，还需具备心理学、职业规划等方面的专业知识，因此需要我们不断地充实自己，提高深度辅导工作的实效性和科学性。

辅导员工作肩负着立德树人的神圣使命，它是我钟爱的事业。学生的需要是我最强的动力，学生的认可是我最深的幸福，学生的成长是我最大的成就。我愿携手更多学子点燃梦想、践行梦想、实现伟大的中国梦。

【专家点评】

> 用"爱"贴近学生，以"诚"吸引学生，进而去感化学生、教化学生。看似普通无奇的工作方法，却体现了库颖老师深厚的学生工作底蕴。
>
> 任何一位大学生，都是家人眼中的骄傲，将来也会是社会的骄傲；然而，正处于成长中的大学生并不都是整齐划一的"好学生"，他们个性鲜明、独立自主，都有着自己的生存发展方式。这就意味着，所谓的"问题学生"只是在某些方面过于偏执、拒绝改变的一种表现而已。"问题"的出现，不代表学生本身品质或能力有问题，只是存在某些认识上或行动上的壁垒而已。在这种情况下，尝试着以人类最本质的情感去疏通问题、去改变现状，便成为最有效的工作方式。库颖老师作为学生成长的"护航员"，以爱博爱，以诚相待，在思政育人方面取得了显著成效。
>
> **张茂林**　北方工业大学马克思主义学院党委书记，副教授

脚步疫前不乱　同心共克时艰[①]

【作者简介】

刘嘉妮，女，硕士，讲师，宜春职业技术学院辅导员。

一、案例简介

新型冠状病毒肺炎疫情牵动着全国人民的心，在疫情时期，把因假期而分离的师生紧密联系在一起。在这样一个特殊的时期里，面对疫情，同学们难免会产生一些心理压力或焦虑情绪。高职院校的同学们属于独立的个体，或者说是群体中的个体，在此次疫情时期，有部分同学们心智不够成熟，同时又受到心理上的恐慌情绪影响导致行为异常。例如，宜春职业技术学院大一新生班级群中，面对疫情，他们大都宅在家中不出门，电视、网络中关于疫情真假信息铺天盖地卷来，处在这样的应激状态下，很多学生都产生了恐惧、焦虑等情绪。学校老师这段时间经常被问到："老师，我们还开学吗？怎么上课？买不到口罩了会不会感染病毒？"等等。在与学生家长的交流对话中还发现有的同学假期在家时心理极度焦虑，他们会长时间关注疫情相关的信息，出现一天强迫性消毒双手好几次、自我心理式隔离等现象（图6-16-1）。辅导员是与大学生在校期间接触交流最多的老师，是高校引领思想政治教育的支柱力量，但目前老师们与同学们相隔千里，对学生们思想动态和行为规范的引导无法产生及时效应，面对这种情况，身为辅导员的我们可以做些什么？如何才能做到既能引领思想、又能温暖人心的同时，把疫情防控工作落到实处？

[①] 本案例被评为赣鄱辅导员的"抗疫"之路优秀案例。

图 6-16-1　同学们群中恐慌言语,家长与孩子之间的沟通问题

二、案例分析

(一)案例本质

疫情发生后,面对学生复杂情绪而导致行为异常的情况,我们需要合理的应对方法,正确分析学生面对疫情时产生异常行为及心理问题的本质原因。

(1)情绪。面对每天急剧增长的确诊和疑似病例数字,产生过度恐慌、焦虑的情绪等。

(2)身体。可能产生幻想,例如,得了小感冒会认为自己感染肺炎或身体其他部位不舒适的错觉等。

(3)行为。大量转发各类不知真假的疫情消息,言语过激,家长越是不让出门,学生自己越想出门的情况等。

(4)认知。缺乏安全感,无法正确认识疫情预防方法及保护措施。作为新生班级辅导员,针对学生的普遍情况和个别情况需分别采取科学应对办法。

(二)案例分析

在防疫的关键时刻,各类消息不断出现在学生们的视野中,给他们带来了心理压力,产生紧张、焦虑、抑郁等情绪。在防疫的紧要关头,作为辅导员,我们需要教导学生做好两种防护:一种是教育学生正确预防病毒感染的方法;另一种是疏导学生因防疫期间引起混乱的情绪,纠正他们对疫情的认知。根据问题起因找到解决问题的方法会让我们的思路更加清晰,应对措施更加有效,让学生面对问题时的态度更加积极。

(三) 处理方法

1. 用细心做好学生数据的统计员

疫情就是集结号,防控就是军令状。从"春节状态"转入"战时状态",绷紧每一根神经,牵挂每一位同学们。面对突发的疫情,我们立刻投身工作,制作了学生寒假期间去向排查表和疫情期间学生管理台账。了解到同学们虽然均未与来自武汉的人员接触,但也不松懈实时关注并把握同学们的健康状况,通过班干部间接了解学生行踪动态并统计。由于疫情刚爆发正值寒假,同学们都已经离校,如班级同学有来自马来西亚的国际留学生,还有一些来自省外,家庭住址较为分散,因此严格要求同学们执行疫情排查日报制度,每日 8:00~18:00 由班干部带头接龙,包括海外留学生在内,进行全班每日健康打卡,认真落实"日报告"制度,根据班级数据进行统计与汇报(图 6-16-2)。

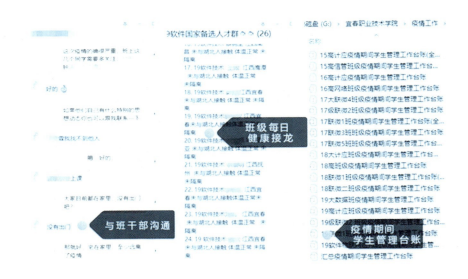

图 6-16-2　疫情防控期间的工作日常

2. 用信心做好学生思想的引导员

在疫情爆发的时刻,各类消息接踵而来,辅导员是同学们思想的引领者,需要为同学们辨别消息的真伪,巩固同学们的思想防线,稳定同学们的情绪。每日分享国家权威部门发布的消息及疫情防控措施,做好班级群内网络舆情监控与舆论引导工作。合理利用好网络阵地,使用直播平台给同学们开班级会议(图 6-16-3),畅谈大学生在疫情期间的责任与担当,并做好疫情典型事迹、典型服务案例的宣传转发工作,积极传递正能量。开展"今日中国""强大中国"等爱国主义教育,组织班级同学结合专业特点为抗击疫情抒写诗篇,把对党和国家的信心融入对同学们的思想引领中,让同学们坚定信念,增强自我防疫意识,提高大局意识,共筑一颗坚定的胜"疫"心。

图 6-16-3　开展线上主题班会

3. 用爱心做好学生身心健康的守护员

大事难事看担当,危难时刻显本色。每天坚持与几名学生谈心谈话并采用视频抽查方式了解学生身体状况和确认学生是否居家防疫。另外,班级中还有一名海外留学生,疫情在全国拉响警报的关键时刻,立刻联系远在马来西亚的他,询问一些基本情况,告知他疫情感染性强,让他在国外要注意安全,科学掌握防疫方法。居家防疫期间,部分学生积极参与社区抗疫志愿服务活动,用实际行动阐释一名大学生的责任与担当。"疫情"无情,人有情,学生在践行新一代强国责任的同时,辅导员更应做好学生的"抗疫"守护员,在每日同学们参加志愿服务的过程后,与学生联系,确认是否安全到家,并叮嘱志愿服务的时候也要保证自身安全(图 6-16-4)。

4. 用真心做好学生学业的督促员

在此次疫情逐渐严重之际,联结班干部,进入"战时状态",做到有召必应,思想到位。通过与班干部之间的交流,间接观察班级同学们的学习思想动态并及时沟通纠正,将相关的线上课程开展情况等通知传达给学生,确保班级同学人人都知悉;督促同学们合理使用假期,积极协助各科老师,帮助班级同学做好各项课前辅助工作。虽是线上学习,但同学与老师之间相互理解,配合融洽,学习态度更加积极,集中分类共享慕课资源,集结专业学习、学科竞赛等,确保"停课不停学"。

图 6-16-4　班级接龙以及关注学生参加志愿者服务情况

5. 用耐心做好家长与学校的联络员

疫情当前,脚步不乱,使用班级家长微信群和 QQ 群对学生的居家生活状态进行关心调查,不光送去问候和关怀,包括学校的工作安排通知都会告知家长,确保家长与同学们收到的信息是同步的。2 月 10 日,通过与家长们的沟通了解到其中一名学生脑部检查出胶质瘤,弟弟在读初中,父母陪在病床前,家庭目前无任何收入。知悉此事后立刻将情况向学校报告。在之后的治疗过程中,学校一直非常关心该生的病情,并为她申请了"2020 春蕾计划扶贫"的名额,解决了她的燃眉之急,帮助其渡过难关。虽然目前该生还在病房进行术后休养,但学校给予的深切关怀和殷殷期望让她也变得更加的坚强,树立起战胜病魔的信心,让学生在疫情期间感受到了来自学校大家庭的温暖(图 6-16-5)。

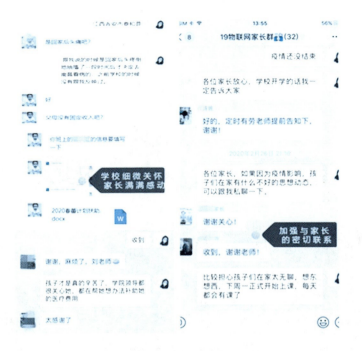

图 6-16-5 做家长与学校之间的联络员

三、启示与思考

此次疫情其实是对辅导员工作的一次考验,辅导员作为与同学们在校期间联系最紧密的老师,是学生思想政治教育的主攻手,是学生成长的主心骨,是学生管理的主力军,更应做到"离校不离岗"。

(一)科学防疫,引导学生

疾病预防教育作为辅导员安全教育的一项重要内容要常态化开展,辅导员要建立预防预警机制和应急处理机制,同时也要做到遇事不慌张,这样才能做好引导学生的工作。

(二)精准排查,守护学生

正面引导同学们对疫情的认识,掌握学生行踪动态,对学生身体健康情况不瞒报、不漏报,认真落实"日报告"制度,高效工作是做好防疫工作的关键。

(三)坚定信念,鼓舞学生

合理利用网络阵地,正确引导同学们舆论,坚定信念,增强他们的防疫意识和大局意识,践行好"学习强国"的责任。

(四)温情良育,服务学生

督促学生在家合理安排假期时间,虽开学延迟,但学业不延迟,保证每一件教学工作安排都落实到位,让学生能在特殊的假期里有成长、有收获。

(五)细致入微,关怀学生

同学们离校后工作推进的方式多样,可以通过加强与家长的沟通,确保家长与同学们知悉信息保持一致,关注每一位学生及家庭情况,做好资助摸底和家庭经济困难学生的摸排,以实际行动全方位关心学生,搭建好学校与家长共育学生的桥梁。

不忘初心,牢记使命,用行动肩负起时代赋予的使命与责任,将学生们的健康安危放在心间,关注学生们心理健康与行为规范,与学生们心连心,从我做起,从现在做起,与学生们一起行动起来,为打赢这场防疫战贡献自己的力量。

【专家点评】

> 本文从分析疫情下学生出现不良情绪的原因开始,厘清解决思路,用"五心"详细讲述了解决办法。内容翔实,接地气,操作性强,可借鉴,可推广。同时从文章的字里行间,充分体现了辅导员作为教育系统防控疫情的一支特别队伍,他们时刻保持战时状态,保持定力,始终做到心中有数,以坚强的党性、顽强的意志、强有力的行动守护着学生的平安健康。
>
> **谢海英　宜春职业技术学院学工处处长**

毕业季 辅导员与学生从"心"出发的毕业教育班会

【作者简介】

陈鑫婕,女,硕士,讲师,西南民族大学辅导员,国家三级心理咨询师。曾获得校辅导员技能大赛优胜奖、校就业先进个人、校年度工作优秀个人等荣誉。

一、案例简介

毕业是人生成长阶段中非常重要的转折点,它预示着大学生要转变身份走向职场,从学习者到工作者,告别学业生涯阶段,过渡到职业生涯阶段,承担新的角色责任、实现新的角色期待。毕业前是一个特殊的时期,大学生面对的应激情况比较多,包括学业、生活以及工作等方面。因此,心理状态的调试与修复显得尤为重要。尤其值得我们注意的是,大学毕业在某种程度上意味着"告别和失去",告别美好的校园青春时光,新的生活空间里将"失去"原本心理上最熟悉的环境和人。因此,辅导员为所带学生举办一场范围在师生之间、同窗之间的共有心理环境内的毕业告别仪式,在一定程度上有促成毕业生在毕业前的心理修复、心理复原、积极品质培育的功能。案例实施者经过具体实践,认为这样一场告别活动,对大学生而言,具有预期告别、增加毕业的现实感、处理情绪、适应生活等作用,实现了心理修复和复原的功能。实现毕业的"心理断奶",在一定程度上有助于大学生提高毕业前心理应激情况应对的心理基础,促成心智成熟、人格独立,从而笃定自信、心怀感恩走向社会,完成"心理上毕业"。

二、案例分析

(一) 心理学基础

从心理学角度讲,丧失需要哀伤修通,即确认和理解丧失的真实性;表达、调整和控制悲伤;应对由于丧失所带来的环境和社会性的改变;转移与丧失的客体的心理联系;修复内部的和社会环境中的自我。

仪式对于人们丧失后的哀伤情绪具有心理修复的功能。仪式的象征、意义感对于人们的认知、情感和行为具有调节和影响作用。人的成长过程中会面临各种"丧失"。人对于避免"丧失"的情绪途径是哀伤。仪式有着重要的心理动力学意义。主要包括:① 通过特定的仪式,增加丧失的真实感,完成与旧的客体告别;② 众人聚集和分享,彼此心理支持;③ 诸多难以言明的个体情绪得到表达和宣泄;④ 通过移情与新客体建立新的联系、新的体验,从而帮助人们完成哀伤过程,心理创伤得以修复。

生活有很多形式的"丧失","丧失"后"哀伤"情绪修复,其实在某种意义上也需要以一种类似仪式化的方式对"丧失"的"客体"进行告别。正如面对毕业,面对青春时光的"失去",面对熟悉环境的"失去",面对舒适人际关系圈的"失去",大学生也会产生一定的心理失落感。借鉴前文所提的心理动力学意义,案例的做法可以对这种"失去"所带来的失落情绪反应有某种程度的"治愈"作用。

(二) 案例的构想

1. 形式

主题为《我们的毕业季》班会活动。

2. 参与人员

辅导员和所带的学生。

3. 时间

论文答辩后 1~2 日。

4. 内容

1) 第一部分:辅导员讲述

(1) 工作层面:辅导员进行近期毕业事务传达和毕业前再教育。

(2) 情感层面:① 根据时间脉络,利用图片对学生从入学到毕业这四年的学习、生活、文体活动、实践实习等集体生活进行回顾;② 分享毕业前要做的事情;③ 回顾工作的付出与学生成长、收获,表达对学生的情感;④ 赠送毕业赠言。

2) 第二部分:与学生互动

(1) 郑重宣布告别。

(2) 赠送 265 封书信。

3) 第三部分:合影留念

5. 准备工作

主要包括:① 文字、图片内容收集;② PPT 制作;③ 手写给学生们的信;④ 给学生们的毕业寄语;④ 准备相机等拍摄器材。

(三)案例的实施

1. 班会主题

班会主题确定为"我们的毕业季——陈姐的毕业答辩"(同 PPT 主题)。

2. 班会时间

5月中旬(时间节点的选择非常重要,如答辩后的1～2日,学生几乎全都在校,且答辩间隙会安排拍毕业照,毕业照后不久开这个班会,在仪式感上有延续性,能达到毕业告别的心理基础)。

3. 参与学生

案例实施者所带学生共265人(为同一个专业的5个班级,从大一带到大四毕业)。

4. 班会内容

1) 第一部分:辅导员讲述

(1) 工作层面。辅导员进行近期毕业事务传达和毕业前再教育。近期毕业事务传达是指对就业材料送交、毕业生档案装档、离校手续办理、党组织关系转接、户口和人事档案迁移等问题进行传达，让学生对于学校的毕业工作相关事宜和流程做到心中有数，便于合理安排个人时间。就安全教育、文明离校教育、荣校教育、法制教育等进行宣讲。安全教育包括财产安全、交通安全、食宿安全、求职安全等。为毕业生安全、文明离校打牢思想基础。

（2）情感层面。PPT展示班会主题为"陈姐的毕业答辩"（图6-17-1）。

图6-17-1　陈姐的毕业答辩

第一，回顾大学四年时光。根据时间脉络，利用图片对学生从入学到毕业这四年的学习、生活、文体活动、实践实习等集体生活进行回顾。从大一合照和毕业照对比、军训、班团建设（班委竞选）、早自习、迎新晚会、新生辩论赛、新生篮球赛、学院之星、四六级颁奖仪式、夜跑活动、班级聚餐、毕业集中实习、毕业照的展示，让同学们在时间与事件中回顾走过的大学四年。

> 心理层面：确认和理解"失去"的真实性，直面逝去的青春时光，直面即将告别的"客体"。

第二，指导建议毕业前要做的事情。从拍照、存档、感谢、班级、宿舍、恋人、朋友、校园追忆8个层面推荐个人可以做的有仪式感的离校前的事。其中，恋人版块还展示了5个班级里自成的6对情侣的毕业服合照，收获学业的同时收获爱情，也是一种美好的展示。

> 心理层面：个人的毕业仪式感指导，转移与失去的"客体"的心理联系。

第三，回顾工作的付出与学生成长、收获，表达对学生的情感。学生四年的青春，也是辅导员四年的青春。四年来，辅导员倾注了自己所有的心血。通过展示辅导员四年来班会的

PPT合集、四年的心语日志55篇,辅导员把对学生的回忆都珍藏着(军训分排表、四年的课表、写过的检讨书、每一年的总结规划装订成册、毕业简历等),让学生感受到自己的大学四年,背后有老师默默关注和陪伴成长,加深师生情感纽带。

> 心理层面:辅导员的四年工作回顾,也能帮助辅导员的心理修复;同样作为"失去"的主体,与学生一同与共有的时光告别,产生情感共鸣。

2) 第二部分:与学生互动(郑重宣布告别,赠送毕业箴言,赠送书信)

宣读给学生的毕业寄语。郑重宣布告别,赠送毕业箴言,践行教育者职责,启迪人生。在本以为班会结束的时候,告知学生有"彩蛋"。当拿出265封信的时候,这份惊喜与感动让学生们都哭了,他们完全没有想到辅导员给他们每个人都准备了一封信(图6-17-2)。

图6-17-2 给学生回的信

> 心理层面:情绪的表达、宣泄和控制;完成与过去时光的告别;书信寄托希望,建立与未来新环境的联系。

3) 第三部分:合影留念

这是一张从未有过的"大"合影,以前的集体照都是以班级为单位居多,虽然大家彼此知道是同一个辅导员带班,也可能在学院活动、班级交流、考试考场等见过面,但是从未一起合影。这张合影非常有意义,这是青春共同回忆的定格。因为大家是一个"共同体",是"共有的家园"(图6-17-3)。

图 6-17-3　合影

心理层面：共同心理群体的聚集和心理支持。

三、启示与思考

高校举行毕业典礼，是母校与学生之间的告别仪式。一个特殊时刻的青春仪式，是人生分节的标志，赋予人告别学生时代的勇气，感受改变和成长的分量。案例中的班会是一场有力量的仪式，作为学校集体教育的补充形式，有独特的教育意义、存在价值、心理功能。辅导员与自己的学生，在恰当的时刻，进行着人生阶段的告别、师生之间的告别、同窗之间的告别，这份共同的心理环境，在相同的、独立的空间进行一场郑重的告别仪式，为学生的四年人生画上一个圆满的句号，能让学生带着对母校的温情，对大学时光的美好记忆，心怀温暖，充满勇气，坚定地自信地走向新的人生阶段。

班会后，看到学生纷纷发朋友圈和 QQ 动态分享，如"我们家的辅导员""我有一个别人家的辅导员""毕业需要仪式感""最后一场也是最有意义的班会""感谢你对我们每个人的关怀""最后的班会，最有意义的礼物""有些人就像风一样，可能你感觉不到，但是她就在你的旁边，但是当你没有力气航行的时候，打开船帆，发现她一直努力地助你前行""感谢你为我们手写的 265 封情书"……心中满是感动，教育者的付出，学生会感受到。这或许是作为辅导员最有成就感、最有价值感的时刻。用心付出，用爱浇灌，互相见证，成就彼此。

【专家点评】

　　毕业生离校教育工作是学校学生教育与管理的一项重要工作,也是大学生培养教育过程中的重要环节。案例中,辅导员对大学毕业生进行教育引导、真情倾注,升华离校情感,做有情怀、有温度的毕业生思想教育工作。案例的实践不仅是辅导员出于对工作的思考,更是出于对学生的心意和温情。这是辅导员送给学生最珍贵、最有意义的"毕业礼物"。

王秀民　西南民族大学副教授

为心灵戴上"口罩"——疫情下高校辅导员有效开展心理健康教育工作

【作者简介】

王秋芳,女,硕士,副教授,四川邮电职业技术学院心理健康教师、辅导员,国家高级职业生涯规划指导师,心理咨询师。曾获校辅导员素质能力大赛二等奖、四川省高校心理健康课程赛课比赛二等奖。

一、案例简介

2020年初始,全国经历新型冠状病毒肺炎疫情的重大考验,国家卫建委于2020年1月26日发布《新型冠状病毒感染的肺炎疫情紧急心理危机干预指导原则》,对疫情的干预工作做了重要部署。

疫情下的高校大学生也产生了一些消极情绪,部分学生在此期间出现了害怕、恐慌、难过、无助、愤怒、麻木等情绪反应,甚至还产生了过激的行为。

作为高校学生思想的引领者,辅导员在本次疫情中是最直接作用和帮扶此类学生的一线人员,自身的示范在特殊时期更为重要。如果辅导员过度焦虑,这种焦虑会传递给学生;如果辅导员保持平稳、冷静,学生也会在与辅导员的互动感染中受益。高校辅导员如何在疫情下有序、有效开展心理健康教育工作呢?一方面需要调节疫情对自身的干扰和可能造成的伤害,另一方面需要帮助学生平稳度过危机。因此,辅导员需要了解并掌握心理危机的一般性知识以及基本的干预方式,通过线上开展心理健康知识宣传、心理健康教育活动、心理辅导等工作,帮助自身转危为安,以相对平稳的心态投入工作,同时帮助疫情下的学生在如此的特殊时期获得自我的成长。

通过辅导员心理健康教育工作的开展,我们看到了越来越多的学生关注疫情下的自我心理健康,不仅在出门前戴好口罩,还为我们的心灵戴上了"口罩"。

二、案例分析

(一)问题解决思路

疫情下,区别于日常的心理健康教育工作,辅导员需要每天按时报送学生的各种数据,日常的学生管理工作量加大,压力也随之加大。疫情下心理健康教育工作既是不可或缺的,又要考虑辅导员本身工作量的问题。所以,应该结合日常学生管理工作融合性开展学生心理健康教育工作。

(二)问题解决具体方法

针对学生在疫情期间的心理问题或各种负面情绪问题,辅导员如何有效开展防控、防护教育呢？既要高度重视,又要防止过度情绪化。从疫情的实际情况出发,实实在在将心理健康教育工作在学生管理工作中落地,可以从以下几方面进行:

1. 宣传教育工作

在《新型冠状病毒感染的肺炎疫情紧急心理危机干预指导原则》中明确,普通大众作为第四级人群,需要学习科学的身心健康知识,掌握有关疾病的科学防控知识;积极应对疫情,增加适应性行为;学习如何识别自己的不良情绪,进行恰当的自我调适;消除自身恐惧,不歧视患者和疑似者;减轻不必要的心理负担。那么,根据以上要求,辅导员可以收集整理权威发布的宣传资料,进一步提炼,通过三个板块提供给学生专题学习——新型冠状病毒常识、新型冠状病毒科学防范、新型冠状病毒疫情下的心理调适,从身心层面双管齐下。

仅仅下发宣传资料是远远不够的,怎样宣贯、落实呢？轻直播是辅导员不错的选择,将所选的内容制作成手册,带领学生在线学习,有疑问及时在线进行解答,既加强了和学生的交流,又以学生喜爱的方式传达了教育内容。

2. 活动渗入工作

学生对宣传手册进行学习后,需要通过具体活动进行检验、巩固以及应用。辅导员可以进行相关活动的组织,帮助消化学习资料。比如,可以进行相关知识的竞赛活动,在调动学生参与活动的同时也掌握了病毒常识;或者在班级群内开展相关主题的讨论,将"家中宅"的学生调动进线上"课堂",让大家相互交流学习,分享各自的心情,探讨本次疫情发生下的各类现象和事件,在思想政治教育上引领学生,不信谣、不传谣,相信我们一定能战胜这次疫情,不给国家添乱。同时,这也是在疫情下给予了学生进行情绪调节的一种方式,给予了负面情绪合理的出口;开展线上朋辈"心情传递"的活动,将各自的负面情绪通过活动抒发出来,获得朋辈的理解和支持,给予彼此力量。

3. 整体与个别相结合工作

疫情下的心理健康教育工作,要注意把握个体与整体相结合的原则。对班级学生进行集体性的、普及性的宣传教育和活动。对于一些特殊地区、疫情相对较重的地区的学生,或者在隔离期的学生等特殊情况,需要一对一地进行心理帮扶,利用所学心理学相关知识,关心、关爱他们,真诚沟通,帮助他们首先稳住情绪。同时,对于本身处于心理疾病、精神类疾病或身心障碍的学生,要及时跟进目前情况,掌握此类学生的动态,对于能疏导的学生推荐至心理健康中心进行有效网络疏导,对于需持续性治疗的,引导并督促其在合适的时候就医并遵医嘱治疗。

4. 专题教育工作

除以上常规性的教育外,我们还可以结合本次疫情开展一些心理健康专题教育。

1) 生命教育

通过多种渠道和方式,让学生知道健康的重要性和生命的不可逆性。本次疫情的发生,激发学生对珍爱生命的思考,对人生意义的思索,对于当代大学生具有特别的意义。青年时期,常常存在对人生意义的困惑、对成长的疑问,抓住本次机会,促使学生静心寻找自己内心的答案,这也是个体在本阶段心理发展的首要任务。

2) 交往教育

疫情期间,由于缺乏户外活动和同伴交往,学生会有诸多不适。辅导员可以针对这些反应启发学生体会和感受社会交往对个体正常生活的必要性,认识人的社会性和相互协作的重要性,认识并丰富自己的社会支持系统。

教会学生认识家庭是社会支持系统中重要的一环。不能出门,正好是与家人增进沟通、加强情感联结的机会。改善和家人的关系,不妨趁这个时期好好陪伴彼此。比如,可以一起聊天,听听彼此的故事,一起做家务,一起学习应对新型肺炎的方式等。

教会学生认识同辈是社会支持系统中不可缺少的。可以和同学、朋友通过微信、电话联系,建立深厚的友谊,彼此倾诉近期的经历,互帮互助,战胜疫情。

3) 鼓励教育

既然不能出门,鼓励学生自主学习,并加强锻炼。学生以学业为先,在保障生命健康的前提下，学习不可断线。辅导员可以多鼓励学生静心读书、积极思考，很难有这么相对较长的时间静心读书的，抓紧机会、努力读书、提升自我；制订科学的学习计划，辅导员通过微信、QQ、电子邮箱等方式积极与学生开展学业交流、职业生涯规划交流。

5. 专业技能提升工作

辅导员需要利用部分时间多学习危机干预的相关知识，并对疫情带来的心理影响放在更长远的时间段来看，尤其是疫情解除后学生返校，如何有效的识别并快速准确的处理可能的危机事件。学生返校后对高校辅导员是极大的挑战，需要理论知识的铺垫，具体工作的开展，结合自身实践的心理工作的应用等。要求更高，需要的专业技能更强。各高校也可以充分利用这段时间，抓紧系统培训辅导员，快速提升自我。

三、启示与思考

本次疫情检验了高校辅导员处理学生危机情况的工作成效，是对辅导员如何在特殊时期稳定自我，教育大部分、针对性帮扶小部分的工作能力的检验。案例在理论和实践两方面给予我们思考。从理论上看，高校辅导员需要提高自我的理论修养，心理学、教育学、社会学等相关理论学习，只有不断学习吸纳才可以在面对问题时有所准备。在实践应用中，给予辅导员在特殊时期采用特殊形式开展学生心理健康教育指出方向。通过具体活动的开展，实践我们的教育理念。特殊时期的特殊形式也极大地激发了辅导员们的潜能，想方设法创造条件帮助学生平稳度过这段时光，获得更进一步的成长。

我们相信，通过高校辅导员真诚的帮助、用心的投入、耐心的指导、专业的学习，学生的心理健康一定会在他们的保驾护航中获得良好的成长。

【专家点评】

> 本案例给予了在特殊情况下高校辅导员开展心理健康工作的方向，具有非常大的可借鉴性，需要在实践工作中不断总结提炼，形成危机情况下辅导员心理健康教育工作模式。在具体实施的过程中，可以结合各高校具体情况，调整具体实施方式方法，最终达到共同的目标——为学生的心理健康成长保驾护航。
>
> **周文静　四川航天职业技术学院副教授**

悉心呵护　引领前程
——记"心灵驿站"心理健康教育活动

【作者简介】

> 胥佳利,女,硕士研究生,讲师,唐山职业技术学院辅导员。曾获得河北省第五届辅导员职业技能大赛一等奖、理论宣讲二等奖,唐山市优秀共产党员,唐山职业技术学院优秀思想政治教育工作者、辅导员、班主任等荣誉。

一、案例简介

一直以来,大学生心理健康教育是大学生思想政治教育的一项重要内容,也是大学生全面发展教育的重要智力支持和精神动力中非常重要的一环,对关心、爱护学生心灵,引导学生健康成长,顺利度过大学期间将面临的种种转折,最终成为心智成熟、积极向上的有为青年,有着十分重要的作用。中共教育部党组关于《高校思想政治工作质量提升工程实施纲要》的通知中,更是指出和强调了心理育人的重要性。唐山职业技术学院口腔系从加强心理健康教育、构建心理健康教育机制出发,持续开展"心灵驿站"心理健康教育活动,包括普及心理健康知识、引导新生心理建设、培育处理人际关系、优化毕业实习心态、加强职业心理准备、开展特色心理活动等多个角度,打造大学生心理健康防线,悉心呵护,坚定信仰,引领前程,放飞梦想。

二、案例处理与分析

为贯彻落实《高校思想政治工作质量提升工程实施纲要》文件精神,提升我系心理健康教育能力,促进学生身心健康成长,因地制宜地加快构建心理健康教育机制,我系持续开展了"心灵驿站"心理健康教育活动,在实践中不断探索和完善学生心理健康教育方式,主要包括以下内容:

（一）普及心理健康知识

为普及学生心理健康知识，每学期举办一次心理健康知识讲座，邀请心理学讲师进行知识普及，帮助学生了解自我、认识自我；每学期举办一次心理健康沙龙，由心理学讲师、辅导员和班主任进行引领，通过选取固定话题如"感谢挫折""珍爱生命"等，引导学生进行沟通和交流，发现问题并着手解决。

（二）引导新生心理建设

新生入学阶段是面临外部环境急剧变化、心理压力骤然增大、最需要心理健康引领和心理建设的阶段，为了做好新生入学心理建设的第一课，开辟"引导新生心理建设"园地，通过主题班会的形式，对新生进行心理引导。主要包括积极鼓励、心理游戏、小组互助、宿舍日志、班级相册、破冰成友六个环节，通过线上、线下多种灵活有趣的形式，尽快帮助新生树立信心、适应大学生活，投入到学习和工作当中。

（三）培育处理人际关系

处理人际关系是大学生活必备技能之一，此活动面向全体在校生展开，旨在促进和引导大学生构建融洽的同学关系、宿舍关系、干群关系、师生关系等。活动以情景模拟的形式展开，由组织者提前收集和策划情景案例，现场邀请学生参与，趣味性与教育性兼具，深受学生喜爱。不少学生通过此项活动改换视角，纷纷表示人际关系处理能力有所提升。

（四）优化毕业实习心态

毕业实习阶段是学生面临的第二个环境骤变、考验重重的阶段。压力虽大，但是这一阶段对学生升学就业以及未来的人生方向的规划，都有重大影响。因此，面向实习生，通过实习动员大会、实习心理准备、实习疑难解答和就业心理帮助四个模块，进行毕业生的心理教育，旨在打好预防针、做足准备，引导学生积极面对实习和毕业过程中所遇到的各种困难，并树立职业自信，坚定信仰，砥砺前行。

（五）加强职业心理准备

此项活动是以专业进行编组，按学年分专业进行量身定做的职业心理教育。根据我系口腔医学专业学生所需要的临床医生心理准备、职业道德、职业责任感和职业荣誉感，从行业专家讲座、参观门诊医院、见习心得总结、常见问题解析四个方面进行引领；口腔医学技术专业，根据行业修复师所面临的职业现状，从职业道德、职业自信、职业自豪感和工匠精神四个方面进行重点培育，通过专家讲座、参观工厂、自我总结和问题解析四个方面进行引领，以培育合格的行业人才、塑造德才兼备的接班人为目标，将职业心理准备贯穿于心理健康教育的始终。

（六）开展特色心理活动

通过开展学生喜闻乐见的特色心理活动，调动学生的兴趣，吸引学生的参与，帮助辅导员与学生相互敞开心扉、拉近距离。

1. 主题留言墙

以促进沟通，增进师生交流为原则，以不记名的方式，引导学生在主题留言墙进行留言；每月选定一个主题，从学生生活、学习态度、见习感言到毕业留言等方面，引出学生的心里话，并给予回复和疏导，发现问题并及时处理跟进。

2. 开放咨询

以加强人文关怀和心理疏导为原则，将每月 25 日设立为辅导员心理咨询开放日（节假日顺延），对预约或有需求的学生进行心理咨询和疏导，并且建立开放咨询机制，每月通过线上咨询的方式，向学生们输送关怀与温暖。

3. 公益活动

以培养学生积极向上的心态为目标，带领学生赴培智学校、幼儿园、敬老院等地参与公益活动，送人玫瑰、手留余香，通过引导学生参加义诊等志愿服务，体现自我价值，增强社会责任感与职业荣誉感。

4. 其他活动

组织多种多样的实践活动，以育心与育德同步进行为目标，带动学风建设，培养积极向上的心态。包括开设公众号、网络课堂、户外活动等形式，在实践中不断探索心理育人经验，保证学生身心健康、茁壮成长。

三、启示与思考

大学生心理健康教育是一项长期工作，它贯穿于大学生整个大学生涯的始终，向学生提供最精心的呵护、最贴心的引领、最暖心的照顾和最用心的培育。当代大学生是全新的一代人,在思想上,更为自由和独立;在行动上,更追求个性与张扬。整体上,心理健康水平呈上升趋势,但面对挫折,也更需要引导和呵护。

(一)学生乐于接受线上心理教育方式

通过在线班会、公众号、慕课等平台进行线上心理教育,学生较乐于接受,参与度高,回复积极性高,可探讨线上活动长效机制。尤其在公共安全突发事件中,如疫情期间,线上心理教育起到了重要的作用。

(二)学生热衷于形式多样的心理活动

通过组织形式多样的心理活动,以学生热衷参与、反馈度良好为依据,带动学生打开心灵、增进了解、减轻隔阂、广泛参与,在积极参与活动的过程中,收获健康向上的好心态。

(三)专业化心理健康教育必不可少

在工作中,遇到学生心理出现问题、需要心理救助的情况时,专业化的心理健康咨询等配套服务必不可少,是学生心理健康的坚固防线。

(四)良性沟通有助于增进师生关系

通过辅导员日等沟通环节,大多数学生愿意与老师敞开心扉、畅所欲言,是发现问题、解决问题的最佳途径。辅导员可定期开展师生沟通工作,引导、带领学生调整心态,树立目标,促进学风建设,帮助学生健康成长。

【专家点评】

> "心灵驿站"心理健康教育活动充分体现了教育系统性原则、学生主体原则和动态发展原则。通过提供多元、积极、有效的教育途径和自育资源,让学生在活动中有感受、有体验、有思考、有成长,帮助学生优化认知、情感、意志和行为,在以知促行、以行求知、知行合一的过程中,促进学生形成健全的人格和良好的心理品质,进一步彰显了心理育人对提升思想政治教育实效性的重要意义。
>
> 若以高站位谋划、高标准开展、高质量推进的标准持续深入提升该活动的育人效果,建议从宏观、中观、微观各个层面,构建系统一体化的心理育人工作机制,加强心理育人与其他育人环节的有机结合,以此形成协同育人的"大思政"格局。
>
> **徐　敏**　台州学院生命科学学院党总支副书记,副教授

"五位一体"心理育人模式的构建

> 🚩 【作者简介】
>
> 廖忠明,男,博士,教授,江西环境工程职业学院副院长,党委委员。
>
> 于俊红,女,硕士,讲师,江西环境工程职业学院心理健康教育中心负责人,国家二级心理咨询师,赣州市心防专家,教育部华中师范大学心理援助热线咨询员。从事心理教育工作14年,主要研究方向为青少年心理健康教育、心理咨询、危机干预。
>
> 骆莎,女,硕士,讲师,江西环境工程职业学院马院专职教师,国家心理咨询师、赣州市心防工程专家。曾获得全省辅导员技能大赛一等奖、全省高校辅导员优秀论文二等奖、全省高校公共安全教育教师能力展示二等奖、全国"我心中的思政课"微电影大赛优秀奖等荣誉。

一、案例简介

2019年我国高职院校全面实施扩招,而2020年和2021年扩招人数为200万人。高职扩招是党中央、国务院做出的重大决策,是职业教育改革发展的重大机遇,将对我国教育发展产生重大影响。习近平总书记指出,发展职业教育前景广阔,大有可为。在高职扩招的背景之下,国家对职业教育越来越重视,我国对技能型人才的质量要求也越来越高,对职业教育的关注已经从传统的知识的传授、能力的培养过渡到职业素养的全面提升。高职学生职业素养的提升成为职业教育改革的关键。

2017年12月在中共教育部党组发布的《高校思想政治工作质量提升工程实施纲要》中,将"心理育人"纳入高校"十大育人"体系中。心理教育在高职学生的成长发展中起着重要的促进作用。我校地处赣南地区,为全省示范性高职院校,根据我校办学特色,结合近十年开展高职院校心理教育工作的优秀成果,我们将心理健康教育与职业教育深度融合,解析高职大学生职业素养的核心内涵,构建"五位一体"心理育人实践模式,明确当前职业素养培养困境,探索出一套行之有效的职业素养培养规律,最终有针对性地实现培养职业素养达标的"职业人"目标,对高职院校如何开展心理育人工作提出了创新性见解。

二、案例分析

职业教育是国民教育体系和人力资源开发的重要组成部分。新时代,对高职院校所培育的素质技术技能型职业人才也提出了更新的要求。如何提升高职学生的专业素养、人文素养、心理素养、行为素养、创新素养等职业素养能力,成为高职院校迫在眉睫的问题。我校根据自身办学特色,结合近十年开展高职院校心理教育工作的优秀成果,将心理健康教育与职业教育深度融合,提炼出以教育教学、预防干预、咨询服务、日常管理、实践活动为基础的"五位一体"的心理育人实践模式,在开展心理教育的过程中充分提升学生职业素养,并取得了丰富成效。

(一)教育教学中稳固专业素养

专业素养是学生从事技术技能型工作的必备职业素养,而高职学生普遍存在专业基础薄弱、知识基础较差、缺乏学习方法等问题。我校在职业教育教学过程中充分融汇心理教育。例如我院心理健康教育中心倡导"课程心理"由心理中心统一指导,专业课程集体备课,专业课程中融入心理元素,了解学生学习的心理动机、认知特点、记忆规律等。把学习兴趣的培养穿插到专业教育中,授以学生恰当的学习方法,提升学生的专业素养,以此提高专业认知和专业自信;教会学生学会学习减压、培养提升学生的学习兴趣等方式都是心理教育与学科教育的有机融合,正确地引导学生进行科学合理的学习,使学习效果尽量最优化,稳固专业素养。

(二)预防干预中彰显人文素养

人文素养是职业素养中重要的因素。受市场经济影响,高职学生实用主义、功利主义倾向严重,重理工、轻人文,使得学生缺少发展后劲。我校在心理预防干预过程中运用危机干预体系、线上心理宣传教育、线下社会资源保障三种措施,三管齐下,提升学生的人文素养。我校建立了学校—二级学院—班级—宿舍"四级"网络预警防控体系,形成了危机处理的快速反应机制,加大重点关注学生摸排的力度和密度;重点深挖网络教育平台,在已有的"环院心晴"微信公众号、微博公众号、抖音公众号上,推送心理育人知识;学院积极争取地方优质资源,集多方力量共同推进心理健康教育建设。通过与当地的精神卫生专科医院共建,为心理育人的提前干预、干预中及后续干预提供强有力的社会资源保障。通过多管齐下,以文化知识、人文底蕴为出发点,引领大国工匠精神,践行"身边的榜样,前行的力量",培养学生的自信心和自强精神,学生的自我认知度与自我认同感由此提升。

(三) 咨询服务中培育心理素养

当下,高职大学生心理素养有待进一步提升。学校通过校内专业教师咨询、外聘专家、朋辈心理咨询以及线上咨询等多元化咨询方式,提升学生在人际交往、学习、就业心理等方面的技能和素养。同时配备完善的硬件设施,形成标准化心理咨询中心,集个体咨询、团体辅导、音乐放松、沙游治疗、智能宣泄于一体。规范心理咨询中心工作制度、个体咨询服务办法、转介和跟踪制度、咨询督导办法以及心理危机预防干预工作预案;建立学生心理咨询档案,保障个体咨询有序、科学、规范开展,为学生提供心理支持,建立了快速高效的咨询服务;朋辈心理咨询和团体辅导活动开展得有声有色,心理健康理念和知识深入学生内心。以此指导高职学生摆正心态,明确自我定位,树立正确的价值观、职业道德、职业意识和职业品质。

(四) 日常管理中规范行为素养

行为素养作为职业素养的核心要素之一,考虑到当前高职学生的行为养成需要以及容易出现的行为素养问题,把高职学生的行为举止素养、言谈素养、日常交往素养、团队合作、网络素养、职场素养等内容列为重要的主题,符合大学生的实际需要,具有较强的针对性和指导意义。看似很小的行为问题可能就是决定人才培养的关键因素。我们倡导把心理教育与行为素养相融合,如从学生的日常点滴抓起,增加与人沟通的能力,培养他们规范得体的言谈举止;教育学生养成规律的作息时间,对时间进行合理的分配与管理,培养他们的时间观念;引导学生学会认可、接受规章制度,培养他们的制度感等都是行为素养的重要部分。对高职学生的日常行为规范进行指导教育,让其内化为稳定的行为品质,升华为规范的职业行为习惯,为就业打下了坚实的基础。

(五) 实践活动中提升创新素养

当下,创新驱动已经成为我国经济发展的主要动力,我院心理健康教育中心根据不同学院、不同阶段、不同兴趣爱好特点,本着"区别对待、分类指导、自成体系、协同把握"的原则,协调心理健康教育中心、二级学院心理指导教师、二级学院心理部、班级辅导员组成四级运行机制,立足分院特色,搭建了"一院一品"的心理实践活动创新平台。"一院一品"依托我校"3·25"和"5·25"大学生心理健康文化节,连续十年开展活动,心理特色实践活动现已成为二级学院的精品特色活动,形式多样、内容丰富,心理育人工作不仅在校内如火如荼,还在校外与赣州市慧聪自闭症儿童康复中心合作,举办每周的社会心理服务,校内专家为中小学教师提供心理培训等活动。这些活动进一步整合了职业教育的要求,以心理实践活动为桥梁媒介,融会贯穿职业特质,让学生在参与中愉悦身心,提升职业的创新素养。如园林学院的心理品牌实践活动"心理压花艺术表达",将压花技术与心理艺术表达巧妙融合,心理实践活动成为了学生创新思维的催化剂,我校连续多年在国际压花比赛中荣获特选奖。

三、启示与思考

"五位一体"心理育人实践是一种全方位、多元化的创新型心理育人模式。在心理元素全覆盖的情况下,为走出当下高职院校职业素养的困境,探索出行之有效的职业素养培养规律,最终有针对性地实现培养职业素养达标的"职业人"目标。

(一)科学依据定目标

对心理育人工作提出了创新性见解,统筹了高职院校学生的职业素养和心理动态,以学生为中心,尊重学生的发展规律,根据高职学生的感知觉、记忆、思维、问题解决、能力的个体化差异、学习能力及社会性发展变化等特点动态规划高职院校学生的职业目标。

(二)软硬结合解难题

在实施过程中,既要有硬件配套设施的完善,又要有柔性视觉下的软实力,将心理知识、学生的心理发展特点渗透到学科专业教育教学中,显得尤为重要。这不仅需要有针对性地制定心理育人的目标,更需要全校重视和普及心理健康教育工作;不仅需要对学生、老师灌输全方位360度无死角的基础系统心理知识,更需要形式独特、创新、有吸引力的心理活动的引领,形成全校性良好的心理意识,这也是在案例中需要重点解决的难题。

(三)严谨验证谋心育

经过探索、研究、试验、实施、论证、再试验、再论证,我们探索出了从教育教学、预防干预、咨询服务、日常管理到实践活动"五位一体"的路径,形成了心理教育与职业教育相融合的结构式、全方位心育模式。

【专家点评】

　　"五位一体"心理育人模式,在全校经历过一系列的探索、研究、实施和论证,多次论证,多次试验,最终形成了一套全方位、多元化的创新型心理育人模式。该模式的子成果《团体心理辅导模式在高职院校心理课程改革的探索和实践》获得校级二等奖;出版了《高职学生心理健康:适应与和谐》等"十二五"规划教材;申报了相关省级课题8项,发表省级以上相关论文10余篇。其中,教育教学做法得到其他高校学习和借鉴。心理素质是每个人都要关注的,将心理育人与职业教育通过"五位一体"的模式结合在一块,不仅让心理课程进课堂,更使课程心理进课堂,通过知识普及、特色文化、实践活动等多元化的方式加强了全校师生的心理素质,提高了全校师生的心理素养。

　　肖　文　江西环境工程学院马克思主义学院院长,教授

第七篇 管理育人

守正创新 筑梦育魂
——用实际行动做学生的引路人

【作者简介】

> 付霞,女,硕士,广州科技贸易职业学院讲师、辅导员,国家二级职业指导师、国际IPA高级礼仪讲师。曾获得广东省学生工作先进个人、广东省资助先进个人、广东省辅导员年度人物、第五届广东省辅导员技能大赛三等奖、广州市优秀学生工作者、广州市科协优秀共产党员、校辅导员技能大赛一等奖、校优秀团总支书记、校优秀工会工作者、校就业先进工作者、校课程思政教学名师、校最受学生欢迎教师等荣誉;主持申报国家省市级课题20余项,发表学术论述30余篇,撰写出版教材4部,申请国家实用新型专利6项。

一、案例简介

2019年11月7日晚上11点左右,接到番禺区石碁派出所电话,被告知所管班级陈同学没有经过×××女子职业技术学院保安人员的同意,擅自进入校内调戏并骚扰女同学,后被保安抓住送到附近派出所,要求学校派人去领他回来。辅导员立即开车向派出所赶去,2名学长导师陪同前往。

派出所办案民警简单交代事情经过,让辅导员确认是否是本校学生,表示鉴于该生是初犯并未造成严重后果,先由学校领回去教育批评。在此期间陈同学一直沉默。辅导员向民警同志保证领回后会好好教育,随后离开派出所。在辅导员带领陈同学离开派出所返回学校的途中,发现陈同学满身是伤,有被殴打的痕迹,经过反复询问后了解到他在×××职业技术学院被保安围攻殴打,不是非法入校、调戏女生。

辅导员立马调头带着陈某某同学返回石碁派出所申请立案调查,还学生清白。经过多方努力,该派出所民警于凌晨2点带着辅导员和陈同学去到×××职业技术学院调取监控设备,查清事实真相。录像显示陈同学是通过正规途径进入学校,仅仅是问路而已,并非调戏女生,该校保安不分青红皂白仅凭该校为女子学院没有男生,就殴打陈同学,给陈同学身体和心灵造成巨大伤害。在调查清楚事实真相后,辅导员一行回到派出所正式申请立案,请求处罚打人者,还学生公道。

辅导员立即带陈同学到附近医院验伤取证,同时将事情经过向学院领导和学生家长进行汇报,请学生家长赶来参与案件调解工作。后期辅导员陪同学生及家长参与调解过程,打人者最后赔偿学生医药费、伤害金共 2000 余元并赔礼道歉。学生从加害者变成受害者这一角色的转变,让他信心倍增,相信老师,相信正义,相信社会。

二、案例分析

(一)迅速反应,赶赴现场

辅导员接到电话立刻开车去接学生,30 分钟内赶到派出所,并没有因为路远、天黑等原因而置学生不顾。

(二)温和坚持,立场坚定

在派出所不管民警如何指责批评辅导员和陈同学,辅导员都微笑着温和对待,表示回去会好好教育学生,并将学生在校情况进行反馈,告知民警学生一直以来都是遵纪守法的好学生。

在带着陈某某同学返回学校的途中辅导员不断安慰他、开导他,告知他不要害怕,老师完全信任他,有什么难题辅导员和他一起面对。在辅导员耐心温和的陪伴下,陈同学慢慢放下戒备心理,开始和辅导员聊起当天发生的事情。突然,陈同学说:"我头好痛。"辅导员立刻询问:"哪里痛?他们打你了?"随后马上靠路边停车查看,发现陈同学满身是伤,头上还有一个大包。辅导员立刻返回石碁派出所,申请立案调查,要求查看监控视频还原事实真相。

(三)保留证据,及时验伤

通过多方协调后查看监控视频发现学生是无辜的,并未非法闯入学校,也没有调戏女同学,而是被对方保安暴力驱赶,辅导员第一时间申请按照法律程序控制打人保安,保留监控视频。

立案后,辅导员马上带陈同学到附近医院验伤,告知医生被打时间和部位,并进行头部

CT和外科检查，让医生做出合理判断并写下诊断证明，同时保留病历和发票，为未来案件发展保留第一手证据和材料。

（四）懂法用法，保护学生

为了确保办案流程合法合规，辅导员特意打电话咨询相关律师，确保所做的每一件事、采取的每一个措施都是符合法律流程的，能够最大限度地保护学生的合法权益。

（五）及时上报，联系家长

在去派出所之前，辅导员已将事情汇报给了学院主管学生工作的书记和学生工作处处长。在案件处理过程中及时向上级领导汇报，听取上级领导指示。同时联系学生家长，告知事情经过，征求家长意见。

三、启示与思考

本案例属于突发危机案例，对辅导员经验、学识、胆量、耐心都是一场考验。

（一）启示

1. 核实情况，发现异常，相信学生，还原真相

作为辅导员老师，在遇到突发事件时，首先要赶赴现场核实情况，了解事情原委，及时处理异常状况，关注学生身心健康状况，在了解事实后，要相信自己的学生，并站在公正的角度去处理问题；其次是辅导员只有站在学生的立场去思考问题，才能知道学生真正担心的是什么，才能还原真相，进一步帮助学生。

2. 胆大心细，寻求帮助，及时上报，班干同行

从本案例中可以看到，学生在面对强势群体的时候会有担忧恐惧之感，作为辅导员老师，在学生无助恐惧的时候，应给予学生最强有力的支持。同时，遇到问题时，应保持理智思考的能力，积极寻求专业人士的帮助与指导，特别是关系学生切身利益的事情一定要有理有据，确保学生安全。及时沟通上报，告知学校领导、家长事情处理经过，不隐瞒、漏报，不包庇纵容。在处理突发事件的过程中，学生干部全程随行，既是陪伴，也是请学生干部作见证，避免事后家长认为老师不尽心或处理不当。学生干部在事件处理的过程中亦能帮忙处理一些

力所能及的事情。

3. 取证留存,坚持正义,相信社会,相信法律

在本案例中,辅导员及班干部发现学生有伤,及时请警察协助带领学生到医院验伤,既是让学生自己放心,也是让家长、学校放心,同时为保安打人事件留下有利证据。相信公安机关在有力的证据面前一定会秉公执法。辅导员必须要立场正,相信社会的清明正义,也告知学生要相信公安机关能够还原事实真相。

4. 跟踪处理,心理干预,事后总结,经验借鉴

在本案例中,当天晚上辅导员处理完事情回到学校已经是凌晨4点,第二天早上8点又赶到派出所参与了事情的调解,直到双方达成一致意见。后期辅导员连续一个月跟踪事件中的学生,及时进行心理危机干预,同时请班委、任课老师协助观察该学生是否有异常反应,直到学生恢复如常,重新树立自信。辅导员做好事后总结,撰写案例报告,为以后相关案例的处理提供借鉴。在整理回顾事情经过的过程中分析整个事件是否有做的不到位的地方,同时邀请其他领导同事给予相应的意见,为以后处理类似事件提供参考。

(二)思考

1. 学校层面

学院应建立危机处理机制,安排多名值班人员,有类似事件时协同处理;同时学院应建立危急事件备用金使用机制,如学生突发疾病需要抢救等能够第一时间拿出经费,为学生生命护航;大力进行普法宣传教育,让学生懂法、用法。

2. 辅导员层面

辅导员要全方位提升自身综合素质和危机事件处理能力,学会综合运用法律、心理、思想政治教育、人际关系等方面知识,关心爱护学生,以学生为本。

3. 学生层面

建立班级联动机制,对于没有及时返回宿舍的学生,舍友和舍长应及时联系并上报班委、班主任或辅导员,加强班级同学的沟通与联防机制。

【专家点评】

　　该案例在处理过程中充分显示了辅导员付霞老师经验丰富、稳重成熟、恪尽职守,全心全意为学生着想,凡事三思而后行,做决定之前都经过了自己的思考,在努力的过程中不畏惧困难,能够在关键时刻坚持自己内心的选择。她时刻不忘辅导员使命和担当,展现了守正创新,筑梦育魂的主题。辅导员是老师、管理者,也是学生的人生导师,在实际工作中辅导员需要摆正自己的位置,充实自身的理论知识,用知识武装自己,做一名合理、合法、合情的管理者;掌握技巧和方式方法,要有责任和担当。付霞老师将辅导员的优秀素质运用到实际工作中,帮助学生解决实际困难,关心、爱护学生,站在学生的立场考虑问题,引领学生面对困难迎接挑战,相信老师、相信警察、相信社会,用言传身教守护学生的信念,筑梦育魂。在案例过程中如有男同事跟随可能会更完美一些。

刘　军　广东农工商职业技术学院学生工作处处长,副教授

倾听 理解 尊重
——记一次学生质疑评选的事件处理[①]

【作者简介】

张鹤,女,硕士,讲师,南京医科大学康达学院辅导员。曾获校辅导员职业能力大赛一等奖、院辅导员优秀工作案例评选一等奖等荣誉。

一、案例简介

某高校中,一年一度的毕业年级优秀实习组长评选已经初步完成,人选正在公示当中。根据学生手册规定,优秀实习组长评选程序包括:自荐、同学互评、鉴定、实习单位推荐、综合评选,其中综合评选环节由学生工作办公室根据报送材料和实际情况来进行。每年的评定名额有限,而担任实习组长的人数远超既定名额数,且因实习单位带教能力、接收条件不同等原因,各组间成员人数差异较大。这次评选中,在符合条件的报名人选远远超出评定名额的实际情况下,辅导员在综合评选环节采取了按组员人数筛选的原则,使得部分组员人数较少的组长落选。公示后,某实习组长小A认为这种评选方式不公平,提出强烈质疑,情绪激动地找到辅导员反馈意见。

此案例是辅导员在实际工作中遇到的典型个案。对于涉及学生切身利益的评选等事件,学生往往高度关注,并在存有不满时提出质疑。辅导员在面对学生质疑时,应镇静理性、妥善处理,做到充分倾听、理解、尊重,在保证方案公平合理的前提下耐心细致地做通学生思想工作。本案例中,辅导员妥善处理突发事件后,还在后续工作中不断完善提升、形成反馈,在又一年的评选中得到了学生的认可和好评。

---

① 本案例曾获南京医科大学康达学院辅导员优秀工作案例评选一等奖。

二、案例分析

（一）案例定性分析

此案例是学生不认同评选方案引起的突发事件，学生情绪较为激动，如若处理不当会耽误工作进度，激化师生矛盾，甚至可能损害学生对辅导员的信任度，使得评选结果失去公信力。

（二）问题关键点

（1）如何迅速稳定事态，顺利推进工作。
（2）在确保评定方案公平合理的基础上，如何取得学生对方案和结果的认可，重塑师生情谊，并在今后优化方案设计流程和评选方式。

（三）解决思路和实施办法

1. 多方了解信息、掌握学生心理

优秀实习组长评选程序包括：自荐、同学互评、鉴定、实习单位推荐、综合评选。每年的评定名额有限，而担任组长的人数远超名额数，且各组成员人数差异较大。

收到质疑后，辅导员迅速向年级全体同学展开调查，了解到绝大多数同学认为组员人数和工作量直接相关，在候选人其余条件均符合要求的前提下认可按照组员人数进行筛选的方案；以小A为代表的极少数同学则认为，应该按组员学习成绩、参与活动等指标进行评选，以成绩好、活动多为优先条件，并且此次评选未在开始前将细化方案公布，导致部分学生知晓落选原因后一时难以接受。

2. 再次查阅文件、梳理工作流程

辅导员再次认真查阅学院文件，对照工作流程和评选条件进行梳理，确认评选不存在原则性错误。在其余条件和流程都严格遵循规定的前提下，是否按组员人数或是其他标准筛选，在综合评选程序中辅导员具有一定的自主权。

3. 主动沟通学生，倾听、理解、尊重

（1）倾听：辅导员主动约谈小A，倾听其怒气冲冲的质疑后，首先向其道谢，表示在学院

的发展过程中,正是因为有小 A 这样心系学院、勇于反馈的同学,才会有老师工作的不断改进完善。面对这份意外的道谢,小 A 从愤懑转为惊讶,又转为羞涩,表示关心学院是自己应该做的,缓和了紧张的氛围。

(2) 理解:辅导员对小 A 的想法和心情表示充分理解,并共同探讨方案。对于小 A 提出按组员学习成绩、参与活动等指标进行评选的方案,辅导员在讨论中指出,各组成员本身学习成绩并不均衡、各实习单位组织活动频率也存在差距,以成绩和活动参与情况作为评选指标并非尽善尽美。而组员人数和组长实际工作量是相关的,这种情况下,把组员人数作为评选的考虑要素在一定程度上是公平合理的。在不违反文件规定和工作流程、绝大多数同学无异议的前提下,希望小 A 能理解不对现行方案进行更改的决定。

(3) 尊重:辅导员对小 A 提出的质疑表示尊重,承诺在下次评选时会予以考虑,对于涉及学生切身利益的评选,会在开始前列出拟订方案征求意见,最大限度地尊重同学们的决定。此时小 A 已情绪平稳,表示认可辅导员的处理方式。

一场突发事件至此平息,评选工作顺利推进。辅导员在后期通过联系班委、侧面观察等形式,了解到小 A 确实已接受此方案,并认为自己受到理解和尊重,再无不满。一年后,在又一次优秀实习组长评选中,辅导员采取了提前公布拟订方案、征求学生意见的形式,根据学生意见对评选方案进行优化,在取得学生认可后方开始评选,在评选结果公示期间没有收到任何异议。辅导员将此消息和已毕业的小 A 分享,获得了小 A 的由衷好评。

三、启示与思考

(一) 坚持原则、公平公正

辅导员对于评选方案有一定自主权,但一定要以公平公正、按章办事为前提,注意多种方式中的合理选择。实际工作中,部分评选具有一定的灵活性,辅导员在面对质疑时也并非一定要做出更改,而应仔细审视、综合考量。在方案公平合理、符合规定且多数同学无异议的前提下,可以不对现行方案进行更改,但一定要做好少数学生的思想工作,取得相互理解,力争让评选结果具有最大公信力。

(二) 倾听学生、民主公开

涉及学生切身利益的一些评选,应该充分了解学生意见,对有异议的学生同样要倾听、理解、尊重。在实际工作中,对于具有灵活性的一些评选,要重视公开性原则,可以在正式评选前提供拟订方案、充分征求意见,倾听学生想法、引导共同协商,让学生感受到被理解和尊重,在师生融洽的氛围中顺利推进工作,同时也使得评选结果更具有公信力。

(三)汲取建议、形成反馈

对于学生的有益建议,要结合工作切实思考、跟进、汲取、改进,并形成反馈。学生是辅导员工作最有资格的评价者,要想做好辅导员工作,就要积极听取学生想法、汲取有益建议,并积极融入实际工作中,这既是对工作方式方法的优化提升,也有利于增强师生信任、营造良好氛围。同时,良好的反馈机制能畅通交流渠道、联络师生感情,在实际工作中合理进行反馈,更能使学生感受到工作实效,提升辅导员工作的被认可度。

【专家点评】

> 评选问题是学生关心的涉及公平公正的问题,学生往往有多种看法、意见不一,但评选又必须推进、得出结果,在这种情况下,辅导员要化解学生的质疑确实不易。辅导员在解决问题的探索中既要保证公平公正、按章办事,也要重视公开、听取意见,对于少数学生的意见同样不能忽视,要耐心细致地取得学生理解,最大限度地提升结果的公信力。此案例中,辅导员的处理有理有据、公正客观,并且融情入理,同时在一年后还进行了反馈,做到有始有终、全程育人,具有可借鉴的典型意义。
>
> **孟国祥　南京医科大学教授**

让我陪你走过每一个难熬的黑夜

【作者简介】

付铭举,男,硕士,讲师,大连交通大学电气信息工程学院辅导员,校团委兼职副书记。

一、案例简介

他是我的一个学生,电气工程及其自动化专业的一个男生,目前读大二。他在学院里普普通通并不出众,平时给大家的印象就是活泼开朗的一个阳光大男孩,可是在私下他也有着自己的苦恼、压力和困惑。那一天晚上他找到我,和我说他最近很苦恼,学习、社团和个人感情都不是很顺利。他很愿意和我沟通,这个年纪的男生已经渐渐开始成熟,对家里一向报喜不报忧,也慢慢知道了很多路终究是要一个人走,即使是身边的人也不能替他走过那些黑夜。

他说,考入这个专业是凭借语文和英语的优势,对于工科和数学他真的很不擅长。我调出他大一时的成绩,也能够看出高等数学、大学物理等学科相比于马克思主义原理、英语,的确是存在着较大的差距。他本人也并不是不努力,但是成绩始终不理想,学习过程也很困难,而且随着学习的深入、年级上升,学习的困难程度一直在加大。这是他遇到的一个难题。他同时还是学校社团的社长,从大一刚进入跆拳道社作为新生跟着学长学姐,现在成为社团负责人,除了自己的训练以外,他还要负责整个社团的事务,这样的变化让他有些不知所措,而且刚刚上任,面临的很多情况与他想象的发展态势大相径庭,产生了挫败感。从高中到大学,学生的个人情感状态也发生了变化。他说:"现在我是社长,之前吸取前几个负责人的教训,我给自己立了规矩,不能谈恋爱,也不敢谈恋爱,怕影响社团管理,但是真的还是会遇到让自己很喜欢的女生。追,不是;不追,也不是。"其实,他跟我说的时候我很理解他,但是在我看来,他的做法未免有一些极端,所以造成了现在自己的痛苦。

二、案例分析

我在他周围的朋友和社团的同学那里初步了解了他的情况后,积极地与他进行交流,开展心理疏导,帮助他解决问题。

(一)了解学生真实的想法和处境

想要从根本上帮助学生解决问题,就要从根本上发现问题的所在。辅导员作为高校思政工作者,是与学生较为亲近的人,更要给予学生真真切切的关爱和心灵上的引导,踏踏实实地帮助学生解决遇到的困难。面对困难和问题,我们就要寻根溯源、对症下药,帮助学生分析并解决困难和问题,舒缓他们的情绪。

我将该生面临的问题和困惑总结为以下两个方面:

(1)学习上的困难。

我在与他进行交流谈心时,他说:"我其实不是标准的'理工男',在高中最初一年学习的是文科,文理分科后才选择了理科,所以数学、工科什么的我不是很擅长,基础也不好,况且我是凭借语文和英语的分考进这个专业的,所以这样和相同分数的专业同学一比,就感觉自己'瘸腿',而且一年比一年难。"

(2)社团和个人感情的困惑。

通过了解该生对于所在的跆拳道社团具有一定的抱负和志向,在进入大学之前就立志要把本校的跆拳道做大做强,该生一直处于专业运动员和教练员的训练模式和气氛之下。他性格比较耿直、强硬、为人直爽。谈话时他对我说:"大一一年我都在积累技术,准备厚积薄发、大展拳脚,但是接手社团后发现,与社团大部分社员相处得并不轻松。为了社团,我给自己定下规矩,只要我在社长的位置带他们一天,我就不能让自己个人的事影响社团的发展。"由于自己的理想和社团之前负责人"不作为"的态度,该生为了吸取教训,告诫自己避免接触异性,当遇到了心仪的有好感的异性的时候,在自己制定的"规定"和情感之间产生了挣扎的痛苦情绪。

该生遇到的两个方面的问题是比较经典的大学生在校期间会遇到的问题:学习、个人感情生活。与普通学生有所不同的是,该生是学校的一名社团负责人,而且该生的两方面问题都涉及社团,因此在分析问题的时候势必要把跆拳道社团这一重要因素考虑进去,在专业跆拳道训练方面,辅导员老师专门实地去拜访了大连几家跆拳道馆的馆长和教练。我们分析发现:

(1)学习的困境背后是不自信。

在文化课学习方面,该生在理工科,特别是在计算和理科思维方面薄弱,由于长期在这种困难的环境中,已经形成了自卑和不自信的心理,以至于后来掉进了泥潭,挣扎几次不能上岸,结果就放弃了努力。

(2) 社团的矛盾来自于意识不同。

通过与专业的道馆教练以及该生的交流我们发现,在该生的心中存在着比较强也比较深的理想抱负,由于长期在只以刻苦训练为主的专业训练氛围和模式下,使他的想法和社团实际的状况不匹配,从而导致一系列的矛盾和挫败感。从该生对自己要求的标准来看,多数的社员是达不到他的要求的,从而导致该生觉得社员懒惰不努力,社员埋怨该生要求苛刻、是魔鬼教练的局面。这就是观念上的错误。该生错误地理解了社团的定位和作用,把社团这个大家共同来交流、娱乐、课余时间放松的地方当成了专业运动队的训练场地,也没有因地制宜地把自己的理想和社团联系起来,把所有社员不加区分地对待,让社员感受不到轻松、人性化以及关爱,相反的是让大家觉得来社团训练是在上课,是一种劳累和折磨。

(3) 感情的纠结源自矫枉过正。

该生虽然吸取教训,告诫自己的出发点和方向是好的,但是与之前的社团负责人相比该生未免矫枉过正。对于该生的个人情感选择我们不做外界的干涉,该生需要的是我们去帮助他正确地理解社团和个人生活之间的关系,包括时间的分配、对待异性的态度和看法,正确看待自己的情感。总而言之,是要把该生从"矫枉过正"的极端上拉回到一种健康的心理状态。

(二) 解决问题

对于学生的教育要因材施教,对于学生遇到的问题也要对症下药,该生的问题我们采用不同的育人方式去解决。

1. 促膝长谈拉近距离

首先是与他积极地进行交流。通过谈话的方式来进行心理疏导,让他讲出自己心里的压力。把学生和自己放在平等的关系上,不进行生硬的说教,而是要深入他的内心。与此同时,为了取得他的信任,我把自己当初在大学的"篮球梦"拿出来和他分享,告诉他其实我们都一样,我们都是"追梦人",和他站在一起。

2. 双管齐下,增强自信

首先通过谈话的方式鼓励他、激励他,树立起他的自信心,从根源上让这个学生"站起来",只有他有站起来的勇气才能有以后的路。"既然做了选择就要在这条路上好好走下去,不然不光会对不起爱你的人,更会辜负了自己之前受的苦难,而且作为一个男生你应该知道现在读书为了什么。"我这样对他说。其次与该生的班干部进行沟通,发动同学之间"传、帮、带"的作用,让学习好一些的同学在学习上帮助他——在客观上帮助该生改善学习处境。只有这样在主观和客观上双管齐下才能够真正地在根源上解决问题,而不是只解决一时的处境。

3. 重新审视改正观念

对于该生社团方面的问题,我邀请到了职业道馆的教练员来一起交流探讨,帮助他树立起正确的观念。教练这样说:"社团和道馆、运动队是不一样的,社团是为了丰富大学生的课余生活,提高同学们的综合素质,而不是简简单单的一味地'苦训练',比赛是社团的一项活动,但绝对不是社团的唯一目的,而且比赛的意义也并非仅仅在于拿到好成绩,如果说仅仅为了好成绩把每一个社员都变成训练机器那么就是得不偿失。"对于个人感情问题,我邀请了心理健康教育老师与我们一起来分析。"要正确地对待,不能慵懒散漫,更不能矫枉过正,在个人和社团之间找到一个平衡的度,要客观正确地对待异性更不要产生抵触情绪,不仅仅对个人的成长不利,更会对社团的团结造成不良影响。"我这样对他说。

三、启示与思考

(一) 透过现象看本质

在本案例当中我们要做到关键的一步就是"透过现象看本质",在该生学习压力大的表象之下,根本原因是他的自信心已经消失殆尽。在关心学生做思政工作时,要了解事件发生的前因后果以及学生的内心动态,学生内心才是根本,需要去释放、引导和抚慰。循循善诱,说服教育,把各种不同的思想和观念引向正确、健康的方向。对学生的思想认识问题,既不堵塞言路,又要善于引导,帮助学生提高思想认识,修正有偏差的观念。以本案为例,如果在学生当初遇到问题的时候我们不去真正的了解,一味地说那些空话,这样不仅不会解决学生的问题,相反还会让学生觉得冷漠,更加无助。

(二) 平等以待创造条件

在本案例当中就是要学生把内心当中真正的想法讲出来,无论是对学习的不自信、对前任负责人的失望、对自己的过度不恰当的要求、对社团错误的观念,还是对异性不正确的认识,都要让学生真实地讲出来,只有"结"出来才有解开的前提条件。

需要注意的是：第一，要创造轻松平等的条件，使学生敢讲心里话，错误的认识允许讲出来，并及时给与引导和教育，使之回到正轨；第二，疏导教育法虽然运用很多，但不是万能的，它必须同理论教育法、实践教育法、批评与自我批评等方法结合起来使用。运用疏导教育法的时候首先要进行分导，即分而导之；其次是利导，就是因势利导；再次是引导，即启发诱导。

【专家点评】

在这个案例中，我们可以看到最后的结果是很好的，解开了学生的心结、释放了学生的心理压力，帮助学生树立了正确对待社团这一组织和异性的观念。通过心理育人和服务育人相结合的形式解决学生的困境，这是一种值得推崇的形式，疏导教育法的应用更是一改以往的"教"为"育"，把"堵"这样一种消极的方法改为"引导、疏通"这种积极地方法，真正把学生的心结解开，而不是掩盖掉。

不足就是没能够及时发现该生的心理状态和观念存在偏差，该名同学不仅仅是一个同学，作为大学社团的负责人，他的态度更会影响到一批人，甚至还会阻碍社团的健康发展，所以我们对于学生组织或者是学生干部同学我们要给予更密切的关注以保证这些同学在同学当中起到积极的作用。

马笑玲　大连交通大学电气信息工程学院党总支副书记，副教授

理性消费　对校园贷说"NO"

【作者简介】

> 刘银华,男,硕士,讲师,南京理工大学泰州科技学院辅导员,全球职业规划师(GCDF),注册国际职业指导师、国家三级心理咨询师、国家三级创业咨询师、创业实训讲师、三级人力资源管理师、北森生涯规划师,担任商学院学生党支部书记。曾获得校优秀就业工作者、心理工作者、优秀共产党员等称号。

一、案例简介

2018年9月某一天中午,我突然接到某网络贷款平台的电话,称我所带班级学生小孔办理了该平台贷款已有几期未按期还款,学生处于失联状态,希望学校能联系上他并督促其按时还款。随后,我的手机还莫名收到一些"催债"短信,短信内容把小孔父母的姓名、工作单位等信息都公布出来了,并带有侮辱性言语。我随即联系小孔了解具体情况。通过与小孔的谈话,了解到该生喜欢与同学攀比,花钱大手大脚,家长给的生活费常常入不敷出。后来受网络上的小广告诱导,他开始接触"校园贷"并逐步深陷其中。他经常向一家借贷机构贷款几千元,到期无法还款时再向另一家公司借贷更大数额的现金还上之前贷款的数额,以贷养贷,长此以往,最终走上了"校园贷"的不归路。

二、案例分析

(一)案例定性分析

本案例因学生的过度攀比,盲目消费,向多家网络贷款平台借款,满足自己的日常开支,最终陷入恶性循环,是一起典型的"校园贷"案例。

（二）问题解决关键点

（1）如何帮助小孔正视目前所面临的现状，协同其家长，在保障合法权益的前提下，敦促其还清欠款，回归正常的大学生活。

（2）如何通过此案例警示其他同学，帮助他们树立正确的消费观，对校园贷说"NO"。

（三）解决思路和实施方法

1. 主动约谈小孔，查明情况，并对其进行心理疏导

在与小孔的谈话过程中，我们认真倾听小孔本人使用"校园贷"的始末，和小孔一起捋清其所有网络平台的欠款及利息。同时联合心理中心、成长导师对小孔进行心理疏导，避免危机事件发生。

2. 协助家长一起处理网贷问题，让小孔回归正常的大学生活

首先咨询银行贷款部门、校外法律部门，确定小孔欠款及利息应偿还的合法金额。其次，协同小孔家长，对于网贷平台非法偿还金额，与涉及的网贷公司进行商谈，切实维护受害者自身权益。最后，双方形成还款协议，网贷公司不再骚扰小孔的生活，至此小孔又重新回归大学生活。

3. 以案说法，召开主题班会，营造理性消费的校园氛围

结合小孔同学的真实案例，及时召开"对校园贷说NO"主题班会。通过主题班会，教育引导学生树立科学的消费观，自觉抵制攀比消费、盲目消费的不良风气；加强对学生的中华传统美德教育，大力营造崇尚勤俭的文化，让同学们养成艰苦朴素、勤俭节约的优秀品质，纠正"花明天的钱，圆今天的梦"超前消费的错误意识；定期排查学生参与校园贷的情况，做到早发现、早提醒、早纠正，并做好已参与校园贷学生的引导帮扶工作，对于侵犯大学生合法权益的不良校园贷，及时向公安机关报警，同时请求金融监管机构依法严肃处置。

4. 加强基础金融知识及相关法律法规的教育和普及，告诫学生谨慎使用个人信息，提高他们的风险防范意识

联合社会各方力量以报告会、讲座、外场咨询等形式向学生普及金融信贷知识和网络安全知识，教育引导学生远离校园网贷，正确认识个人征信记录的重要性，提升对金融产品的认知能力和自我保护能力，对校园贷说"NO"。

三、启示与思考

（1）培育学生树立正确的消费观和理性消费意识，量入为出，在花钱这方面，要做到不过度、不超前、不从众、不攀比、不炫耀、不盲目。

（2）引导学生重视个人信用，树立牢固的诚信观。网上购物的兴起，不断催生诸如"花呗""京东白条""唯品花"等新型支付方式。大学生热衷于网贷消费也与对个人信用认知度较低有关，认为互联网信用对未来没有影响，这显然是不正确的。要引导学生要重视个人信用，树立牢固的诚信观。

（3）成长导师要用好课堂教学这个主渠道，将中华传统美德元素融合到专业课程教学中，与思想政治理论课同向同行，形成协同效应，打造"思政课程＋课程思政"体系，潜移默化地帮助学生塑造正确的世界观、人生观和价值观，远离校园贷。

（4）学校应加强劳动教育，与现有人才培养体系真正结合为一个有机的整体。2020年3月，中共中央、国务院印发《关于全面加强新时代大中小学劳动教育的意见》，强调劳动教育是中国特色社会主义教育制度的重要内容，对高校如何开展劳动教育进行了系统设计和全面部署。高校面向大学生的劳动教育不仅要教育学生爱劳动、会劳动，更要通过劳动实践，引导学生体验劳动的辛苦，理解父母挣钱的艰难，认识浪费的可耻，领悟劳动对于人生成长的意义，从而更正自己不良的消费行为，树立正确的消费观。

（5）政府应该加强对金融平台的监管，加快立法，对借贷平台的资金监管、资质审核、信息共享、监管主体等做出详尽的规定，完善网络贷款平台的配套法规或抓紧其他规范性文件的制定。严格控制金融平台向全日制无固定工作的在校学生提供贷款，严格打击高利贷。同时监管部门要监管到位，执法到位，坚决取缔具有欺诈性、不合规的校园贷平台。

【专家点评】

近年来，随着互联网金融业务的风起云涌，纯洁的"象牙塔"已然成为不法分子瞄准的新阵地。校园网贷问题是摆在广大教育管理工作者面前的一道难题。本文结合一个真实案例，以处理校园不良网贷的过程为主线，详细阐述了解决的思路和实施方法，对其他学校在处理校园网贷的工作思路和方法以及相关学生管理工作提供了借鉴作用，不失为一个优秀的案例。

刘玉海　原南京理工大学泰州科技学院院长，教授

用真心对待学生　助力学生健康成长

【作者简介】

> 罗威,男,硕士,四川邮电职业技术学院辅导员。曾荣获团成都市委2019年度"三会两制一课""活力团支部"指导教师,学校2018—2019学年第一学期辅导员风采大赛优秀奖,学校2018—2019学年第二学期辅导员风采大赛三等奖,学校第三届辅导员大赛兼职组三等奖。
>
> 胡开杰,男,硕士,助教,四川邮电职业技术学院思政教师。

一、案例简介

A同学性格较为内向,但有礼貌,每次在路上相遇或者查寝,他总是会小声地主动问好,开始我认为A同学的性格除了内向,并无其他情况,但我还是对他格外多了一份关注。

通过观察A同学入学军训、班委选举的表现,我发现A同学不仅性格内向,还经常独来独往,基本不与人沟通,对同学也缺乏信任。在正式上课后还出现白天旷课睡觉,晚上宿舍打游戏的情况,严重影响宿舍室友的作息以及宿舍的学习氛围,室友对他意见很大,纷纷要求将他调换宿舍。

究其产生这些的深层次原因,A同学是因为家庭变故导致性格内向、自卑。A同学在小时候家境较为富裕,后来因为亲戚家公司破产,父母替亲人偿还债务,直到今天还外欠债务,父母也因此离婚。这之后,A同学由原本的开朗乐观变得不自信、自卑,进而导致白天旷课睡觉,晚上打游戏,人际关系处理能力差。

二、案例分析

这是一起因家庭原因(因家庭变故、父母离异等情况)、成长氛围变化导致的学生自卑、不自信、性格内向,从而导致不爱学习、旷课打游戏、人际交往能力差、引起同学们反感的问题。

可以预见的是,如果 A 同学继续这样下去,会产生恶性循环:一是因旷课太多,按照四川邮电职业技术学院学生管理手册相关规定,给予纪律处分;二是因旷课超过课程总课时的1/3,取消课程的考试资格;三是因课程挂科,修不够课程学分,拿不到毕业证;四是因无毕业证以及其自身自卑的性格,在找工作时处处碰壁。

(一)迅速反应,及时向同学和家长了解情况

遇到此类情况,我们要迅速反应,否则会引发更多的矛盾和问题,产生更多不可预知的情况。首先我找他的舍友、班委了解情况。同学们反馈 A 同学经常独来独往、不参加宿舍集体活动,基本不参加班级集体活动;性格十分内向,基本不与人沟通,在宿舍基本不讲话,室友们聊天也从不参与;去上课时室友叫他一起,他听到也不回应,继续在床上睡觉,后面宿舍室友们就不再理他;晚上室友都熄灯就寝了,他却在集中精神玩游戏,严重影响大家的作息,也影响宿舍的学习氛围。然后我与家长联系,告知了 A 同学目前的学习、生活情况,并就性格情况、在入大学前的学习情况、人际交往情况进行了详细了解,知晓了如案例介绍中的具体原因。我和家长约定,为了不对 A 同学造成不必要的刺激,一是我们不告知 A 同学家校联系的事情,二是在事后相当长的一段时间内,保持较高的沟通频率。

(二)直面本人,与 A 同学现场谈心、谈话

在全面掌握这些情况以后,首先我做了详细的聊天计划(如何开始聊天、如何获得 A 同学的信任、如何让 A 同学释放心中背负的压力等),然后我和 A 同学约好见面时间和地点。开始 A 同学对我和他的谈话十分抗拒,基本是我说什么,他都是头低着"嗯"一声,也不看我,直到我鼓励他多说,从他小时候印象最深的事情聊起,聊他小学到高中的学习经历,聊我上高中到研究生的学习经历,找到共鸣点;最后我感觉他已经信任我之后,才慢慢地引入到他目前的学习、生活情况。A 同学哭着诉说完他心中背负的压力和隐藏的经历。他说完之后我感觉他瞬间轻松了许多,有一种释然的感觉,我请他回宿舍思考怎么度过大学生活才有意义,随时可以联系我。

(三)安抚室友情绪,寻求室友的宽容和帮助

室友对每一位大学生来说,都是最特殊的存在。我决定一定要争取 A 同学室友们的力量,寻求他们的宽容和帮助。我把 A 同学宿舍的其余 5 位同学约到一起,告诉他们 A 同学

曾经的性格、学习成绩,让大家猜测是什么原因导致 A 同学目前的性格。经过前面的铺垫,我告诉他们 A 同学正面临着他从出生到现在最大的困难和压力(实际情况属于隐私,严格保密),希望他们可以宽容一点,并帮助 A 同学渡过难关。室友们表示同意。

(四)用真心帮助其重拾信心、融入班级

在学习方面,帮助 A 同学积极投入学习。我鼓励他从努力学习开始做起,调整好自己的作息时间,按时上下课,按时睡觉,前期落下的课程,我请班上学习成绩好的同学和他结对子,帮助他提高学习成绩。

在生活方面,帮助 A 同学积极融入班级。一是在融入宿舍方面,我请宿舍长外出吃饭、活动时,都主动叫他一起。最开始他不愿意去,慢慢地就跟着宿舍一起活动,接触多了,性格开始变得开朗;二是在融入班级方面,我请班委在组织各种活动时,多邀请他参加。开始时,他只参与但不认真,随后是既参与又认真,最后变成主动参加班级活动,积极参与班级事务。

(五)用真心静待其成长进步、取得成效

通过以上措施以及一年的引导和鼓励,A 同学改变很大、进步很快,白天不再旷课睡觉、晚上不再打游戏,学习成绩显著提高,在学校大二上学期期末的奖学金评选中,荣获学校二等优秀学习奖学金。他变得开朗自信,在大二班委换届时,获得了大多数同学的支持和认可,当选为班级团支部书记。人际关系也处理得极好,舍友不再要求将他调换宿舍,经常看到他和室友、班级同学一起在食堂吃饭、操场打球的身影。

三、启示与思考

家庭成长环境的负面因素会导致学生产生自卑心理,缺乏自信、性格内向、自暴自弃,甚至其行为还会严重干扰、影响其他同学的正常学习和生活,人际关系处理较差,这是发生在当前高校学生群体中的常见现象。如果我们不及时跟进处理,产生的危害比较大,其结果不可预知。

(一)增强对表现异常学生的敏感性

由于辅导员带的学生较多,要深入了解和知晓每一位学生的情况,难度和工作量都较大,增强对表现异常学生的敏感性就显得十分重要。特别是性格内向的学生,一旦表现异常,产生的结果是不可预知的,也许只会影响他本人,也许会影响到宿舍、班级同学的正常生

活和学习,甚至出现危及自身生命安全的情况,因此增强对表现异常学生的敏感性,才能及时发现问题、解决问题。

(二)迅速反应,及时全方位了解情况

在遇到性格内向型学生表现异常时,要迅速反应,正确面对,及时向宿舍同学、班委、家长了解情况。在自己掌握的情况足够多时,才能迅速找到问题的关键点,正确找到问题的核心点,准确找到问题的切入点。

在处理此类问题时,谈心谈话是关键,平等、尊重、倾听是三个最重要的关键词,让学生感觉到此时你是他的朋友,是和他平等的,这是谈话的基础;让学生感受到来自于你的尊重,这是信任的基础;让学生感觉到你在用心的倾听,是一个很好的倾听者,这是谈话成功的基础。

(三)针对此类情况,有针对性地制定相应措施

在面对此类情况时,全面掌握基本情况后,有针对性地制定相应措施。比如鼓励其积极参与班级活动,寻求班委、宿舍同学的帮助,对其实行鼓励和认可教育等。严格落实这些措施,并根据实际情况及时修正措施以便有更强的针对性。在这个过程中最重要的是通过各种措施帮助其重新树立信心、走出自卑,一旦自信心有了,就会发挥其自身的主观能动性。

【专家点评】

> 大学生因为家庭、生长环境、生活氛围等原因,产生自卑心理,如做事不自信、性格变得内向、人际关系处理差、自暴自弃、影响其他同学,是目前大学生中一种比较常见的现象,如果不及时跟进处理,产生的危害性比较大,而且不可预知。
>
> 此案例中,辅导员发现问题之后,及时、积极地介入、处理,较为妥善地处理了这个问题。从实际效果上来看,A同学在辅导员的帮助下,性格逐渐变得开朗,逐渐自觉融入集体,更多地参与了班级工作,学习也取得了较大的进步,并获得了奖学金。该案例中,辅导员的处理方法取得了较好实效,值得推广、借鉴。
>
> **余小川　四川邮电职业技术学院思想政治工作处副处长、副教授**

加强思想引领 坚定专业信心

【作者简介】

黄森文,男,硕士,讲师,吉安职业技术学院辅导员、团委干事。

一、案例简介

学生胡某是五年一贯制旅游管理专业的学生,入学后在学生干部队伍里担任一名新媒体宣传干事。虽然在学生工作中表现优秀,业务能力也受到大家的认可,但在一次跟他们班主任聊天的过程中了解到他存在旷课现象,甚至期末考试缺考两门课。于是我找到他进行了谈话,初步了解到主要是因为他当时对专业学习没有兴趣,所以经常以要去学生组织里帮忙做事情为借口旷课,而期末缺考是因为考试当天睡过头了,宿舍里还有两位同学也因睡过头而缺考。

经过初步判断,这是一起因学业动力不足、自我管理能力较差引起的思想认知偏差案例。

二、案例分析

该名学生属于初中起点的五年一贯制学生,这个阶段的学生普遍存在目的意识不强、学习主动性不足、适应能力较差、自我认识出现偏差、情绪管理和自我调控能力有待加强等缺点。因此在入学关键期,必须及时做好妥当的处理工作,如果不能及时纠正,可能会导致学生产生厌学的心理、甚至到达休学、退学等地步,严重影响学生在校的健康学习成长。因此,主要通过以下几个步骤进行处理:

(一)多方了解,掌握情况

为更全面了解该生日常表现,我找到该生所在班级班主任、相关任课老师及几位同学了解情况。班主任和任课老师反映,该生平时比较乖巧,在一些课堂上也会积极参与课堂活动,但有一定的个性。同学们反映该生对自己感兴趣的东西比较专心,经常吐槽这个专业的就业前景。

(二)耐心沟通,找到症结

在了解以上情况后,我邀约该生一起用餐。第一次用餐的时候主要是了解他家庭情况、他为什么读这个专业、来校后的感觉、对于自己在部门内负责工作的想法等,目的是让他能够消除紧张,与我建立信任感。在第二次用餐的时候,开始提到他的旷课情况。因为该生比较乖巧,且做事比较认真,愿意主动思考,所以我就结合我个人成长经历和感悟跟他探讨了读大学究竟读什么的问题。之后,我与他就职业生涯规划进行探索,通过职业兴趣探索、职业生涯评估路线、职业生涯决策平衡单三个环节,从他的性格、兴趣、特长探讨职业生涯路线的选择,确定他的职业目标,制订初步的行动计划。最后他自己总结出现旷课甚至缺考的原因主要有三条:(1)对专业学习没有方向,不知道为什么要学习;(2)老师对其好像不太关心,所以也就破罐子破摔了;(3)自己挺喜欢学生会里的工作,既能锻炼自己的能力,还可以外出兼职赚钱。

(三)思想引领,确立对策

针对他总结出的第一个原因,一方面是我结合自己的经历给他提出建议,使他认识到大学要学的不仅是专业知识,还包括逻辑思维的形成、良好习惯的养成、社会视野的拓展、看待问题的视角培育等,并介绍他去《读大学究竟读什么》这本书;另一方面是联系他们专业负责人,点对点为他介绍该专业设置的课程、应具备的能力、如何去学习等问题,使他在专业学习上方向逐渐清晰,培养学习动力。

针对他总结出的第二个原因,一方面是主动找到他的班主任,希望班主任能够和任课老师协同联合,在课堂上多与他互动,同时我自己也经常与他保持联系,基本上每天都会有线上交流,每周固定2次左右线下交流。

针对他总结出的第三个原因,我再次结合个人经历与他分享"学生干部"这个身份的内涵意义,督促他首要完成作为一名学生的本职工作,同时使他端正观念:以后的几十年都是用来赚钱的,但能够真正沉浸在学习上的时间只有现在这最好的五年时光了。

(四)家校合力,共同辅助

为了了解他外出赚钱的目的,我又主动跟他父母联系,得知他家经济条件尚可,没有让他外出兼职贴补生活费用。由于父亲忙于工作，母亲一心照顾比该生小 12 岁的妹妹；所以也没有更多的精力顾及该生在校学习状态。又因该生平时表现也较乖巧，所以放任其自由发展，未及时给予关注。因此，在电话中我与他父母达成一致意见：父母每周都至少要与该生通电话一次，了解该生在校学习状态，还可与其交流未来就业等信息，要适当鼓励该生在校好好学习；同时及时给予我反馈，而我则会详细记录该生父母反馈过来的情况。

（五）树立目标，筑梦成长

通过前面各个环节的工作后，我找到该生分阶段制订了接下来 1 个月、2 个月、1 个学期、1 个学年的学习计划，经常在他课外时间找他过来协助开展工作，同时了解他近期的学习表现，有时我也去课堂上旁听，以此来督促他能够养成良好的学习习惯。为了激励他，我还特别组织过几次工作交流分享会，让他上台主讲，锻炼他的专业能力，使他感受到自己身上的责任和使命感。

通过一系列解决措施的推进，该生逐渐明晰了人生方向，在学习上也特别用功，报名了自考。班主任反馈该生变化很大，带动了身边一部分同学努力学习，一年后又顺利通过了导游资格证考试，同时也成功竞选为学生会部门负责人。

三、启示与思考

五年一贯制大专生属于初中起点，在进入校园后与高中起点的三年制大专生共同相处，难免会出现不一样的问题，所以对这类群体需要给予更多的关注。通过该案例，给我带来了以下工作启示：

（一）关注新生心理状态，及时给予帮助

新生入学是关键时期，事关接下来他在学校几年的成长、成才情况。作为老师要特别关注新生的心理状态，适当组织团体辅导，全面掌握学生情况，对于有困境的学生要及时提供帮助，不能拖延。

（二）主动作为，给予人性关怀

面对学生出现的困境，老师要主动作为，不能被动应对。思想政治教育工作，归根结底是做人的工作，因此在工作中要更多地给予人性关怀，使学生感受到老师的温度。同时，老师在思政工作中要真正落实习近平总书记在全国学校思想政治理论课上对思政老师的期

望,即成为一名情怀深、人格正的老师。

(三) 拓展思维,做好保障工作

老师在学生工作过程中经常会遇到凸显出来的许多零散问题,但所有问题一定是有根源的。为了解决根源问题,老师在工作过程中不能仅仅只是"点对点"的去堵根源,而应当打破固有思维局限,在工作中坚持以问题为中心点铺开面来开展引导工作,培养"点-线-面"工作思维,提前做好防范工作,消除隐患,保障学生健康成长成才。

【专家点评】

> 本案例主要采用的是从"解决个体主要问题"到"解决思想重要问题",进而"发现共性存在问题",并积极加强跟进,有的放矢。本案例发现问题,对该生给予关注,引导学生进行职业规划,以家校联系为辅助,全力做好学生的思想教育,鼓励学生成长为志存高远、勇于开拓的时代新人,如果再深层次地以专业、班级、宿舍"三级管理",做好学业帮扶,或许可以更好地打造优秀班集体,助力学生成长为更优秀的人。
>
> **王　爽**　西安文理学院辅导员,副教授

高校一起水痘疫情的分析和处置对策

【作者简介】

> 高存福,男,硕士,助教,青岛科技大学辅导员,长期专注大学生职业生涯规划发展与法治思想政治教育。曾获得山东省"三下乡"社会实践活动优秀指导教师称号。

一、案例简介

2019年1月12日周六上午10点,手机铃声突然响起,我一看是学生姜某的来电,本能的反应:"大一寒假期末考试日渐临近,难道学生复习备考遇到了难题"?当我接通电话那一刻,情绪异常激动的姜某告诉我:"老师,我感染水痘了,下周一还有高等数学期末考试,我不想错过最后的考试,该怎么办?"

水痘作为一种急性呼吸道传染病,由水痘-带状疱疹病毒引起,其传染性强,人群普遍易感。听完学生的倾诉后,我立刻认识到问题的严重性。我先安抚了姜某急躁、焦虑的情绪,随后立刻赶回学校召开班委会,并做好疫情传播预防工作。

二、案例分析

(一)案例分析

案例中反映了当前学生工作需要扎实做好的两个关键问题:第一,大学生因身体生病或者其他特殊情况不能参加课程考试,高校如何保障好大学生考试权益;第二,事件表面上反应的是大学生感染水痘,影响期末考试,实质上反应的是高校如何有效预防和控制传染病在大学生群体中传播,为大学生提供健康成长、快乐生活、安全舒适的校园环境。

高校期末考试是检验大学生在校期间专业课知识掌握程度、大学学习态度、增强学习自信心的试金石；同时,课程考试成绩也直接关系到大学生评优评先、奖学金评定等问题。因此大学生十分重视每学期期末考试。当前,各高校《学生学籍管理办法规定》对于大学生考前出现不易参加考试的情形时都有缓考的规定。因此,要对照规定、实事求是,查看学生是否符合办理缓考的条件。如果符合缓考条件,第一时间让学生按照缓考申请手续办理,尽最大可能保障好大学生考试权益。

水痘作为由带状疱疹病毒引起的一种常见传染病,具有高度的传染性,接触者约90%的人会发病,一般水痘感染的年龄多在2～10岁儿童时期。近几年来,高校大学生感染水痘呈现春冬季增多的趋势,成人发病症状比儿童更严重。水痘患者发病较急,患者发病初期,大多怕冷、低热、头痛,部分患者体温升高,达39℃～40℃。此外,有的患者会出现乏力、头昏、头痛、咽喉肿痛、四肢酸痛等症状。一般3～4天后出现皮肤斑疹、丘疹、疱疹、瘙痒感,先出现于躯干、头面部,逐渐延及四肢,呈向心性分布。一般头面部、躯干发病严重,疱疹最多。该病潜伏期为12～21日,平均14日。疱疹呈卵圆形,疱液透明、周围有红晕、壁薄易破,数日后变浑浊并开始结痂,如果后续没有感染,结痂自行脱落后,不会留有疤痕。校医院作为高校预防和控制传染病的重要单位,患者一经确诊需按呼吸道传染病和接触传染病严密隔离,直至疱疹全部结痂,才可以出院。

(二)处置对策

高校是大学生集体学习和生活的场所,人员数量比较多,大学生社交频繁,活动范围广,人员密集,有些学生对水痘免疫力低下,极易造成大范围流行感染。此外,大学生学习任务比较重,精神压力大,致使免疫力降低。同时,若学生本人不太注重个人卫生,不注意宿舍通风,会提高水痘疫情的发病率,严重影响高校师生的身心健康、教学教育质量和校园安全稳定。水痘的传染性极强,因此,对患病的大学生做到早发现、早隔离、早治疗,有效预防和控制水痘疫情传播就显得尤为重要。

1. 隔离传染源,切断传播途径,保护易感大学生群体

传染病在人群中传播必须具备三个条件:传染源、传播途径和易感人群。要全力控制传染源,切断病毒传播途径,确保疫情防控工作有力、有序、有效。首先,果断隔离姜某,他已确诊感染水痘,是水痘病毒的携带者,他的一举一动或者与班级同学相互间的交流,都会极大可能传染同班学生。现在正值期末考试,一旦其他学生感染,定会影响考试,水痘疫情传播也将处于不可控状态,情况会变得紧急且危险。同时,隔离姜某更是对其他在校大学生负责任的一种体现。

2. 重视自身疾病，加强沟通交流，缓解大学生心理压力

姜某感染水痘，又无法参加期末考试，心情一定无比恐慌和焦虑。其次，除了要承受身体患病痛苦外，他作为病毒携带者对同班学生造成了一定程度潜在的感染危险。此外，水痘不仅容易搔痒，而且严重时影响睡眠和休息，如果后续护理不好，容易留下疤痕等。因此，辅导员应多与学生交流，安抚其不安情绪，介绍水痘发病的原因、治疗方法及护理措施等，使其对疾病有所认识，缓解学生的精神压力，调整好心态，积极配合治疗，不要延误最佳治疗时机。对于期末课程考试，由于身体生病的特殊情况，不适合继续参加考试，按照学生手册管理规定，为其办理相应缓考手续，下学期进行补考或重修，争取利用寒假时间，使备考复习更加充分些。

3. 常开窗通风，卫生保持整洁，加强大学生寝室消毒

寝室是大学生学习和生活的场所，来自天南海北的六个人在一起，就是一个小集体，集体宿舍环境也是展现大学生素质的一面。冬天宿舍供暖，室内温度高，要常开窗通风，保持室内空气新鲜，营造一个温馨的居住环境。为了控制水痘病毒传播，寝室和所在楼层、楼道，要用消毒液彻底消毒。同时，宿舍成员要行动起来，及时打扫宿舍卫生并保持干净整洁。

4. 多加强宣传，普及疾病知识，做好传染病预防工作

利用主题班会，为同学们做传染病预防与控制的专题讲座，让学生了解常见传染病的危害、种类以及预防措施，进一步增强个人防范意识，努力降低传染病发生的概率。

5. 增强责任心，杜绝隐瞒不报，防止疫情在校园蔓延

在学生管理工作中，要加强新时代大学生责任感与使命担当教育，让责任与担当内化于心，外化于行。作为21世纪的中国特色社会主义的建设者和接班人，要学会处理个人利益与集体利益的关系，在期末考试这个特殊时期，学生感染水痘，对病情不要刻意隐瞒不报，要及时上报，早发现、早治疗，控制水痘疫情的传播，不能因一己之私、个人过错酿成群体性爆发事件。

6. 增强抵抗力，加强体育锻炼，提高身体综合免疫力

大学是比较自由的地方，除了正常的教学安排外，剩余的时间大都由大学生自由支配。大学生可以积极主动参加校园各项体育活动，如足球比赛、篮球比赛、羽毛球比赛、运动会等，加强体育锻炼，增强身体素质。为打造班级凝聚力，以班级为单位，每天组织学生按时跑

步,并长久地坚持下去,以增强自身免疫力,使自己每天学习的精气神处于一种有活力、有精神的状态;同时,学生学习更专注、更效率,身体也更强壮、更健康。

三、启示与思考

(一) 24 小时服务学生热线不间断

辅导员是开展大学生思想政治教育的骨干力量,是高等学校学生日常思想政治教育和管理工作的组织者、实施者、指导者,是陪伴大学生学习、生活最长久、最熟悉、最知心的朋友。辅导员可向学生公布专用手机号、QQ 号等固定联系方式,不论大学生在学习或者生活上遇到任何问题,只要学生有需要,任何时间都可以联系辅导员。通过专用沟通渠道,辅导员能够第一时间掌握学生咨询或反映的问题,早发现、早决策、早处理,与学生同心砥砺,陪伴学生一起成长,做好服务育人工作。

(二) 提高认识科学研判处置疫情

针对水痘疫情传染性强、覆盖大学生群体面广等特点,辅导员应要把问题想得更全面一些,应对措施要更周全一些,及时召开班级会议,进一步提高思想认识,科学应对疫情,强化联防联控,患者及时治疗,细化落实各项预防措施,严防水痘疫情在校园扩散和蔓延。此外,要进一步做好普及水痘的相关知识、宣传教育和思想引导工作,努力实现患者早发现、早报告、早诊断、早治疗,特别要加强对感染水痘患者等重点人群的心理健康教育,缓解恐惧和焦虑心理,劳逸结合,加强锻炼,提高其个人防护能力。

(三) 实现规则与情感效果相统一

学生管理是一项非常复杂的工作,需要长期坚持不懈的努力。管理的规则制度化和情感化是否得到真正的优化组合是值得辅导员思考和研究的。在此案例中,一方面大学生面临期末考试,另一方面学生认为办理缓考手续一定会影响复习备考的状态和课程成绩绩点,想"戴着口罩,坚持考完最后一科,不办理缓考"。辅导员在学生生活中充当的不仅仅是管理者,更是良师益友的角色,既能够体会和理解该学生的心情,又要对所有学生负责。

当规则遇上情感,关键在于统筹兼顾,抓住工作重点。首先,辅导员工作不能带有情绪化,答应学生不合理的请求,应依规依章办事,果断采取措施办理缓考,患者隔离治疗,这是对学生工作负责任的体现。此外,可向患者提供优秀学生课程笔记帮助其复习备考,加强互相沟通交流,多安慰和鼓励患者,积极配合治疗,维护学校正常的教育教学秩序和保障广大师生的身心健康。

【专家点评】

　　水痘是由水痘-带状疱疹病毒引起的急性呼吸道传染病,多见于儿童。近年来,大学生水痘发病率逐渐增高,给大学生的学习、生活带来一定的负面影响。由于水痘病毒传染性极强,大学生高度聚集及强流动性增加了水痘疫情的防控难度,高校图书馆、教室、宿舍等人员聚集场所普遍存在空间相对封闭问题,通风不畅的环境也为水痘病毒传播创造了良好的"温床",极易形成群体性水痘疫情暴发,影响校园安全稳定,是一起非常典型校园危机事件。

　　当学生在期末考试期间感染水痘,辅导员要提高站位、强化责任、把握工作重点,充分认识问题严重性。一方面,为学生及时办理缓考,保障学生考试权益;另一方面,果断隔离患者,切断病毒传播途径,及时处置,避免发生群体性交叉感染,充分实现学生管理制度规则与情感效果的最大化。案例中,六条预防高校水痘疫情发生的对策,具有科学性、针对性、可行性强等特点,为制定学校水痘等传染病疫情防控提供了科学依据。本案例处置对策和案例启示具有丰富的实践参考价值,可借鉴推广。

陈　刚　青岛科技大学学生工作处(部)处(部)长、武装部部长,副教授

化解情感危机 重塑管理信心
——优秀学生干部的引导教育案例

【作者简介】

王伟江,硕士,思想政治教育助理研究员,广东高校骨干辅导员工作室(大学校园文化活动指导工作室)培育项目主持人、《广东教育》(高校思想教育探索)杂志特约通讯员,现任广州工商学院工商管理系党总支统战委员、学生第三党支部书记兼任学工组组长、辅导员,曾任学工组副组长、团总支书记等职。出版专著1本,参编1本;发表学术论文10余篇,主持课题2项,参与全国高校共青团研究项目等科研课题8项,参与软件开发与著作登记3项;曾获得广东省辅导员年度人物"最具科学精神辅导员"、广东省社会实践工作"先进个人"等荣誉;其撰写的论文获广东高校思想政治工作论文评选一等奖1项,广东省共青团优秀论文评选二等奖1项,撰写案例获2016广东高校辅导员优秀工作成果评选活动案例项目三等奖2项。

一、案例介绍

胡同学,女,工商企业管理1班班长,是我的一个得力助手,一位优秀的学生干部。该生性格开朗,学习勤奋,在系部专业里成绩名列前茅。更为难得的是作为班干部,对班级工作积极、认真负责。但就是这样一个得力的学生干部,上个月却向我提出辞去班长一职的要求。我内心十分惊愕和不解,于是与她进行了谈话,了解她近一段时间的学习、生活和工作情况,分析其辞职原因是个人期望较高、班级管理压力过大且碰到了情感危机等,综合分析结果,我采取降低个人期望、化解情感危机、重塑管理信心等方法树立学生干部积极克服困难、勇于战胜挫折的信念,帮助学生干部重拾对班级管理工作的信心。

---

① 本案例系广州工商学院2019年校级项目"基于'五进'的三全育人"实施路径研究(KA201925)的阶段性成果。

二、案例分析

在与胡同学的谈话中,她谈到了她的学习、工作、甚至与班级个别同学情感等方面的内容,但经过我深入地分析发现,她长期以周边同学对自己评价的好坏来评判自己,具有很强的管理成就感,但她所管理的班级男生多、女生少,情况比较复杂。同时,她与班里的一个男生之前在恋爱,可能由于一些理念不同,近期感情也出现了危机。从心理学的角度分析,大学生干部出现管理困惑问题主要有两类:一类是由于对自己要求严格,而身边的同学却放松要求,进而演变成了理念冲突,从而引起矛盾;另一类是感情问题,在管理与自己有感情关系的人时,把握不好原则与尺度,处理不当而引起焦虑和疲劳。很显然,胡同学的问题是由以上两大原因综合引起的。解决问题要从以下两个方面去分析:

(一)管理角度分析

1. 管理期望值过高

胡同学是一个比较要强的女生,从竞选成为班长后,一直严格要求自己,更是严格要求身边的同学,而班级部分同学上了大学后对自己放松了要求,在被严格要求的时候产生了抵抗情绪,这种情绪长期积累会造成人际关系的冲突,而后演变成冷漠与抗拒,造成管理班级难度加大。

2. 对班级管理水平要求过高,却不能找到相应的管理方法

从班级管理角度而言,因全班同学都是从高考后进入大学的新生,心理上是没有"层级性"的,但管理的现实却要求有一定的"层级性",这种现实的情况会带来管理上的困境,要求学生干部在做管理工作时要有一定的艺术性,要循序渐进,让其他非班委有一个过渡期与适应期。

(二)感情关系分析

1. 社会期待值过高

她来自山区农村,父母都是地道的农民,家庭收入微薄,从小父母就教育她要好好学习,将来上好大学。她听话懂事,学习一直很优秀。由于高考失误,她上了专科院校,因弥补心态,她对自己在大学里的表现一直非常在意,想通过管理实践弥补自己在学业上的遗憾。

2. 管理生活与青涩爱情冲突

她当上班长后,班里一位男生苦苦追求,她答应了与该男生尝试交往。一个花季的大学生,在初尝爱情的甜蜜时,却不知道爱情还会有更多的苦涩:① 恋人在学习与遵守纪律上没有达到其管理的要求,经常有不愉快;② 恋人没有在管理工作上给予她大力支持,让她在恋爱与管理中难以找到平衡点,管理工作越发困难。

(三)案例处理方法

分析完情况,要解决这样的问题,重点得从感情关系着手:

1. 帮助她区分工作与感情

大学生的恋爱是青涩和朦胧的。有时会和工作混合在一起,所以我找了她和她的男朋友分别进行单独谈话,一方面让他们尽量保持价值观的同步,适当降低胡同学的工作要求,同时告诉她不要把工作要求带到平时两人相处的过程中;另一方面,要求男生尽量配合她的工作,在行动上给予喜欢的人支持。

2. 努力试着降低她的期望值

告诉胡同学,不必过分在意之前的高考成绩,告诉她虽身为班干部,但与同学们在地位上是平等的,让她明白威信的建立是需要时间的,管理过程不是一蹴而就的,需要平时的积累来换取同学们的信任与支持,最终达到管理班级同学的目的。

3. 刻苦学习,严于律己

告诉胡同学在平时的管理过程中,要严于律己,且在有原则的前提下宽以待人,在学习与生活中主动关心同学、帮助同学,而不是一味地用纪律去要求其他同学。

4. 组织班级活动,让其参与其中

以班级团体活动代替纪律管理,以女班长的付出来引导其他同学感恩,并形成报恩的团结想法,积极主动帮助女班长承担更多的工作,听从女班长的管理和指挥。

三、案例启示与思考

通过几次与她谈心,我慢慢地感觉到她重拾对班级管理工作的信心,学习与工作都朝着

"正能量"方向发展,她再也没有跟我提辞职的事情,发生问题会积极主动想办法去解决问题。第二学期,她主动跟我汇报工作,说她慢慢懂得了管理的思维与方法,懂得该如何去面对压力并积极去解决困难。她恢复了信心,心情也开朗了许多。她继续每个学期都拿奖学金,仍旧做好班长这份工作,并且受到全班同学的好评。

作为大学辅导员,这件事情也给了我一些启示。辅导员常把大量的时间和精力花在改变落后同学身上,却忽略了其他同学,特别是一直在我们辅导员身边的强大助手,他们也需要我们的关注与支持。每个同学都是一个独立的个体,有时我们认为最优秀的同学也可能会碰到心理问题和困惑,也需要我们给予关注,要多关心他们,这也是一种平等观的体现。

【专家点评】

学生干部是辅导员开展日常学生管理与服务工作的重要助手,优秀的学生干部能协助辅导员做好班级的党团组织和班级的管理工作。本案例中的辅导员收到了优秀学生干部"辞职"的申请后,经过耐心谈话,科学分析,最终通过感情影响和科学管理协同推进的方法,帮助学生干部树立积极克服困难,勇于战胜挫折的信念以及重拾对班级管理工作的信心。在整个案例中,辅导员对案例情况分析判断准确,对学生干部的激励方法得当,值得思考与借鉴。

黄　鹏　广州工商学院党委副书记、学生处处长,副研究员

等闲识得东风面　学风建设显成效
——考研录取率达 52%

【作者简介】

刘晓彤,女,硕士,讲师,济南大学材料学院团委书记、讲师,国家三级心理咨询师。曾获得山东省辅导员职业能力大赛三等奖、校优秀青年工作者等荣誉。

一、案例简介

近 20 年来,我国硕士研究生报名人数始终处在爆发式增长阶段,中国教育在线数据显示,在 2015 年硕士研究生报名人数结束两年下滑趋势,之后开始迅速增长,5 年来增加了 125 万人。2019 年达到 290 万人,增幅为 21.8%。由于本科高校连年扩招导致毕业生人数不断增加,用人单位招聘的门槛往往过高等种种原因造成本科毕业生就业压力越来越大,"考研热"已日渐成为高校人才培养的热门话题。济南大学是一所以培养"人格健全,基础扎实,实践能力强,具有创新精神的应用型高级专业人才"为目标的地方本科高校,其中材料科学与工程学院是办学历史较长的学院之一,现有材料科学与工程、复合材料与工程和材料物理三个本科专业。为了提高就业竞争力,越来越多的学生选择考研。我曾经对三个专业的学生考研动机进行问卷调查,发现约有 49.7% 的学生考研是为了提升就业竞争力和缓解就业压力,29.4% 学生是为了提升学历或进入名校,11.8% 的学生是源于学习兴趣和学术追求,9.1% 学生是受环境(家庭、同学)影响。实质上,提升学历、名校情结、环境影响也在一定程度上来源于就业形势与压力。所以,学生考研的主要动机是希望高质量就业。

二、案例分析

在指导学生考研过程中,我始终注重把握好青年学生人生"拔节孕穗期",在思想引领、行为引导和发展支持上精心引导和栽培,从外延环境到内在动力、从目标设定到过程指导,通过理论实践、育德育心、课内课外、线上线下的结合,实现主导性和主体性统一、显性教育和隐性教育的统一,形成"领导班子带头参与、辅导员班主任主动参与、专业教师广泛参与"的工作格局。与此同时,依托师资、学科与专业建设等优势,注重做好"长线关怀""长程辅导",对2019届考研学生开展以"研之成理""研途有你""研学有道""研精阐微""研思超市""研梦终圆"六个模块为主要内容的"材子乐学·研途佳音"活动,活动为期一年,不断提升学院考研工作的科学性和实效性。

(一)以"研之成理"助力营造考研氛围

凡事预则立,不预则废。自大一起,新生就在推免、考研标杆的佳话中快速成长,同时联系学业导师早进实验室、早进课题、早进科研团队,提升科研兴趣;自大二起,学院邀请校内外材料领域专家,充分调动起学生继续深造与终身学习的积极性,结合个人特点在战略上提早谋划;自大三起,年级辅导员、班主任、专业老师有步骤地为同学们分析考研形势、普及考研知识、解读报考政策,增强学生备战考研的坚定决心。

(二)以"研途有你"助力科学有效备战

学院通过朋辈"青春故事分享会""蒲公英助学""考研沙龙"等辅学活动载体,定期邀请往届优秀毕业生进行朋辈辅学专题交流。自4月起,至今共举办7期,分别从保研、学校专业选择、时间规划、团队研友、复习安排、各科学习进度以及考研心理等方面切实帮助同学们及时解决学习中遇到的困难。学院通过"专业知识大课堂"分期、分专题帮助同学们夯实公共课、专业课的知识储备,为备战考研的同学们提供更清晰的规划,提升复习任务的执行有效性。

(三)以"研精阐微"助力线上、线下阵地融合

学院根据学生报考专业方向的特点,建立起2019届"材料科学与工程""复合材料与工程"和"材料物理"三个方向的考研QQ交流群,邀请2013级、2014级不同院校、专业的"考研状元"及各方向专业老师、班主任每双周周四开展在线答疑,重在帮助考生解决考研复习过程中出现的阶段性问题并适时提供应对之策。考生可根据实际情况,有针对性地与意向院校的优秀学生"结对子",进行充分互动和交流。同时,以官网、官微、考研交流群三大网络阵地为核心,挖掘考研先进事迹,采用层层递进的方式树立可亲、可敬、可学的"校园青春榜样",使广大学子在学习榜样、寻找差距的过程中逐渐形成"人人争做材料之星"的校园氛围。

（四）以"研梦终圆"助力考研之路"最后一公里"

面对2019最难调剂年,在"大批高分调剂被拒、低分考生读研很难"的情形下,学院院长、党委副书记、2019届辅导员、2019届班主任一起攻坚克难,充分依托全国材料学科辅导员群、学院教师工作群的信息优势,不断拓展与兄弟院校之间的联系和共建,一对一帮助学生联系报考院校。自国家线发布后,每天都为学生梳理、公布各院校调剂信息,同时适时进行心理疏导和谈心谈话,为学生的顺利录取保驾护航。

三、启示与思考

在2019届毕业生483人中,考研报名人数404人,过线人数286人,251人被东南大学、山东大学、厦门大学、天津大学、南开大学、大连理工大学、中南大学、中山大学、武汉理工大学、中科院各研究所等知名高校和科研院所录取,录取率为52%。其中,"最学霸班级"材料1508班和材料1510班,考研录取率均达到82.5%;"最学霸宿舍"共6间(女生宿舍3间,分别是学34-619、620、631宿舍;男生宿舍3间,分别是学25-223、306、316宿舍),6间宿舍共计38名同学全部被录取为硕士研究生;"考研状元"材料1510班小李同学以学院最高分424分被东南大学以第一名的成绩录取。据统计,在被录取的251名同学中,共6名同学考研初试成绩在400分以上,共158人被"985""211"院校录取,有11人被中国科学院各研究所录取。

学院"考研状元"、材料1510班的小李同学说:"3月份刚开学的时候开始复习,由于很久没碰书并且还要上课,所以进度特别慢,好在学院老师帮助其匹配了合适的研友,在课后和晚上可以互相监督复习。复习过程中有时会因为反复做错和大面积出错等原因而情绪低落或者怀疑自己,是周围同学的帮助和辅导员、班主任的关怀,让我松弛有度,保持高标准一直坚持到最后。"

学院"最学霸班级"、材料1508班的小张同学说:"从3月15日分数出来,到第一志愿学校面试失败,再到抓住调剂的尾巴,历经三轮,终于成功调剂到一所"211"院校。一年的努力终究没有白费,道路虽然心酸,但我始终坚信机会总是留给有准备的人。辅导员和班主任一直在帮助我联系调剂,许多学长学姐也为我加油打气,考研的路上有他们的陪伴,我们并不孤独!"

春之元气,夏之熠曜,秋之飚然,冬之含蓄。胸怀浩然,如沐稷下之风,方能停僮葱翠;惟一德一心,方立定厥功。负箧济大,可学博而思专,可山石以攻玉,可志投且友识,可大化乎细流。今番考研,岁在戊戌,功在己亥。这也是材料学子和学校文化相互浸润、永不离弃的魅力证明。

【专家点评】

该案例始终注重把握好青年学生人生"拔节孕穗期",在思想引领、行为引导和发展支持上精心引导和栽培,从外延环境到内在动力、从目标设定到过程指导,通过理论实践、育德育心、课内课外、线上线下的结合,实现主导性和主体性统一、显性教育和隐性教育的统一,形成"领导班子带头参与、辅导员班主任主动参与、专业教师广泛参与"的工作格局。与此同时,依托师资、学科与专业建设等优势,注重做好"长线关怀""长程辅导",开展以"研之成理""研途有你""研学有道""研精阐微""研思超市""研梦终圆"六个模块为主要内容的"材子乐学·研途佳音"活动,切实提升了考研工作的科学性和实效性,也为兄弟学院和高校提供了很好的借鉴。

宋莉璐 济南大学音乐学院辅导员,副教授

"初民党建"构筑思想政治教育工作新平台

【作者简介】

郭剑波,男,硕士,山西大学哲学社会学学院党委书记。

宁全旺,男,硕士,山西大学哲学社会学学院党委副书记。曾获"山西大学优秀党务工作者""优秀学生工作者"称号。

侯巧丹,女,硕士,山西大学哲学社会学学院党委办公室主任。曾获山西省优秀辅导员、山西大学十佳辅导员称号。

一、案例简介

本案例以山西大学哲学社会学学院党委"党建+思政"工作模式为蓝本,构筑思想政治教育工作新平台。

"初民"是新中国成立后山西大学第一任校长邓初民先生的名字,也是本案例"初心为民"的寓意缩写。"初民党建"包括两方面内容:一是党建的网格化管理体系,命名为"初民互联网",是在学院党委、党支部、辅导员以及学院杰出人才、学生社团、学生宿舍等各重点管理要素之间构建相互联系的责任网格,将党建与思想政治教育诸要素置于网格化管理体系中,形成相互促进、相互监督、相互制约的常态化管理服务机制;二是思想政治教育工作平台,包括"初民学习班""初民讲习所""初民故事会""初民践行社"四个平台要素。"初民学习班"以学院党委在本科生中举办的《中国共产党历史》(以下简称《党史》)和《习近平新时代中国特色社会主义思想学习纲要》(以下简称《纲要》)学习班为基础,在学生中广泛开展初心使命教育。党组织书记和特邀专家通过"初民讲习所"讲党课,教工及学生党支部联合举办"初民故事会",讲好中国故事,焕发初心使命。"初民践行社"是以学生党员和入党积极分子带头,学生志愿者面向社会开展服务,结合学院发展党员"五个一工程"要求,为社会做贡献,锤炼初心使命,推进学生自我教育、自我管理和自我服务。

二、案例分析

大学生思想政治教育工作做得好不好,是回答"培养什么人,怎样培养人,为谁培养人"这一问题的关键所在。全国高校思想政治教育工作会议以来,山西大学哲学社会学学院党委深入探讨新时代大学生思想政治教育要求,宏观把握教育规律,创新工作机制,将学院党建工作与思想政治教育紧密结合起来,构建一体化工作格局。2018年获得了教育部首批"全国党建工作标杆院系"建设单位。为此学院党委设立"初民党建"工作平台,成立了领导小组,充分发挥党委、党支部、优秀教师和辅导员等教育主体的作用,在全方位加强学院党建的基础上,强化管理育人,推进大学生课外思想政治教育工作。

(一)构建党建网格化管理体系

"初民互联网"以学院党委为中心,以思想政治教育诸要素为联结点,搭建"党建+思政"网格化管理体系,形成部署思想政治教育工作的基本框架。一是学院党委委员联系党支部、联系杰出人才、联系统战对象;二是教师党支部联系学生党支部、联系杰出人才、联系统战对象;三是辅导员联系学生党支部、联系学生社团、联系学生宿舍、联系重点帮扶对象;四是学生党支部联系学生社团、联系学生宿舍、联系重点帮扶对象。这样,在学院党委、党支部、辅导员以及杰出人才、统战对象、学生社团、学生宿舍、重点帮扶对象之间搭建起了相互联系的责任网格,以此强化党的全面领导,全方位部署和开展思想政治教育工作,创新管理育人工作局面。

(二)构建大学生思想政治教育工作平台

在"两学一做""不忘初心、牢记使命"主题教育中,学院党委深深感到,习近平新时代中国特色社会主义思想、中国共产党历史是中华文明史及优秀传统文化中最具当代中国特色、联系时代最紧密、也是最重要的内容,是新时代大学生思想政治教育所不可或缺的。无论是学生党员、入党积极分子,还是一名普通大学生,对中共党史和习近平新时代中国特色社会主义思想的系统学习都是非常必要的,这是推进广大学生更加全面深刻地把握党的初心使命、落实"为党育人、为国育才"、培养新时代中国特色社会主义合格建设者和可靠接班人的必由之路。

然而,在入党考察、谈心谈话和为入党积极分子上党课时很容易发现,特别是对于中共党史,大部分学生只是在历史课中片段式地学习了一些重要事件或内容,有些甚至只是在影视作品中了解到的,没有形成系统、全面的知识体系。

为此,学院党委以学生党员和入党积极分子带头,在大学生中开展《党史》及《纲要》系统学习,目的就是为大学生"补课",让学生在党史学习中自觉凝练辩证唯物主义和历史唯物主义世界观,领悟把马克思主义普遍原理同中国革命具体实践相结合,感受党的初心使命,培养学生对党和社会主义事业更真切更深厚的感情,主动树牢"四个意识",增强"四个自信",坚定"两个维护",自觉立德树人,努力把个人理想信念与中国特色社会主义事业结合起来,在推进民族复兴伟大中国梦中实现自己的人生价值。

学院党委成立了"初民学习班",利用学生课余时间,在本科生一、二年级中开展《党史》,在本科生三、四年级中开展《纲要》的系统学习;成立"初民讲习所",由学院党委安排,党组织书记每月为学生集中辅导一次,邀请专家学者每学期为学生党员讲一期党课;成立"初民故事会",结合《党史》和《纲要》的学习,教师与学生支部联合举办,以"听故事,印初心"为宗旨,演讲初心故事,铸就使命担当;成立"初民践行社",依托学院团委、社会工作等学术平台,推进学生社会服务实践活动,并结合发展学生党员"五个一工程"要求,在实践中锻炼学生的初心使命,锤炼学生党员服务社会的责任与意识;同时,面向社会宣传新理念、新思想、新战略,弘扬社会主义核心价值观,影响和引导社会新风尚。

通过学习教育和社会实践,学生系统地学习掌握了习近平新时代中国特色社会主义思想,掌握了中国共产党的初心使命,学有收获、思有进步,促进学思信贯通、知行用统一,成为弘扬社会主义核心价值观的主力军。

三、启示与思考

在多年的工作实践中,学院党委不断地对党建和大学生思想政治教育工作进行思考与总结、凝练与深化。在前期积累的基础上,2019年第一学期正式部署了《党史》学习班,第二学期部署了《纲要》学习班,在广大学生党员、入党积极分子中产生了良好的反响。学生们在学习心得体会中写到:第一次系统地学习党史,从头开始了解中国共产党,把过去零碎的知识串联了起来,把过去背诵的内容融会贯通起来,形成了对党的初心使命比较全面的认识。在学习和实践中自觉提升了"四个自信",忠实履行"两个维护",学生们在今年的疫情防控工作中积极响应党中央号召,主动担当作为,参加社区志愿服务,为当地做出了贡献。"初民党建"把学院党建与大学生思想政治工作紧密结合起来,把学院思政要素、党建要素充分调动起来,协同构建互促互进的网格化工作体系,为全面加强大学生课外思想政治教育搭建了良好的工作平台。

学院是培养未来建设者和接班人的前沿阵地,中国特色社会主义的本质特征就是中国共产党的领导。无论是学生党员还是普通大学生,系统开展《党史》与《纲要》学习教育是非常必要的。这两门课应当成为当代大学生的政治必修课,让每一位中华民族的子孙都能够系统了解党的历史,了解党的初心和使命,在爱党中升华爱国情怀,在爱国中坚定跟党奋斗,一心向党向国,成为合格建设者和可靠接班人。

【专家点评】

山西大学哲学社会学学院党委围绕"为党育人、为国育才"办学初心,积极探索"党建+思政"工作模式,创新大学生思想政治教育工作思路,构建了"初民党建"工作平台,以《党史》和《纲要》为重点内容,在大学生中广泛开展"初心使命"学习教育和社会服务实践锻炼,符合"两学一做"常态化制度化的目的要求,符合新时代高校培养社会主义建设者和接班人的使命要求。特别是《党史》与《纲要》的系统学习,对当代大学生很有必要,值得推广与借鉴。"初民党建"运行时间还不长,虽然前期有较好的党建与思想政治工作积累,但项目还需要更多的工作实践检验,各环节要往实里做,往深里做,并且要长期坚持下去,不断凝练和提升,形成品牌。

李 红 北京师范大学哲学学院教授

山西大学哲学社会学学院党委提供的《"初民党建"构筑思想政治教育工作新平台》案例,围绕"党建+思政"工作思路,构建了"初民党建"工作平台,以"初民互联网"为基础,在加强党建的基础上,由学院党委引导和带动师生党支部、辅导员、学生社团等学生管理诸要素,协同强化大学生课外思想政治教育。教育内容抓住了中共党史和习近平新时代中国特色社会主义思想两条主线,切中了高校"为党育人、为国育才"的初心使命,并结合大学生社会实践活动开展实践锻炼。案例内容丰富,联系广泛,具有较好的创意和推广价值。建议进一步拓展大学生思政教育的形式和内容,努力提升思政教育效果。

李拖平 沈阳农业大学食品学院教授

山西大学哲学社会学学院党委紧紧围绕"培养什么人、怎样培养人、为谁培养人"这一关键性问题,积极探索"党建+思政",构建了极富本校特色的"初民党建"工作平台,从"初心为民""大思政"教育出发,以党建为基,以思政教育为体,在抓好课堂思政的基础上,努力拓宽课外思政教育路径,开展《党史》和《纲要》系统教育和实践锻炼,对当代大学生来讲非常必要。案例各要素相互约束,协同推进,思路新颖,富于时代气息,值得进一步深入探讨和推广借鉴。建议案例在系统性、广泛性和效果上再下功夫。

黄 勇 太原科技大学图书馆馆长,教授

亲爱的同学，你究竟有几重迷茫？

【作者简介】

> 邹敏琳，女，硕士，广东金融学院辅导员。曾主持广东省高等学校思想政治教育研究会一般课题1项，获得广东高校学生工作优秀案例一等奖1项、二等奖2项，广东金融学院第四届辅导员素质能力大赛一等奖，暑期三下乡"优秀指导老师""优秀辅导员"等荣誉。

一、案例简介

小Z，男，22岁，广东人，公共管理学院大三学生，热爱体育，渴望创业。家境较为殷实，父母离异再婚，有一个继兄。

小Z并不喜欢目前所学专业，学习成绩不理想，有较多课程期末考试不及格，需要补考。辅导员找他多次谈话，改善效果不明显。有一天晚上，室友告知辅导员，小Z已经失踪3天了。室友翻看他宿舍床上的东西时，发现他的床上乱七八糟，有一些别人的银行卡和身份证复印件，还有一份公司法人的证明文件。文件显示，该公司的法人就是小Z。于是室友通过"天眼"查询并确认了此事。此外，床上还有小Z本人多张银行卡以及生活必需品等。室友发现，除了手机，小Z什么都没有带。

得知情况后，辅导员及时联系了学生家长，家长告知辅导员小Z并没有回家；亲戚朋友也不知道他在哪。于是，辅导员第一时间上报学院党总支副书记，正准备去派出所报案时，小Z室友给辅导员打来电话，告知小Z已经回到宿舍，正在休息。

辅导员让寝室长安排一个室友留守宿舍，等待小Z起床，让其他室友到办公室来，请大家说一说小Z近期的情况。室友们反映，小Z自入学后，就对本专业的学习不感兴趣，经常

---

① 本案例曾获2021年广东高校学生工作案例评选活动一等奖。

在社会上寻找创业机会,特别是能快速致富的途径。最重要的原因是,他的哥哥是北京大学的毕业生,工作体面,小 Z 非常渴望能够在新的家庭中证明自己。基于以上原因,小 Z 经常在宿舍发表创业的想法,而室友们只想好好读书,完成学业。在没有得到室友的回应后,他便很少在宿舍与人交流,转而到校外寻求"合伙人",并为此多次旷课,考试成绩不理想。然而,创业之路并非如想象中的简单,小 Z 多次失败后,在无助之余便经常到网吧打游戏,甚至经常彻夜不回。

了解情况后,辅导员联系了小 Z 的母亲,询问他在家庭的表现以及与家人的沟通交流情况。据他的母亲反映,虽然小 Z 与母亲关系密切,但平时也没有深层次的交流,并不知道他担任创业公司法人的事情,对他长期旷课、考试成绩不佳的事情也是不知情,他与继父更是交流甚少。此外,他的母亲还告诉辅导员,小 Z 曾在高中得过抑郁症,但没有接受系统治疗。

在小 Z 睡醒之后,辅导员与其进行了深入的谈心谈话。在谈话中,辅导员更运用了共情技术、倾听技术,与小 Z 建立情感链接,鼓励他表达自己内心深处的想法。谈话结束后,辅导员整理出以下信息点:

(1) 小 Z 缺乏职业生涯规划,其职业目标与自身能力不匹配。

(2) 小 Z 缺乏学业生涯规划缺,有多门课程考试成绩不及格,补考在即,担心通不过,将面临毕业危机。

(3) 无论是与室友相处,还是与家人相处,小 Z 在处理人际关系时,存在不足之处。

(4) 小 Z 内心深处非常想在短时间内"成就一番大事业",其目的是与哥哥比肩,渴望在新家庭中获得重视。

(5) 小 Z 有抑郁症史,高中曾经有过自杀的念头,自行就医吃药后已基本康复,但是仍容易出现抑郁情绪。

(6) 小 Z 是在他人的诱导下注册公司并担任公司法人代表的,他对自己需为此承担的法律责任和风险并不清楚。幸好目前公司尚未有任何纠纷,也没有经济负债。

(7) 在压力特别大的时候,小 Z 会去网吧玩 3 天以上的通宵游戏,直到筋疲力尽时才会回学校。

(8) 小 Z 的身体素质特别棒,目前是校运动队成员。

(9) 小 Z 毕业后有参军入伍的打算。

二、案例分析

(一) 案例解决思路

经过对各方信息的综合判断,辅导员对小 Z 的情况进行了深入分析,总结出小 Z 目前存在 6 个方面的问题,并基于这些问题,厘清了帮扶小 Z 的工作思路(图 7-11-1)。

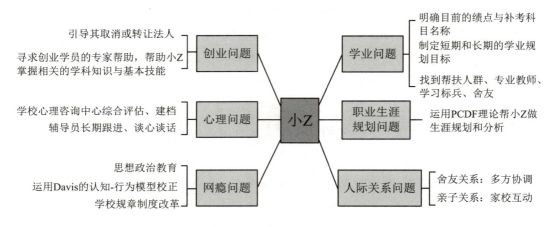

图 7-11-1　帮扶小 Z 的工作思路图

(二)案例帮扶措施

根据分析结果,辅导员抓主要矛盾,按事情的轻重缓急顺序,多方协同,激发小 Z 自我调整的内动力。经过综合评判和仔细分析,认为目前主要应解决小 Z 所面临的问题——心理问题和职业生涯规划问题,进而逐步解决其他 4 个问题(图 7-11-2)。

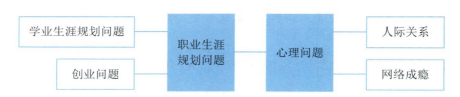

图 7-11-2　小 Z 需解决的 6 个问题

1. 科学运用 CIP 生涯规划理论,解决学业规划迷茫和生涯规划迷茫

1) CIP 生涯规划理论

CIP(Cognitive Information Processing,CIP)理论起始于 20 世纪 90 年代初美国佛罗里达州立大学,由 Sampson、Peterson、Reardon 提出。该理论认为生涯选择源于认知过程和情感过程的交互作用,它是一种相当复杂的决策活动。它认为生涯成熟取决于个人的决策能力,而这一能力又取决于个人的知识和认知操作的有效性。

通俗地说,CIP 生涯规划理论模型就是"知己知彼,决策行动"。具体而言,该理论包括知识领域、决策技能领域、执行加工领域三个层级;其修正模型增加了"动力领域"这一层级(图 7-11-3,图 7-11-4)。

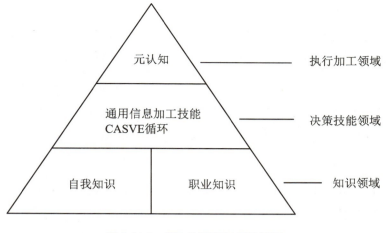

图 7-11-3　CIP 生涯规划理论模型

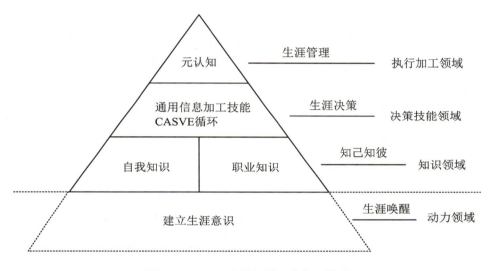

图 7-11-4　CIP 生涯规划理论修正模型

针对小 Z 面临的问题,辅导员认为需要先帮助他建立 CIP 生涯规划理论修正模型;通过对内探索、对外探索,实现"知己知彼";然后通过 CASVE 循环,形成元认知,采取可行性措施决策行动。

辅导员为小 Z 制订了 3 次生涯规划访谈,即通过使用标准化测评、卡牌进行兴趣探索;通过成就事件、技能卡牌进行能力探索;通过分类卡和发展清单进行价值观探索;通过人物访谈和信息搜索进行对外探索。然后运用 CASVE 循环的匹配探索,推断出未来比较适合小 Z 的工作是金融类行业、销售类行业,或者依据他个人的愿景选择参军入伍。

通过测评,小 Z 明白了自己的能力与创业要求并不匹配,于是放弃了未来往创业方向发展的想法。经过辅导员的引导,他也明白到了现阶段担任企业法人代表的不理智性以及其中存在的法律风险,立即告知其合伙人准备办理法人代表交接事宜。

2）制订科学的学业生涯目标

在完成了职业生涯规划之后,最迫切需要解决的就是制订大学期间切实可行的学业生涯目标,尤其是如何通过即将面临的多门补考,否则,将会对其造成新的压力。

为了解决这个问题,辅导员迅速地找到主管教学工作的副院长,阐述事情的前因后果,以取得院系支持。副院长帮忙联系了相应科目的任课教师,给小 Z"开小灶",帮助其解决学习中的难点。同时,辅导员还组织班级中的学生党员干部,针对小 Z 的难点科目进行帮扶指导。

补考结束后,小 Z 在辅导员的指导下,结合学业生涯规划的目标,制订了短期、中期、长期学业发展目标和具体的学习计划。

2. 科学评估心理状态,家校协同建立情感支持,戒除网络游戏瘾,回归正常的学习生涯

在这个案例中,最让人揪心的就是小 Z 和他的家人都说过,他在高中的时候曾经患有抑郁症,并且险些实施自杀行为。虽然考上大学后,症状得到缓解,已经不需要服药,但如今在重重压力下已经出现了明显的抑郁情绪。为了解决这个问题,辅导员采取了以下三个措施:

(1) 引导小 Z 到学校心理咨询中心进行评估。经过学校心理咨询中心教师的科学评估,目前小 Z 出现了情绪低落、思维缓慢、语言动作减少和迟缓等症状,但是情况较轻,尚不需服药,定期回访即可。

(2) 邀请小 Z 的母亲到学校,开展家校协同干预。小 Z 的母亲到校后,辅导员将小 Z 的在校情况告知其母亲,包括学业成绩、情绪状况等,并与其母亲达成共识,对小 Z 进行共同引导,监督他执行并完成学业计划。他的母亲还答应辅导员会积极与小 Z 沟通,给予他更多的情感支持,逐渐引导他放下与哥哥比较的想法。

(3) 针对小 Z 的宿舍成员做了一次人际关系的团体辅导,帮助宿舍成员对小 Z 有更多的了解和支持,修复小 Z 在宿舍内部的人际关系。同时,辅导员要求寝室长近期要密切关注小 Z 的表现和行为,如果他再次出现夜不归宿的现象,要第一时间告知辅导员。

(4) 利用 Davis 的认知行为理论解决网络成瘾的问题,引导小 Z 回归正常的学业生涯。

Davis 的认知 - 行为模型理论是 Davis 结合 Young 的 ACE 模型、Grohol 的阶段模型以及网络成瘾者自身的原因,将网络成瘾看作是一个动态发展的过程,是对一种物质的依赖性,并不同于网络使用者对它的着迷。Davis 主张用病态网络使用(PIU)代替网络成瘾,并提出了网络成瘾的认知 - 行为模式。

Davis 认为网络成瘾行为症状的出现是由一系列原因主导的,并且这些原因需要密切关联才会导致网络成瘾的现象。小 Z 出现依赖网络游戏的行为主要由以下几个方面原因所致:① 从家庭方面来看,其家庭经济条件良好,母亲再婚后,在小 Z 成长的重要阶段忽视了

对他的陪伴,缺乏深层次的沟通;② 从人生选择上看,小 Z 上了大学后,逐渐迷失了学习目标和生活方向;③ 从人际交往方面看,现实中,小 Z 与同龄人之间缺乏沟通,不能适应现实的集体生活,导致在与人相处的过程中矛盾增多。因此,小 Z 每次面临巨大压力时,便沉溺于网络游戏中,逐渐对他的学业造成了负面影响。

针对 Davis 的认知-行为模型理论的原理,辅导员抓住"病原""情境线索"两端,一方面分别与小 Z 和他母亲进行深度沟通,引导两人加强沟通交流,并注意方式与技巧,还告知小 Z 要理解母亲的不易和艰辛,以及对他从未改变的爱,帮助两人改善和加强亲子关系,提供正向的情感支持;另一方面,辅导员给小 Z 安排了一份学生助理的工作,让他在课余时间到学院来,多与老师和优秀的学生骨干交流,也让其室友平时多加关心,一起引导他积极参与校园文化活动,增强"情境线索"的正向引导。

(三) 干预结果

在采取了以上措施后,小 Z 在任课教师、学生党员和学习标兵的帮助下,顺利地通过了所有学科的补考,并根测评结果制订了职业生涯规划发展的短、中、长期目标和切实可行的学业计划。在学校咨询师的帮助下,他打开了心扉,和母亲有了更多的深层次交流,母子关系得到改善;另外,与宿舍同学和其他同学的交流也逐渐增多。在辅导员老师的帮助下,他在担任学生助理期间,参与了不少的校园文化活动,接触了许多优秀的大学生群体,更加深刻地理解了"快速致富"是不可能的,只有先制订适合自己的奋斗目标,并锲而不舍地努力与付出,不断提升自己的专业素养与综合能力,未来才会是"生涯愿景"而不是"南柯一梦"。

小 Z 在毕业时,以较高的素质被某银行录用。在收到应征入伍的通知后,他通过了重重考核,最终成功被选入武警部队。在"新冠"疫情防控中,他与同伴一起成为"逆行者",奔赴抗疫一线,将青春写在祖国大地上。

三、启示与思考

(一) 找准关键点,聚焦问题本质,多方协同形成最大合力

小 Z 的个案之所以能够被成功解决,在于辅导员老师经过多方信息的收集与综合分析,找准个核心问题"心理问题"与"职业生涯困惑"。这两个核心点交互作用,相互影响,并由此产生了"学业规划问题""网瘾问题""创业问题""人际关系问题"四个衍生问题。

为了解决两个核心问题和四个衍生问题,辅导员老师运用了 CIP 生涯规划理论的若干工具和 Davis 的认知-行为模型理论的技巧与方法,在家长、学校心理咨询中心、学院领导、

专业教师、室友、学生党员干部的多方共同努力下，按照轻重缓急的原则，制订了具体可行的帮扶措施，最终逐步帮助小Z建立了适合他的生涯规划目标，解决了学业困难，修复了母子关系，戒除了网瘾，还主动参与校园文化活动，培育了积极向上的心理特征。他通过自己的努力，实现了人生价值。

（二）建立健全摸排体系，建立危机预警机制，做到关口前移

高校辅导员的工作涵盖了"九大职责"，专项工作任务重，日常事务性工作非常细碎繁琐，如果没有建立起科学的摸排体系和危机预警机制，在做学生管理工作时，会对辅导员的身心产生巨大的压力，如履薄冰，不知道哪里会"爆雷"。

所以，高校辅导员在开展日常学生管理工作的时候，应当建立"班级干部—学生党员—宿舍长—心理委员"的摸排体系，通过不同场合、不同角度，不断加强对学生干部队伍的培养，普及心理健康知识和危机识别技巧，建立班级危机预警机制，做到关口前移。

在本案例中，如果学生干部能够更早地与辅导员取得联系，早点告知小Z的异常表现，让辅导员能够及时采取工作措施，可能就不会出现小Z经常夜不归宿的情况，进而避免或减少次生问题的产生。

（三）不断加强理论学习，增强业务素养，方能做到精准育人

辅导员是高校思想政治工作的一支非常重要的骨干力量，党和国家一直非常重视这支队伍的建设，并要求队伍要做到"政治要强、情怀要深、思维要新、视野要广"，只有这样，才能承担"承担伟大工程的施工员、伟大事业的质检员、伟大斗争的战斗员、伟大梦想的服务员"的历史责任。

面对这种情况，势必要求新时代的辅导员要不忘初心，不断加强理论学习，提升理论素养与职业技能，将工作做细做实，做专家化、专业化的道路。辅导员不能满足于完成日常的事务性工作，要善于结合实际工作，科学运用思想政治教育及其相关学科的理论方法与实践技巧，针对学生的存在问题做好个性化的帮扶与引导，准确施策，精准育人。只有这样，才能够在学生工作中做到晓之以理，动之以情，从根本上解决问题，从而实现为党育人，为国育才的教育目的。

【专家点评】

　　《高校思想政治工作质量提升工程实施纲要》要求高校要坚持育心与育德相结合，在管理学生的过程中应加强人文关怀和心理疏导，着力培育理性平和、积极向上的健康心态，强调要培育大学生的积极心理品质。本案例以当前高校常见的学生个案入手，完整呈现了辅导员对面临多重矛盾与困惑的学生开展帮扶工作的全过程。难能可贵的是辅导员在处理个案的时候，不停留于学生逃课的表面现象，而是找准关键点，聚焦问题本质，继而实现教育效果的最优化。在案例处理过程中，辅导员积极开展家校协同，并运用 CIP 生涯规划理论和 Davis 的认知－行为理论对学生进行了有效引导，解决了其职业生涯规划的问题和心理困惑，成为了照亮学生前行道路的引路人。

　　朱培松　广东金融学院公共管理学院副书记，教授

第八篇
服务育人

做好新疆少数民族学生管理工作需要"三心二意"

【作者简介】

> 王颖茜,硕士,助理研究员,西南政法大学辅导员。

习近平总书记强调,"青年一代有理想、有本领、有担当,国家就有前途、民族就有希望"。如何做好新疆少数民族学生的民族团结进步教育工作,让他们更好地融入大学生活完成学业,培养成为真正的社会主义建设者和接班人,是高校少数民族学生管理工作中的重中之重,本案例结合X大学Y学院创设的"三心二意"育人模式,探讨了新疆少数民族学生的管理。

一、案例简介

X大学共有新疆少数民族学生160人,这些学生大都是第一次走出家乡,到学校后发现自己的汉语水平较低,与周围同学交流存在困难。尤其是入校初期存在难以融入和适应学校学习生活的情况;加之,学习基础相对薄弱,难以跟上学习进度,会陷入自我怀疑,逐渐失去对学习的兴趣和热情的情况。此外,外在不良诱导因素较多,易受到极端思想的诱导和侵蚀。

此案例反映X大学新疆少数民族学生融入学校、适应大学校园生活、民族团结进步教育等培养情况,案例以促进学生健康成长成才、全面发展为出发点和落脚点、以营造和谐校园文化为依托,教育引导新疆少数民族学生树立正确的理想信念,强化责任担当,筑牢中华民族共同体意识,做合格的社会主义建设者和接班人。

二、案例分析

根据这一情况,X大学高度重视各民族同学在学习、生活、交流等方面可能存在的问题,注重加强民族团结的宣传教育。为使新疆少数民族同学更好地融入学校这个大家庭,积极探索"三心二意"育人模式,厚植爱国主义情怀,在思想建设上"用心"筑牢民族团结长城;在学业促进上"耐心"帮扶,推动学生成长成才;在点亮生活上"爱心"扶持,树立正确的世界观、人生观、价值观。同时多点"留意",防患于未然;多点"创意",弘扬中华传统文化,树立"四个自信"。

(一)多点"用心",抓思想建设

狠抓安全教育、纪律教育、诚信教育、考风考纪教育。深入学习宣传总体国家安全观,自觉维护政治安全、网络安全、增强国家安全意识和忧患意识。定期对同学们的生活、学习进行总结,树立典型,发挥先进典型引领示范作用,用身边的典型引导学生增进团结,自觉维护校园和谐和社会稳定。如召开大会,对表现优秀的少数民族同学进行嘉奖和鼓励;对各方面有待提高的同学进行勉励;对成绩暂时落后、不积极参加活动的少数民族同学进行殷切的叮嘱和期许;对生活或学习面临困难的同学给予关怀,使各民族同学都能够分享本专业进步的喜悦,能融入大家庭的温暖氛围中。举办思想政治建设主题教育活动,让主题教育入脑、入心,引导学生自觉遵纪守法,遵守学校规章制度,做诚实守信的新时代大学生。

(二)多点"耐心",促学业发展

建立帮扶机制。大部分少数民族同学因为地区教育资源的不平衡,导致他们的知识基础不牢,进入高校后,加上语言和文化的差异,导致他们在日常学习和生活上表现得力不从心,尤其是缺乏学习动力,把学习看成是件苦差事。因此,少数民族同学在学习上与内地学生相比存在较大差距。结合这一问题,我们积极跟进少数民族同学的学习情况,通过各种形式的活动给予他们学习上的鼓励和帮助,培养他们的学习兴趣。例如,开展"一对一结对子"活动,该活动以一对一学业帮扶的形式,由年级干部进行统一安排,组织年级先进同学和成绩优异的同学自愿参与帮扶活动。活动主要是针对成绩较差或学习动力不强的少数民族同学进行分科目的专项帮扶,帮扶时间集中在每周一次的学习会以及定期在QQ帮扶群推送学习方法、学习典范、学习资料。通过帮扶,使受帮扶同学对知识上的疑难点进行针对性的突破,从而帮助他们更好的理解知识,在成绩上取得进步。

(三)多点"爱心",留一份温暖

少数民族同学,尤其是一些家乡偏远的新疆少数民族同学,由于家庭经济条件不好、离家太远,且在文化、语言、生活方式上与内地学生存在差异,经常情绪低落并难以适应与融入大的群体。因此,为改善少数民族同学的生活状况,为少数民族同学的生活增添一份色彩,X大学Y学院设立了"少数民族学生爱心基金",通过自愿捐物、举办拍卖、筹资活动的形式,为有经济困难的少数民族同学筹集爱心基金,帮助需要帮助的少数民族学生。此外,以年级干部为主体,开展多项活动对少数民族同学进行生活上的关怀,如为少数民族同学举办生日会;在少数民族的民族节日来临时,征求他们意见,开展节日庆祝活动;在传统节日之际派送零食,发放礼品,让他们感受到学校大家庭的温暖。

(四)多点"留意",防患于未然

严防宗教渗透,高度重视意识形态工作,对少数民族学生的心理和思想状态及时进行了解,通过各种形式的摸排调研、及时引导、及时掌握、及时介入。少数民族学生来自不同的民族,文化信仰、家庭背景、对民族文化的认同各有不同。平时,我们不光要有敏锐的眼睛,更要有洞察细微的心,即多点留意。这种"留意",让我们平时对少数民族学生谈心谈话花的时间、精力更多,如我们采取"午餐谈话制度",与他们共进午餐,从点滴的现象中及时发现问题,把各种可能发生的情况及时解决,才能有效地防患于未然,尤其是学生心理与思想的"坏苗头",能早点被发现从而被疏通或消除。

(五)多点"创意",厚植爱国主义情怀

1. 开展"展我精彩"民族团结风采表演活动

通过迎新晚会、毕业晚会或策划举办民族团结主题活动,让新疆少数民族同学参与其中,通过形式多样的演绎,充分展示民族的文化特色。如维吾尔族的同学会表演技术性和观赏性俱佳的新疆舞蹈;哈萨克族的同学一展歌喉,为大家带来充满异域风情的动人歌曲。另外,不同民族的同学还共同合作,一起表演节目,展现了各民族同学之间和谐相处的融洽氛围和共同协作的强大力量。

2. 以传统节日为契机,弘扬传统文化

中华优秀传统文化源远流长,要做好传承工作,就要发挥好传统节日的涵育功能,通过传统文化传承培育来发展爱国主义情感。利用好春节、端午、中秋等重要节日,开展丰富多彩、积极向上、富有民族特色价值的民俗文化活动,引导新疆少数民族学生了解中华传统文化、增进家国情怀。结合元旦、"三七女生节"、五四青年节等节日,开展各具特色的活动,激发学生的爱国主义和集体主义精神。

通过创新"三心二意"育人模式,举办系列主题教育活动,X大学新疆少数民族学生教育

工作成效显著。一方面,各民族同学反响热烈,积极参与相关活动。认真排练准备,以展现本民族的文化和风采。同学们挥洒灵感和汗水,以青春书写民族团结互助、共同进步的主题,也使各民族同学们之间的情谊更深一层;另一方面,使得少数民族的同学收获了在文化上和民族上的自信,增进了各民族之间的互相交流,使大家更加了解彼此,从而加强了民族团结的意识。有力地提升了同学们对民族团结和祖国统一的思想认识,进一步增进了同学们对不同民族之间的风俗习惯与文化差异的认识。"相互尊重、相互关心、相互帮助、共同进步"的思想在全校同学心中牢牢扎根。

三、经验与启示

(1) 伴随国家对少数民族教育事业的重视,高校中的少数民族学生越来越多,其本身具有一定的特殊性,最为典型的就是文化基础、学习及适应能力普遍较弱,进而在学校生活中会出现各种各样的问题。此时辅导员应该多关心学生,主动深入了解学生情况,通过开展活动、举办联谊会、拓展训练等形式,加强民族融入,提高学生的归属感。

(2) 始终坚持思想问题和实际问题同时结合解决的方法,辅导员在面对学生管理工作中的复杂问题时,通过协调学校各方资源,形成育人合力,切实解决问题,切实帮助有学习或生活困难的少数民族学生。

(3) 辅导员要注重自身学习,熟悉相关民族政策,加强对所有同学的民族团结意识的教育,鼓励大家互相了解并包容彼此在文化等方面的差异,教导当代大学生反对民族压迫和民族歧视,增强民族团结,维护祖国统一。

【专家点评】

全文一气呵成,开宗明义,通过对新疆少数民族学生"三心二意"育人模式的介绍,展现了 X 大学在思想关怀、学业帮扶、生活关爱、安全防范、文化认同等方面所做的扎实细致的工作,与此同时,还对辅导员在育人模式中的作用和需要做出的努力做了进一步阐释。建议该案例能够展示出该育人模式的实际育人成效,以确保案例的统一性和整体性。

徐　敏　台州学院生命科学学院党总支副书记,副教授

馅饼还是陷阱？
——一起高薪就业实习案例的思考[①]

【作者简介】

> 李鹏鹏，男，硕士，助教，新余学院辅导员，国家职业指导师，KAB 创业导师。曾获得校优秀辅导员、校辅导员素质能力大赛二等奖、2019 年江西省高校思政论文三等奖、江西省宿舍管理先进个人等荣誉称号。

一、案例简介

李同学，男，21 岁，××××级建筑工程管理专科班学生，2018 年 6 月份毕业，平时善于交友，积极活跃。在毕业来临之际，他打算早点去实习，但是苦于没有合适的实习渠道。2017 年 9 月，他在班级 QQ 群看到一则中建八局招聘实习生的信息，实习工资 4500 元/月。他怦然心动，拿起电话联系对方，并且表达了自己实习的愿望。在电话中，对方说自己是本校的往届毕业生，自称是他的"学长"，公司现在正缺人，可以接受他实习，并且实习一段时间可以转正。李同学听说是"学长"的公司，有种天然的亲近感，当下便和对方承诺在和学校请了假后就可以马上去实习。第二天，他找到班主任，表达了他的想法。在他的再三要求和写了保证书的情况下，班主任同意他去实习。

在一天走访宿舍的时候，我问及李同学的近况，他自豪地说自己已经找好实习工作，准备去广东顺德中建八局的某个子公司实习，实习工资有 4500 元/月，而且已经买好了 10 月 1 日前往广州的火车票。基于对行业薪资的了解，我对他"高于平均水平的实习工资"表示怀疑，希望他了解好情况之后再做决定。他却坚持表示"学长"就是这样说的，不会骗人的。而且"学长"交代了不能将实习的消息告诉老师和其他同学，因为最近收到实习的消息和简历

[①] 本案例获得新余学院 2019 年辅导员案例二等奖。

太多了,以免被其他人电话轰炸,和他形成竞争关系。我当下再次告知其风险和疑虑,不要前往为妙。然而李同学认为:一则是课程结束了,待在学校没什么事情,已经信誓旦旦和班主任写下实习保证书,不去感觉面子挂不住;二是实习工资很高,比其他同学的实习单位要好;第三,对方是"学长",语气听起来挺和善的,觉得挺靠谱的;第四,自己已经买好了车票。基于以上四点,该生觉得这份工作是不会存在问题的,让我不要担心,并且不要告诉其他同学和班主任。我当下表示过几天再和他聊一聊。

二、案例分析

(一)处理的方法思路

1. 事件的性质、可能引发的后果和处理的原则

该事件属于毕业生就业实习过程中遇到的求职陷阱事件。李同学处在应届毕业季,一方面对于即将走出校园、步入社会感到新鲜与激动,加之其在校期间交友广泛,容易相信其他人,对社会了解不足,存在与社会脱节的问题;另一方面他急于赚钱,导致对期望薪资过高。在就业准备不足几方面因素综合影响之下,李同学容易掉入就业陷阱,存在就业安全问题。学生前往进行实习具有很多不稳定的安全因素,财产安全和生命安全无法得到保障,后果无法想象。因此我们在处理该事件时应该遵循大学生危机处理的首要原则:必须以人为本,保障学生生命和财产安全,进而帮助学生规避就业实习中遇到的坑。

2. 为学生解决当前的就业实习问题和树立正确的就业实习观念是处理事件的关键

第一,从安全性的角度出发,学生现在是不能再去这个"学长"企业实习了,然而学生又处于急于实习就业的心理状态,并且买好了前往广州的火车票。因而,帮学生找到一个位于广州附近安全的建筑公司实习是需要"当下改"的关键问题。第二,能否结合这一事件,培养学生一个正确的就业实习观念,为学生以后的职业发展打下一个"长久立"的基础。

(二)案例处理过程

1. 多方了解,核定真伪

在了解李同学在QQ群获得就业信息渠道后,我立即追本溯源,找到了那条信息,以应聘者身份和"学长"联系。当问及对方的公司一般要从事哪些工作时,对方也只是含含糊糊

地回答,说就是做一般建筑专业学生做的事情,不会的地方他们可以培养。等到几天后,再联系"学长"时,"学长"说自己不在那个公司工作了,可以直接去那个公司。同时,我在朋友的帮助下去查询该公司背景、营业执照和企业资质等相关信息,后发现该就业信息为虚假就业信息。

2. 谈心谈话,理性分析

在掌握基本的信息后,我主动和李同学进行交流。首先,我肯定了学生就业实习的诉求。在《关于加强普通高等学校毕业生就业工作的通知》(国办发〔2009〕3号)中明确指出"大力组织以促进就业为目的的实习实践,确保高校毕业生在离校前都能参加实习实践活动"是促进就业工作的有力措施。因此李同学在完成学校课程前提下,申请去实习是合理的诉求,在这个方面应该给予肯定,学生也认可我的说法;其次,我和李同学分析了该公司的情况,并且将自己掌握的情况反馈给他。对方如果是一个正规的公司,应该会将自己的相关信息公开,而不是这样遮遮掩掩;最后,我告诉学生,在建筑行业内的很多工程存在着挂牌、劳务输出以及转包的现象,有时候存在着较大的安全风险。

3. 精准帮扶,持续跟进

第一,帮助学生落实实习就业单位。在经过一番分析后,李同学比较认同我的分析,但是对于预定的实习就业计划落空表示沮丧。我开导他,现实社会中存在着种种不确定因素的存在,会使我们与原来的职业认知有所偏差,这就要求我们不断地反省并对规划的目标和行动方案做出修正。从整个意义上说人生的每一场经历都是人生的财富;在以后就业甚至工作的过程中,都需要十分注意。对于学生强烈的实习就业愿望,我帮助学生介绍了校企合作的湖南航天建筑工程有限公司广州分公司,资质证书、营业执照、安全生产许可证、三证合一,并且有一部分同年级的同学在那边实习了,而且有相当一部分同级的学生已经在那边工作,买好的火车票正好可以用上,希望学生可以考虑。过了两天,李同学表示同意,我联系了企业,并把学生的相关简历发往相关的人力资源邮箱。不久,对方回复欢迎我们的学生前往实习就业。

第二,帮助学生树立正确的就业实习观。通过这次事件,我向李同学首先介绍了建筑行业的情况,工资基本上在2000～2500元/月,高薪实习工作可能是个陷阱。而且,作为一名实习期的学生一定要放低自己的姿态,脚踏实地,以学到专业技能、工作技能和锤炼自己的工作态度等综合素质为目标,在实习中不断获得成长。

第三、加强后续关注。在国庆节的前一天,我亲自把学生送到公交车站,目送其上公交车,嘱咐他到达广州后,发送定位给我,并且和我及时汇报,以确保其安全到达。在平时也会在 QQ 上询问他实习的情况。他表示自己在实习中学到了很多在学校学不到的东西,学到了很多实用技能。后来李同学通过实习中学习到的知识和技能,在事业单位面试中获得了很多优势,现在甘肃省某事业单位工作。学生后来在学校微信公众号留言到:"建筑工程学院,李鹏鹏辅导员,挺你,实习的工作就是你帮忙介绍的,在那边公司真的很好。实习前,您经常来宿舍看望同学,解决难题,为我们付出了很多,李老师,很伟大。挺你,你是最棒的。"也许在那个时候,学生的赞美、感激和成才就是一个辅导员的育人价值所在。

三、启示与思考

在这个案例中,让我意识到学生工作无小事,让我收获的是不忘初心的红色、服务育人的绿色和教育方式的黄色。

(一)不忘初心的红色

红色是初心和热爱。回首过去,岁月钩沉。作为一名辅导员,我们始终是学生成长成才的人生导师和知心朋友。关心和爱护学生是我们工作永恒的话题,也是我们的初心和使命。在这一案例中,毕业生由于结束课程学习容易陷入迷茫困惑,必须帮助学生尽快寻找并确定自己的方向。毕业生的学业特点也要求我们做到工作重心下移,深入学生宿舍经常性地关心他们的学习、生活和择业,了解他们的思想动态,解答他们的内心疑惑,做到思想政治工作因事而化,因时而进,因势而新。

(二)教育方式的黄色

黄色是智慧和探索。在这一案例中,在辅导员发现学生实习岗位是陷阱时,如果强制学生退掉前往广州实习的火车票,容易造成学生思想上的疙瘩,打击学生的积极性。如何帮助解决李同学在就业实习中的合理诉求,这就要求把思想政治工作的立足点建立在不断改善学生成长和发展必要条件的基础之上,提高思想政治工作的针对性和实效性,提供靶向服务。实际问题解决了,一些思想问题也就容易迎刃而解了,思政工作才会有力度,学生才会信服,才能做到解决思想问题与实际问题相结合,才能真正地做到服务育人。

(三)服务育人的蓝色

蓝色是期待和信念。职业指导不是某一时期的阶段性任务,而是一项系统的、长期的、连续的教育引导过程,尤其需要加强大学生就业指导中的思想引领,重点着力于个人职业素质和综合素质,强化对大学生就业价值取向的正确教育,理性审视择业要求,服务学生的职业生涯长远发展。思想政治工作应该做到把握当下与立足长远相结合。

【专家点评】

习近平总书记指出,要切实做好以高校毕业生为重点的青年就业工作。临近毕业的大学生在实习和就业中充满了焦虑感。而青少年阶段是人生的"拔节孕穗期",最需要精心引导和栽培。该案例的成功在于作者坚持以学生实际问题为导向,同解决思想问题、心理问题结合,注重发挥思政协同育人的作用,注重解决当下实际问题和长远教育功效。该案例体现了作者真正用辅导员的爱心、耐心和真心进行思政育人,达到了润物细无声。

王茂洋　新余学院组织部副部长,副教授

从弱小走向独立的阳光少年

【作者简介】

> 霍曙光,女,硕士,讲师,河北传媒学院辅导员,国家心理咨询师。曾荣获河北省第四届辅导员职业技能大赛二等奖、河北省大学生和青年教师"体验省情 服务群众"实践活动优秀指导教师、河北省暑期大家访先进个人、校大学生创新创业大赛优秀指导教师、校先进管理者等荣誉称号,主持或参与省、市、校课题6项。

一、案例简介

9月,迎来新一届的学生。经过入学教育、军训教育和专业介绍等一系列的活动,开始了熟悉学生的过程,有这样一个特殊的学生出现在我的视野中,他就是身体弱小的王同学。

情节一:"老师,这是我写的3张竞选班长的稿子,您帮我看下可以么?我想当班长。"我仔细打量着这个男生,穿着不时尚,但很整洁干净。看着期望的眼神,我说:"想当班长想法很好,但是要经过班级的公开投票竞选。"结果在班级民主投票中他无缘班级干部一职,当所有同学都离开教室后,他一个人默默地坐在座位上。

情节二:10月是学生干部的考察期,班级学生对学生干部有了近距离的接触,变得更加熟悉。与王同学一个寝室的团支书由于特殊原因,不再担任学生干部。按照民主投票排名,王同学顺利当上了团支书。但是,他不愿意当这个团支书,因为他害怕舍友有其他的想法。

情节三:4月15日,我接到了一条王同学母亲QQ的留言,"霍老师,我大儿子这个月又给我转账了200元,说这钱是他赚的,您说这是不是真的?"我说:"您放心使用吧,这是他兼职自己赚的。"7月24日,接到他妈妈的电话:"霍老师,大三的学费能不能缓缴呢?他爸爸已经六个月没有开工资了,而且不想让大儿子知道。"

作为一名大学辅导员,对于学生实现"心理导向、思想指向、意识方向"的管理,才能够更好地完成学生的思想政治教育。初入大学,适应大学生活需要一个转变的过程,尤其是面对不同的学生,要具体问题具体分析,才能够建立良好的师生关系,促进学生健康的成长。

二、案例分析

竞选班长的落选、学费的压力以及生活的变化会给学生的心理造成一定的负担。在和学生家长沟通后,了解到王同学的真实家庭情况。

王同学,家里共五口人,80岁的爷爷年老多病且需要有人长期照顾,有小脑萎缩、高血压、精神不正常等症状。家里主要依靠父亲种地和打一些零散工维持生计,父亲患有心脏病,不能干重活儿,干几天活就要休息一段时间。近几年他的父亲身体体力不支,小病多发,经常因为治病而耽误工作。母亲左腿因早年在工地打零工不慎跌落导致左腿脚踝部骨折,为一级伤残,当时工地包工头也没有给赔款,只支付了30%的医药费,其余费用均是父亲打零工或者向亲戚借来的。同时母亲患有腰椎间盘突出,目前腰部脊柱轻微错位,仍需要几万元的手术费用来治疗,如不及时治疗很可能导致下肢瘫痪。家中还有5岁的弟弟正在上幼儿园。早年间,家里翻盖房子仍欠下债务,目前王同学的学费还没有着落。

面对如此特殊的学生,如何能够让他顺利度过大学四年,可以通过家访以及在校日常表现进行全面观察和关注,全面了解学生的需求,在理解学生的过程中给予一定的帮助,才能与学生产生共鸣。

(一)关注学生特长 实现正确引导

与王同学进行了长时间的沟通和交流,在操场面对面一起回忆了大一时候初选班长的那一刻,谈到我们每个人都有自己的优势,要多看他人的优点和长处,不断完善自身的优势,才能够发挥团队的力量,营造一个有利于班级成员成长的环境,告诉他可以考虑从其他组织或者部门为学院或者学校做出自己的贡献。

(二)彰显人文关怀 培养自立自强意识

针对家庭贫困的学生,为学生详细解读国家的资助政策,在物质补助和精神补助中培养学生的感恩意识和自立自强意识,这是辅导员应该关注的问题。国家有励志奖学金、助学金,同时学校设有校内助学金以及特困助学金。为了打消王同学家庭条件困难的自卑感以及家庭的学费压力,我鼓励王同学好好学习,合理分配自己的学习、工作和生活时间,并为王同学梳理了一份学习计划。贫困补助可以解决暂时的困难,不能当作"天上掉下的馅饼",关键要提醒学生学会"自己挣饼吃"。因此,他并没有放弃利用自己专业在校外的兼职工作。

（三）反馈学生信息 加强家校联合的情感支持

在他担任班级的团支书期间，组织多项班级活动，参与了省级、校级活动，获得多项荣誉并受到学校的表彰。在积极向党组织靠拢的同时，获得了各种奖学金。他在成长中得到了老师和同学们的肯定，低调的他并未向父母展示自己的成绩。形成家校育人的合力，需要辅导员针对学生在校的基本情况反馈给家长，在日常沟通中加强情感联系，才能在学生发生突发事件时得到家长的支持。我通过微信向家长展示了王同学的活动照片以及获奖的荣誉证书，家长表示不敢相信自己的孩子这么优秀。

三、启示与思考

通过多方面的努力，他从不自信、自卑转变为自信、乐观，并带领寝室成员参加学校"音超联赛"并获得冠军，班集体获得校级优秀团支部。只有让家庭贫困、缺乏自信的同学感受到来自学校、辅导员和班级的关爱与温暖，才能够促进贫困家庭的学生建立一定的安全感和信任感，走出孤独不自信的境地。尤其是对于特殊群体，辅导员要给予充分的关注和耐心的引导，发现他们身上的闪光点与长处，肯定他们，做新时代的阳光少年。

构建老师、学生和家长之间有效的沟通方式有很多种，利用家访以及日常的沟通，建立起家校联合的机制，在对国家相关资助政策进行相应普及的同时，可以为学生家长提供学生的基本信息和日常生活状态。教育的过程是一个共同参与的过程，要实现家长和教师之间的相互信任，需要辅导员与学生家长之间经常性的沟通和交流，更好地了解学生的生活环境，为学生的成长提供有效的参考，在处理问题中考虑周全，多方面解决问题。

家庭经济困难学生是高校辅导员重点关注的对象，家庭环境、经济压力、突发事故会给学生造成诸多心理问题。辅导员要针对此类学生制订可行性的计划，给予学生心理上的关怀和疏导，建立亲密的师生关系，推动学生的成长，帮助他们走向健康、走向成熟。王同学的妈妈开心地说："孩子比以前更懂事了，更懂得担当和责任。"日常的沟通可以督促家长了解和关心孩子的在校表现，孩子在班里也许只是1/30，但是一个家庭的全部。

【专家点评】

家庭经济困难学生的关怀需要辅导员能够在调研以及家访的基础上，全面观察学生的生活、心理和学习状态，才能够有针对性地提出相应的对策并制订计划。对于特殊的学生，辅导员要给予充分的关心和照顾，加强心灵上的沟通拉近距离。本案例从政策帮扶、心灵助困到家庭情感交流等方面采取的一系列措施,对做好思想政治教育工作具有一定的借鉴意义。走入学生内心深处,挖掘学生优势潜力,引导学生学会自立自强,能够帮助学生以积极向上、乐观的心态面对人生。

李　晔　燕山大学教授

律己慎思明辨　远离网络赌瘾
——一场大专生的赌球风波

> 【作者简介】
>
> 胡畔,女,硕士,助教,浙江纺织服装职业技术学院机电学院学工办主任、辅导员、创新支部宣传委员,全球生涯规划师(GCDF)。曾获得第二届浙江高校辅导员优秀网文大赛三等奖,指导学生获得第十二届浙江省大学生职业生涯规划大赛(省A级)优胜奖、"中行杯"第十三届浙江省大学生职业生涯规划大赛(省A级)三等奖,获得校优秀班主任、优秀辅导员的荣誉。主持浙江省学生资助调研课题(重点课题)、宁波市哲社规划课题、宁波市高等学校思想政治研究会一级课题等,发表论文5篇。

一、案例简介

某日傍晚,突然接到班级张同学姐姐的电话,气冲冲地质问其弟为什么会被室友陈同学蛊惑,深陷网络赌球,输了2000余元,人也不知去向。

挂了电话,我即刻前往寝室,了解到此次赌球风波的来龙去脉:张同学和陈同学住在同一寝室,陈同学利用手机App小赚了一笔赌球资金,带有炫耀性地试探着推荐给张同学,而陈同学见好就收,之后就没再参与网络赌球。张同学平日比较宅,性格内向,寡言独行,和家里人联系也不多。恰逢室友"推荐"一个"聊以解闷,生财有道"的网络赌球App,持续数月背着家里人,偷偷分次小额转账,本着"老想翻本,下把收手"的投机心态,将2000余元输得精光,也不敢接家人电话,躺在寝室床上一言不发。

二、案例分析

（一）案例原因分析

根据背景资料可知,本案例属于大学生网瘾(IAD)所引致的网络赌球成瘾事件。

IAD是指上网者借助电脑或手机终端长时间沉溺于虚拟世界而产生的强烈依赖,更甚难以自我解脱的行为与心理状态的总称。从中不难看出,IAD也包含上网者对互联网过度依赖所致的冲动的失控行为(如网络赌球成瘾)。

结合本案例,深究其原因,细分为内因与外因。外因具体涵盖张同学寝室环境学风缺失,寝室群体沉溺于网络;张同学家庭环境压抑,家庭成员疏于交流等。内因具体包括张同学生活自理能力差、满足感与目标感缺失、缺乏对室友不良示范的辨别力与抵抗力、孤独压抑等。

（二）案例处理步骤

本案例亟待辅导员在及时跟进事态发展的基础上,在后续开展日常思政教育的过程中正本清源、价值引领、帮扶校园生涯规划,同时绝不能忽视网络背后的法律红线以及心理健康状况。

1. 第一时间报平安,家校配合联动帮扶

及时赶往寝室,确保张同学在校平安无恙,提醒张同学尽快给家人回拨电话,主动向家人报个平安、认个错,要充分意识到网络赌球的风险性,即时纠正投机心态,真心实意地寻求家里人包容与谅解。同时,积极联络张同学家长,一方面在交谈中还原张同学性格特质,有助于有的放矢的协调;另一方面,将处理进展即时反馈家长,促使家长宽慰与配合。

2. 尊重学生意愿,聆听与谈心并重

无论寝室、食堂、操场还是教室,只要张同学表示愿意谈心,我总会第一时间赶到,耐心倾听张同学赌球始末的心里所想,适时给予言语安抚,鼓励其思维输出,还原事件原貌。张同学表示目前很懊恼,当初只图一时痛快,后赌徒心态作祟,直至输球境况一发不可收拾,给家里人造成经济损失,现在很迷茫,不知道下一步该怎么办。

随后,站在亦师亦友的角度,娓娓道来自己的看法。"买的没有卖的精",如果依靠赌球能赚大钱,那大家都不需要辛苦工作,手机点一点,赌球就能养家糊口;不要总想着"天上掉

馅饼",走捷径搞投机,这次惨输2000余元,就是沉痛的教训;任何悔不当初都不能弥补逝去的金钱与时间,唯一能做的是振作起来,寻找症结,痛改前非。

3. 定性赌球行为,不越雷池半步

委婉劝导张同学远离网络赌瘾的同时,刚柔并济,明确指出网络赌球行为被《中华人民共和国治安管理处罚法》第七十条明令禁止,其中赌资巨大、影响恶劣或情节严重等将被予以行政拘留与罚款处罚。同时,《普通高等学校学生管理规定》第四十二条规定"大学生不得有赌博、打架斗殴等违法行为,情节严重时可依法采取或协助有关部门采取必要措施"。促使张同学警醒法律法规红线,绝不越雷池半步,以免造成不可挽回的局面。

4. 梳理校园生涯规划,合规渠道抵补亏损

同时,秉承"立德树人""帮扶为主,惩治为辅"教育理念,给予张同学一次改过自新的机会。结合类似网络诈骗事件及所授《大学生职业生涯规划》课程相关知识经验,帮助张同学详细梳理接下来的应对思路:

(1)"学业课业抓抓紧,文娱健身不迷茫。"沉迷网络,对于现实问题于事无补,若想学习就业有起色,日子越过越红火,眼下应专注于三件事:学业规划、能力提升与强健体魄。

(2)不急于填补家人财产亏损,不宜"毕其功于一役",摆正心态,量力而行,稳步积攒(比如各项学业奖学金、勤工助学岗位、学院推荐实习实践等)。

5. 加强室友教育引导,形成督促自律"合力"

充分借助机电学院学生支部"教师党员结队寝室"之契机,隔三差五深入该寝室,不仅进行寝室卫生、学业学风、生活作息等常规宣讲,也择机与"坑友"陈同学谈心谈话,室友之间需要互进互促,共同关注网络安全,结伴户外打球锻炼,体质增强,心态阳光;彼此督促,积极参与班集体活动,别窝在寝室玩手机,伤眼又伤身,伤财又伤心。

(三)案例实际效果

(1)通过定期微信、QQ交流开导以及面对面谈心,持续关注张同学的心理和学习近况。目前,张同学已充分认识到自己沉迷网络的失控行为给自身学业与校园生活平添的烦恼,现在待人接物的态度愈发积极,广泛参与校内外实践。例如,参加学院运动会、积极向党组织靠拢、参与职业规划校友讲座、分院专场招聘会志愿者服务等,线下生活日益丰富,自然而然转移了张同学线上徘徊的时间与精力,变得更加自制与自律,与家人的关系也已修复。

(2)"坑友"陈同学也在多次交谈与密切跟进过程中,意识到"拉室友下水"行为的不妥,

经常与室友结伴,参与户外活动,拒做"寝室低头族和网络赌徒"。

（3）截至目前,张同学已顺利毕业,就职于湖州市林内燃气灶有限公司。之前手机赌球输的2000余元已用入职赚得的"第一桶金"加以弥补。

三、启示与思考

（一）凡事预则立,不预则废

诸如张同学网络赌球的事件,是完全能够防患于未然的。可以在日常主题班会、校园网络安全及法律法规教育活动中,经常提醒学生,打消他们"投机发财"的念头,以防重蹈"输球悲剧"。同时,加强与班干部、寝室长的联络机制,拓宽与同学们的交谈渠道,密切关注同学们倾诉背后的内在诉求、网络成瘾背后的心理波动状况,这样才能稳稳地将大学生引至"向阳向光"的彼岸。

（二）律己与克制

就像南航徐川老师说过:"没有目标的航行,任何风都不可能是顺风。"辅导员宜适时启发并适度引领大学生尽早规划校园生涯路径,督促其专注于直击目标的线下学习与实践活动,用书籍丰益头脑,用运动强健体态,不沉迷于网络,不轻信于哄骗,不热衷于投机,不断加强网络安全意识,并通过辛勤劳作积攒财富,克制自己的惰性,管控自己的贪欲。

（三）慎思与明辨

法国著名哲学家笛卡尔说过"我思故我在"。在日常思政育人过程中,辅导员宜侧重于鼓励学生勤于思索、善于思辨,逐步培养其明辨是非的能力,自主趋向有益的校园活动,自觉规避有害的校园活动,切不可"羊群效应",不假思索随大流。对于他人的劝说,即使是来自室友或亲朋的引荐,也需要保持清醒的认识,把时间专注于有意义的事物上,使青春不虚度、不枉然。

【专家点评】

当今大学生大多是"90后""00后"的互联网"原住民",校园生活被各类手机App长期占据,思维活跃,接触信息量庞大,自身明辨思考及自制自控能力较弱,容易意气用事。因此,校园网络赌博及网络诈骗等案例层出不穷。胡老师能够及时响应(安抚学生懊悔情绪）—紧扣核心问题（克制投机，剖析利害）—指点迷津（修复家人关系，通过勤奋劳作弥补过错）—后续跟进（帮扶学业规划与日常关注与谈心），处理办法得当，成效显著。同时，此案例也再次印证了"网络安全无小事，网络教育弦紧绷"的重要性，具有较强的借鉴意义。

胡晓辉　安徽财经大学学工部部长、学生处处长，副教授

提升谈心谈话技巧　增强思想引领有效性[①]

【作者简介】

> 孙鲁霞,女,硕士,湖南大学辅导员,高级团体辅导师、创新创业指导师。曾获得国家级知识竞赛优秀指导老师、省级社会实践优秀指导老师、省级主题征文优秀指导老师、校年度优秀辅导员、校青年志愿服务先进工作者等荣誉称号。

一、案例简介

思想引领工作在引导学生具备正确的政治站位、价值取向,将个人命运与国家命运有机结合到一起,珍惜韶华、不负青春等方面具有战略性作用。因此,思想引领工作开展的方式方法尤为重要。谈心谈话是思想引领工作有效开展的重要方式之一。在四年多的辅导员工作经历中,摸索总结谈心谈话模式,引领学生德智体美劳全面发展。

他是一名在读大二学生,是众多普通在读生的代表。一学年时间,核心课程挂了四科。约了多次,学生抗拒和辅导员进行交流。辅导员没有放弃,而是积极行动起来,每天到宿舍去看望该学生,主动找其他话题和学生展开交流,争取学生的信任。这一天,学生自愿走到办公室和辅导员进行谈心谈话。

通过谈心谈话辅导,启发学生思考,探索解决问题的方式方法,引导学生规划大学学习生活,学生的学习成绩有了很大的起色,个人理想更加清晰。

---

① 本案例曾在教育部思政司主办的第四届全国高校网络教育优秀案例作品推选活动中被展示。

二、案例分析

（一）建立契约，放下包袱，彼此信任

"今天，我们一起分析一下 2018~2019 学年的成绩。"

他低头不语。

"抬起头来，现在就我们两个人，敞心谈话，我相信你，你相信我，一切问题都在这里解决了，出了这个门，互相不记得对方说过什么，你依然是优秀的、并将成为更优秀的大学生。"

他缓缓抬起了头。

（二）从简入手，轻松开启，引入话题

"能告诉我，是因为什么原因，导致出现这种情况吗？"

"时间安排不合理，学习不认真。"

（三）审时度势，步步攻心，落实到位

"这个回答不够意思，我要收回我刚刚对你的承诺。"

"大一对所有事情都感兴趣，甚至忘记了自己的本职工作是学习；沉浸在各种各样的活动和组织中，慢慢地，觉得这就是大学生活的全部；上课不认真听讲，课下也很少把时间用在学习上。"

（四）实践检验，互化于境，探索真相

"过去一年你把大部分时间和精力放在了各种各样的活动和组织中，分享一下你最拿得出手的活动成绩和最出色的部门工作经历。"

他抿着嘴巴，露出了大男孩羞涩的笑。

"老师，除了完成常规的任务，没有特别出色的成绩和经历。"

"到底是什么原因，让你出现这个情况？"

"我有些享受成为成年人的感觉，拥有自由权利的感觉。进入大学后，父母和老师都不会给我太大的压力，我对各种各样的事情都很感兴趣，却没有真正全身心投入一件事情。而且在学习上我一直是偷懒的状态，总会有各种借口提醒自己不去认真学习。"

（五）情景交融，由情入理，以理驭情

"你觉得高三学习压力大还是大学学习压力大？"

"肯定是高三。"

"怎么说？"

"其实是从不同角度分析吧，如果就学习本质来讲，大学的学习任务和压力是更大的，因为我们需要自主自发去学习更多的知识，去丰富完善自己，以更好的姿态进入社会；从学习结果压力来讲，好像高三的压力更大一些，因为一旦发挥不好，就要与理想的大学失之交臂，十多年的努力就白费了；进入大学后，这个目标好像不存在了，最起码没有严格意义上的必须要读研究生或者必须要达到什么成绩水平。"

"我在高中阶段，学习劲头很足，学不好怕让家人失望、怕被嘲笑，最关键的是自己心里有对大学的向往。"

"进入大学后，这个干劲还有吗？"

"一下子没了。"

"为什么？"

"原因有很多，主要是自己认知的问题。其实也是自己的一种逃避，不敢正视大学生活。有时候休息不好，有一次、两次课程没认真听讲，发现并没有什么影响，下次课老师还是会正常讲，我没有被惩罚，之后这种情况就会越来越多。"

"我们在很多事情上自认为自己是成年人，有发言权，但是回到学习上，回到个人成长问题上，我们又变成了很幼稚的小孩子。"

（六）应势而动，共鸣共振，乘势而上

"老师，我有时候觉得大学生活就像温水煮青蛙，等我意识到的时候，就有些晚了。"

"大学生活不是温水煮青蛙，大学给我们提供了各种各样的机会，也给予我们最基本的信任，我们应当正确看待这些机会，更应该不辜负大学对我们的信任，一味地逃避和麻木自己，才是真正的温水煮青蛙。"

"你觉得我怎么样做，才可以帮到你顺利、充实度过大学生活？"

"老师，虽然我清楚地知道是自己的问题，可是我很担心我再次将自己蒙蔽，我想时不时有一些提醒和刺激，您能帮助我吗？"

"没问题，我会时不时的关心你、提醒你。同时，我也有件事情请你去完成，把自己这学期的计划列出来，我陪你一起去完成。"

"谢谢老师，我会好好努力。其实，高中时候，我会经常找父母和老师聊天，进入大学后，

我很少去分享自己的想法和生活，您是第一个和我聊得这么透彻的人。"

"以后，有任何事情，都可以随时来找我，我是你在这个学校可以信任的知心朋友，加油。"

（七）定向导航，小我大我，使命担当

"你期待的中国，未来应该是什么样子？"

"国富民安，国强民强。"

"和你有关系吗？"

"有关系。"

"和你个人有关系，还是和你的身份有关系。"

"都有吧，我是中国人，我个人的行为和发展与祖国离不开；我是大学生，我承担着中华民族复兴的使命，我有责任去担当，去奋斗，并将这种精神带给更多人。"

"是真心话吗？"

"老师，我相信每一个大学生内心都是很爱自己国家的，只不过没有人去相信他们，或者说没有人及时去引领他们，所以很多学生会蒙蔽自己，说出或做出自己都不敢相信的话或事情。"

这段谈话七个回合，我与学生敞开心扉，互通彼此。

时隔一个月，他兴奋地跑来跟我说，"老师，我的课堂作业被评为年级第一。"

后来，他给我留言，"老师，我参加了乡村振兴志愿活动，以专业知识助力乡村振兴建设，这是不是小我融入大我的表现？"

三、启示与思考

在纪念五四运动100周年大会上，习近平总书记对中国青年学生提出了新的期待和新的要求：新时代中国青年，要树立远大理想，热爱伟大祖国，担当时代责任，勇于砥砺奋斗，练就过硬本领，锤炼品德修为，要自觉树立和践行社会主义核心价值观，有国家情怀、有人类情怀。习总书记的讲话，对辅导员思想引领工作提出了更加精准的要求，我们应当明确青年学生思想引领的时代站位，把握青年学生思想引领的精神实质，加强青年学生思想引领的方法探索，提高青年学生思想引领的实践效果。

提高辅导员对青年学生思想引领的实践有效性，从学会谈心谈话入手。

一是建立契约，放下包袱，彼此信任。给学生营造充分可靠的环境进行谈心谈话，这是决定谈心谈话成效的关键环节。学生对辅导员信任与否，决定着我们是否能走进其内心，是

否能真正了解其所想。

二是从简入手,轻松开启,引入话题。问题简单化,让学生轻松进入话题讨论。第一个讨论的话题,越简单、轻松,越有利于问题的解决。比如,对于学习成绩比较弱的学生,可以通过增强对方自信心的方式开启交流,如"听任课老师说,你最近状态越来越好,我很开心"。

三是审时度势,步步攻心,落实到位。在学生放松状态下,跟紧话题,聚焦主体原因。一定要牢记我们谈心谈话的核心不是聚焦问题本身,而是聚焦问题的解决方案,鼓励对方期待美好、探索追求美好的方式方法。

四是实践检验,互化于境,探索真相。分析实践经历,共同回顾,找到真相。学生往往存在"说"和"做"不一致的情况,此时,需要辅导员运用谈话技巧推波助力,将"说"和"做"融入在一起。

五是情景交融,出情入理,以理取情。情景回放,今昔对比,引导深入剖析内心。辅导员在谈心谈话过程中,扮演的更像是一把钥匙的角色,慢慢打开学生的心。

六是应势而动,共鸣共振,乘势而上。推动情绪,同心同德,寻找解决方案。当彼此达到一种共通共融的状态,此时辅导员应当引领学生探索解决问题的方法,并鼓励学生追求美好。

七是定向导航,小我大我,使命担当。这是谈话的升华环节,务必引导学生将站位和落脚点上升到国家复兴、使命担当层面。思想政治教育一定是落细、落小、落实到日常管理工作中,在具体的细节中提升思想引领的时效性,谈话也是其中之一。

【专家点评】

辅导员的工作说到底就是思想引领工作,学生出现问题说到底都是思想问题。在思想引领工作开展过程中,谈心谈话是一种非常重要的工具。在该案例中,辅导员根据学生的特点,结合学生出现的具体问题,探索出了一套适合大学生的谈心谈话模式,使思想引领工作顺畅自然,切实有效。难能可贵之处,该育人案例中的谈心谈话不局限于问题本身,更注重引导学生思考,引导学生探索解决问题的方式方法,引导学生树立远大理想,引导学生小我融入大我。

综上,该案例是思想引领工作的典范,具有可操作性,有实施结构化的流程、方法、策略和路径,具有较大的示范推广价值。

刘　洋　山东大学副教授

走进心灵的互动
——对一起学生宿舍矛盾事件的处理与思考

【作者简介】

鲜于乐娇,女,硕士,讲师,广东技术师范大学辅导员,二级心理咨询师、职业指导师。

一、案例简介

某天学生哭诉着"室友高某当天收拾宿舍把室友陈某的洗漱置物架搬到阳台,陈某回到宿舍发现后,二话没说,特别暴力地推翻了对方书桌。这一导火索迅速将宿舍积压的矛盾升级为一次激烈的争执"。

陈某的性格和生活习惯与舍友存在很大差异。自入校以来在集体生活中表现诸多不合群,大一军训期间跟原舍友发生矛盾双方也闹过,辅导员及时调解将她调到隔壁宿舍,经过半学期相处,新宿舍五名同学一起找到辅导员坚决要换宿舍,于是陈某在辅导员的协调下在大二时搬进现居住的宿舍。刚住进来时宿舍氛围融洽,大家经常一起聚餐、户外郊游、逛街,彼此加油助威……但好景不长,陈某的一些坏习惯逐渐暴露出来,让室友无法适应。例如,陈某容易情绪化,个性孤僻,从不与同学、舍友主动交流,早出晚归,逐渐与大家没了共同语言;回到宿舍当大家聚在一起看电影、说说笑笑时她经常会抱以不屑的眼神,甚至会无缘无故冲她人发脾气,曾经和舍友方某有过正面言语冲突;爱"煲电话粥",毫无顾忌地开视频聊天、外放音乐、电影;晨起设置闹铃长时间不起,更不关闭等。

二、案例分析

（一）案例处理目标

案例描述的是日常管理中遇到的一起典型学生宿舍矛盾案例,需要解决的问题包括如何帮助陈某、高某发现矛盾产生的根本原因;如何寻求解决问题的有效途径;如何帮助陈某所在宿舍建立和谐友爱的人际关系氛围。

（二）案例处理方法

1. 采用迂回教育法

找到当事者陈某,让她简述事情过程,了解事情发生的原因、经过,并详细记录关于她的家庭、经历、性格、特长、爱好和她以前的宿舍生活信息,和她平等的交流沟通。同时也向她了解其对同宿舍其他同学的生活习惯、行为方式的看法。认真做好记录,少做一些价值判断,从情绪上进行引导和疏通,引导该生从自身方面查找原因。

2. 采用明理法

分两拨找到当事者高某和其他四名女同学,首先调查了解事情发生的缘由、经过,并引导她们找出自己应当负的责任。根据她们陈述事情经过的态度、事实的简述是否客观、自己应负的责任是否明确等方面,对矛盾或纠纷的主要责任人、次要责任人形式初步的判断。

3. 采用自我教育法

启发引导她们认识到宿舍人际关系紧张的危害,以及对自己和她人造成的影响,告诉她们以积极的心态来面对自己周围的人和事,学会豁达、大度地处理问题。

4. 后期跟踪,运用多种措施化解危机

通过定期谈话、走访宿舍、短信联系等方式,对宿舍展开持续性关注。以"作业"的形式要求宿舍长组织该宿舍开展连续一周自选话题的宿舍卧谈会,对室友关系冷漠的宿舍起到很好的破冰作用。

（三）案例实施过程

处理本案例以"矛盾的普遍性和特殊性"为理论基础，以教育心理学对应的方法论为指导路线，找到矛盾（主要矛盾和次要矛盾）、承认矛盾、分析矛盾到最终顺利解决矛盾。

1. 了解矛盾的外部意见

约谈宿舍没有内部矛盾的四名女同学，能相对公正看待宿舍成员之间的相处模式与矛盾发展情况。四名女同学一致认为陈某忽冷忽热，并且与大家作息时间不一致有冲突。除陈某外，宿舍里其他同学均学习成绩优异，爱学习，不喜欢熬夜，但陈某玩游戏、煲电话粥、晚归等行为影响到她们正常的休息。

2. 引导矛盾的外部认识

四名女同学在宿舍发生的这起正面冲突中虽有出面阻拦并劝解，但内心真实的想法却一致：偏向高某，针对陈某。他们对矛盾产生的根本原因和解决问题的局限性等认识还不够。首先肯定了四名女同学的初衷，其次让她们学会更周全的考虑问题，主要从两方面思考：一是在作息时间上二人没有冲突，在其他方面会不会存在发生冲突的可能，如果产生其他冲突怎样解决；二是目前让陈某调换宿舍是不是解决问题最好的办法。我将这两个问题抛给四名女同学做思考，并告知他们待我将陈某和高某的矛盾了解清楚之后再做具体安排。

3. 全面了解内部矛盾

与宿舍四名女同学分别约谈发现，主要原因是女生A认为陈某不爱收拾，宿舍里为所欲为，不考虑她人感受，每天晚上11点之后回寝洗漱完继续玩游戏、电话聊天等行为影响他人睡眠，而另外三名女生意见也与女生A意见一致。"陈某刚来大学没几天，还在军训呢，就跟室友闹过严重别扭，已换过一次宿舍了，这人肯定不好相处"，这一句话又把矛头指向了陈某。由此可以看出，看似是陈某和高某之间的矛盾，其实主要矛盾是陈某和宿舍所有同学之间的矛盾。

4. 分别击破，瓦解矛盾

借鉴后现代焦点解决短期治疗技术，分别找到陈某和高某。遵循面向未来的"问题解决"导向，以温和的问答评分形式引导学生自我觉察。设置的问题如下：觉得自己在这个事件中的表现如何？首先为自己评个分吧（1～10分）？为什么选择评这个分数？你之前做了什么，使你能够达到现在的分数水平？在事后经过自我冷静考虑，你认为将达到哪个分数？

这期间你又做了什么,发生了什么,帮助你达成这个目标?回答完问题,此刻你的感受是什么?有什么新的发现?本着充满好奇和欣赏的心态,在与学生一问一答的过程中,用具体化的语言成为学生改变的思路、样本。

5. 追根溯源,走进学生内心

通过之前的调解,我对陈某和高某的性格分别作了具体分析——陈某看似顽固、叛逆,但是内心有柔软的一面,有渴望交友的念头,有期待别人认可的需要;而高某成绩优秀工作得力,深受老师同学欣赏,但在人际关系的定位上表现为以自我为中心。两周后再次与陈某、高某进行了谈话,关注焦点依然放在她们对事件的认知而非具体行为,利用倾听、赞美和共情技巧,帮助其找到各自的资源和优势,相互探索和谐宿舍新的意义。

三、启示与思考

幸福的宿舍是相似的,不幸的宿舍各有各的不幸。宿舍作为校园生活的重要组成部分,和谐的宿舍环境需要和谐的人际关系,而这一和谐关系的建立需要多重角度共同来构建,才能提升宿舍在学生心目中的地位,促进心理健康成长。

(一)学校应加强宿舍文化建设

学校除了为学生提供环境优美、设施一流的宿舍环境外,还应不断创新管理模式,充分调动一切积极因素,改善服务内容,营造健康向上的宿舍文化氛围,让宿舍真正发挥人才培养育人功能。学院可根据专业、年级、班级等特点开展形式多样的主题教育活动,让学生对宿舍人际关系有更好的认知,与舍友和谐相处,融入宿舍集体生活。辅导员加强自身专业能力建设,不断提高心理咨询的技术与方法,用合适的工具灵活处理各项学生危机事件。

(二)家庭应注重健康教养方式

家庭是一所特殊的学校,对人的一生发展都起着特殊作用。现如今,很多大学生在校期间表现出来不合群、孤僻和失落自卑的样子,需透过表面深入分析这种性格背后产生的深层原因,可能是父母本身形象问题、亲子关系不健康、家庭结构不健全等。作为父母,应主动和孩子交流沟通,了解孩子的喜怒哀乐,倾听孩子的心声,彼此敞开心扉、相互陪伴支持,及时帮助孩子缓解心理不适和压力感,更好地应对与外界的人际关系。

（三）学生应加强自身修养修为

宿舍是教室之外的第二大固定场所，大学生应充分认识到创建和谐宿舍人际关系的重要性。利用各种机会提高自身修养，学会在与同学的相处交流中互相尊重、互相包容，真正做到换位思考，用感恩的心态对待别人。当矛盾发生时双方试着坦诚互助、心平气和地沟通交流；矛盾升级时试着寻求帮助，找到助班、班主任、辅导员等力量参与协调解决问题。总之，在宿舍和谐关系的建立中，作为一名大学生，要改变以自我为中心的思想，树立正确的室友相处之道，公平公正地对待每位同学，完善自我认知，养成更好的个性心理品质。

【专家点评】

有不少同行将高校女生宿舍问题戏说成"继天下最难处理的关系婆媳关系后的另一个难题"。话虽有些夸张，却道出了高校女生宿舍问题存在的客观普遍性与复杂性。事实上，高校女生宿舍之间的"崩溃""宫斗"等已成为高校思政工作特别是宿舍工作必须面对的一个难点。如何让来自不同地区、有着不同生活习惯、怀有不同人生梦想的女青年们和平友善相处，如何通过有效方法去化解之间的"冲突"与"混"，增强宿舍关系保质，对辅导员的教育智慧与教育艺术提出了很高的要求与挑战。本案例中，乐娇老师展示出很好的专业素养与教育智慧，面对这个女生宿舍问题，特别是在目标定位上以及解决方法上，很好地应用了心理学、教育学技巧，如自我教育法、分步击破法、共情法，做到了问题处理的有序有效。最后，还从宿舍文化建设角度提出了良好的意见与建议，展示了乐娇老师很好的专业素养与教育水平。

林幸福　广东技术师范大学财经学院党委副书记，副教授

兼职不成反被骗　误入刷单黑色链

【作者简介】

> 兰冰芯，女，硕士，讲师，西南石油大学石油与天然气工程学院团委副书记。获得全球职业规划师、生涯规划师、生涯教练、创业指导师和沙盘游戏咨询师（中级）等技能认证；曾获得优秀共产党员、毕业生就业工作先进个人等荣誉称号。

互联网技术为同学们的学习、生活、工作提供了很多便利，同时也滋生了很多新型网络诈骗手法。在校大学生由于社会经验少、安全常识缺乏、经济来源单一等原因，常常成为犯罪分子诈骗的对象。本文选取学生京东刷单赚佣金引发的网络诈骗的真实案例，详细分析案例发生的背景、解决步骤及经验反思，并指出了应对策略，为此类突发事件的应对提供参考。

一、案例简介

张某来自一个贫困的家庭，弟弟智力低下，母亲没有工作，父亲在工地打工。孝顺的张某一进入大学便开始利用课余时间拼命做兼职挣生活费，为家里减轻负担。当张某又一次在网上找兼职的时候，他注意到了一份校园经理帮忙卖手机的工作。对方告诉张某，通过卖手机赚取差价，他可得一半的钱。张某验过手机为正品，尝试做了两单，钱如数到账，张某选择了继续做下去。不久之后，对方提出京东白条刷单任务（刷手机销量返佣金），并出示了公司法人和注册资金为100万元的营业执照，张某再一次相信了。因其赚钱快，越来越多的人参与其中。渐渐地，对方开始无法正常结账，到最后联系不上，大家才意识到被骗了。此时，这件事已经牵连到了多所高校，涉及总金额高达90万元，其中本校涉及金额接近25万元。张某作为本校的联系人，自然成了众矢之的，学生拿不回钱，纷纷将矛头对准了他。

二、案例分析

张某遭遇刷单诈骗，表面上是一起网络诈骗事件，但追根溯源，其本质是由于家庭教育问题、网络环境问题、个人思想警惕问题等多重因素影响而导致。

(一) 家庭教育问题

张某家庭经济困难,父母管教较严厉。家人从小教育"穷人儿子早当家",但又缺乏安全教育,孩子四处寻找兼职,给犯罪分子以可乘之机。

(二) 网络环境问题

互联网时代,网络信息瞬息万变,新型网络诈骗手法层出不穷,许多生活阅历少、意志力薄弱的同学容易掉入犯罪分子精心设定的"陷阱",甚至有一些思想单纯的大学生世界观、人生观、价值观易发生变形,容易引发安全隐患。

(三) 个人思想警惕问题

张某经过"十年寒窗"单纯的校园经历,通过书籍、电视剧、亲戚朋友谈论等渠道了解社会,与社会接触较少,缺乏辨别是非的能力,爱贪小便宜,从而吃了大亏。

三、案件解决与应对

(一) 共情好奇,了解事情缘由

便衣警察与张某在会议室交谈半小时后离开了会议室。张某双手抱头坐在座位上,两眼空洞无神,原本阳光帅气的大男孩一下变得萎靡不振。辅导员见状,倒了一杯温水,赶紧过去陪伴在他身旁。对于此事他起初有所防备,坚信自己没有被骗,认为这是正常的兼职,只是目前对方遇到一些困难,天天课余时间去追债有点应付不过来。辅导员用好奇询问的方式,才知道了事情的来龙去脉。

(二) 联系家长,寻找力量支持

看着濒临崩溃的张某,辅导员决定第一时间通知他的家长,却被张某阻止了。辅导员没有强硬地拒绝他的请求,而是问他为什么。他告诉辅导员,家里已经够困难了,不想再给父母增加负担了。这个善良又懂事的孩子再一次令辅导员动容。辅导员耐心地跟他分析:"当你没有能力解决问题的时候,是可以寻求父母帮助的。你并不是他们的麻烦,相反,无论你多大,他们永远是你的依靠。"接着辅导员又用自己的亲身经历为例,慢慢疏导他,最终让张某同意联系他的家人。

（三）上报学院，查清涉事情况

辅导员将此事上报到学院，学院领导十分重视关心，党委副书记约见了张某，了解事情的来龙去脉后给他分析了目前大致形式，建议他配合公安机关协助调查。随后，辅导员协助张某将涉事学生的名单按照不同院系分类整理好，通知对应学院的辅导员注意相关学生的情绪，避免出现安全事故。

（四）贴心关怀，尽力给予支持

当天张某临走时，辅导员注意到他脸色缓和不少，知道是自己的支持起了作用，让他知道还有人关心他、相信他。得知他的手机被警察收走之后，辅导员又拿出1000块钱和一部手机，在便利贴上写上辅导员和他家人的电话号码，一并交给他，叮嘱他保持联系，好好照顾自己。同时，联系班长和他寝室的好朋友，让他们特别关注一下他的情绪及动态。

（五）专题教育，提升防范意识

送走张某后，辅导员将张某的情况整理了一遍，隐去了隐私信息，又从网上搜索到了类似新闻，当天晚上就对所带专业的学生做了一次关于"如何预防网络诈骗"的专题教育，以期提高同学们的风险防范意识和信用观念，谨防不良网络陷阱。

（六）监控舆论，快速掌握舆情

为了监控舆情，辅导员动员班级班委密切关注张某周边亲人、好友的信息反馈，通过事件相关微信、QQ群、涉事学生朋友圈、QQ空间、自媒体的最新动态，及时发现网络舆情，一旦出现失实的网络新闻、谣言，立即上报学校相关部门，争取将可能存在的负面不实报道消灭在萌芽状态，避免对张某造成更多伤害。

（七）分清主次，解决实际问题

两天之后，张某的父亲到了学校。和张某的父亲聊了很久，特别给其强调了张某目前承受月底将还京东白条的债务压力和前段时间因没钱一天只吃一顿饭的身心压力，建议其父亲减少责备，先想办法解决问题。后来，张某的父亲抵押了老家的房子，又从银行贷款凑齐了钱，将本校所有涉事学生聚集到一起，以辅导员为公证人，当场将被骗金额一一还清。当最后一笔钱转出去之后，张某长长地舒了口气，这几天他一直承受着巨大的精神压力，此时终于放松下来。

（八）法律顾问，提供法律援助

虽然张某主动承担了责任，还清了钱，这件事看似得到了基本解决，但诈骗犯一天不得到法律的制裁，张某就一天无法从这件事中真正走出来。考虑到他家里情况，又是学生，毫无法律知识，辅导员主动替他介绍了一位法律顾问，免费帮他分析案情。在之后几次派出所的传召中，无论多忙，我都会放下工作，陪张某一起去，照顾他的情绪，给他力量，支撑他走下去。同时偷偷嘱咐跟他关系好的人多注意他的情况，若发现不对劲的情况立马告诉我。

（九）党员帮扶，解决学业问题

从案发到事情解决，一共持续了几周，张某整日为案件奔波操牢、时刻忧心，根本无法投入学习，虽然履行了请假手续，但是课程也落下了不少。张某是拿过优秀学生奖学金和国家励志奖学金的人，我知道他是学习的好苗子，不忍心他就此荒废学业。于是我指定了一名学习成绩优异的学生党员干部，对他进行"一对一"帮扶，重点帮助他把这段时间欠下的课程补起来，解决学业上的困难。

（十）每周汇报，助力自我成长

自从出事之后，我便要求他每周来办公室聊一聊。看着眼前的少年越发沉稳，积极参加各项活动，有了自己清晰的目标，眼里再也不见失败和绝望，取而代之的是一种充满希望的活力。我感到欣慰不已，这次的诈骗事件对他而言是打击却不是毁灭，它将作为一种人生经历让张某在以后的日子里越走越坚定。

四、启示与思考

作为一名高校辅导员，时代赋予我们的责任越来越多，社会环境越来越复杂，在实际工作中我们要"围绕学生、关照学生、服务学生"，学会不断地反思与总结，提升个人职业能力与工作成效，利用互联网工具和各项资源，加强安全教育，做好预防，未雨绸缪。

（一）了解学生家庭情况，对学生实行动态关心，一旦发现学生误入歧途，将其及时拉回

辅导员相当于学生的"临时父母"，学生在校期间应对其充分重视和关心。既要对他们

实行父母的监管责任,保障他们的人身安全,又要如同知心大哥哥或大姐姐,耐心倾听他们的内心,帮助他们解决困难,走出困境,以积极健康的心态投入到学习和生活中。

(二)辅导员工作需要与时俱进,紧跟时代潮流,并且保持高度敏锐性,及时"嗅到"新"危险"

如今网络不断发展,网络诈骗形式层出不穷,稍有不慎便会落入陷阱。辅导员应当练就一双"慧眼",及时识破网上各类新兴诈骗手段,做到心中有数,并及时通知学生进行预防。高校辅导员在实际学生管理工作中,需要密切关注社会上的新事物,做到与时俱进,从根源上杜绝不良事件发生。

(三)全面组织开展风险防范教育主题活动,提高学生防范意识

通过聘请专家对学生开展一次专题讲座,教其如何识别网络诈骗手段,及时防护,避免悲剧再次上演。提醒学生提高警惕,不要贪图小便宜;找准渠道,若经济困难应当及时联系资助中心;理性消费,不要盲目攀比、贪图享乐。

【专家点评】

现在大学生普遍处于年龄成年但心理还未成年的状态,容易上当受骗,上当受骗后的心理承受能力有限,辅导员工作如同浇灌一颗小树苗,倘若给予他们及时的关心和正确的引导,小树苗终会长成参天大树。本次案例的成功之处在于辅导员十分重视学生心理状况,帮助学生尽快从打击中走出去,重新站起来;全程协助学生解决问题,动员各方力量帮助学生缓解焦躁,有条不紊地一步步化解困难。整个教育帮助过程如春风化雨,润物无声,看似做的是一些小事,但辅导员细心、暖心的工作令人感动,值得借鉴。

康　胜　四川师范大学学生工作部部长,副教授

聚焦个体、一人一策　关注学生个体成长

【作者简介】

> 库颖，北方工业大学辅导员，国家二级职业指导师，25年坚守在学生思想政治工作第一线，先后在团委、学工办和学院工作。2010年5月开始担任学生专职辅导员。2014年获评北京高校优秀辅导员，7次获评校级优秀辅导员。曾获首都高校社会实践先进工作者、北京大学生艺术展演指导教师奖、首都教育系统奥运工作先进工作者、国庆先进个人、学生资助工作先进个人等荣誉称号。

一、案例简介

学生小军是2009级机械专业学生，大三下学期我开始担任他的辅导员。我校规定，学分达到115分可以申请毕业资格，完成180学分可毕业，而大四上学期时，他的学分是86。此时的小军非常着急，来办公室找我寻求帮助，不知道如何面对家长和身边的老师同学。通过对小军的深度辅导，如今他已经顺利毕业，目前在一家国企单位工作，并光荣地成为一名共产党员；之前在部队服役期间，他还获得了"优秀士兵"称号和嘉奖。

二、案例分析

小军信任我才会主动找我寻求帮助，这点要鼓励他。他不知如何面对家长，我决定先和家长沟通。小军是北京生源学生，高中时代是班级学习委员，数学成绩很好，经常帮助同学解答学习上的问题。进入大学后他自主学习意识差，缺乏外界的约束，学习目标不明确，入学前听到大学不需要好好学习照样可以毕业的错误说法，大一时上课不专心听讲，开始出现逃课到网吧打游戏、宿舍睡觉等旷课行为，挂科科目多，不能按时毕业，即将成为一名延读学生，他对自己失去了信心，不知如何是好。通过和小军接触，我认为他是一个品质良好，乐于

助人的学生。当时即将开始征兵工作,他身材高大,征兵政策对小军比较适合,可以尝试着从征兵开始,帮助他更好地成长。

首先,为减轻小军思想上的压力,帮助他树立信心,分析延读生的利弊。利的方面:第一,可有更多时间把专业课学习好,打好基础;第二,可提高学习成绩;第三,可在学校复习考研;第四,他是应届毕业生,就业机会多。同时,我也把有些延读学生继续散漫、不学习等导致不能毕业的真实案例讲给他听,让他懂得必须付出努力,才能取得成功。

其次,我给小军列出了详细的课程清单,指导他如何选课和学习,分析公共必修课、公共选修课、专业必修课、专业选修课、小学期和实验课等分别所修得学分以及还需再修的学分。经过和小军一起分析,他真正意识到自己距离毕业的差距之大。用以往的案例告知他,在学制年限内努力了可以完成学业,不努力毕业也很困难,最后退学。"老师,如果我真的努力,有什么办法能让我最快拿到学分,早些毕业呢?"看来他真的要开始发奋学习了,我心里暗暗高兴。

我还帮助他查找任课教师的办公室和电话,让他和老师同学多学习、多请教、多交流,并让小军主动和家长说明情况。我也和家长进行了沟通,家长能够理解小军的难处,让他安心在校学习,愿意继续提供他在校学习的费用等,减轻了他的心理负担。同时我也经常和班导师、班干部、宿舍同学沟通,让他们多多关注、帮助他。

我和小军有个约定,每周到办公室找我汇报一周情况,提出了不去网吧、按时上课、不得无故旷课等要求,他承诺一定会做到。请任课教师严格对他考勤,多关注他的学习等课堂表现,及时沟通。一次,任课老师向我反应小军有两次旷课,了解缺课的原因是早晨起晚了,于是我安排宿舍其他同学早晨叫他起床。从此,他养成了早睡早起的习惯,每天坚持上课,还主动向任课教师提问。由于自己的努力和大家的帮助,小军通过了本学期提前结课的两门课程考试,这更加坚定了小军努力学习的信心,我为小军的进步和取得的成绩感到高兴。

大学生征兵工作马上开始,针对他的情况,参军也是一种选择。学生在校期间可以休学报名参军入伍,两年后继续修读学业。这个时候如果能到部队接受锻炼,可以帮助他更好地成长。我仔细研究了征兵政策,在校学习成绩认定的政策能够让小军本学期顺利通过3门课程,离毕业的要求更近了。经过思考,小军决定报名参军。他感谢这段时间我对他的帮助,表示到部队后一定严格要求自己,好好学习深造。看到小军的进步,再次为他高兴。欢送会上,希望他在部队好好锻炼、不畏艰苦、克服困难、坚持学习、积极进步,争取加入中国共产党,服役期满后重返校园继续完成学业。在小军服役期间不方便联系,我和家长随时沟通,他真的成长进步了。两年服役期满后,他复学期间,我收到他的信息,"老师,我重修的8门课程平均90分",看到这条信息我流下了激动的泪水。

小军2012年12月入伍,服役期间曾赴内蒙古、青海和西藏执行军事任务,由于表现优良,获得"优秀士兵"称号和嘉奖,并于2014年8月光荣地加入中国共产党,同年12月退伍后返校复学,2015年9月转为中共正式党员。他以平均90分的成绩顺利通过重修的8门课程考试并顺利毕业,目前在一家国企单位工作。看到小军取得的成绩,我再次为他高兴并感到欣慰。

三、启示与思考

通过对小军辅导的案例,作为辅导员的我在感到欣慰的同时也有着更多的思考,这样的学生如果能够早期发现问题,提早规划大学生活会更加优秀。因此,我认为辅导员对大学生进行学业规划辅导至关重要。辅导员要做到以下几点:第一,辅导员对大一新生进行学业规划辅导;第二,辅导员发现问题学生,及时纠正,积极引导;第三,辅导员随时关注每一个学生,做到不抛弃、不放弃;第四,辅导员要有责任心、细心、耐心、恒心,帮助学生更快更好成长。

辅导员工作虽然平凡,但若能成为学生信赖的思想者、学生心灵的引路人、学生职业的规划师,就能实现人生的价值诉求,让辅导员工作乐在其中。把辅导员这份职业当作自己的事业,才能在琐碎中见证学生的成长、分享学生的喜忧、获得家长的信任,而这些就是人生最大的快乐。

【专家点评】

聚焦个体、一人一策,这是因材施教最直观的呈现方式。大学教育重在能力与素质的提升,只有从个体特点出发,因人施教,才能培养出能够担当重任的时代新人。

库颖老师善于通过调研和沟通去了解学生实际情况,并据此开展针对性指导工作,效果显著。案例中的学生看似是一个学业荒废、前途迷茫的问题学生,但在库老师的眼中,他却是一个可塑之才。经过挚友般的帮扶和指导,这个学生重拾对学习的自信,对生活的憧憬,再度燃起奋斗青春的活力。从学业辅导到入伍当兵,体现了青年学生的奋斗初心,宣示了人生无悔的坚定信心。关注学生个体成长是库颖老师工作的基本遵循,相信在她的指导下,越来越多的学生会拥有属于自己的美好未来。

张茂林　北方工业大学马克思主义学院党委书记,副教授

第九篇
资助育人

点燃希望　雪莲花开

【作者简介】

王盼盼，女，硕士，讲师，新疆农业大学学生资助管理中心主任，国家三级心理咨询师。曾获新疆农业大学2018—2019年度"三进两联一交友"先进个人。

范宏民，男，硕士，讲师，江苏大学辅导员，国家二级心理咨询师，国家职业指导师，团中央全国学校共青团研究中心特聘助理研究员。曾获全国高校学生工作优秀学术成果二等奖。

葛倚汀，女，硕士，副教授，新疆农业大学资源与环境学院党委副书记、纪委书记，曾获2017年度自治区"民族团结一家亲"和民族团结联谊活动先进个人。

一、案例简介

此案例讲述的对象是一名因"没钱交学费"而想休学的少数民族女大学生，该生因其家庭、性格等方面的原因导致对学习缺乏动力，生活和学习状态陷入了低谷，产生了休学去挣学费的想法。古丽（化名），女，20岁，维吾尔族，新疆和田人，大二年级学生，单亲家庭。她从小跟着母亲生活，家庭经济困难，仅靠母亲务农来维持生活，性格内向，不善于与同学交流，缺乏自信，从入学之初，未能形成较好的大学生涯规划，家庭经济上的困难更使她产生自卑心理，从而出现面对困难不够自信、学习动力不足等问题。她考虑到年迈母亲的心理承受能力无法接受她退学的想法，于是打算休学一年去挣学费，之后再复学来完成学业。经过与其谈心谈话、关心关爱和教育引导，该生打消了休学的念头，对学习的自觉性愈发明显，学习成绩取得较大进步，能积极融入到班集体，也有了明确的大学生涯规划。

二、案例分析

（一）事由

2019年秋季开学初，一位学生敲开我的办公室门问："老师好，隔壁办理休学的马老师什么时候在办公室？"我问她什么事，她吞吞吐吐地说："没钱交学费，想休学一年去打工挣学费。"当我听到学生说"没钱交学费"时，"不让一个学生因家庭经济困难而失学"的责任感和使命感油然而生，我热情地请这位学生进来坐，给她倒水，让她品尝同事刚从南疆寄过来的红枣，她害羞的表情里透露出意料之外的高兴，在这种和谐的氛围下我们进行了近两个小时的谈心谈话。

该生的情况主要表现为三个问题：一是家庭经济困难使她产生自卑心理；二是性格内向，不善于与人交流；三是学习动力不足，大学生涯规划模糊。

（二）思路

将学生反映的现实问题、受资助情况结合心理问题和大学生涯规划问题，对学生进行思想引导。在谈心谈话过程中，我捕捉到一个重要信息：该生表象是因为家庭经济困难，想休学打工挣学费，实则是因家庭经济困难产生了自卑心理，加上性格内向，不善于与师生交流，又缺少学习规划和目标，对学习缺乏兴趣，便产生了休学打工挣学费的想法。找到想休学的真正原因后，我采取先疏导心理问题再进行价值引领的方式进行思想引导。

（三）方法

谈心谈话和跟踪教育相结合，"扶贫"和"扶志"相结合。"解困"的同时，帮助学生"励志"，发挥学生自我管理、自我教育、自我服务、自我监督的作用，提高学生自立自强、创新实践、独立思考和解决问题的能力。

1. 主动沟通，多维度提供帮扶

在谈心谈话中，我认真倾听该生诉说休学的原因，努力在思想上进行帮扶，并询问其家庭收入、经济来源、在校学习情况、生活情况、受到的奖助学金情况。我向该生详细解读国家各类奖助政策，并推荐勤工助学岗位，帮助解决生活费的问题，鼓励她在求学的道路上碰到困难时要想办法去解决，让她明白休学并不是解决问题最好的办法，国家和自治区的各类奖

助学金政策可以帮助贫困学生完成学业。

2. 悉心引导，多渠道解决困难

针对该生的性格特点，我鼓励她摆脱贫困带来的心理压力，多参加班级集体活动和体育锻炼，积极与老师、同学们沟通，并给她推荐了一个社团学生会和励志的书籍，帮助她增强自信心和建立和谐的人际关系；鼓励她把资助转化成学习的动力，把国家通用语言学得更好，提升普通话水平；结合她的专业特色，我推荐她看《大学生职业生涯规划》这本书，建议她选修"大学生职业生涯规划"这门选修课，帮她树立大学生涯规划意识。谈心谈话取得了良好效果，该生露出坚定的表情，表示已经没有要休学的想法，想申请国家助学贷款来解决学费问题；她还表示会在学校努力学习，争取获得奖学金，多参加学校的勤工助学岗位来解决生活费的问题。

3. 长期关怀，多方面助力成长

在交流和疏导之后，我持续关注了该生的情况，向该生所在学院辅导员、班主任追踪了解她的思想动态和生活、学习情况，得知这位学生已经申请国家助学贷款并缴纳了学费，其内心也变得更加自信，敢于主动与老师同学们交流了，课堂上积极发言，学习成绩有了较大提高，在民汉合宿的宿舍里也有很多民族团结的行为，主动向学院申请了勤工助学岗位。有一次，她再次来到我办公室时，她说找到了自己的学习目标和职业方向，计划在大学期间考取教师资格证，毕业之后回到家乡投身基层教育事业。

（四）经验

坚持"以生为本"，借助心理学知识，尊重育人规律，充分尊重学生的自尊心，帮助解决现实问题，不断提升学生综合能力。在谈及该生的家庭时，她哽咽了，不愿意提及，这时我的语气更加温柔，用真诚、尊重的态度表达我的"共情"，该生说出了单亲家庭给她带来的负面影响，诉说完之后她卸下了心中的一块大石头，无比轻松。从那以后，我们彼此敞开心扉，我不断对她进行"心理资助"，帮助她正确认识自我，形成健康的人格和良好的心理品质。

三、启示与思考

在这位学生高兴地走出我办公室的时候，我就在思考以下几个问题，并且有了很大的启发。

（一）该生为什么不利用业余时间挣学费，而选择休学？

丰富育人平台，拓宽就业渠道。该生在家庭经济困难的同时，存在对学习懈怠、对专业不感兴趣、大学生涯规划模糊等问题。这就需要丰富资助育人平台，结合家庭经济困难学生就业难的问题，开展分层分类大学生涯规划辅导，尤其对建档立卡家庭经济困难的学生，开设技能、专业培训课程，开展科技创新项目培训，为家庭经济困难学子搭建一条"脱贫绿色路"，激励学生专注科研、就业，寻找自信，综合提升就业能力。

（二）学生有此想法，班主任、辅导员该如何做？

加强心理疏导，精准解决问题。该生因家庭经济困难，存在社交障碍、自卑心理等问题，不愿意告诉班主任、辅导员。这就需要班主任和辅导员给予家庭经济困难学生充分的人性化关怀，精准掌握贫困生的家庭情况、成长需求及心理特点，帮助解决学生的实际问题，让学生资助真正深入人心，达到"润物细无声"的效果。加强对学生的心理疏导和受挫能力的教育，开展心理团体辅导、素质拓展等活动，引导学生积极乐观地面对生活、面对挫折，全面提高家庭经济困难学生的学习能力、创新能力、实践能力和社会适应能力。

（三）资助工作是否存在盲点，如何确保精准资助？

强化精准资助，释放资助效能。根据学生家庭经济困难程度进行相应资助是实现精准资助的有效途径。要实现资助对象精准，需对家庭经济困难学生认定精准，这需要扎实开展经济困难学生基本情况调查工作，有针对性地开展家庭经济困难学生家访，为家庭经济困难学生精准认定、精准资助提供事实依据；将大数据运用在学生资助工作中，对其经济状况进行客观、全面的量化分析，制定学生家庭经济情况测评指标体系及量化标准，大幅度提高工作效率和受助学生的精准度；还要建立和完善家庭经济困难学生档案，并对受助学生进行跟踪调查，做到建档立卡学生资助全覆盖。

（四）在精准资助方面，资助育人成效如何优化？

加强思想引领，强化资助育人。该生是低保户，大一期间享受了国家三等助学金，这笔助学金帮助该生解决了在校生活费的问题，但并没有对她的学习成绩产生推动作用，反而有了"靠资助"的心态。资助工作不只是把奖助学金评出来、发下去，不仅仅是改变生活条件，还要坚持育人导向，把工作落到"为党育人，为国育才"上，让学生懂得感恩党和国家，并要转化成学习动力。鼓励受助学生参与各类志愿及实践活动，拓展视野，提升综合能力，同时优化勤工助学工作,设置勤工助学"公益岗",帮助受助学生在思想道德、学术科研、公益志愿、社会实践等方面综合发展。对贫困学生进行精准帮扶的同时,更加注重思想行为的引导,为营造良好的资助育人环境打下坚实的基础。

【专家点评】

该案例真实、感人,富有成效。一次偶然的谈心谈话,点燃了贫困学生的希望,在偶然当中也存在一定的必然性,这种给贫困学生及时送去实实在在的温暖和帮助,是一种更走心的资助育人,是大爱,体现了资助工作者"不让一个学生因家庭经济困难而失学"的责任意识。案例处理的思路清晰、方法科学,尊重育人规律,坚持以立德树人为根本、以精准资助为核心的理念,把资助和育人有机融合起来,把"扶贫"与"扶志"紧密结合起来,把育人的大道理化成了动人的小故事,切实助力家庭经济困难学生成长成才。在方法凝练和推广上还有待提高。

赵晓露　新疆农业大学党委宣传部副部长,副教授

扶困、扶智、扶志　助力学生成为"自强之星"

【作者简介】

> 连选，男，博士在读，讲师，中南大学航空航天学院学生工作办公室副主任，担任学院资助专干、心理健康教育专干，全球职业规划师（GCDF），国家三级心理咨询师。曾获得第六届全国高校辅导员职业能力大赛二等奖、区赛一等奖、湖南省特等奖，湖南省辅导员工作研究与实践百佳个人等荣誉。

一、案例简介

D同学，男，中南大学航空航天学院2014级学生。他出生于安徽皖南山区一个人口不足10户的小山村，家里要供姐弟俩读书，家庭经济困难，大学四年期间的学费主要靠亲戚帮助和政府资助。为了维持生计，父母在他小学二年级时便外出打工，D同学经历了长达10年左右的留守儿童生活，导致他性格孤僻，自卑自惭。辅导员老师得知他的情况之后，在经济方面、生活方面、学习方面、精神方面给予了全方位的帮扶，最终该生走出了自卑的阴影，通过自己的努力成为了一名综合素质突出的大学生。

大学毕业，D同学以专业第三的成绩保送至浙江大学直博，成功获评了"湖南省普通高校百佳大学生党员""湖南省优秀毕业生""湖南省优秀学生志愿者"中南大学"自强之星""中南大学优秀学生干部标兵"等荣誉。

二、案例分析

D同学是一个典型的由家庭经济困难以及长达10年左右的留守儿童生活导致的自卑

---

① 本案例获2019年全国高校"十大育人"网络作品三等奖，2018年中南大学"助学·筑梦·铸人"主题宣传活动一等奖。

学生。他出生在一个贫困的山村,来到大学以后,周围有些同学来自大城市,他们学习成绩优异,综合素质高,对D同学造成了较大的心理压力。

刚入大学期间,辅导员注意到D同学有以下性格特点:

(1)有积极为同学服务的意识。大一新生发放书本的时候,他自愿搬运图书到较远的寝室,并发给同学们,得到大家的肯定和赞扬。

(2)对未来有较大的期望。大一结束时,该同学排名在专业第10名左右,他认真总结反思,希望可以调整好自己的学习状态,取得更加优异的成绩。

(3)具有改变自己性格的决心。D同学多次和辅导员老师进行谈心谈话,希望改变自己的性格,辅导员给予了他很多宝贵的建议,取得了良好的效果。

综上,D同学在大一期间,性格内向自卑,不敢与人进行交流。但是该生性格要强,希望通过努力改变自己。经老师、朋辈的帮扶,该生自己积极上进,最终获得了较大的改变和提升。

对于像D同学这一类的贫困学生而言,家庭经济困难只是外在的压力来源,更重要的是学生由于经济困难等原因造成的心理问题、学业困难问题等。因此,案例的关键点归纳为以下四点:解决经济困难、解决心理问题、进行学业帮扶、提高综合素质。

(一)解决思路

采取解决实际问题与解决心理问题相结合的思路,先缓解学生的经济压力,其次关注其心理状态,要充分了解学生的真实内心想法,在确保心理状态稳定的前提下,对学生进行相应的学业帮扶,鼓励学生积极参加学生活动,在能力范围内担任学生干部,提高综合素质。

(二)实施办法

在经济方面,帮助其申请国家助学金,推荐其到学校的勤工助学岗位进行工作,在学院也安排了学工办助理的岗位。同时,对其日常生活进行了经济资助,保证其不因经济问题而影响到正常的学习生活。

在心理方面,学院通过"素质拓展""心理健康互助培训",与辅导员老师谈心谈话等方式,缓解D同学的心理压力。同时,多鼓励他参加集体活动,在担任学生干部期间,D同学组织了多次院级活动,得到老师、同学的一致好评,逐渐成为一个阳光开朗、活泼自信的大男孩。

在学业方面,通过朋辈帮扶,任课老师课外辅导等方式,学院也组织了"勤学冲刺三十天""学霸课堂""集体自习""模拟考试"等学风建设活动,有效提升了D同学学习的积极性和主动性,学习成绩由大一时的专业第10名,一直上升到大四的专业第3名。

在学生工作方面,从最初的学工部成长辅导室见习文员,到文员团队负责人,从院学生会宣传部部长,到院学生会主席,再到校学生会副主席,从一名共青团员到一名中共党员,再到本科生党支部副书记,D同学在学生工作方面付出了巨大的努力,也得到了充分的锻炼。

三、启示与思考

大学生在青年成长阶段,其人生观、价值观和世界观还未完全形成,大学之前的生活状态会对其产生非常大的影响。自卑就是个体的一种心理特征表现,贫困生在这一方面容易因为经济的反差而萌生出自我否定的态度。D同学幼年长时间处于留守儿童的生活状态,缺少来自于家庭的关怀引导,更容易加深自我否定的程度。这样一来,就会常常表现出胆怯、畏惧、怀疑,担心被人嫌弃和拒绝的不良心理状态。

习近平总书记指出,思想政治工作从根本上说是做人的工作,必须围绕学生、关照学生、服务学生。《高校思想政治工作质量提升工程实施纲要》中提到的资助育人,不仅仅是要解决贫困学生在物质方面的困难,更重要的是要引导他们走出由于经济困难而带来的心理上的影响。基于此,我们可以围绕强化"三个聚焦"来开展工作:

(一)聚焦感恩教育,寻求积极的心理回应

感恩教育是一项长期的系统工程,要逐步建立和完善针对贫困生的感恩教育体系,形成长效机制。从社会层面上看,国家助学金、勤工助学补贴、奖助学金等各种形式的助学方式,体现了国家、社会对贫困学生公平接受教育的支持和帮助,体现了资助者对贫困生的关爱。从贫困生个人层面上看,受到国家和社会的资助,顺利完成学业,是为了今后掌握本领,更好地造福社会,报效国家。高校作为资助体系的执行者,要引导每位受资助学生领悟这种情感。通过感恩节、525心理健康月等重要时间节点,举办感恩书信、致敬教师、朗诵演讲等丰富多彩的校园文化活动,唤起学生的感恩之情,使学生做出积极的心理回应。同时,注重全员、全过程、全方位育人,引导贫困学生热心公益志愿服务活动,在帮助他人的同时,自己也会获得满足感与成就感,在奉献的过程中感受到快乐,从而可以较快地从自卑自惭的心理状态中走出来,提升自身的思想政治素养和科学文化素质。

(二)聚焦人文关怀,注重资助体系的服务效应

每个经济困难学生的背后都有可能隐藏着某些不为人知的原因,而这些原因可能对成长过程中的价值观念的塑造产生巨大的影响。因此,我们在开展工作时,要秉承以人为本的工作理念,体现帮困助学的服务效应,把立足点定位在解决学生的实际困难上,定位在促进

学生成长成才上。习近平总书记指出,做好高校思想政治工作,要遵循思想政治工作规律,遵循教书育人规律,遵循学生成长规律,不断提高工作能力和水平。"00后"大学生更加注重彰显个性,展示才华,他们的自尊心也常常被包裹在脆弱的外表之下。因此,在工作中既要引导学生客观、正确地评价自己,不要悲观厌世,妄自菲薄;同时也要注重保护学生的隐私,对学生的家庭情况、成长经历等要严格保密,避免二次伤害学生。而在这个过程中,也有助于贫困生树立自立意识和社会责任感,培养宽阔的胸怀和宽容的心态,懂得包容、尊重和奉献,逐渐完善自我人格,进一步激发战胜困难的信心和勇气,获取继续前进的动力。

(三)聚焦理想信念,鼓励贫困生自立自强

"理想信念是精神之钙"。学校要通过多种形式对学生进行理想信念教育,引导学生正视困难,培养其自立自强的精神,使他们树立回报社会的个人价值观。自立自强对贫困生而言有特殊意义。

一是自立自强是贫困生克服经济困难,顺利完成学业的思想保证。高校贫困生问题的解决仅仅依靠政府、社会和学校等外部力量是远远不够的。习近平总书记曾多次强调,奋斗是青春最亮丽的底色,幸福都是奋斗出来的。因此,对于贫困生而言,自我奋斗、顽强拼搏的精神至关重要。

二是自立自强是防止贫困生思想滑坡,产生"精神贫困"的思想保证。对一些充满依赖、懒惰、不诚信、麻木空虚等消极情绪,在思想认识和心理健康上存在偏差的贫困生,一味给予经济资助是不能解决根本问题的,只会助长"精神贫困"的现象发生。因此,帮助学生树立正确的世界观、人生观、价值观就显得尤为重要。

【专家点评】

> 一体化育人体系中的资助育人,除了解决学生的经济问题,更重要的是引导学生自信、自强、自立,让学生感受到自身存在的价值。《高校思想政治工作质量提升工程实施纲要》是高校思想政治工作创新发展的施工蓝图,在全面推进资助育人的进程中,该案例有效将"扶困"与"扶智","扶困"与"扶志"相结合,是一个典型的通过学校、学院、辅导员老师多方帮扶解决学生由家庭贫困造成心理问题的成功案例,具有较好的借鉴意义。
>
> **易险峰　中南大学学生工作部副部长、资助管理中心主任**

"栗子"成长计划
——从助困、筑梦到铸人[①]

【作者简介】

> 谢亭立,女,硕士,助教,温州大学法学院辅导员,温州大学向日葵新媒体工作室成员。曾获得第二届浙江省高校辅导员优秀网文比赛三等奖。

一、案例简介

小P,女,大二,父母为建筑工人,家有上学弟妹,父亲重男轻女。家庭经济困难加上父亲不支持其学业,导致学费困难。因当时申请贫困认定需提交证明,需到乡镇相关部门盖章,父母也不愿帮忙,故小P大一时未申请贫困认定。大一时学费由家里缴纳,但今年弟弟自费读了私立高中,家里开销大,没能力帮她缴学费。小P只能兼职补学费,本学期在培训机构教舞蹈勤工俭学,一天兼职三节,路程较远,经常吃不上饭。身体和精神的双重压力导致其这个学期体重瘦到只有33公斤,多次晕倒,经期紊乱,身心状况堪忧。

小P专业学习投入,但因家庭贫困且高中没有计算机基础,计算机科目存在挂科情况,学习非常吃力。性格较为自卑,与寝室同学相处一般,在大学没有特别要好的朋友。

二、案例分析

该案例中对小P进行经济帮扶和恢复身体健康是当务之急;其次,通过提供学业帮扶、关怀、引导,帮助小P通过计算机课程,树立自信,改善人际交往能力,促进成长成才,实现资助育人。

[①] 本案例获得第三届浙江省高校辅导员工作案例大赛一等奖、第二届温州高校思想政治工作案例大赛一等奖。

(一)雷厉风行——多渠道提供帮扶

1. 解燃眉之急

因小P未获得贫困资助,我立即向学生处申请学校社会助学基金,解决"资金荒"。

2. 暖心关怀

我陪同小P到医院进行全面检查,让她按照医嘱按时服药和调养身体;联系学院购买营养品传递暖心关怀,叮嘱小P注意饮食营养,恢复身体机能,注意劳逸结合,健康体魄。

3. 进信息库

虽学期末贫困认定已结束,但学区、学院了解其困难情况并出具了相关证明,按程序将小P纳入家庭经济困难学生动态信息库,评定小P为生活保障型,每学年可获得4000元国家一档助学金及其他临时补助。

4. 助学解困

建议小P办理助学贷款,安排小P做科室助理,每月获得勤工俭学酬金,关注小P动态,以便持续针对性帮扶。

(二)春风化雨——全方位助力成长

1. 朋辈帮扶

安排计算机课程成绩较好的同学对小P进行一对一帮扶,引导小P掌握科学学习方法,帮助其在学习中找到自信心,最终小P通过重修并获得学分。

2. 悉心引导

分别与小P及其室友谈话,引导寝室同学沟通,换位思考,引导寝室形成理解、宽容、互助的和谐寝室文化。

3. 家校互动

与家长联系,将小P近况与之进行深入交流,建议家长更多表达对小P的关怀和鼓励。

4. 自信引领

小P在舞蹈方面有较好的专业素养和浓厚的兴趣,鼓励其积极参加校院文艺活动,发挥特长,鼓励其积极与家人、室友沟通,得到身边人的肯定与支持。

三、启示与思考

通过该案例并结合日常工作,为贫困生打造"栗子"成长计划。"栗子"谐音"励志",是对家庭经济困难学生的昵称,将"栗子"设计成可视化卡通形象,卸下此类学生对"贫困生"称谓的包袱。

构建"栗子"成长计划,强调协调机制、资源整合,不仅着眼于经济帮扶,更强调自立自强、朋辈互助、视野拓展、感恩回馈。通过培养4种"栗子",形成解困—育人—成才—回馈的良性循环,从助学、筑梦到铸人。如图9-3-1所示。

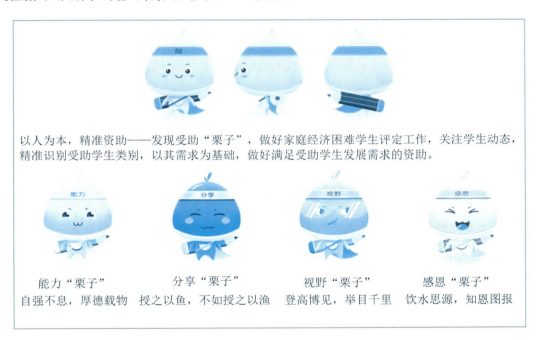

图 9-3-1 "栗子"成长计划

(一)自强不息,厚德载物——培养能力"栗子"

设计"品格培养项目",开展针对性心理团体辅导和素质拓展活动,增强自信心和人际交往能力,引导认识自我、发展自我、超越自我。

(二)授人以鱼,不如授人以渔——培养分享"栗子"

一是开展"栗子帮"项目,建立"栗子"导师库,开设朋辈技能帮扶小班教学课程,开设英语、计算机、摄影、绘画、演讲、礼仪培训等课程,"栗子"可以根据自身发展需要选择不同课程,在学习实践中拓展专业学习的范畴;二是开展"听栗志"项目,通过分享励志故事,发挥榜样引领作用,发挥典型示范效应。

(三)登高博见,举目千里——培养视野"栗子"

受家庭条件、地域环境等因素制约,家庭经济困难学生的视野和思维方式容易受局限,可通过开展英语角、资助类游学、栗子看城市等项目,提升视野高度,拓展视野宽度,推进视野深度。

(四)饮水思源,知恩图报——培养感恩"栗子"

组织参加社会服务实践活动,强化社会服务意识;引导参加形式多样、内容丰富的爱国主义教育、青年志愿者活动及其他公益社会实践活动,培养青春担当,感恩回馈社会。

【专家点评】

> 该案例着眼"十大育人"中的资助育人,不仅着眼于经济帮扶,更强调自立自强、朋辈互助、视野拓展、感恩回馈。通过培养4种"栗子",形成解困—育人—成才—回馈的良性循环,从助学、筑梦到铸人。该案例具有创新性,题目新颖,将资助育人中的"励志"联系到具体可视化卡通形象"栗子",卸下对"贫困生"称谓的包袱,并打造体系化资助育人新模式。希望在具体落实中,将"栗子成长计划表"继续深化、细化,使其更加具有操作性。
>
> **杨振海**　温州大学法学院党委副书记、纪委书记,副教授

点亮小 A 的创业人生[1]

【作者简介】

> 张雷,男,硕士,讲师,中国计量大学辅导员,信息分院纪委委员、组织员。

一、案例简介

小 A,男,25 岁,我校 2016 届毕业生,来自河南洛阳一个普通的农村家庭。其母亲身体不好,为在校注册家庭经济困难生。他从小就对新鲜事物感兴趣,最大的梦想是拥有一家属于自己的公司,成为知名科技企业家。2012 年 9 月份来到学校后,一方面,他想在学习之余多参加课外实践活动以帮助家里减轻负担。但另一方面,他因从事过多兼职、实习工作以致没有时间去上课,落下很多课程,使他产生了很大的压力,甚至一度导致他心理失衡。刚到学校,对于未来如何更好地度过大学生活、如何处理好学习与兼职、如何才能尽早实现自身的梦想,他甚是迷茫。

二、案例分析

(一) 发生原因

小 A 所遇到的困惑是基于家庭经济困难,对未来职业规划仅凭一股热情,并没有经过科学的职业指导。

他家经济收入来源少,家里比较贫困,他想通过兼职多挣钱来实现自己的价值,以致不知道如何才能更好地处理学习与兼职的关系、如何做好未来的职业发展规划。他很迷茫,好

---

[1] 本案例曾获 2018 年度浙江省高校职业生涯规划教育评比案例一等奖。

在他是从小吃过苦的孩子,在经历一段迷茫、困惑、挣扎之后,主动和辅导员老师做了深刻交流,有想改变自己命运的念头与愿景。

(二) 需要解决的问题

小 A 同学是基于家庭经济困难而造成的心理失衡,进而影响到未来的发展,需要引起高校学生工作者的高度重视和关注。不仅要对他进行经济帮扶,还要给予必要的心理关爱,采取科学方法促进其个人根据自己特质做好大学职业生涯规划与设计,进而实现自己的人生目标,开启正确的人生旅程。如表 9-4-1 所示。

表 9-4-1　小 A 所遇到的困难

序号	需要解决的问题
1	应如何正确看待自己的困难?
2	怎样帮助他走出难关,保障其大学基本生活费用?
3	如何根据他自身特质挖掘出潜力和学习、生活、交往、工作的积极性?
4	如何帮助他做好大学职业生涯规划与设计?
5	如何帮助他做好创业规划与指导?

(三) 处理问题的方法

第一、通过查询小 A 学籍档案以及从班级同学侧面了解情况等途径,我们与当地政府和小 A 家长取得了联系,并通过与小 A 进行谈话交流,全面掌握了小 A 同学的家庭情况、个人特质、困难需求等现状,进而与其进行心理上的交流与咨询,做好倾听、共情、关爱、帮扶、规划等工作。

第二、掌握小 A 的基本情况之后,为其申请办理国家助学金,向其介绍国家助学贷款的相关政策,推荐科技楼大创园校内的实践岗位,并建议小 A 应处理好自身的学业,争取通过获得国家励志奖学金和学校奖学金等途径,保障其基本学习、生活。

第三、对小 A 希望摆脱迷茫的困惑,我采取"大学生涯愿景模型法"为他做好大学职业规划与设计,并提供科学指导和针对性帮扶。

第四、对小 A 的创业意愿进行评估,并对其进行创业教育和创业指导。

（四）过程和效果

1. 建立感情基础，提供个人愿景和职业生涯规划咨询

建立良好感情基础，这是做好问题同学思想政治教育工作的关键起点。经常沟通，增进相互间的信任，并对学生所遇到的问题和困难表示同情与理解，产生共情。通过沟通，我掌握了小A的家庭情况和思想动态，鼓励他追求自己的梦想，通过自己的努力，实现人生价值。同时让他觉得自己是被关注和被关心的，学校和学院也是他的家，有什么想法都可以坦承地与我交流，我们形成了良好的互动，建立起了牢固的信任关系。通过前期较好的沟通，小A对我产生了高度信任，也愿意跟我分享他内心深处的想法，并表达出他希望通过努力来改变自身命运的期许。

2. 经济资助与心理关爱、职业规划设计相结合，帮扶其建立职业生涯的愿景

在全面了解小A同学的家庭情况后，我及时向领导汇报了小A同学所遇到的困难，以及他目前状态；在征得学院领导的支持与认可后，为小A同学申请临时困难补助，推荐科技楼大创园实践岗位，并进行心理咨询与指导，使他摆脱一些负面因素的困扰。同时，通过采取"大学职业生涯愿景模型法"，挖掘小A同学内在原始动力，为其大学生涯做好科学设计与规划。

人只有在明确人生愿景基础之上，在做真正想做的事情时，才会精神奕奕，充满热忱。当遭受挫折的时候，会坚忍不拔，认为是自己分内该做的事，觉得很值得做。意愿很强大，效率也自然提高。每个人都有自己的愿景，但在很多情况下，人们对自己的愿景往往是模糊的，或者是误解的，这样就会造成行动的盲目。因此，对于小A同学来说，关键是帮助其如何理清个人愿景（表9-4-2）。

表9-4-2 小A的大学生涯愿景模型图

涉及要素	特征表现	职业生涯愿景	针对性帮扶举措
自我形象	希望成为什么样的人？若实现，会有哪些特征变现？	事业有成，成为知名企业家掌握未来方向，照顾好家人	建议学好专业知识外，广泛阅读人文社会科学书籍、名人传记，做好职业生涯启蒙与教育
有形财产	希望拥有哪些物质财产？希望拥有的数量？	创办公司，实现自我价值	推荐选修企业管理、经济类、管理类等课程，推荐加入大学生创业协会

续表

涉及要素	特征表现	职业生涯愿景	针对性帮扶举措
家庭生活	理想的家庭生活环境?	比较圆满,家庭和睦	感恩教育,建议与家人多沟通、交流
个人健康	对健康、身材等有什么期望?	身体健康,保持好身材	注意锻炼身体,推荐加入健美操队
人际关系	希望和他人保持哪种关系?	与人为善,广交朋友	推荐担任生活班长,多组织参加活动
职业工作	理想职业状况是怎样?	希望从事服装方面创业	安排创业同学结对子帮扶指导,利用假期实习实践
个人休闲	休闲活动领域,希望成果如何?	可以走遍全世界	发动积极参加专业采风、实习等系列活动,并提供适当经济资助、支持
未来职业目标分析		创业型	创业型行为训练与指导

3. 充分利用各种平台,帮助其发展

(1) 职业指导。通过前期咨询工作,并运用朗途、career sky 职业测评软件,已经帮助小 A 建立了适合自身特质的大学生涯愿景模型图,并通过参加实践活动,帮助小 A 实现自身目标。

(2) 经济帮扶。帮助小 A 解决家庭经济困难问题,在申请困难补助、助学金的同时,根据其职业特征,我通过联系学校资助中心为其推荐大创园实践岗位,鼓励他利用课余时间积极参加项目实践。

(3) 心理关照。通过共情,取得小 A 的信任,帮助其建立自信心和自控力,并对其进行感恩教育,建议小 A 每周最少给家里打一次电话,关心家人。

(4) 学业与成长帮扶。推荐小 A 担任生活班长,以班级为重,热心服务同学,积极配合老师开展工作;推荐小 A 选修企业管理、经济类、管理类等课程;推荐他加入大学生创业协会,并提供适当经济资助、支持。

(5) 创业教育。结合小 A 的创业意向特征分析,带领小 A 参加创业大赛和创业项目,指导其撰写创业规划书,为未来创业奠定创业本领;推荐其加入校大创园科技类实践项目,提前了解创业公司的运作流程和项目实践;进入大三后,推荐其到杭州知名企业参访、实习,进一步掌握科技类创业的前沿领域;大四为其讲解杭州市创业政策,指导其建立公司。

4. 反省修正,完善个人创业规划

有效的个人愿景和生涯设计还要不断地反省修正生涯目标,反省策略方案是否恰当,以适应环境的改变,尽量使自己职业生涯的计划与社会需求相适应,跟上时代发展的脚步。通过学习与规划,小A自信心增强了;通过自身努力,摆脱了之前不成熟的想法与观念。同时,他不断加强学习,正在一步步地实现着自己的理想。

大学阶段,除了做好自己学习、班级工作外,小A还先后在近20多次互联网科技企业实习、实践过。大学期间,学费、生活费都是他自己挣来的,还会每月给家里寄去所需的生活用品,不但没有丢弃学业,还把工作做得挺出色。他说:"这一切不能骄傲地说不累,但可以骄傲地说自己过得非常充实,这样的大学生活很有价值。"他认为:"如果你发现自己喜欢的,就慢慢朝着你喜欢的那个方向走,因为喜欢的东西是容易做好的。"他觉得大学生在每个时期都要做好自己的规划,按着计划走才不会觉得迷茫,生活才会有动力,当然最重要的还是要保持一颗积极向上的心。小A的事迹引起学校的高度关注与重视。目前,他已经创立并运营属于自己的杭州炫眼教育科技有限公司,他的公司发展很好,并被多家媒体报道宣传。学校还鼓励他多参加校外的交流活动,并在经费和人员上为其提供必要的支持。

三、启示与思考

基于社会转型、地域差距、自然环境以及家庭突发变故等各种因素造成的经济贫困进而导致的学生个人发展问题需要引起学校各级部门重视。

(一) 尊重大学生成长规律,做好发展性教育帮扶工作

发展性教育是高校思政工作的一个新视角和一种新理念,也是激励学生成长成才的新途径。将经济资助、心理引导和能力扶助结合起来,最大限度地满足了他们发展性需要,真正实现助困与育人的有机结合,促进大学生成长成才。

(二) 实现资助育人、心理关爱、职业规划设计相结合

将学生发展性教育工作和心理健康教育工作、职业规划设计有机地结合起来,以辅导员为主导、学生干部队伍为辅助,联合家庭经济困难同学,创新与发展更好更优的资助工作实施思路和路径,争取出现更多的励志人物故事。每一个大学生都是一座可以挖掘的资源宝库。

(三) 内外联动,合力育人

既需要争取校团委、学生处、保卫处、后勤集团、宣传部等部门的大力支持和配合,也需要老师、同学、家人的共同理解和支持,只有各方面形成合力,才能更好地帮助同学在实现梦想的路上顺利前行。

(四) 需要熟练掌握职业生涯设计方法和心理咨询方法

学生管理者需要深入理论知识学习,全面提升自己的工作技能和各种管理方法的掌控能力及技巧。这样在处理相应问题时才能信手拈来,得心应手,事半功倍。

(五) 需要提升创业实践本领,具备创业的技能和方法

新时期,在创业创新的浪潮下,高校教育工作者应与时代保持同步,在知识更新的同时,还要具备创业创新本领。通过深入了解企业等方式,积极进行实践,提升自身对创业的合理认知,熟练掌握创业政策与创业技能,从而能对学生加以科学有效的指导和教育工作。

【专家点评】

> 本案例结合实际工作,创新育人工作的新方法、新路径,充分把生涯愿景模型运用到资助育人、创新创业育人的过程之中,取得较好效果。希望能进一步提升创新育人的可实际操作样板,进一步有效推广育人路径,切实增强育人的实际效能。
>
> **汪志勤** 中国计量大学离退办党总支副书记,副教授

育人育心　传承互助

【作者简介】

> 王译梓,女,中共党员,汉族,硕士,副教授,昆明冶金高等专科学校环境与化工学院专职辅导员。从事辅导员工作近14年,多次被学校评为优秀辅导员、优秀班主任、优秀党务工作者等称号,2018年3月被全国资助管理中心授予"全国推荐学习个人"称号,2018年9月由全国高校辅导员工作研究会推荐至对外经济贸易大学学生处资助管理中心进行辅导员岗位交流。

一、案例简介

小Z,2017级学生,家在偏远农村,入学报到时,着装朴素干净,一边攥着录取通知书,一边小声有礼貌的向我问好,然后小心翼翼地填写各种相关信息。在填写父母年龄的时候,她停顿思索很久后写下"65岁"。这一举动引起了我的注意,于是把她拉到一边,主动跟她了解情况,得知他们家就她一个孩子,但父母确实已经65岁,没有劳动能力,家里靠卖野菜为生(后来经过很长一段时间的信任建立,她才与我透露说,其实她怀疑自己是被捡来的)。通过聊天我发现她胆小、不自信、敏感、不易相信别人,但学习刻苦努力,成绩优异,渴望得到公平对待,想通过改变自己进而改变命运的欲望强烈。

二、案例分析

(一)走心了解特点,因势利导

每一个学生都有自己独特的思想,独特的思想就决定他们会有独特的行为。学生工作不能以偏概全,以点概面,一定要毫不偷懒地走心地多渠道地去了解他们独有的特点。

除了翻阅她的档案,通过私下与小 Z 聊天了解她的家庭、学习等情况,细心观察她的性格、行为特征外,我还向其宿舍的舍友了解她的日常情况、性格特征。同时与同辈辅导员、班委、好朋友等多方面沟通,协同对她进行长期的关注和跟踪,摸清她的性格、思维、行为等特征。根据她独有的特性,平时用她能接受、能放松的方式,主动找她聊天,引导她勇敢地表达自己,改变自己。

(二) 真心给予温度,建立信任

建立信任这件事,急不得,需要温度和时间。给他们足够的温度,足够的时间,通过耐心引导和陪伴,让学生"由内认同",而不是"强势施压"。

针对她的情况,除了与班级民主评议小组开会讨论,为她争取到了贫困补助,以解她的燃眉之急以外,在前期了解她思想行为特点的基础上,我主动跟她分享我自己的目标、工作和生活,甚至有时候跟她聊我的烦恼和困惑,告诉她其实每一个人都会有一段路是很难走的,但还是可以跨越的,帮她树立信心,打消她的疑虑。告诉她其实我跟她一样,我们可以做无话不说的朋友,让她感受到我不是在她的对立面,是真心想要帮助她。假期,我会自己花钱为她挑选礼物,自驾几小时去她家里探望,给她和她的父母提供我力所能及的帮助,家长激动地拉着我的手说:"我家孩子从小学读书到现在,您是唯一一个来家里的老师,我们特别吃惊,特别感动,真是谢谢您了!"

大概半年的时间,慢慢地,她从开始的犹豫紧张和不信任到对我的认同,最后向我敞开了心扉,主动跟我分享她的一切,包括她的人生目标、她开心的事、她想不明白的事、她苦恼的事、甚至她的爱情……即便我到北京进行岗位交流有半年不在学校,也总能收到她各种各样的分享,她总说:"任何事情问问您,心里觉得最踏实,跟您在一起,最温暖。"

(三) 用心授之以渔,传承互助

资助工作不仅仅是"资金"的资助,更多的是"育心","扶贫"先"扶志",授人以鱼不如授人以渔。我相信每一个学生都是一个潜在的天才,所以根据小 Z 的实际情况,为她量身打造了"成长方案":平时引导她一起分析、挖掘自身的优点,如努力、好学、有责任心,利用"反木桶原理",教她找准自己的优势,将她的这些"长板"发挥到极致;同时鼓励她多表达,有意识地锻炼她的自信心,注意侧重对她"短板"的补给,告诉她需要靠自己的努力去改变自己甚至家人的状态。

我还鼓励她参加各种各样校内校外的课外活动,比如2018年学校举办的职业生涯规划大赛,她不会写稿,我帮她修改多次;不敢上台演讲,我用休息时间给她单独辅导演讲技巧;没有上台的衣服,我把我的衣服送给她穿。经过无数次的调整,她最终成为全校唯一一个进入大赛前十名的大一新生。通过这场比赛,成功建立了她的自信心。她开始自己主动去参加各种活动,脸上的笑容更加的自信灿烂。同时我鼓励她不能放弃学习,经过她的不断努力,各方面都表现优异,2018年获得了国家励志奖学金、国家数学建模优秀奖,2019年度更是获得了国家奖学金。

在我的引导下,小Z变得开朗自信,乐于助人,也学会了做一个有温度的人。平时主动帮助学习困难的同学,关注跟她一样不自信的同学,用她自己这张"活名片"去感染和鼓励更多的贫困学生。此外,我还请她给班级里的同学做专场的分享会,帮助越来越多的贫困学生自强、自立、自信。

小Z的故事告诉我们,要教会学生自我成长,并且让他们懂得传承互助的重要,形成"蝴蝶效应",完成从"他助"到"自助"最后到"助他"的质变循环,实现学生之间的"成长互助营"。

三、启示与思考

(一)温度

学生工作是需要温度的,但在所有工作中,最离不开温度的当属资助工作。由于该项工作面对的对象都是家庭经济困难的学生,这是一个备受各界关注的群体,常规模式是直接对他们进行经济资助,虽然经济资助能解他们的燃眉之急,但敏感的他们最需要的是真切的、有温度的爱。

给予学生有温度的爱,不是嘴上说说,也不是作秀,更不是索取回报,而只是因为爱他们而温暖,想帮助他们成为自己想成为的人而去主动靠近。真实了解学生的需求,真正走入学生的内心,帮助他们更好地成长、成才,力所能及地保护他们的不同和自尊,让每位贫困学生有尊严地学习和生活,让教育更有爱,让育人更有温度。

(二)方法

习近平总书记说,做好高校思想政治工作,要因事而化、因时而进、因势而新。要遵循思想政治工作规律,遵循教书育人规律,遵循学生成长规律。

与学生们相处,要根据他们的特点,不以"命令"的方式去跟他们交流,学会换位思考,站在他们的立场和角度想问题,再用他们接受的方式去沟通相处,成为他们的"战友"。

和学生们谈心要走心、细心,通过细节快速捕捉他们内心的真实想法。巧妙聊天,内容可以从学习、工作、生活到各种八卦、苦闷、琐事,在不知不觉中建立信任,成为他们的"闺蜜"。

对学生们引导,要给他们树立正确的方向、明确的目标,让他们学会如何"学习",同时让他们对辅导员有"认同感",引导他们成为学习生活中的实践者、自强者、服务者,成为他们的"导师"。

(三)"授渔"

有句话说"有什么样的老师,就有什么样的学生"。作为跟学生接触最多的辅导员,我们的言行举止会对学生产生影响,甚至可能改变他们的一生。所以,我们要用自己的正能量去潜移默化地感染学生,授人以渔,而非授人以鱼。我们需要帮助学生去认识困境,找出问题所在,教会学生自己去面对、去解决,而不是辅导员简单粗暴的直接包办,这样学生得不到成长。授渔的过程可能很麻烦、很费事,也很费时,但对学生的成长才是"造血式"的有效输入。

学生成长后,引导受助学生从"他助"到"自助"最终转向"助他",如让高年级的学生对低年级学生进行帮扶、已经成长起来的学生对成长吃力的学生进行帮扶,进行横向与纵向的"按需"帮扶。重点树立一批励志成才、自立自强的典型,大力传播励志成才正能量,用学生身边的真实事例激励其他家庭经济困难学生积极进取、刻苦学习、立志成才,培养自强自立、艰苦奋斗的优良品质,形成以"点"带"面"的良性循环,这才是"资助育人"的硬核操作。

【专家点评】

> 资助育人目前是高校思政工作面临的重点难点。本案例中作者从细节着手,打开了学生内心自我封闭的那扇门,走进学生心中。通过不断地为其造血赋能,使学生由消极变为积极,由被动转为主动,由自卑化为乐观。作者在日常行为管理与思想政治教育过程中用自己的行动不断提升学生的自我效能感,资助有法,育人无声,输血有道,造血无痕,走心入脑,成长共情。
>
> **刘明耀** 辽宁生态工程职业学院学生处处长,副教授

追本溯源　多元协同
——解"学困"生心之"困"①

【作者简介】

刘天姿,女,硕士,讲师,山东财经大学辅导员,法学院专职组织员,党支部书记。曾获得校辅导员素质能力大赛一等奖,校辅导员工作案例大赛二等奖,校辅导员论文大赛二等奖等荣誉。

一、案例背景

(一)家庭背景

李同学,男,家在四川省某偏远地区,家庭经济条件一般,家人文化程度普遍较低。高中时父母对李同学管教严厉,虽然当地教育水平普遍落后,但他学习成绩优异,是村子中高考成绩最好的大学生。

(二)问题出现

李同学大一时报道较早,且热情礼貌、积极主动,所以我让李同学担任临时班长,入学后第一学年表现尚可。第二学年时,我多次发现他逃课、晚归、在网吧打游戏,成绩一落千丈,多门课程不及格。班委继任竞选时同学们对其评价不高,于是落选。李同学的状态改变引起了我的注意。在与班级同学侧面了解情况时还得知,李同学近期花钱大手大脚,除了家长给的生活费外,还向班级多名同学借过钱。我意识到李同学可能陷入了"校园贷"。

---

① 本案例曾获得山东财经大学2019年辅导员优秀案例大赛二等奖。

(三)沟通情况

在开始沟通时他比较抗拒,经过多次反复谈心取得其信任后才说明情况。由于他是村子中唯一考上大学的学生,父母对他期望较高,希望他在校延续中学时"两耳不闻窗外事,一心只读圣贤书"的状态,毕业后回乡找一个既稳定又有面子的工作。李同学来到新环境后发现这里生活水平好、消费水平高,想多兼职赚钱,以后好在社会上"闯荡"一番。父亲疾声厉色,不允许李同学忤逆自己对他的人生规划,多次沟通无果,李同学与家长关系日益紧张。而且上大学后周围环境变化大,优秀同窗数不胜数,高中时"尖子生的优越感"消失殆尽,导致其产生自卑心理,内心迷茫产生逃避念头;又因周围不良诱惑增加,他开始通过网络游戏麻痹自己。在钱花光后怕父母说教,遂从网络借贷渠道借款继续上网,现已欠债3000元。

二、案例分析

"冰山理论"说的是一个人的"自我"像冰山一样,我们能看到的只是他表面的行为,而像感受、观点、期待、渴望等内在世界却隐藏在更深层次,需要深入挖掘。本案例看似是学生网瘾行为和"校园贷"导致的学业困难问题,实质是家庭的预期与自我意识不符、学校实际生活与学生预期不符、学生自对我约束能力评估与预期不符,三个"预期不符"导致的心理困惑问题。在处理本案例时,既要"治标"又要"治本",先解决当下学生面临的棘手问题,再通过多元途径解决导致"学困"的内部因素和外部因素,帮助学生重新树立对学习的信心。心理"困惑"打开,导致学习困难的行为自然就会改变。

(一)远离校园贷,拒绝网瘾宅

在李同学告知我有借款后,我第一时间查看其借款平台是否正规,了解是否有"暴力催收"等行为;联系其父母帮其还清欠款后,再次对李同学进行金融知识教育和金钱观教育,帮助他深刻树立"远离校园贷"的意识。从话感受、说困惑,与李同学一起回顾他在校期间的变化,通过真实案例讲解的方式与他一起剖析网瘾行为对自身学业发展、身心健康、理想信念、奋斗精神的巨大腐蚀性,意在引导他达到正视自身问题,拒绝"网瘾宅",提升自我约束力,提高行动力的目的。

(二)助力青春梦,只要肯攀登

通过落选班委一事,引导他理性看待周围同学的优异成绩,见贤思齐,让优秀同学成为自己的标杆。先定一个小目标，让自身不足成为继续前进的动力。在了解他想"闯荡"的梦想后，对他宣传讲解国家出台的就业政策，分析就业形势，引导他正确理性地看待就业问题，树立正确的就业观念。肯定他想要创新创业的积极性，鼓励他在校期间合理分配学习与兼职时间，用牢固的理论基础助力创业梦想。

（三）用理解之钥，开心"困"之锁

李同学与父母矛盾的根本原因在于家长对"好工作"定义的刻板印象与新时代大学生的就业"新思维"产生的分歧。我在谈话中多次站在"共情"的角度对李同学和父母的矛盾进行探讨，表示了解他内心的感受，鼓励他寻求学校专业心理咨询老师的帮助指导；引导他逐渐理解父母的"专断"是由于认知和文化水平有限，导致对儿女表达关怀的方式不易让人接受，引导他在理解的基础上进行沟通。用理解的钥匙，解开心中之"困"。

我也与李同学父母进行私下交流，指出他们与李同学沟通方式上存在的刻板问题，告知他们李同学在学校的情况。"牵线搭桥"，力争形成家校教育合力。

（四）朋辈正能量，退学"困"之魔

运用朋辈先进带后进的帮扶制度，在班级中通过朋辈正能量形成监督小分队。要求舍友督促李同学改正不良作息，按时上课。安排学习委员帮其补课，督促他完成随堂作业，通过补考。请任课老师在课堂上多关注李同学的表现，对其进步给予肯定。

运用好第二课堂的育人作用，鼓励李同学积极参与课外团体活动，利用城市的便利资源进社区参加志愿服务。培养良好兴趣爱好，同时为他提供兼职服务信息资源，合理利用周末和假期时间，提前预热"闯荡"社会所需要的能力，力争摆脱网瘾恶习，击退学"困"之魔，步入在校生活正轨。

三、启示与思考

通过同学、老师、家长的多元协同力量引导，李同学现在逐渐步入正常学习生活。在学校组织的讲座活动中我看到他的身影，在本学期考试中达成了"0挂科"的目标，与家长的关系也得到了缓和。虽然学习成绩还不突出，但是同学们和我都能感受到他的改变。在近期与他的对话中，能够感受到"浮躁""颓废"已离他越来越远，"踏实""积极"成为他生活的主旋律。

要让新时代的大学生展现新面貌，培养五育并举的社会主义建设者和接班人，培养为实现两个"一百年"的奋斗目标和中华民族伟大的复兴梦接力奋斗的新时代青年，就要用好"心""风""气"。

（一）把学生放在"心"上，省心的同学也要多"上心"

很多来自偏远地区的同学思想单纯，勤劳朴实，不闯祸、不刺头，看起来让老师非常省心。入校后，随着眼界和思想的开阔，让他们有更多机会实现人生理想和远大抱负。同时，城市环境纷繁复杂，奢靡主义、享乐主义的诱惑增多，这些"省心"的同学更容易在巨大的反差中迷失方向，挥霍青春。这就要求辅导员要把所有的同学都放在心上，对部分同学更加"上心"，关注他们的心理动态，通过侧面了解、谈心谈话、集体活动的形式与他们拉近距离，多关注他们的生活状态、学习状态、心理状态，在苗头性问题上能够及时发觉，悬崖勒马。

（二）树好"风"向标，利用好班风、学风，带走"不正之风"

学生在校集体生活，周围环境会对个体产生潜移默化的巨大影响。要充分利用好朋辈互助力量、优秀榜样力量，引导班集体学生心往一处想、劲往一处用，充分利用"先进带后进、谁也不掉队"的集体主义观念，形成优良班风、学风。通过优秀学生经验分享、班集体社会实践、主题班会小组协作等方式，强化大学生班集体意识，形成积极向上的良好风气。在强大的正能量中，引导学生自我服务、自我管理、自我监督，让腐蚀学生心灵的"不正之风"，望"风"而逃。

（三）日常问题不过"气"，老生常谈的问题要"新谈"

通过此案例的学业危机实践，辅导员应当见微知著，虽然在校生人身财产安全、不良校园贷款、网瘾和诈骗等是老生常谈的"过气"问题，但学生依然接连不断地落入"新陷阱"。这就要求我们反思工作思路，结合学生自身遭遇，把似曾相识的"旧内容"用学生喜闻乐见的"新形式"进行加强教育，创新大学生日常思想政治教育形式，充分利用线上、线下各种资源，开启全程、全方位育人模式，引导学生真正入耳、入脑、入心。

【专家点评】

在大学的校园里，每年都会有部分同学因为适应障碍或心理困扰而导致学业困难，其实这大多只是正常心理的不健康状态，只要用耐心、爱心、责任心加以引导，学生总会走出"阴霾"。作者通过寻找问题源头来找准案例"痛点"，从加强思想引导、做好情感疏导、进行学习辅导、深化行为教导、开展就业指导等多角度入手，通过多元合力解决学生的问题行为，帮助学生走出困境，并从中探寻大学生思想政治教育的新途径。

邵文涛　山东财经大学会计学院党委书记

天健筑梦 育人发展[①]

【作者简介】

> 李若海,女,学士,副教授,广西财经学院学生工作部(处)长,国家二级职业指导师。曾获得广西高校辅导员管理先进个人,广西普通高校毕业生就业工作先进个人,广西高校优秀共产党员,广西财经学院师德标兵、优秀党务工作者等荣誉。
>
> 吴仕宇,男,硕士,讲师,广西财经学院学生工作部(处)副部(处)长,国家二级职业指导师、三级心理咨询师。曾获得广西高校优秀党务工作者称号。

一、案例简介

"天健筑梦营"家庭经济困难学生实践成长教育活动是广西财经学院按照"思想教育为先、实践活动为主"的原则,由学生工作部、团委牵头,全校行政和教学院为参与单位,对项目进行统筹组织、管理和实施,通过融入式的思想教育、体验式的实践教育、技能提升式的培训教育和有条件的选拔形式,让参与项目的贫困生达到从被动接受、普惠性的获助到主动、参与性的助人助己、服务社会的目的,教育和引导学校贫困生群体在实践中受教育、增见识、长才干、做贡献。

二、案例分析

2017年12月教育部《高校思想政治工作质量提升工程实施纲要》规划了思想政治工作质量提升工程的"十大育人"体系、实施内容、载体、路径和方法。把高校思想政治教育作为

---

① 本案例在广西壮族自治区教育厅2019年全区资助育人项目和工作典型案例征集评选活动中获得"全区高校资助育人特色项目"。

一块整钢,把思想政治工作贯穿教育教学全过程,实现全员育人、全程育人、全方位育人的"三全育人"格局,必然使高校针对贫困生成长的需要,整合零星、散布的贫困生资助项目,并融入教育教学和人才培养全过程,使其质量有依托。

同时,资助育人具体的内容要求立足思想与扶困结合,统筹国家、学校、社会和学生"四位一体"的发展型资助体系,构建物质帮助、道德浸润、能力拓展、精神激励有效融合的资助育人长效机制,形成"解困—育人—成才—回馈"的良性循环,必然推动资助项目与学校其他方面的融合发展,而不是孤立的发展。

广西财经学院实施"天健筑梦营"家庭经济困难学生实践成长教育活动(以下简称"筑梦营"活动),以家庭经济困难学生成长"思想、实干、素质"的规律为过程,以思想教育、实践教育、技能培训为三大内容,以全校部门、全体贫困生参与为基础,统筹整合学校和地方资源,让家庭经济困难学生在活动中通过自我教育、自我认同、自我提高得到成长。

(一)思想教育——红色主题教育活动

以正确价值观为目标、融入式思想教育贯穿其中,解决家庭经济困难学生思想上的依赖问题,让其珍惜当前国家资助政策,刻苦读书。选拔品学兼优的学生深入百色、龙州等红色爱国主义教育基地,实地以"青年大学习、建功新时代""青春·励志·家园"等为主题开展红色主题教育活动。在活动前组织全体参与学生进行相关知识、纪律和红色知识的培训,活动中在教育基地进行现场教学,活动后进行体会分享、总结撰写等。

(二)实践教育——暑期政务实习活动

以行动自觉为目标、体验式实践教育贯穿其中,解决家庭经济困难学生行动上的等靠问题,让其了解、认同基层工作和政策,自觉加强自身素质、服务他人和社会。围绕社会观察、文秘工作、业务工作和专业实践等内容,选拔品学兼优的贫困学生利用暑期时间赴广西地(市)、县(区)、乡镇基层党政机关进行政务实习活动。在活动前组织全体参与学生进行相关知识、纪律和基层情况介绍的教育,同时每个挂职点选派1名老师进行跟踪管理;活动中向基层干部群众学习并协助参与基层工作,感知基层民情世情;活动后进行体会分享、总结撰写等。

(三)技能培训——素质技能培训班

以技能提升为目标、培训式授课和素质拓展贯穿其中,解决家庭经济困难学生服务能力和自信心提升的问题,提升相关技能,培养积极的心理品质。围绕大学英语四级、计算机操作和素质拓展训练等内容，选拔家庭经济条件相对困难的学生，利用周末和课余时间举办相应的培训班进行集中培训。在活动前组织全体参与学生进行相关班级管理和纪律教育，同时每个班配备1名班主任进行跟踪管理；活动后进行课程反馈、技能展示、总结撰写等。

"筑梦营"活动参与方式为条件选拔，在家庭经济困难学生中营造争先赶超的氛围，根据活动不同目的进行差异化选拔。思想引导的主题教育活动是以不违反学校纪律、学习上无补考的依据选拔；行动自觉的实践教育以学业成绩、参与校内组织和活动、获得国家和自治区奖助等依据选拔；技能提升的培训式教育以学生家庭经济困难认定程度进行选拔。通过选拔，引导身边的学生关注自身学习，自觉参与学校各项组织和活动服务；通过选拔，引导学生对照标准、对照同学自觉提高自身素质。

"筑梦营"活动是学校育人工作的重要内容，是集全校、全员力量参与的项目，是服务地方、校地合作的良好平台之一。学校高度重视，建立有相关部门负责、全校协同配合的管理模式，配备专项经费，以确保活动实施。项目在师生和社会中已经形成一定的品牌，得到团中央、自治区高校工委、基层党政机关的充分肯定。活动开展2年来，共计1522名家庭经济困难学生参与项目，占学校贫困生人数的21.7%，投入经费60万元，涌现出参加西部计划志愿者赴新疆生产建设兵团支教的覃启颖、考取北京科技大学研究生的韦妍等共26名品学兼优、服务基层的学生代表。

三、启示与思考

资助育人在"三全育人"格局下，在《高校思想政治工作质量提升工程实施纲要》系统中，发展型资助体系，物质帮助、道德浸润、能力拓展、精神激励有效融合的长效机制是必然趋势。构建发展型资助体系，做到融合和长效是资助育人理论和实践探索的发展方向，也是"筑梦营"活动实施的理论依据和思路来源。基于此，活动在实践中较为注重统筹校内外资源，围绕家庭经济困难学生的客观需要和成长进行活动设计、组织管理和推进实施。

该活动启示我们在实施资助育人过程中，一要注重研究相应的制度和实施文件，理清思路，把握依据；二要依托和统筹学校内部、学校和地方资源，统筹组织，有效融合；三要着眼于实施对象的客观需求和成长规律，精心设计，形成长效。

【专家点评】

广西财经学院"天健筑梦营"家庭经济困难学生实践成长教育活动坚持"三全育人"的理念，有效融合学校内部、学校和地方资源，立足家庭经济困难学生成长"思想、实干、素质"的规律,以思想教育、实践教育、技能培训为三大内容,促进了家庭经济困难学生的成长,是对发展型资助体系的有益探索。在今后实施过程中还应加强对发展型的理解,从国家、学校、社会和贫困学生等层面对发展型资助体系的成效进行梳理和总结,进一步拓展思想教育方式、实践教育的平台和技能培训的内容,更好地促进项目的科学发展。

蒲青江 广西财经学院纪委副书记、党委巡查办主任,副研究员

地方高校"四维三全 多元协同"资助模式与育人探索

【作者简介】

> 许良发,男,硕士,福建永安人,湖北大学生命科学学院分党委副书记、讲师,湖北大学"SKY启明星"工作室(学生德育工作特色基地)负责人,湖北大学"青春同行525"辅导员工作室主持人。
>
> 刘阳卓,男,硕士,湖北武汉人,湖北大学生命科学学院分团委书记、讲师,湖北大学"SKY启明星"工作室(学生德育工作特色基地)成员,湖北大学"青春同行525"辅导员工作室骨干成员。
>
> 吴程浩,男,硕士,山西长治人,湖北大学生命科学学院原学工办主任、助教,湖北大学"SKY启明星"工作室(学生德育工作特色基地)成员,湖北大学"青春同行525"辅导员工作室骨干成员。
>
> 李鑫泽,男,硕士,辽宁营口人,湖北大学生命科学学院辅导员、助教。

一、案例简介

湖北大学生命科学学院始创于1931年,曾获全国教育系统先进集体等荣誉称号。学院学生资助工作多年来坚持"以生为本、潜心育人,关心关注每一个学生"理念,特别是2014年以来,着重谋划布局、精准帮扶,主要有以下三点体会和突破。

(一)"四维-全员"格局

尝试优化"国家—学校—学院—企业/校友"的"四维-全员"结构设奖工作格局:主要是通过从国家层面到学校层面、从社会层面到学院层面,不断联络、整合院内外资源,设立各类奖助学金。

(二)"三全-全过程"运作

探索依托"建库全、对象全、程序全"的"三全-全过程"效果资助运作方式:主要是通过优化贫困生建库,规划年级,分类对象,完善执行,规范方式,科学运作资助工作有关程序。

(三)"多元-全方位"协同

紧密结合"班会—颁奖—研讨—"等"多元-全方位"活动协同互补模式:主要是通过开展主题班会、诚信感恩、暑假家访、颁奖仪式、专题研讨、结对帮扶等多元活动,推动高校资助工作内容更加丰富,形式更加创新,成效更加显著。

近7年来,以学院层面资源奖助为例,每年面向学生发放奖助、慰问金额近40万元;近5年来,发放院级奖助学金共计200余万元,受奖励人数达1000余人次。通过不断摸索和实践,逐渐总结和构建出地方高校"四维三全 多元协同"的资助模式与育人探索经验。通过横纵轴双向、院内外互动的"四维""三全",结合专题活动的多元协同、配套发展,推动高校学生资助工作进一步体现"三全育人"行动和初心,促进当代大学生更快、更好地成长成才。

二、案例分析

资助育人工作模式结构如图9-8-1所示。

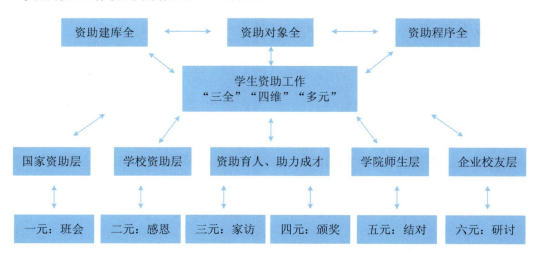

图9-8-1 资助育人工作模式结构图

（一）"四维"设奖确保"全员"

通过"国家—学校—社会—学院"四个层面，特别是受益于院内外教工、学生和企业校友与爱心人士先后加盟设立的各类奖、助学金，学院氛围越来越好，有力地推进了资助育人"四维""全员"布局。

1. 第一维：国家层面

包括国家奖助学金、新长城助学金、生源地助学贷款等。

2. 第二维：学校层面

包括"湖北博昊济学基金会优秀贫困学子"湖大爱心基金、厚情助学金、慈缘奖助学金等年度评选类助学金，2020年"新冠"疫情防控期间学生专项困难补助，2020年家庭困难学生寒假返乡路费补助等临时补助类。

3. 第三维：学院内层

包括教工、学生和家长三种。其中，院内教工发起设有：学院教工党支部爱心基金（2014，0.5万元）、师生结对精准扶贫爱心基金（2018，3.5万元）、忠训奖助学金（2016，20万元）、世鸿奖助学金（2018，80万元）。学生发起设有：学院学生党员爱心基金（2015，1万元）、国家奖学金学生互助基金（2014，1.5万元）、"花朵"大病爱心基金（2016，2.5万元）。校友、家长、爱心人士发起设有："生科荆楚"爱心基金（2018，5万元）、"生科英才"学工基金（2019，5万元）。还有学院党建"党员暖心工程"爱心专款（2015年以来，共慰问住院学生百余人次）。

4. 第四维：企业/校友层（学院外层）

这一维主要与学院生科专业特色和社会资源密切结合。其中，企业捐赠设有：华美生物奖助学金（武汉华美生物工程有限公司，2011，100万元）、新华扬奖学金（武汉新华扬生物股份公司，2015，200万元）、合缘奖助学金（武汉合缘绿色生物股份公司，2016，100万元）。校友捐赠设有：80周年校庆生科校友爱心基金（2011，6万元）、坤明校友生物奖学金（2016，5万元）。社会爱心人士捐赠设有：维平助学金（2002，100万元），"习坎"临时困难补助基金（2015年以来，慰问临时困难学生近百人次）。

（二）"三全"运作确保"全过程"

通过优化贫困生建库，规划资助年级，统筹资助分类，科学运作资助工作有关程序，特别是通过开拓保障性资助和发展性资助,建立资助育人长效机制,确保资助育人"全过程"。

1. 资助建库全覆盖

即院校贫困生建库全覆盖。经济困难学生认定过程中查漏补缺,在对校级贫困生库建库的同时,做到"一建、二增、三更、四助":即建立学院院级贫困生库,增加入库年度次数,更新信息库,保证不漏一人、信息完整,随时帮扶临时困难学生,有效解决临时困难致困、学生漏报缺失等后顾之忧。

2. 资助对象全覆盖

一是评定资格四个年级全覆盖。即各类奖助学金确保兼顾各个年级。例如,设有针对新生评选发放的"维平助学金",获得者可在大学四年里每年持续接受资助;设有针对保送本校读研的大四学生的"坤明生物奖助学金"专项奖助;二是评定资格各类培养全覆盖。包括企业类签约就业专项奖助、综合十佳大学生专项奖助、科研经历专项奖助、论文专利专项奖助等。

3. 资助程序全覆盖

即资助工作程序与相关执行匹配全覆盖。始终坚持公正公开、科学规范的工作原则。其中包括:指标分配环节透明公开,班级评议(情况自述、班级投票、班级公示)、学院公示等环节完整;金额发放环节规范有序,杜绝平摊、截留等违规现象。

(三)"多元"协同确保"全方位"

通过开展主题班会、诚信感恩、暑假家访、颁奖仪式、结对帮扶、专题研讨等各类活动多元协同,推动高校资助工作内容更加丰富,形式更加创新,确保资助育人"全方位"。

1. 班会

班级主题活动求常规。通过主题班会(团日)、班委例会等宣布和强调奖助学金特别是大额(重要)奖助学金的评选、发放标准与精神,通过信息互动与典型教育以及资助工作,大力推进学生思想教育工作。

2. 感恩

诚信感恩活动立品牌。结合湖北大学"学生自育工程""感恩诚信励志月"等活动,通过弘扬困难面前"自立自强、受助感恩、还款诚信"的时代精神,开展行为示范教育。

3. 家访

暑期家访活动树特色。在学校的指导下,湖北大学生命科学学院"励志圆梦计划"暑期家访活动连续7年来先后赴重庆、湖北恩施、十堰、宜昌、孝感等地看望品学兼优的经济困难学生20余名,促进家校联动。

4. 颁奖

颁发仪式教育促互动。包括开展企业校友类、教工爱心人士类等奖助学金设立仪式、颁发仪式、获助代表座谈面对面交流等教育和沟通活动,挖掘奖助学金的外延价值。

5. 结对

结对帮扶体系做补充。开展"师生结对帮扶"脱贫工程,两年来遴选20余名特殊困难学生与教工、学工结对经济帮扶和学习规划、思想心理帮扶,打通脱贫工程进校园的"最后一公里"。

6. 研讨

资助工作研讨得总结。召开国家奖助学金、学生年度表彰等资助工作专题学工例会、工作沙龙,专门学习研讨工作精神,分享经验心得,辅导员、班主任相互交流,同台互动,共同进步。

三、启示与思考

近7年来,湖北大学生命科学学院学生资助工作牢记资助育人的初心与使命,通过不断拓展院内外的丰厚资源,探索总结出的资助育人"四维三全 多元协同"工作模式,总体呈现出以下三大特色和两点成效。

(一) 理论特色

1. 全员覆盖,特色鲜明

在全员动员资助育人方面,特别是动员了院级层面的潜在力量,无论是对教工、学生,还是对党员、学工队伍结对等,都进行了有效的动员探索和丰富的育人实践。

2. 整合资源，创新性强

在校企合作资助育人方面，特别是校企合作、师生互助、校友（爱心人士）捐赠等模式，借助企业、校友和社会爱心人士资助，促进学生成长成才，在实现双赢、协同育人等方面具有较大的前瞻性。

3. 资助育人，成效显著

一方面有效解决了地方院校基层学院贫困生资助工作的可持续发展问题，另一方面较好地构建了"全员、全方位、全过程"的育人工作格局，营造出受助学长反哺学弟学妹、校友乐于返校捐赠等互助良好氛围。

（二）实践成效

（1）该案例通过不断创新资助育人工作方法，不仅基本实现了设奖全覆盖、受助全覆盖、育人过程全覆盖，有效提升了资助育人的工作实效，还打通了资助工作科学落地的"最后一公里"，有效地保障了每一位学生的能力提升与成长成才。

（2）工作室常年保持零投诉，典型个例突出，深获校内外好评，社会反响良好，曾获得湖北大学教育发展基金会工作绩效奖等荣誉，对高校通过资助育人工作推进实现"全员育人、全过程育人、全方位育人"目标有一定的贡献和价值。

（三）有关建议

因篇幅有限，我们将继续梳理总结，通过提供整合资源、开拓创新、寻求合力的更有指导性的典型经验和特殊实例，以供相关院校参考。

【专家点评】

资助育人工作在高校学生工作者"十大育人"工作任务中占有较为重要的地位和作用。本文案例作为地方高校基层学院的优秀实践创新案例，具有理工科院系奖助模式和资助育人实例的典型特点，对于地方高校特别是理工科学院整合、开拓基层、社会资源，合力开展资助育人工作具有较高的借鉴价值。

综合来看，该案例已初步构建了基于"三全育人"、具有湖大生科特色的资助育人工作格局，今后可继续从以下三方面开拓和发展：

一是可复制性有待进一步加强。即进一步挖掘该案例资助育人工作,包括如何扩宽社会资助渠道的流程和路径的细化度和模式度,进一步增加其推广运用价值。

二是理论与实践有待进一步加强。即如何加强校企沟通、捐赠合作,为实现联动过程等方面提供更多的可操作性,进一步增加其示范引领价值。

三是效果总结有待进一步加强。即继续优化在实际资助工作中整合资源,开拓创新,全力推进"三全育人"的结构和模式,包括如何获得师生、家长好评与提升社会影响力等,进一步彰显其资助育人效果。

陈　腾　湖北大学学生资助管理中心主任

"三三法"资助育人

【作者简介】

> 卫军帅,男,硕士,讲师,安徽工业大学学生工作部(处)副部(处)长。被评为2014年度安徽省高校辅导员年度人物,并在2015年"第七届全国高校辅导员年度人物"评选中入选前200名;入选"马鞍山市创业指导专家服务团专家",是国家人力资源与社会保障部、安徽省人力资源与社会保障厅认证的创业培训专家;现担任安徽省大学生创客培育名师工作室首席专家,2021年入选安徽省学生资助工作专家库,"三三法"资助育人工作项目被评为2020年安徽省思想政治工作创新项目,主持申报的"安徽工业大学"三加强"夯实资助平台"三突出"彰显育人实效"荣获安徽省高校思想政治工作优秀案例奖。

一、案例背景

为进一步提升学生的综合素质,强化资助育人的效果,增强资助育人工作的针对性和实效性,促进学校学生资助工作从保障型资助向发展型资助转变,从2019年起在学校全面组织开展学生资助育人工作,制定《资助育人工程实施方案》《家庭经济困难学生能力素养培育计划》和《发展型资助的育人行动计划》,开展了一系列主题教育活动,形成全员全过程全方位资助育人格局,切实推进精准资助和资助育人工作,着力培养学生成长成才。

二、案例简介

"三三法"资助育人,把"扶困"与"扶智","扶困"与"扶志"结合起来,建立国家资助、学校奖助、社会捐助、学生自助"四位一体"的发展型资助体系,构建物质帮助、道德浸润、能力拓展、精神激励有效融合的资助育人长效机制。把"树人"和"助人"相结合,强化思想引领,注重对学生的励志教育、诚信教育和感恩教育，将育人理念融入主题活动，推进精品活动届次化、项目化。以"育德""育智""育体""育美""育劳"的"五育"工程为驱动力，实现将贫困大学生逐渐培养为优秀人才的初步目标，影响帮助更多学生群体，真正实现"解困—育人—成才—回馈"的四维育人机制和育人目标。形成"解困—育人—成才—回馈"的良性循环，着力培养受助学生自立自强、诚实守信、知恩感恩、勇于担当的良好品质。

三、案例介绍

（一）育人传统，保障资助育人

学校以习近平新时代中国特色社会主义思想为引领，形成了党委统一领导、党政齐抓共管、专兼职队伍相结合、全校紧密配合、学生自我教育的合力育人领导体制和工作机制，充分发挥课程、科研、实践、文化、网络、心理、管理、服务、资助、组织等方面工作的协同育人功能，构建"十大育人"体系，提高了学生的社会责任感、创新精神、实践能力和工匠精神。学校先后荣获全国师德建设先进集体、全国"工人先锋号"先进集体、"安徽省高校家庭经济困难学生资助民生工程绩效评价优秀单位"、全国教育系统关心下一代工作先进集体、五好基层关工委先进集体等称号，涌现出"中国大学生年度人物""全国辅导员年度人物""中国大学生自强之星"等先进典型，我校国家奖学金获得者入选"国家奖学金获奖学生代表名录"，并刊登在《人民日报》上。

学校高度重视学生资助工作，把"精准做好学生资助工作"列入年度党政工作要点，成立了以校长为组长的学生资助工作领导小组，研究决定全校学生资助工作的重大事项；组织动员全校师生开展形式多样、内容丰富的资助育人主题教育活动，加强感恩教育、诚信教育、励志教育宣传，不断培养学生自立自强精神，促进学生全面成长成才。

学校组织成立学生资助中心，隶属学生工作部（处），统筹落实校、院学生资助工作；组建了业务精湛的专兼职工作队伍，明确了工作人员的岗位职责，确保了各类资助工作统一归口管理；学校每年划拨专项经费，配备了完善的学生资助工作条件，设立了单独的办公场所，计算机、打印机、复印机、电话传真机、资料柜等办公设备一应俱全。

（二）规范管理，开展"三全育人"

通过强化资助队伍建设，提高资助工作人员的政策理论水平和育人能力；构建精准资助体系，健全"学校学生资助工作领导小组、学校学生资助管理机构、院认定工作组、班级认定评议小组"四级资助认定工作机制，实现"三全育人"。

1. **开展全员资助育人,学校领导、老师、受资助学生代表、社会模范等全员参与资助育人**

组织国家奖学金获得者担任"学生资助宣传大使",让获奖者为资助代言,加强资助政策宣传;开展"自强之星"评选活动,寻访和宣传大学生身边的自强典范,树立"可亲、可敬、可信、可学"的榜样;通过十大"自强之星"代表以及励志奖学金获奖者代表讲述励志故事等活动,让榜样教育引导学生;通过举办劳模进校园专题报告会,组织各类企业奖助学金评选与颁奖仪式,开展理想信念教育、社会主义核心价值观教育。此外,校领导还走访贫困新生宿舍,领导老师们通过寝室走访等多种方式为学生们带去关爱。

2. **坚持全过程资助育人,在学生入学前后及过程中,在各类奖助项目评审及活动开展全过程资助育人**

在每年的新生招生宣传、录取通知书邮寄及入学报到阶段,大力宣传资助工作政策,解除新生的后顾之忧;在每年的毕业生离校阶段,进行贷款归还政策解读,帮助学生巩固诚信意识;学生在校期间,面向全校学生,开展资助"两节课"活动,在不同节点,采取多种形式,进行资助政策宣传;常年开通资助热线电话,接受学生、家长的一对一咨询;开展走访、回访困难生家庭活动,扎实落实"百千万"走访;在奖学金评选发放环节,全面考察学生的学习成绩、创新发展、社会实践及道德品质等方面的综合表现,培养学生的奋斗精神和感恩意识。在各类奖助项目评审过程中,树典型、立榜样,加强诚信、励志、感恩宣传和教育。

3. **确保全方位资助育人,通过物质帮助、道德浸润、能力拓展、精神激励等形式,全方位创新资助育人形式**

深入开展以"诚信、励志、感恩"为主题的教育活动,诸如"一封家书"、"诚信校园行"、"自强之星"、"百千万"走访等,引导学生树立正确的人生观和价值观,促进学生德智体美劳全面发展。

(三)精品活动,固化教育成果

将"树人"理念植入"助人"工作,提出了学生资助工作"向前延伸一公里""中间贯穿全里程""向后打通一公里"的口号。在新生招生宣传、录取通知书邮寄及入学报到阶段,大力宣传资助工作政策,解除新生的后顾之忧;在毕业生离校阶段,进行贷款归还政策解读,帮助学生巩固诚信意识;学生在校期间,面向全校学生,积极开展资助"两节课"活动,全面系统宣讲资助政策。组织国家奖学金获奖学生担任"学生资助宣传大使",充分发挥其政策传播与励志引领作用;常年开通资助热线电话,接受学生、家长的一对一咨询;开展走访、回访困难生家庭活动,扎实落实"百千万"走访;常态化开展"一封家书"活动,告知父母其子女在校受助情况。"树人""助人"结合,不断强化思想引领,为育人活动做好宣传基础。

将育人理念融入主题活动,推进精品活动届次化、项目化。以"育德""育智""育体""育美""育劳"的"五育"工程为驱动力,实现将贫困大学生逐渐培养为优秀人才的初步目标,影响帮助更多学生群体,真正实现"解困—育人—成才—回馈"的四维育人机制和育人目标。

(1) 育德工程——关注学生道德培育,促进良好品德养成。通过"安工大学微工"等新媒体平台引领学生思想,塑造优良品德。定期邀请国家励志奖学金获得者、校"自强之星"等为广大学生做报告,以自己的亲身经历,传播国家资助政策,发挥励志引领的朋辈作用,向学生积极宣传自立自强精神。

(2) 育智工程——注重学生素质教育,促进学生全面发展。学校为家庭经济困难学生开展专门教育报告会,提升学生的综合能力,实现自我管理、自我教育、自我成长。

(3) 育体工程——关心学生身体健康,提升学生身体素质。结合年度评奖评优,督促学生坚持体育锻炼,以体质测试合格为导向,从根本上减少因病致贫、因病返贫现象发生,为困难学生健康快乐成长保驾护航。

(4) 育美工程——积极践行文化育人,提升学生人文素养。学校以高雅艺术进校园、"书香工大"等活动为载体,让学生沐浴艺术的芬芳,感悟人文历史情怀,收获心灵的洗礼,塑造美好心灵。

(5) 育劳工程——发挥勤工助学双选会等育人平台优势,实现个人价值。学校通过志愿服务、勤工助学、义务劳动体验等活动引导困难大学生积极参与社会实践,培养学生的社会责任意识和劳动观念。

(四) 资助育人,重在贯彻落实

1. 聚焦绩效目标,坚持问题导向

多年来,我校严格对照《安徽省高校家庭经济困难学生资助民生工程绩效评价指标表》,提高资助水平,在确保组织保障、资金落实、业务管理、财务管理、任务完成等指标任务取得成效的基础上,围绕"可持续影响""社会满意率"等指标,建立健全资助对象台账,开展校企合作、部门联动,将资助育人与心理育人等结合起来,积极加强家校互通,在第三方评估中促进满意率提升。

2. 坚持立德树人,扎实开展资助育人活动

在全校范围内开展资助育人报告会,"自强之星"代表和国家励志奖学金获得者以切实

经历和奋斗历程来感召和鼓励获助学生,激励大学生自立自强、砥砺前行。

"劳模进校园"报告会,传递了劳模精神、劳动精神以及工匠精神,激励引导青年学生争做德、智、体、美、劳全面发展的社会主义建设者和接班人,培养了他们的奋斗精神和感恩意识。

开展志愿服务活动,组织开展形式多样的"资助志愿者服务"活动,内容涵盖志愿环保、主题安全教育、无偿献血、爱国主题教育、健康教育、社区服务、困难帮扶、关爱未成年人、尊老敬老、社区科普服务等,深入培养了学生劳动观念,增强了他们的感恩奉献意识。

组织学生观看"安徽省劳动模范工匠大师进校园"活动网络直播活动,通过劳动教育,激励引导学生崇尚先进、学习先进、争当先进。组织受助学生义务植树,通过劳动,巩固学生劳动观念和感恩奉献意识。

以培育和践行社会主义核心价值观为主题,开展诚信教育主题月活动和诚信教育、征信和金融知识宣讲活动,通过典型示范引领,大力倡导履约践诺精神,引导学生诚信担当。

开展"自强之星"评选,通过宣传、展示候选人先进事迹,宣传了自强不息的精神,为广大学子树立了青春、奋斗、励志的榜样,培养学生自强自立。

组织"百千万"走访,实地走访家庭经济困难学生,了解学生家庭基本情况,向学生及其家长宣传资助政策,帮助其克服困难、解决问题,鼓励困难学子振奋精神、刻苦学习,努力做社会的有用之才、栋梁之才,引导困难学子励志感恩。

在各类奖助项目评审和经费发放过程中,通过主题班会等形式,加强诚信、励志、感恩、奋进的宣传和教育。常年开通资助热线电话,接受学生、家长的一对一咨询。通过一系列主题教育活动,全校师生共同参与,引导学生,促进学生品德养成,切实践行以生为本,立德树人。

四、案例实践成效

"三三法"资助育人构建了长效机制,育人效果彰显。

我校资助育人工作形成了"学校—学院—班级—宿舍"四级育人体系,按照学校资助工作领导小组—学院资助工作组—班级生活委员—学生宿舍长逐级压实资助育人工作,长期坚持,不断完善,受到安徽省教育厅检查组的高度认可,学校以《唱好"三三"歌 资助出成效——安徽工业大学做好学生资助工作综述》为主题在安徽教育网做了工作经验专题报道。安徽省资助工作研究会和省教育厅资助管理中心还专门在《安徽学生资助》(2017年第8期)上通报我校的资助工作经验;安徽广播电台以"安徽工业大学建立健全资助长效机制,资助育人出成效"为主题,专题报道了我校资助工作成效;学校当年还被评为"安徽省高校家庭经济困难学生资助民生工程绩效评价优秀单位",在省属高校中排名第一,被评为全省学生资助工作"优秀单位案例典型",在全省资助工作推进会上做"资助育人"典型经验交流。通过各类育人活动组织开展,在宣传国家资助政策的基础上,不断培养了学生的励志、感恩和奋斗精神,在全校范围内形成了自立自强、积极奋进的浓郁氛围。

五、启示与思考

一直以来,我校都把学生资助工作纳入年度工作要点,积极落实,扎实开展,较好地完成了年度目标任务,做到了"不让一个学生因家庭经济困难而失学"。但是,在具体工作中还存在一些问题和不足。

一是学生资助目前主要专注于物质资助,在精神和心理资助方面稍显不足,需在广度和深度上进一步加强精神和心理层面的资助。要进一步开展各类志愿活动,动员受助学生参加,活动中引导受助学生主动参与,使其在不断获得自我价值实现、增强自信心的基础上,激发其学习、生活的积极性,不断提升综合能力。

二是勤工助学具体实施过程中,要将学生教育和学风建设紧密结合起来,把勤工助学作为品牌来创建,具体工作中,引导受助学生主动学习,关注受助学生全面成长,注重实践能力的提高,把锻炼受助学生、提升其综合能力作为落脚点。

三是因时间和其他相关因素限制,贫困生走访的范围难以全面覆盖。在贫困生走访工作中,可根据学生实际情况,进行量身定制,制定切实可行的走访方案。在走访形式上,可采用电话慰问、短信关心以及实地走访等多种方式。

资助工作是一项长期而艰巨的系统性工程,我们将一如既往坚守立德树人教育目标,秉承以学生为主体的服务理念,本着"资助工作无小事"的态度投入具体工作中。加强资助育人,助力学生成才。

一是贯彻精准资助,打好育人基础。科学有效落实经济资助体系,做到贫困生资助全覆盖,实现精准奖助。

二是开展品牌创建,实现资助育人。在精准奖助基础上,开展形式多样的主题活动。结合资助,围绕学生,开展主题鲜明的教育活动,引导学生励志、诚信、自强,不断提高学生的道德品质,助力学生成长成才。

【专家点评】

  如何进一步巩固高校学生资助的成效，有效发挥学生资助的育人功效，是提高大学生思想政治教育的实践效果的重要渠道之一。本案例以安徽工业大学实施的"三三法"资助育人工作为切入点，积极探索大学生由"受助"到"助人"的有效建设模式。"三三法"包含的各个环节相辅相成，互为保障，不仅拓宽了思想政治教育的方式和视野，发挥了资助育人的价值引领功能，而且进一步提升了大学生资助工作的实际效果，具有较好的示范作用和典型意义。

  需要指出的是，案例具有很好的推广价值，具体活动设计还可再进一步优化整合，理论凝练方面也应进一步拔高巩固。

王　军　安徽工业大学学工部副部长，教授

第十篇

组织育人

"熔炼凝聚、追求卓越"素质拓展训练

【作者简介】

> 任云兰,女,硕士,副教授,三门峡职业技术学院公共教学部教工党支部书记,国家拓展培训师(中级)。在2018年度河南省教育系统"两创两争"先进集体和先进个人评比活动中,被评为"河南省文明教师";三门峡市"五一劳动奖"获得者,三门峡市"五一巾帼标兵岗"获得者,多次获得河南省优秀教练员称号。

一、案例简介

大学是培养人才的摇篮,也是富国强民的根据地,当今的大学生是建设中国特色社会主义的主力军,所以大学生的整体素质和能力很大程度上代表着国家和民族的希望。新形势下,随着信息技术的发展,大学生所接触的知识范围不断扩大,大学生的思想也变得日益复杂。大学生存在自我意识强,责任意识弱,过于自傲或自卑,意志力薄弱,抗挫折能力弱,团队意识差,有很强的网络依赖性等问题,对身心健康造成了极大的影响,也制约和影响了他们的就业和发展之路。

针对我校大学生的特点,公共教学部教工支部积极探讨多种育人方式,将党的基层组织与学校的"双育人"(专业育人、文化育人)体系建设紧密结合,发挥党员的体育专业优势,实行全员育人,利用课外时间进行素质拓展培训,缓解学生压力,培养团队协作能力、执行力、沟通能力和感恩奉献等综合素质,形成了"熔炼凝聚、追求卓越"的育人载体品牌,提升了学生职业能力、社会适应能力和沟通合作能力,为学生专业发展奠定了良好基础。

二、案例分析

（一）学校支持

在学校的高度重视和大力支持下，经过前期不断地深入考察，结合本校实际，学校投资100多万元，建成了占地约4万平方米、规格高、项目齐全的素质拓展基地，成立了组织完善、人员配备齐全的三门峡职业技术学院素质拓展教育中心，建立了由学生处牵头、教务处和公共教学部主要负责人参与的领导小组，办公室设在公共教学部，由全校体育教师和个别辅导员担任培训师，并将素质拓展纳入学生人才培养方案的素质教育与能力拓展课程模块当中（1学分），以保障大学生素质拓展计划顺利开展。

（二）制度建设

学校将此项工作与学校已有工作项目，尤其是学生综合考评、人才培养方案、文化素质教育等工作相衔接，编制了《三门峡职业技术学院素质拓展教育制度》，健全完善了有关素质拓展场地维护、学生安全、部门配合、培训师管理监督等相关制度，制定具体的激励政策，鼓励和支持教学、科研，安排体育教师担任大学生素质拓展的指导教师，以确保素质拓展工作的顺利开展。

（三）师资队伍建设

采用"引进来、走出去"的培养模式。多次邀请专家到校指导素质拓展工作；经过严格的筛选，多批次委派教师赴全国各地参加素质拓展培训，累计共22位教师取得了中级素质拓展训练师资格证书。在拓展工作开展过程中，结合岗前说项目、阶段性交流研讨和学期末的总结会，提高培训师的执教能力，要求素质拓展师严谨教学，严谨态度，严格规程，严肃作风，多学习、多反思、多交流、多实践、多总结，鼓励训练师多做课程研究，与交叉学科相结合，提升内涵建设，不断建成一支理论水平高、专业能力强的拓展培训师队伍。

（四）素质拓展教学内容体系建设

根据大学生的成长成才需求，精心设计素质训练项目，建立全面科学的大学生素质训练项目体系，为大学生进行素质训练提供广阔平台。针对不同专业对不同人才素养的需求，制定不同的人才培训方案，设定相应的拓展教学内容体系，并结合培训师自身特点和专业特长实施教学。在原有内容基础上,积极适应新形势,融入体育、心理、管理、营销等多学科知识体系,不断优化选择,开发新项目,形成项目特色,使素质拓展教学内容更好地服务于人才培养。

素质拓展训练分为基本素质训练和综合素质训练。基本素质训练主要提高学生自信心、思维能力、意志力和自我挑战能力,增强团队精神,以户外训练为主,项目如信任背摔、穿越电网、空中漫步、空中单杠、胜利逃亡、合作过桥、人梯、毕业墙等等;综合素质训练主要增强学生的团队意识,培养学生的沟通能力、协调能力、组织和管理能力。综合素质训练主要结合室内和室外环境,运用模拟情景和体验性模式进行。通过设计一些模仿管理、领导、协调、沟通的实战题目,分组在室内群体讨论,然后野外实施,以达到培养学生的管理和组织能力的目的。

三、启示与成效

(一)覆盖面广,受益人多

学校分批分期对学生进行素质拓展训练,保证每个学生在校期间至少参加两天的素质拓展,实现全覆盖。自2018年全面开始拓展训练工作以来,共举办38期素质拓展训练,参训学员已达7000余人。在对各系部学生系统训练的基础上,不断总结经验、完善内容,对部分教师及各级学生会学生干部也进行了训练。目前,素质拓展已成为学校文化育人体系的重要组成部分。

(二)课程思政得到深入开展

将拓展训练这种新颖的教学方式应用到思想政治教育第二课堂,符合大学生思想政治教育的教育理念,符合思想政治教育课程改革的要求。潜能激发类、交流沟通类、团队合作类和互动感恩类的拓展训练项目有利于培养大学生的团队协作精神,增强大学生的社会适应能力,促进大学生的心理健康,提升大学生参与思想政治教育活动的积极性。将思想政治教育和素质拓展项目相结合,让素质拓展实践活动插上思想政治的翅膀,让思想政治工作焕发新的活力。

(三)学生素质得到全面提高

通过素质拓展训练,学生们在彼此信任中组成了牢固的团队,在一次次的尝试、总结、失败与成功中,感受了管理的艺术与团队的力量;在合作共赢的氛围中,增强了凝聚力、团结协作的精神。通过拓展项目模拟以后学习工作中可能面临的问题,着重培养团队合作意识、团队协作能力、执行力、沟通能力和感恩奉献精神等,提升了学生职业能力、社会适应能力和沟通合作能力,为培养符合时代发展需要的创新型人才奠定了基础。

(四)丰富学校文化育人体系建设,提升学校品牌影响

坚持把思想政治教育贯穿素质拓展训练始终、把感恩励志教育贯穿素质拓展训练始终、把文化育人理念贯穿素质拓展训练始终,不断提升素质拓展训练的水平和效果,我院素质拓展教育工作取得了很大的成绩,使学生受到了团队精神的教育和培养,丰富了我院文化育人体系,在全省高校也产生了积极影响,使我院素质拓展教育工作成为全省思想政治、文化育人工作品牌。多所省内高校赴我校进行素质拓展基地建设及课程开设方面的交流学习。

【专家点评】

> 本案例从本学校大学生的整体心理特点分析入手,发现学生存在的问题,积极探索解决问题的方法,贯彻学校多种方式育人的理念,发挥党支部专业优势,运用课外时间进行学生素质拓展训练,缓解学生压力,培养团队协作能力、执行力、沟通能力和感恩奉献等综合素质,形成了"熔炼凝聚、追求卓越"的育人载体品牌。案例从学校支持、制度建设、师资队伍建设、教学内容体系建设四个方面深入探讨课外素质拓展训练进行育人的方法,条理清晰,内容丰富。对在校学生进行素质拓展训练,覆盖面广,受益人多,课程思政得到深入开展,学生素质得到全面提升,丰富了学校的文化育人体系建设,具有较强的推广意义和价值。
>
> **徐　敏**　台州学院生命科学学院党总支副书记,副教授

创新学生管理模式　加强学生思想政治教育
——以"红星班"为例

【作者简介】

邓小林,女,本科,讲师,潇湘职业学院汽车机电工程学院辅导员兼学生党支部书记。所带班级大05计算机应用班荣获省级"优秀班集体"称号,大15数控模具班荣获"娄底市优秀五四团支部"称号,所带分院团总支3次荣获省级"五四红旗团支部(总支)"称号,2次荣获娄底市"五四红旗团支部(总支)"称号,2018年所带党支部荣获校级"优秀党支部"称号,11次荣获校级"优秀辅导员"称号,两次荣获"优秀党员"称号,两次获得省级辅导员职业技能大赛初赛一等奖,省级思想政治工作先进个人,2019年度辅导员年度人物提名奖,2020年度湖南省党务工作模范岗。

一、案例简介

为认真贯彻党的教育方针,将立德树人的根本任务落实到学生管理教育工作中,努力实践"三全育人",引导广大青年学党史、知党情、感党恩、听党话、跟党走,积极践行社会主义核心价值观,传承和弘扬中华民族优秀传统和中国革命传统,分院学生党组织不断更新人才培养理念,用以提升同学自我管理、自我服务能力,探索出以点带面的特色学生管理模式,成立了以学生入党积极分子为主体的"红星班"。通过在"红星班"开展一系列主题教育、学习、实践活动,树标杆、做表率,从而发挥党组织在加强学生管理方面的模范作用、引领作用,使"红星班"成为一面高高飘扬在基层组织管理上空的旗帜,带动学生管理显特色、出成效。

"红星班"的建设,一方面通过不断创新组织生活形式,使学生进一步牢固掌握党的基本理论与知识,端正入党动机,增强"红星班"学员的责任意识和先锋模范意识,提高"红星班"的整体素质,促使"红星班"学员以实际行动争取入党,以保证发展党员的质量,保持党组织的先进性和党员队伍的纯洁性;另一方面使"红星班"学员在以旧带新、互学互助中不断成长进步,同心筑梦,并肩追梦,携手圆梦,使鲁班精神和工匠精神潜移默化地影响学生,做到以点带面,实现校园最广视角、最全覆盖,并且通过对"红星班"的培养提高了学生的职业素养,激发学生对学习生活的热情,真正做到立德树人,使习近平新时代中国特色社会主义思想和十九大精神浸润学子心田,凝聚力和向心力不断增强,引领校园新风尚。

二、案例分析

(一)班级建设

在分院党总支的指导下,2018年4月潇湘职业学院汽车机电工程学院学生党支部创立"红星班",并制定工作方案,以特色班级建设促党建,班级成员主要是递交了入党申请书的学生、积极分子、发展对象、预备党员以及各班级干部。班级制定了班级规章制度、宿舍挂牌、胸牌、班旗、班级誓言,目的是为了认真贯彻落实党的十九大和习近平总书记系列重要讲话精神,进一步加强我院党建工作,增强班级队伍整体素质,不断提高党组织的创造力、凝聚力和战斗力,完善党建工作体系,保证党建工作创新有序推进。

(二)定期开展思想政治教育

组建红星班后,通过开展系列活动培养同学们树立正确"三观",分院院长、书记带头给班级学员讲党课,并邀请学院党群工作部领导、优秀党员和思政课部教师给同学们上党课;开展了学党史知识竞赛2次;组织了"学习强国"线上学习、红书包学习、观看《平语近人》等网络视频学习、乡下扶贫实践活动、"重温红色记忆,追寻红色足迹"和"重走红军路,奋进新征程"等参观学习活动;召开了2次全院班级干部论坛会,每月15日为学员培养活动日,每月上2次党课。

(三)班级骨干队伍建设

成立班级领导班子,严格落实好干部标准,坚持德才兼备、以德为先,坚持事业为上、公道正派,坚持以事选人、人岗相适,严把政治关、品行关、作风关、廉洁关,做好领导班子培养工作。

(四)凝练特色,培育班级文化

以特色班级培养促党建,做到理论学习常抓不懈,时政要闻紧跟中央。寓学于乐,交流学习心得,进行博文展示。针对学习,有考核考试、知识竞赛、演讲比赛等。"弘扬爱国精神、激扬青春理想",不忘初心,牢记使命。不断完善学生支部机构,以点带面,使学员发挥先进模范带头作用,做到活动载体灵活多样,富有亲和力和影响力。制定了班级规章制度、胸牌、宿舍挂牌、班旗、班级誓言(图10-2-1)。每次开会、课前,红星班所有学员集体宣读班级誓词,正如誓词所说:我用青春的名义宣誓,学习新思想,争做新青年,弘扬爱国精神,传播社会正能量,铭记历史责任,肩负民族复兴,遵守班规班纪,履行学生职责,脚踏实地,无私奉献,时刻以一名党员的标准严格要求自己。

图10-2-1 "红星班"的胸牌、宿舍挂牌、班旗

(五)党建带班建,红色引航

目前,"红星班"共开展了优秀党员讲座学习4次、党课32次、去兄弟院校参观学习2次;组织观看《平语近人》等网络视频学习、乡下扶贫实践学习、"重温红色记忆,追寻红色足迹"参观学习活动等;召开了2次全院班级干部论坛会,每月15日为学员培养活动日。党员领导班子带头上党课,党组织班子成员和支部书记每季度为该班至少上一次党课,带动学员投入学习、提升素养;大力推进"全民读书月"活动,营造良好读书氛围,学员每月至少完成2篇读书心得。

(六)多举并施,提升育人实效

红色是党的颜色,是革命先烈鲜血的颜色,而党所代表的就是时代最先进的生产力,"红星班"的特色教育形式对于职业教育来说,也是一个"思变"的过程,"红星班"一直倡导"以德育人"的理念,而特色班级的建制以及特色活动和课程的开展使学生广泛了解了党的知识、党的历史、党的宗旨,同学们受益匪浅,知道了党的思想是博大精深的、实践是永无止境的,懂得了要更加努力学习科学文化知识来多方面充实自己,然后投入到全心全意为人民服务、全心全意为党服务的社会主义现代化建设中去。各种理论加实践的学习,也让学员更加深刻地认识了党的初心以及明确了自己永远跟党走的决心。"红星班"的特色教育,让学生紧握时代、加深思想,学生以进入"红星班"为荣,也推动了"红星班"的成长壮大。

2018年,汽车机电工程学院"红星班"共有入党积极分子学员144名,2019年有149人,其中2018年有22名入党积极分子被评为优秀学员,18名被评为优秀笔记学员,顺利取得结业证书的学员共126名。2017级学生中共有13人被确定为发展对象,2016级学生中共有12人发展为预备党员,2017级学生中有12名发展为预备党员,63人为积极分子。

通过"学习强国"平台和红书包的学习,帮助学员学懂弄通了习近平新时代中国特色社会主义思想,培养了学员的斗争精神,增强了工作本领,使思想、能力、行动跟上了党中央要求、跟上了新时代前进步伐、跟上了事业发展需要。他们懂得了善于学习就是善于进步的道理,学员们已经把学习当作一种生活方式,并且进行相关的分享和每周学习心得分享。

(七) 特色活动

(1) 2018年至今,邀请校内外优秀党员教师对"红星班"进行授课32次。

(2) 开展了"学习强国"学习、进行心得分享9次以及把所学用于实践。

(3) 2018年5月和11月,组织学员去雷锋纪念馆、韶山、刘少奇故居等红色地点参观学习。

(4) 2018年7月,开展"三下乡"工作和扶贫工作。

(5) 2019年4月20日,理论实践相结合,举办"重温红色记忆,追寻红色足迹"活动。

(6) 开展了内容丰富、弘扬爱国精神的活动,如"拥抱新时代,歌唱校园"好声音红歌会、"美丽校园,人人有责"演讲比赛、"社会主义有点潮"学习讨论活动、"博学进取,青春飞扬"文艺晚会、"传唱红色经典,弘扬爱国精神"庆祝中华人民共和国成立70周年校园合唱比赛、"不忘初心、牢记使命"主题研讨会等系列活动共12场。这些活动无论是从思想上还是行动上都给了学生很大的锻炼,学生的世界观、人生观和价值观都得到了很大的改变

(7) 2019年5月,组织参观了大汉集团红馆、蓝馆等企业进行技能和党建学习。

(8) 2019年10月20日,组织了"重走红军路,奋进新征程"贺国忠红色参观学习活动。

(9) 2018年4月至2019年6月,举办了2次党史知识竞赛。

三、启示与思考

一个党员就是一盏明灯，一个党员就是一面旗帜。大学生党员是学校中的先进分子，是党的新鲜血液和未来社会主义建设的中坚力量，也是学校党组织与青年学生联系的紧密桥梁与纽带，而"红星班"就是培养党的新鲜血液和培养社会主义事业接班人的摇篮。

目前，"红星班"同学思想活跃，求知欲望高，进取心强。他们正处在人生观、世界观、价值观逐步形成的过程中，对理想与信念有着崇高的追求。他们在努力学习科学文化知识的同时，积极向党组织靠拢。其中一部分特别优秀的学生，在党组织的精心培养下，加之自己的不懈努力，光荣地加入了伟大的中国共产党。

"红星班"自成立以来，一直倡导"以德育人"的理念，通过党课学习广泛了解党的知识、党的历史、党的宗旨，让同学们受益匪浅，知道了党的思想是博大精深的，实践是永无止境的。他们懂得要更加努力学习科学文化知识来充实自己，然后全身心投入社会主义现代化建设，全心全意为人民服务，全心全意为党服务。各种理论加实践学习，让学员更加深刻地认识了党以及明确了自己的奋斗目标，即永远跟党走。我将会一直探索与学习实践，把这个班级办得更具特色和有影响力，使其真正成为培养优秀学子的摇篮。

【专家点评】

项目负责人邓小林同志长期工作在辅导员岗位10余年，是一名学生党支部书记，对职业院校特别是民办职业院校的学生教育倾注了大量的心血，想了很多办法，该同志多次获得校"优秀辅导员"和"优秀党员"称号。该项目是2018年以来一次新的尝试和实践，"红星班"以入党积极分子、发展对象、预备党员以及学生干部为基础组建，通过亮身份、上党课、干部论坛、参观学习、社会实践等一系列活动和措施，使学生们进一步深化对党的认识，树立正确的世界观、人生观和价值观，进一步坚定理想信念，坚定"四个自信"，取得了良好的效果。同时，该班也为学生党建工作的加强以及入党积极分子、发展对象和预备党员的教育管理提供了一种新的模式，提高了发展党员的质量，实现了预备党员入党后的教育管理。

金志方 娄底潇湘职业学院党委书记、督导专员，高级政工师

师生齐力谋发展　支部共建绘新篇
——"1234"师生支部共建育人体系

【作者简介】

　　李敏仪，女，硕士研究生，讲师，广东轻工职业技术学院辅导员。曾获得"2018年广东高校辅导员年度人物"入围奖、广东省高校思想政治工作实践优秀案例三等奖、第八届广东省职业生涯规划教学大赛高职组二等奖、校级第五届辅导员素质能力大赛三等奖、校级第二届辅导员职业技能竞赛三等奖、校级年度辅导员优秀奖（3次）、校级优秀党务工作者（2次）等荣誉。

一、案例简介

　　师生支部共建育人的提出主要是为了通过师生支部间的互动共建，进一步激活基层党支部的活力，创新支部建设的模式和形式，从而达到共建育人的效果。然而，在师生支部共建育人的实践中存在着不少漏洞，主要包括：① 共建目标不明确，权责落实不到位；② 共建机制不健全，育人成效缺乏保障；③ 师生积极性不高，频现缺位与被动；④ 共建创新性不足，基层活力被弱化。这些漏洞限制着师生支部共建育人的发展。

　　本案例以笔者自身所在支部的师生支部共建育人实践为例，进行师生支部共建育人的创新实践呈现，探讨如何规避实践漏洞，达到"师生齐力谋发展，支部共建绘新篇"的效果。笔者所在的专业学生党支部结合专业建设特点，联合教工党支部，通过共建目标的明确、共建主题的设计、共建形式的创新等手段，搭建支部共建育人实践平台，构建了"一个目标、两大主体、三个环节、四类载体"的"1234"支部共建育人体系。"1234"支部共建育人体系是对高等思想政治工作"十大育人体系"中的"积极优化组织育人"要求的创新实践。

二、案例分析

（一）师生支部共建育人存在的问题

1. 共建育人目标不明确

共建目标不够明确是师生支部共建达不到预期成效的关键因素,主要表现为共建仅仅将师生支部进行简单合并,双方权责落实不到位,更多处于被动接受共建任务安排。

2. 共建育人机制不健全

（1）缺乏完善的管理体制、考核制度、监督机制,师生支部共建流于形式化,严重影响共建育人的可持续发展。

（2）缺乏科学有效的评价机制和激励机制,师生支部共建育人的实际效果难以全面呈现,导致共建育人的长效性缺乏后劲。

3. 共建育人积极性不高

（1）部分教工党员常以日常工作繁忙为由,对于共建育人的活动存在着应付的心态,培养"缺位"现象尤为严重。

（2）学生党员被动接收共建任务,缺乏主观能动性,流于形式化。

4. 共建育人创新性不足

目前师生支部共建育人大多以线下座谈会和线上学习讨论的形式来进行,活动形式较为单一乏味,活动内容较为局限枯燥,活动场所较为传统固定,达不到预期的学习效果,长此以往,弱化了师生支部共建的活力。

（二）"1234"师生支部共建育人的具体思路

1. 明确"一个目标"

师生党支部共建育人的目标是以共建育人作为导向,以师生互帮互学为抓手,发扬师生党员表率作用,坚实基层支部堡垒作用,从而在育人成才上形成合力,推动党建工作和育人工作的协同发展。

2. 把握"两大主体"

师生党员作为师生支部共建育人的两大主体,要摆正支部共建育人的心态,积极主动突破师生之间的距离感和形式感。一是教师党员要以"共建育人"平台作为纽带,主动利用自身的专业引领,启迪学生专业思维模式的同时,用立德树人的崇高使命教育学生党员以德修身;二是学生党员要以"共建育人"平台作为驱动,充分发挥主观能动性,形成"四个自我"的能力。

3. 抓好"三个环节"

1) 抓好机制环节

完善的机制体系,如管理体制、考核制度、监督机制、激励机制、评价机制,不仅能检验师生支部共建育人在实施过程中教育、宣传、组织、服务等方面的工作是否真正地落到实处,还能在师生支部之间形成共建的压力和动力,明确责任意识,激发共建的新动力,提升参与的新活力。

2) 抓好管理环节

一是加强学生党员管理。建立严格的党员发展细则,加强学生党员选拔的精准度和培养的精细度,充分凸显学生党员榜样引领的作用。二是加强教师党员管理。建立明确的教师党员职责,增强教师党员对共建育人的主动意识,全力施展教师党员思想引领和专业带动的优势。

3) 抓好创新环节

师生党支部共建育人在确保"指定动作不走形"的前提下,做到"自定动作有创新",即紧贴社会热点或师生支部的实情,结合"学习强国"等信息化平台,打破保守的思维模式,为共建育人添加创新活力因子。

4. 突出"四类载体"

1) 以发展党员为载体

借助党员发展全过程为载体,对学生实行全方位的协同育人管理。学生支部行政教师党员和教师党支部专任教师党员共同担任党员发展过程中的培养联系人和专业导师,行政教师党员关注学生的思想政治教育,专任教师党员关注学生的专业能力培养,两者共联推进协同育人。同时,通过学生党员同志以点带面地对各班推优对象进行监督考察,实现全民参与、全方位参与、全过程参与的"三全"共建育人,严把党员发展的第一关卡。

2) 以党日活动为载体

党日活动不再囿于呆板的开会形式,而是通过学习研讨、志愿服务、党建交流、理论宣讲团等多种途径和方式开展共建育人党日活动,邀请教师党员、校友党员、在校党员进行主题分享,加强联动交流,如举办"新学期 新思想 新作为"之青年论坛、思政教育进课堂活动、"展成果 谱新篇——立志·修身·博学·报国"主题宣讲,激发党日活动的创新活力。

3) 以各类竞赛为载体

通过"以赛促学"来凝聚支部共建的战斗力,由教师党支部教师党员作为发起人,借助自身的科研团队、竞赛团队、创业团队或工作室等平台,鼓励各年级的党团分子自由组建团队,加入平台,参与各类专业竞赛、策划大赛、创新创业竞赛,在支部内形成一种赶学比超的竞赛育人氛围。

4) 以社会实践为载体

借助社会实践的平台载体,一方面,实现实践与公益相结合,与专业相结合,深入基层,走进民生,增强师生党员的服务意识,为实现"中国梦"助力;另一方面,组织学生党员前往革命根据地开启"青年红色筑梦之旅",传承红色基因,感悟革命精神,深化实践成果,形成精品项目或"互联网+"等竞赛项目,产生品牌效应,扩大实践育人的影响力。

三、启示与思考

(一) 工作经验成效

1. "1234"支部共建育人体系能创新党建工作模式

以共建育人为纽带,使学生党支部与教工党支部结成党建"共同体",通过"多渠道、多载体、多形式、多维度"的"四多"互动形式,从理论上完善了共建育人的体系,创新了党建工作的模式,从实践上提升了共建育人的积极性,激发了基层党建的活力,最终实现了共建支部的互融互通。

2. "1234"支部共建育人体系能巩固思政育人效果

以共建育人为枢纽,将党建工作和思政工作进行有机结合,从理论上充实了思政教育的内涵,真真切切地提升了思政育人的精准性和感召性,从实践上植入了思政元素,强化了思政教育工作中师生党员的骨干力量,从而让思政育人"活"起来。

3. "1234"支部共建育人体系能拉近师生心灵距离

以共建育人为平台,教师党员跳出了课堂教学的局限性,通过思想政治上的引领、行为处事上的示范、学业科研上的指导、日常生活上的帮助等方面,打破与学生党员的距离感,成为学生党员真正意义上的人生导师和知心朋友。而学生党员通过共建育人深入地了解教师们在日常教学管理工作中的付出,有效地避免了师生在日常管理中的矛盾,可以更好地开展各项工作。

(二)工作反思

(1)需要科学地评估"1234"共建育人体系的方法设计,广泛听取支部委员、党员和普通群众等意见,重新整合共建育人精品活动,扩大育人体系的受众范围,为入党积极分子和党员发展对象提供更多展现的平台。

(2)加强"1234"共建育人体系实施情况的过程监督和评价反馈,避免由于培养"缺位"和形式主义而出现的培养质量大打折扣和入党信念动摇的情况;同时要确保共建育人体系的长效性。

【专家点评】

师生支部共建是深入推进基层党支部工作的创新之举。本案例中通过阐述"1234"师生支部共建育人的创新实践,着力解决共建育人过程中的突出问题,以师生支部共建育人为平台实现支部共建育人活动开展的规范化、特色化、精品化,增强了共建育人的创造力、凝聚力、战斗力,完善了共建育人的体制机制,有力地彰显基层支部党建工作的特色和亮点。建议下一步可加强对共建育人体系进行可持续性的探究和尝试进行普遍适用性的推广,增强育人成效的说服力。

李　薇　广东轻工职业技术学院管理学院教师,教授

"学科+"大学生党员培养新思路

【作者简介】

> 武俊,男,硕士,西南交通大学外国语学院党委副书记。曾获得西南交通大学华为优秀辅导员、西南交通大学优秀共产党员、西南交通大学优秀党务工作者、西南交通大学心理健康工作先进个人等荣誉称号。
>
> 张茜,女,硕士,西南交通大学外国语学院辅导员。曾获得西南交通大学优秀学生工作干部、西南交通大学华为优秀辅导员、就业先进个人等荣誉称号。
>
> 郭炳君,女,硕士,西南交通大学外国语学院辅导员,院学生会指导老师。

一、案例简介

西南交通大学外国语学院本科生党支部现有党员34人,其中教师党员1名、学生党员33人。支部有正式党员9人、预备党员25人;其中男生2人、女生32人。支部党员在校期间积极学习习近平新时代中国特色社会主义思想,拥护党的纲领,遵守党的纪律,在学习、工作和生活方面都发挥了党员先锋模范作用。

该支部的工作理念是:以学生全面发展为中心,建设学习型、实践型党支部,培养支部党员德、智、体、美、劳全面发展。支部的工作模式是:党支部和学院团支部、学生组织共建,包括和学院青年志愿者协会开展英语帮扶活动,和学院格致书院开展经典阅读系列活动。支部党员能够始终严格要求自己,向"优秀"学习,向"模范"学习,向"先进"学习。目前,支部党员获奖助学金比例达100%,95%以上的党员在学校和学院担任学生干部,80%以上的党员在校期间参加各类志愿活动,多名党员曾赴日本、英国、法国等国家进行学习和交流,积极传播中华优秀文化。

二、案例分析

（一）严格要求，夯实支部政治建设

支部以习近平新时代中国特色社会主义思想为指导，贯彻党章要求，高度重视党员发展工作，严把入口关、培养关和出口关。在发展党员时，对其思想情况、群众基础、学习成绩等多方面进行严格考察，认真分析入党动机，严格掌握标准和程序，确保质量。把好培养关，根据学生党员的特征及优势，制定"一名党员一面旗帜"的培养方案。充分发挥"朋辈导师"作用，在同年级或者高年级学生党员中发掘"朋辈导师"，在日常生活、学习、工作等方面带动和帮助身边的学生党员，共同进步、共同提高。严控出口关，建立健全支部党员考评机制，严查党员发展过程中的支部活动参与情况、党员义务履行情况，凡是长期无故缺席支部活动、拒不履行党员义务的坚决不予转正，每学期期末在支部内部对党员参加活动情况进行通报。邀请专家教授给支部党员讲党课，针对出国党员，由支部书记定期联络，每月通过QQ、微信等方式了解其思想动态、学习情况，鼓励出国党员通过"学习强国"等平台参加支部活动和理论学习。

（二）提升能力，发挥党员模范作用

建立党员活动积分制度，鼓励党员积极参加各类支部活动，发挥带头作用。支部党员自觉加强理论学习，提升自身党性修养，通过建立"学习强国"线上支部，利用新媒体平台进行学习和讨论，将党员应知应会考试作为党员考评重要标准，党员应知应会考试平均成绩达到97分。作为外语类专业学生，支部党员学以致用，充分发挥语言优势，80%以上的党员在校期间参加过各类志愿者活动，如为第十四届欧洽会、亚信金融峰会等各类国家级、省部级活动担任志愿者，累计志愿服务逾千人次。其中，少数民族党员利用少数民族语言优势，在华西医院担任"汉藏"翻译志愿者，服务少数民族患者。支部获得"优秀毕业生""竢实扬华"奖章的毕业生党员，在学院内部开展"榜样的力量"活动，针对低年级学生提供学习、竞赛等经验分享，建立"一对一"帮扶计划，分专业进行指导，提升学院深造率。鼓励党员积极参加社会实践、学科竞赛活动，争当学习的模范、实践的模范、创新的模范和奉献的模范。

（三）创新活动，发挥战斗堡垒作用

支部扎实开展"经典阅读"活动，结合专业特色，鼓励党员读外文经典名著，党员带头提交读书报告，积极营造"爱读书 读好书"的文化氛围。结合"不忘初心 牢记使命"主题教育开

展"我与祖国共奋进"征文比赛,积极营造向上向好的支部氛围。组织支部成员集体观看电影《厉害了,我的国》和《我和我的祖国》等爱国主题教育电影,加强支部党员理想信念;联合学院教职工党支部一同赴建川博物馆开展主题党日活动,在学习红色文化的同时促进教师和学生党员之间的交流。开展了纪念五四运动100周年朗诵活动和"青春建功 乡村振兴"主题活动,在成都市郫都区青杠树村领略社会主义新农村建设,努力建设实践型党支部。积极开展特色活动,发挥专业优势,党支部联合学院青年志愿者协会开展面向全校少数民族学生和多个学院英语学习困难学生的"两学一做"英语帮扶活动,三年来累计帮扶学生超过1000人次,帮扶对象大学英语四级通过率显著提升。

三、启示与思考

(一)支部建设与专业学习相结合

学生身份是学生党员最本质、最基本的身份特征。学生党员培养、学生党支部建设应充分与专业学习、学科竞赛等相结合,通过学科竞赛、读书等各类活动,发挥学生党员在专业学习中的带头示范作用。同时,要注重同一支部内跨专业、跨年级党员之间的交流与学习,横向、纵向同时促进学生党员互帮互助,尤其是在升学深造、就业、创新创业等方面形成互帮互助,充分加强支部凝聚力。

(二)完善学生党员评价体系,激发党员创新性

在学生党员管理过程中,制定公平、公正、全面的学生党员考核评价体系。考核评价可以从班级民主测评、专业成绩、班团活动参与度、社会实践成果等多方面展开,由党员自评、党员互评、所在党支部审核评定等多主体、多维度进行评价,以增强学生党员评价体系的综合性,对学生党员的表现有一个较为全面、客观的评价。

【专家点评】

　　该工作案例结合学院情况、学科特色、支部学生特点详细阐述了高校本科生党支部党员培养的关键环节和具体举措。本科生党员正处在思想逐渐成熟的阶段，在党员培养过程中，要通过载体多样、内容丰富的活动调动党员积极性，促进党员在思想、学习、社会实践等方面争当表率。该工作案例立足学生党支部政治建设、党员先锋模范作用和支部战斗堡垒作用三方面，明确了高校基层党支部党建工作的目标，为新形势下高校立足学生进行管理育人提供了有效途径。

　　高平平　西南交通大学党委学生工作部部长，副教授

扎根学生守初心　党建引领育英才

【作者简介】

> 陈丽敏,女,硕士,思想政治教育助理研究员,广东药科大学辅导员,国家职业指导师,三级创业咨询师,创新创业培训师,广东药科大学辅导员工作室(党团和班级建设方向)主持人,广东药科大学药学院党委正科级专职组织员、学生党务管理中心、学生党员知行服务队指导老师,教授"大学生就业指导""医药大学生职业生涯与规划"和"创新创业基础"课程。先后获评第十届广东省高校学生工作"红棉奖",2019年广东高校辅导员年度人物提名奖,校"优秀党务工作者""优秀共产党员""优秀辅导员标兵""优秀学生谈心工作者""就业先进工作者""军训优秀辅导员"等称号,以及广东药科大学首届辅导员职业能力大赛二等奖、谈心谈话单项奖。

一、案例简介

党的十九大报告指出,加强基层组织建设,要以提升组织力为重点。为全面落实新时代党的建设总要求,广东药科大学药学院党委坚持以立德树人为根本,根据《广东省加强党的基层组织建设三年行动计划(2018—2020年)》的要求,聚焦学生党建和思想政治教育工作中存在的学生党支部组织力建设有待提升,学生党员培养、教育、管理的质量有待提升,学生党员先锋模范作用发挥不明显,在学生群体中影响力不足等问题,以学生党建工作为引领,探索开展彰显党味、蕴含"药味"的"4321"模式的组织育人路径,努力提升思政工作质量,服务于高素质药学人才的培养。

二、案例分析

广东药科大学药学院党委聚焦提升基层党组织组织力的关键问题进行研究,探索开展彰显党味、蕴含"药味"的"4321"模式的组织育人路径,即围绕四个结合(将坚定理想信念与高尚职业道德培养相结合、将党性锻炼与专业学习实践相结合、将党性修养与专业素养培养相结合、将教育管理与组织服务相结合),建好三维平台(党员教育培训、社会实践、辅导员工作室),依托两个组织(学生党支部、学生党务管理中心),实现一个目标(培养全面发展的高素质药学人才),凝聚育人合力,以期提升组织育人工作质量。

(一) 以理想信念教育为核心、以社会主义核心价值观为引领、以服务学生全面发展为目标,建好三维平台

1. "先锋课堂"党员教育培训平台

学院党委建设彰显党味蕴含"药味"的"先锋课堂",规范举办党委分党校入党积极分子培训班,采用"引进来、走出去"的学生喜闻乐见的形式开展党课教育,构建党员经常性教育培养体系。邀请思政课名师、专业教师、党支部书记、特邀党建组织员、优秀学生党员进入课堂,开展专题党课。在传统的课堂讲授基础上,开展户外素质拓展、体验式党课和情景式党课,通过"小"课堂传播"大"道理。近三年来,共开展党员培训教育40余期,参加的学生党员、发展对象和入党积极分子达3000多人次,基本覆盖全院学生党员和入党积极分子。我先后组织学生党员到中共三大会址、孙中山故居、广东省廉政教育基地等14个红色教育基地开展情景式党课;到广药集团白云山中一药业、陈李济中药博物馆、广东科伦药业有限公司开展校企"互动互学"体验式党课。学生党员对党课效果评价高,学习的兴趣和参与热情高,提升了党员教育的吸引力和感召力。

2. 学生志愿服务社会实践平台

"纸上得来终觉浅,绝知此事要躬行。"学生学到的知识不能只停留在书本上,不能只装在脑袋里,而应落实到行动上,才能更好实现学思用贯通、知信行统一。我创建"党员知行服务队",带领学生依托专业优势,通过科学调研、知识宣传、实际帮扶等多种实践形式,深入基层,服务社会。2016年成立以来,参加志愿服务学生达300余名,累计服务总时长超1700志愿时。知行服务队坚持每周末到广州市第二少年宫开展特殊儿童陪读服务,2017—2019年连续三年被广州市少年宫特殊教育部授予"优秀志愿服务团队"称号。与广州市番禺区钟村街社区卫生服务中心建立了共建关系,联合开展安全用药科普宣传及健康保健服务,学生以真才实学服务人民,深受当地群众的欢迎,服务事迹被当地报刊《今日钟村》所刊登报道。每年利用暑假假期,先后到梅州市、云浮市等地贫困村开展精准扶贫"三下乡"专项行动,助力乡村振兴发展。青年学子通过躬亲实践了解社情民意,培育家国情怀,引导学生把爱国情、强国志、报国行融入志愿服务中,自觉践行社会主义核心价值观,在基层奉献中找到了青春的价值。

3. 辅导员工作室思政育人平台

依托本人主持的校级辅导员工作室项目建设，联合广东省高校骨干辅导员桂莉娜工作室、校级周树海辅导员工作室，形成育人合力，围绕社区实际和学生需求，组建楼栋临时党支部，按楼层分布组建临时党小组，形成了以"楼栋—楼层—宿舍"为单位的网格化管理模式，实行党员"亮牌亮身份"寝室挂牌制度，推行党性锻炼"三个一"工程和"先锋领航"社区志愿服务活动，探索将学生宿舍区构筑成党建和思想政治教育工作阵地，把基层党组织建设融入到学生实际生活和学习中，发挥基层党组织战斗堡垒作用和学生党员在思想引领、社区管理服务、学风建设、志愿服务中的先锋模范作用，带动广大学生共同进步。

（二）以学习型、创新型和服务型为导向，创办两个组织

1. 药学专业师生党支部（原师生党支部）

本人首任该支部书记，依托教师党员引领、标杆作用，将支部建设与教学、科研紧密结合，与学生创新能力培养紧密结合，实现党员教师引领，师生合作，师生们同"学"共"进"的良好育人实效。支部师生科研团队在大学生创新创业训练计划、广东省大学生攀登计划、药苑论坛等学术科技活动和比赛中屡获佳绩，支部学生党员在创建优良学风上的先锋模范作用得以较好发挥。

2. 学生党务管理中心

致力打造一支"敢于负责、勇于担当、素质过硬"的党员学生干部队伍，发挥联系服务、团结、凝聚师生的桥梁纽带作用。运用"GDPU药苑先锋"微信公众号，搭建师生网络学习平台，唱响主旋律。在抗击"新冠"病毒肺炎期间，运用好抗击疫情这本分量沉重的活教材，引领学生党员发挥先锋模范作用，参与疫情防控志愿服务，组织学生党员利用所学的医药知识，策划推送《战"疫"进行时 | 我是党员，我们在行动》的专题推文，把科学防控知识及时传达给学生，加强党组织网络育人引导力。

（三）理论研究成果与教育实践相结合，提升育人实效

在实践工作中，我努力将组织育人与思政教育理论相结合，使工作与研究相互促进。申报的"创新高校基层党组织活动形式的研究——学生党支部开展创新创业教育的探索与实践""高校党建带团建的思路及对策研究"先后获得2016年、2019年广东省高校党建研究会立项。同时，我积极将理论研究成果转化为实际应用，在育人工作中取得良好的成效。

本人指导学生参加广东省教育厅主办的"我的中国梦——立志·修身·博学·报国"主题教育系列活动获奖共5项,其中志愿服务类获二等奖1项、优秀奖1项;党员教育为主题的新媒体创意类获二等奖1项;基层社会调查类获三等奖1项、优秀奖1项;指导学生的创新创业项目获2015年广东省大学生创新创业训练计划项目立项,并获2016年"挑战杯·创青春"广东大学生创业大赛铜奖。培养出一批品学兼优的学生,如夏伟钦、邝健标分别获得2016年、2018年广东大学生年度人物入围奖和提名奖;12名学生先后在全国大学生药苑论坛,荣获"创新成果一等奖和三等奖""优秀论文奖""优秀报告项目",并获国家计算机软件著作版权;2名学生先后作为学校优秀学生代表远赴美国参加2017年、2018年"逐梦扬帆——优秀大学生海外研学项目";优秀学生党员郑永家被选为学校第一次党代会党代表,连续两年获"国家奖学金",连续4年获学校一等奖学金;3名学生先后被评为广东省"优秀学生干部""优秀共青团员""大中专学生志愿者暑期'三下乡'社会实践活动优秀个人"。

三、启示与思考

(一)学生党员教育要坚持理论性和实践性相结合

当代的大学生是"90后""00后"的新生代,他们喜欢新鲜事物,思维敏捷,富有创造力。而政治性、教化性、理想性较强的党性教育话语难以满足高校学生党员个体生命需求与个人生活体验的实际。在新形势下,开展学生党员教育应以增强党性、提高素质为重点,针对不同阶段的学生特点,构建多层次、多渠道的学生党员经常性学习教育体系。要在"新"和"实"上下功夫,做到因时而进、因势而新,要结合学生的实际需求,跟专业培养、实践锻炼相衔接,不仅要利用好传统的教育课堂,还要充分利用红色教育资源,构筑校内课堂、校外课堂、红色课堂的党员教育体系,实现思政工作灌输性与启发性相统一。

(二)学生党员教育要注重教育寓于服务

学生党员教育应立足学生党员发展和学生管理服务实际,不断加强宗旨意识教育,要注重教育寓于服务,服务体现教育。贯彻"服务党员教育、服务学生成长、服务专业发展"为工作理念,建设好志愿服务实境课堂,增强学生党员服务师生、服务群众、服务社会的思想境界和工作能力,激发自我教育、自我价值实现的内生动力,使先进性教育真正入脑、入心。

(三)学生党员教育要加强网络育人引导力

学生党员教育工作要充分发挥网络媒介优势,拓宽学习和交流的渠道,充分发挥思政网络育人的效能。虽然高校相继进行了易班平台、"学习强国"和慕课等网络平台和网络媒介建设和推广。但在调研中发现,目前这些平台利用尚不充分,推广宣传力度不强,思想引领也未完全到位。而在网络媒介选择中,大学生使用QQ、微信、微博、直播、贴吧以及校内BBS等占87%,而其中以微信的使用最广。因此,加强学生党建微信平台的建设,积极传播主旋律、弘扬正能量尤为必要,这也是落细落实"三全育人"的有效途径。

【专家点评】

药学院通过构建专题党课教育模式、丰富党员教育载体、整合校内外资源等方法,积极发挥基层党组织的育人功能,有效提升了基层党建与思想政治工作的感染力,增强党员教育的针对性、经常性和实效性。通过增强社会实践锻炼,引导学生在担当中历练,在尽责中成长,自觉将小我融入祖国的大我、人民的大我之中,这是积极探索"三全育人"工作的有效途径,是抓好大学生思想政治教育和党建工作的有益尝试,具有较好的评价和示范效应。

张居永　广东药科大学马克思主义学院副院长,副教授

学思践悟 建功立业
——专业教育与组织育人相结合助力学生成长①

【作者简介】

> 吴思媛,女,硕士,讲师,河海大学地球科学与工程学院本科生辅导员兼团委书记,国家职业指导师、国家心理咨询师。曾获江苏省社会实践优秀指导教师、江苏发展大会志愿者团队优秀指导教师、校优秀辅导员、校优秀共产党员、校辅导员素质能力大赛第二名等荣誉。

一、案例简介

预备党员转正答辩中,本支部大部分预备党员无法准确回答入党以来每次组织生活会的主题内容。答辩后笔者私下找到小杨(预备党员)了解情况,小杨表示平时专业学习压力大,党支部缺乏凝聚力,组织生活开展困难,每次虽然人在场,但大多数党员都觉得理论学习枯燥乏味,积极性不高,建议丰富组织生活的形式。

(一)案例定性分析

此案例反映的是学生党支部的日常工作指导以及如何有效针对学生党员开展思想政治教育等问题。

(二)问题关键点

(1)如何提升学生对组织生活和政治教育的重视程度与积极性。

---

① 本案例曾获评2019年江苏省最佳党日活动优胜奖。

(2) 如何创新学生党支部思想政治教育载体和学习形式,提升学生认同感、参与感。

(3) 如何依托党团组织,结合专业教育与生涯规划教育,落实全员全过程育人。

二、案例分析

(一) 主动调研支部党员思想动态,将思想引领与学生成长相统一

从学生思想实际出发,结合"不忘初心,牢记使命"党支部民主生活会,开展学习教育、调查研究、检视问题。针对此案例,首先找来党支部委员交流,掌握目前支部工作及日常政治学习存在的实际问题。总结问题主要为:① 学生认为组织生活会形式单一,开会一味说教,听觉疲劳;② 学生反映政治学习没有根植于学生的学习和生活,教育效果不佳。随后,笔者结合"大学习 大讨论 大落实"活动,开展党支部民主评议工作,收集学生党员意见,以促进改革政治学习载体和形式。

同时,笔者立足于学院专业特色与生涯规划教育实际,响应中组部、中宣部对青年"弘扬爱国奋斗精神、建功立业新时代"的时代要求,制定"学思践悟"思政教育活动方案,引导青年学生在常学常新中加强理论修养,在真学真信中坚定理想信念,在学思践悟中牢记初心使命,在细照笃行中不断修炼自我,在知行合一中主动担当作为。

(二) 以"学思践悟"思政主题教育为阵地,落实全员全过程教育

学、思、践、悟共同构成学院学生党员教育的四个环节:"学:读理论经典,学习思想精髓""思:访改革先锋,思忖对标争先""践:做志愿服务,践行追梦使命""悟:讲青春故事,感悟文明精神",四位一体,激励和引导学生党员以昂扬的精神状态和务实的学风,将个人青春梦与中国梦同频共振、交相辉映。

1. 学:读理论经典,学习思想精髓,让思政教育"实"起来

学深悟透党的理论经典,以党的理论武装头脑,为学生明晰职业生涯规划筑牢思想根基。支部开展《习近平新时代中国特色社会主义三十讲》系列读书会、"平"语近人学习交流会等,在读原著、学原文、悟原理上下功夫,努力做到深学深悟、常学常新,不断深化对党的理论创新成果的理解和把握。在线下各类学习交流会中,学生党员们就党员责任与义务的履行和青年学生的使命与担当等议题展开深入探讨。同时,针对党员多样化的学习需求,支部线上线下齐发力,依托学院官方微信平台"知地有声"开展线上理论学习,推出"青年大学习""你好,马克思"等专栏,以党建促团建,让更多青年接受全新的理论学习方式,学习新思想,

掌握深精髓,提升教育实效性。

2. 思:访改革先锋,思忖对标争先,让思政教育"活"起来

走访调研改革先锋,对标行业榜样,思忖查找自身不足,为学生党员走好青春路注入奋斗底色。组织支部党员赴港珠澳大桥、上海城建设计研究总院等地进行寻访交流与体验,进施工指挥中心参观,近距离感受工程的实施与监控,与行业榜样座谈交流等实践活动。坚持"走出去"与"引进来"相结合,邀请优秀校友回校面向支部党员交流,如港珠澳大桥岛遂工程1988级工程勘测系校友祝刘文等向学生党员生动讲述行业变化,让改革故事、社会主义先进文化故事滋养心灵、涵育品行。体验寻访活动重视党员思政教育的实践性,将党课的课堂搬到企业、工地,提升了教育鲜活力,创新方式、拓展渠道,引导学生党员深入思考,增强了时代感和吸引力,让学生党员有更多获得感,经历精神洗礼,为自身树立了行业励志的好榜样,明晰了职业目标。

3. 践:做志愿服务,践行追梦使命,让思政教育"亲"起来

设立党员先锋岗,党员齐上阵,发挥先进典型示范引领作用。支部党员结合自身专业特色,开展"地质知识进课堂"志愿服务项目与"地质陈列馆讲解"志愿服务项目,支部党员亲身参与到志愿活动中去,在实践中受教育、做奉献,提升党性修养。在"地质知识进课堂"志愿服务项目中,支部党员利用自身专业知识深入小学,为青少年讲授课程、科普知识,帮助青少年树立正确的自然观、科技观,提高科学素养,推动地质科学知识的全民普及。同时,依托学院成立的地质陈列馆,成立党员讲解服务队,一方面致力于加强学院学生专业认知教育,在每年新生入学启航教育周期间,由解说队在"地质陈列馆"提供专业讲解,对新生进行专业教育;另一方面定期邀请溧水高级中学等中小学生入馆参观,对古化石、地质实物标本、实验仪器及流程等进行科普宣传,提升青年的社会责任感和使命担当,引导学生增强"四个自信",厚植爱国主义情怀,把爱国情、强国志和报国行自觉融入坚持和发展中国特色社会主义事业,实现中华民族伟大复兴的奋斗之中。

4. 悟:讲青春故事,感悟文明精神,让思政教育"新"起来

倡导青年分享之声,以青年自身讲述峥嵘故事,砥砺奋进之志,为青春路导航。支部党员关注校园热点和学生间成长话题,结合前期开展的学、思、践环节各项活动,将自身感悟以主题沙龙、思潮论辩、访谈分享、创新论坛等形式进行分享,在全院范围内开展了"青年大学习分享会""我与我的组织"等多场支部组织生活扩大学习会议,帮助更多青年学生在面对新形势、新情况、新问题时,能够坚定政治立场、明辨大是大非。更多青年学生在组织生活会后纷纷表示,感悟了地学专业百余年探索求真,四十载务实重行之后,自己更要承袭水利基因,

汲取河海智慧，努力弘扬文明精神，不忘初心、筑梦青春，牢固树立"四个自信"，做到"两个维护"，为实现"中国梦"添砖加瓦。

（三）分析总结学生党建活动成效，形成学生党员教育长效品牌

此次学生党员教育立足于专业特色，强基础、重实践，着重把艰苦朴素、踏实严谨、担当奉献、淡泊名利的地质人精神融入到党日活动中，把以献身地质事业为荣、以艰苦奋斗为荣的优良传统融入到学生党建的实践中，使学生接受党性教育时感受本专业蕴含的价值和精神，做好地学事业发展和地质文化传承的火炬手，以潜移默化的方式实现了以德立学、以德施教。同时，在过程中注重握指成拳，坚持"党员＋党员积极分子＋团员骨干"的人员组成配比，以党建促团建，积极引导更多的共青团员参与其中，使党员团员在实践中受教育、长才干，提高思想政治素养，引导广大青年学生将青春梦和中国梦紧密结合，适宜作为长期政治性教育品牌在学生党支部中开展。

三、启示与思考

（一）围绕知情意行，聚焦同向发力

学生政治性教育的开展应善于利用新形势，深化实效性，围绕学生思想品德的四方面：知、情、意、行，引导学生做到政治要强，情怀要深，思维要新，视野要广，自律要严，人格要正。做到有信仰、讲信仰，保持国家情怀，树立正确理想信念，自觉弘扬主旋律，积极传递正能量。

（二）加强理论武装，筑牢信仰基石

党日活动亦是思政课的一种重要形式，我们要把握青年党员的"拔节孕穗期"，精心引导栽培。引导青年学生把爱国情、强国志、报国行融入新时代的追梦征程之中，因事而化、因时而进、因势而新，推进改革创新，增强思政课的思想性、理论性、亲和力、针对性，让思政课充满活力，魅力四射。

（三）强化实践育人，落实立德铸魂

要把思政小课堂与社会大课堂结合起来，教育引导学生立鸿鹄志，做奋斗者，做到学思用贯通，知信行统一。为青年人打好精神底色，坚定理想信念，不仅仅来自讲台宣讲和课堂聆听，还必须把所学所知联系现实生活、联系社会实践，从而提升思想政治工作育人质量，构建思想政治工作的强大合力，做到"学"有成效，"行"有方向。

【专家点评】

  如何创新思政教育形式，有声有色地开展学生喜闻乐见的政治性教育活动是每位辅导员的一项课题。此次思政主题教育响应了习近平新时代中国特色社会主义思想铸魂育人的要求，教育引导了学生在亲身参与中增强实践能力、树立家国情怀，将所学所见、所思所悟入脑入心入行，让学生自觉树立与时代主题同心同向的理想信念。2019年，该支部的主题教育活动获评江苏省最佳党日活动优胜奖。

  杨　天　河海大学地球科学与工程学院党委副书记、讲师

"一二三四"大学生党员后续教育管理案例分析

【作者简介】

李娜,女,硕士,讲师,山西大学辅导员,国家二级心理咨询师。曾获得校十佳辅导员、校辅导员素质能力大赛二等奖、三等奖、单项奖等荣誉。

一、案例简介

学生党员是高校人才培养的先进性代表,据统计,近年来高校每年发展的学生党员人数超过全国党员发展总数的1/3,已成为我党新鲜血液的重要来源。然而,相对于学生入党前对其申请、培养、考察、政审等工作的重视程度,学生入党后的培养教育显得相对薄弱,出现了"重发展、轻培养"、学生入党后缺乏明确的后续教育目标、思想滑坡、各方面动力不足、被动接受等问题。

高校学生党员质量的良莠,不仅直接影响党在高校学生群体中的形象,更关系着党领导的社会主义事业的前途和未来。因此,如何更好地保障高校学生党员发展质量、提高学生党员队伍的整体素质、建立学生党员发展教育管理的长效机制,是摆在高校辅导员面前迫切而严峻的问题,也是"十大育人"体系中"组织育人"的明确要求。

案例从学生党员与学生党支部两个维度分析产生这一现象的原因,试图通过"一二三四"学生党员质量保障体系的建设,即设立一个"学生党员示范岗",确立加强学生党员思想政治教育和学生支部建设"两条主线",利用党支部微信群、微信公众号、学习强国"三个载体",通过制度、队伍、信息化、支部活动"四个保障",来解决新时期大学生党员后续教育管理的问题,最终能够将组织建设与教育引领结合起来,强化学生党支部的育人职责,增强育人实效。

二、案例分析

（一）案例分析

案例所涉及的问题是学生入党后的培养教育管理问题，属于高校党建问题，是辅导员九大工作职责中党团和班级建设的明确要求，更是"组织育人"的体现，因此案例的解决绝不仅仅是个案的解决，需要相应的体系配套实施。

面对学生党员中出现的入党后思想滑坡、组织意识减弱、表现不佳等问题，分析可能由两方面原因造成。一是学生党员自身心理因素影响。学生入党前在政治素质、学习、生活、工作等各方面大多表现突出，然而入党后，心理发生了变化，认为只要入了党就永远是党员了，从思想上放松对自己的要求；二是学生党支部缺乏对学生党员后续教育管理机制。学生党支部往往是跨年级、跨班级，由辅导员或学生担任支部书记。由于缺乏经验，日常学习、工作繁忙，一般都是完成规定性的工作，党内生活单一，多为机械化、程序化的党组织会议、学习讲座等，支部活动缺乏吸引力。

因此，虽然高校学生党员发展指标不断增加，但摆在首位的政治素质始终不能放松。作为辅导员，针对以上两方面的原因，试图通过"一二三四"质量保障体系的建设，构建学生党员教育管理长效机制，解决学生党员后续教育管理薄弱的问题。

（二）案例解决思路

1. 设立"一个岗位"——学生党员示范岗

我所在的院系从2012年起创新性的设立"学生党员示范岗"，让示范岗学生党员在学习、工作、生活中更加充分发挥模范带头作用，接受同学的监督，带动更多的同学，特别是入党积极分子和发展对象，进一步树立自我约束、自我教育、自我管理、自我服务的意识，对于学生党员也是一个长期培养的系统工程。

根据新时期学生的特点及工作要求，近期将岗位调整为五个——学生党员宿舍示范岗、学做双优示范岗、创新创业示范岗、帮扶示范岗、考研示范岗。为准确获取示范岗动态进展，确保示范岗活动的效果，结合实际，建立台账。每年项目启动之初，由党员进行示范岗申请，包括填写申请表、个人创建措施及主要事迹。项目中期时对个人申请创建的示范岗进行检查，填写学生党员示范岗台账，汇报本阶段工作、取得的成效及存在的问题，并在下一阶段予以改正和加强。

2. 确立"两条主线"——学生党员、学生党支部

一方面，以学生党员为主线，利用一个岗位、三个载体，加强学生党员自身思想政治教育、提高党性修养；另一方面，以学生党支部为主线，本科生党支部书记尽量由辅导员担任，辅导员通过加强自身学习，提高支部管理能力，从制度保障、队伍建设、信息化管理、创新性活动四个方面加强学生支部建设，充分发挥支部的教育、引领作用。

3. 利用"三个载体"——党支部微信群、微信公众号、学习强国

在新媒体时代下，信息获取渠道多元化、真假难辨、质量参差不齐，学生的主业是学习，真正能够进行理论学习的时间有限。因此，我们要求学生党员及时关注支部微信群消息，定时推送一些政策和理论文章；关注学校相关公众号，了解党的大政方针政策，同时关注校内各支部的活动，创新性地为本支部开展实实在在的活动出谋划策；要求所有学生党员注册并使用"学习强国"，利用平台进行学习、答题等，定期进行积分比拼，促进学生党员的自我学习，提升政治理论素养。

4. 建立"四个保障"——制度保障、队伍建设、信息化管理、创新性活动

建立和完善支部组织生活会和民主评议党员制度、党费缴纳制度、志愿服务、考核制度、积分制度等，通过成立党小组，细化、量化目标等管理措施，加强对学生党员的后续管理。

建立一支辅导员和学生相互配合的工作队伍。辅导员重点钻研，学生处理事务；同时注重加强党支部工作队伍的培训，特别是辅导员要加强交流学习，学习最新的管理思路，更新知识储备，加强与其他支部的联系，相互交流，分享学习工作经验。

通过不断完善支部党员信息，利用大数据进行信息的及时更新管理。运用"智慧党建"等多种网络平台，及时更新支部相关活动信息，引导学生党员加强学习。

以激发学生党员的兴趣为目的，创新思路，开展丰富多彩的党内组织生活，每月开展不同的主题党日活动，增强支部党员的凝聚力。

三、启示与思考

（一）坚持解决思想问题和解决实际问题相结合，强化组织育人功能

学生党员的后续教育管理是一项有计划的长期工程，在这个过程中，可能会有反复，因此要通过加强顶层设计，从上到下、内外兼顾加强学生党员思想政治教育。将解决学生党员后续教育管理问题与解决思想问题有机结合，把解决实际问题作为解决思想问题的重要环

节,在解决实际问题中,强化思想教育功能,刚柔并济,从根源上增强党性修养,不断加强对学生党员的人文关怀和思想引导。

(二)坚持全过程育人,将育人实效贯穿于学生党员日常教育管理

坚持思想政治理论引领与开展支部活动相结合,依靠支部活动两个课堂开展育人活动。除开展常规性的支部理论学习第一课堂外,还要结合支部实际情况和已有经验,制定符合本支部学生党员发展规律的支部活动,以主题党日、社会实践、科技创新、志愿服务等为载体,提升学生党员的思想素质,激发学生成长成才的内在动力,让支部活动第二课堂成为开展学生党员思想政治教育的重要阵地。

(三)坚持全员育人,注重榜样引领作用的发挥

坚持发挥学生党员模范作用与全员育人相结合的理念,发挥学生党员的积极作用,做到"一个党员带动一个宿舍,一个宿舍带动一个班级,一个班级带动一个学生整体",推进学生党建工作进宿舍,构建了以宿舍为基点、党员为主题、学生为基础的基层党建模式,实现党建工作向务实型转变。利用榜样引领的作用,以党建促团建,以党员带动共青团员,为广大学生树立榜样,着力提升所有学生的政治素养,实现所有学生的全面发展。

(四)高校辅导员要不断提高政治素养,提高育人的普适性和推广度

辅导员要加强各方面知识的学习,要更懂教育规律、更懂学生、更懂时代特色和社会发展特征。在工作中遇到具体问题时,做到透过现象看问题本质,以点带面,在解决学生个案的同时,做到辐射大部分群体,提高案例解决的普适性,从而提高育人效果。

【专家点评】

本案例是有关大学生党员教育管理的常见案例,案例中学生入党前后出现反差具有一定的普遍性。辅导员作为学生党建工作的重要引路人,对日常工作中发现的问题及时进行总结分析,是辅导员加强党团和班级建设的一项重要工作内容。案例中辅导员从问题出发,从两个维度剖析原因,最终全方位的总结出学生党员入党后"一二三四"的质量保障体系,有利于对学生党员的后续教育管理。特别是"学生党员示范岗"的设立,准确把握了高校学生党员作为学生工作和思想政治工作这一基础地位工作抓手,是值得扩展、推介和进一步研究的案例。

李长洪　山西大学物理电子工程学院院长助理,副教授

"我与党史共成长"红色文化系列主题党日活动①

【作者简介】

袁伟,男,汉族,中共党员,硕士,助教,广东海洋大学管理学院专职辅导员,管理学院旅游管理与土地资源管理学生党支部书记,主要研究方向:大学生党建、校园文化建设。2019年指导的学生校园文化作品一项国家级一等奖,两项省级一等奖,一项省级二等奖。2019年度被评为广东海洋大学暑期社会实践优秀指导老师。

陈然然,女,汉族,中共党员,硕士,助理研究员,SYB创业培训讲师,广东海洋大学管理学院专职辅导员,主要研究方向:思想政治教育、大学生党建、大学生就业创业指导,发表论文10余篇。2013年获得"第三届广东高校辅导员职业能力竞赛"二等奖,2014年度广东海洋大学先进个人,2015年度湛江市十佳基层团委书记,2016年度广东海洋大学就业先进个人,2018年度广东海洋大学十佳辅导员等20余项校级以上荣誉称号。

一、案例简介

高校学生党支部主题党日活动作为创新党组织建设的重要载体,是大学生党员的组织生活和学习实践的重要形式,是加强大学生党员经常性教育的有效途径。但从实际工作开展来看,目前学生党支部的主题党日活动,普遍存在主题陈旧、形式单一、内容贫乏的问题,特别是与红色文化艺术的融合还有很大的探索空间。

因此,管理学院旅游管理与土地资源管理学生党支部在2019年下半年开展了"我与党

---

① 本案例系2019年广东高校党建研究会党建课题《高校学生党支部主题党日活动创新机制研究——红色文化艺术与"3+N"模式的深度融合》的部分研究成果。

史共成长"系列红色主题党日活动,该活动将红色文化艺术与党日活动的"3+N"模式深度融合,构建起"3+1+N"党日活动创新机制。以"党史党情"为背景,从党的诞生到中国特色社会主义进入新时代这段历史中选择不同阶段党的发展重大历史时刻为节点,确定不同的"红色主题",以"红色文化艺术"为载体,运用"红色语言",开展系列红色主题党日活动,让每一位学生党员切身参与其中,重温党史,跟党一起成长,从根本上了解共产党人的初心和使命,引导学生树立正确的历史观、民族观、国家观、文化观,内化于信仰外化于行动。

目前该活动已经开展了三期,学校新闻网对此进行过专题报道,被推选为管理学院党建特色活动,并申报为2019年广东高校党建研究会党建课题。

二、案例分析

(一)"3+1+N"党日活动机制的具体内容

"3"即指定常规必选项,即读一段党章,学一篇习近平总书记讲话,交纳当月党费。

"1"即指定特色必选项,即围绕"红色主题",运用"红色语言",开展一项"红色文化艺术"活动。"红色主题"是指以"党史党情"相关的内容为主题;"红色语言"是指主题党日这一天所以党员统一用红色语言,如彼此称呼"××同志"。当前,高校的学生干部、甚至学生党员干部中存在一定的官僚气息,在同学的彼此称呼上很随意。针对这样的问题,主题党日这一天所有党员,必须统一用红色语言,以"同志"称呼彼此,从而提醒所有的学生党员不忘初心,清楚认识到我们都是社会主义主义建设者,分工不同而已,不分高低贵贱;"红色文化艺术"是指开展的活动的形式以歌唱艺术、造型艺术、语言艺术、舞蹈艺术、摄影艺术、表演艺术以及综合艺术等各类艺术为主要载体。

"N"即非指定组合自选项,即根据学院及上级党组本月具体工作安排和要求,结合本支部具体情况,从学习研讨、组织生活、评选表彰、政策宣传、党员帮扶、爱心募捐、安全教育、知识竞赛、民主评议、志愿服务等内容中任选1~2项,但不局限于以上主题。

（二）构建"我与党史共成长"系列主题党日活动框架

2019年"我与党史共成长"系列主题党日活动一览表如表10-8-1所示。

表10-8-1　管理学院旅管土管学生党支部2019年"我与党史共成长"系列主题党日活动一览表

期号	主题	历史背景	3	1		N
				形式	内容	
1期	"日出东方"	1921年7月23日，中共一大召开，中国共产党诞生，中国革命的面貌焕然一新	(1) 读《党章》第一章 (2) 学习习近平总书记9月重要讲话 (3) 交9月份党费	表演艺术	讲述建党这段党史，后观看红色电影《建党伟业》	即根据学院及上级党组本月具体工作安排和要求，结合本支部具体情况，从学习研讨、组织生活、评选表彰、安全教育、知识竞赛、民主评议、志愿服务等内容中任选1~2项
2期	"星火燎原"	1927年10月，毛主席创立井冈山革命根据地，找到了中国革命的正确道路	(1) 读《党章》第二章 (2) 学习习近平总书记10月重要讲话 (3) 交10月份党费	歌唱艺术	学唱经典红歌《三湾来了毛委员》《毛委员和我们在一起》《十送红军》	
3期	"力挽狂澜"	1935年1月，中共中央召开了遵义会议，挽救了党、红军、革命，是党的生死攸关的转折点	(1) 读《党章》第三、四章 (2) 学习习近平总书记11月重要讲话（精选） (3) 交11月份党费	造型艺术	模仿红军长征时期图片、影相或雕像中的经典动作，并讲述背后的感人故事	
4期	"灯塔指引"	1945年3~6月，中共七大召开，为争取抗日战争的胜利和实现中国的光明前途准备了条件	(1) 读《党章》第五章 (2) 学习习近平总书记12月重要讲话 (3) 交12月份党费	舞蹈艺术	欣赏中国民族舞蹈红色芭蕾舞剧《沂蒙颂》，进行艺术赏析，体会作品背后的精神	
5期	"当家做主"	1949年10月1日，新中国成立，中国真正成为独立自主的国家，人民成为国家的主人	(1) 读《党章》第六章 (2) 学习习近平总书记3月重要讲话 (3) 交3月份党费	语言艺术	精选《亲爱的祖国》《祖国，你听我说》等经典的歌颂祖国的文学诗歌并诵读	
6期	"继往开来"	1978年12月，十一届三中全会召开，确立了实事求是的思想路线，中国开始实行改革开放	(1) 读《党章》第七章 (2) 学习习近平总书记4月重要讲话（精选） (3) 交4月份党费	综合艺术	观看纪念改革开放四十周年文艺晚会《我们的四十年》	

续表

期号	主题	历史背景	3	1		N
				形式	内容	
7期	"中国梦"	2017年10月,召开党的十九大确立了习近平新时代中国特色社会主义为党的指导思想,中国特色社会主义进入新时代	(1)读《党章》第十、十一章 (2)学习习近平总书记6月重要讲话(精选) (3)交6月份党费	摄影艺术	关于"时代印记"摄影,拍摄1~3张照片,分享照片背后不平凡的瞬间	即根据学院及上级党组本月具体工作安排和要求,结合本支部具体情况,从学习研讨、组织生活、评选表彰、安全教育、知识竞赛、民主评议、志愿服务等内容中任选1~2项

注:(1)每个月最后一个星期六为主题党日。
(2)主题党日这一天所有党员统一用红色语言,彼此称呼"××同志"。
(3)建立专门的微信公众号。
(4)每一次活动形成一篇报道,每一位党员写一篇心得。每篇报道和心得通过公众号进行展示。
(5)根据系列活动的计划和要求,每一期都由1~2名正式党员负责主题党日活动的方案策划和活动开展。

(三)开展"我与党史共成长"系列主题党日活动方案

1. 活动宗旨及目的

通过"我与党史共成长"系列红色主题党日活动的开展,以"红色文化艺术"的形式,发挥文化艺术德育功能,提升主题党日思想引领作用,发挥高校学生党支部战斗堡垒作用,守好高校思政教育主整地,担负高校"立德树人"的根本任务,坚定每一位学生党员理想信念、政治方向,提高学生党员的民族凝聚力、精神信仰。

2. 活动主题

"我与党史共成长"系列——"日出东方"。

3. 历史背景

1921年7月23日,中国共产党第一次全国代表大会在上海法租界望志路106号(今兴业路76号)召开,后转移到浙江嘉兴南湖举行。大会通过中国共产党的第一个纲领和决议,选举产生了中央领导机制。党的一大宣告中国共产党成立,从此中国出现了以马克思列宁主义为行动指南的统一的无产阶级政党。

4. 活动流程

(1) 全体党员读《党章》第一章。(3)

(2) 主持人带领全体党员学习习近平总书记本月的重要讲话精神。(3)

(3) 全体党员交本月党费。(3)

(4) 主讲人讲述建党这段党史,观看红色电影(表演艺术)《建党伟业》,每位党员发表观后感,并撰写心得体会。(1)

(5) 学习研讨,每位党员就假期学习情况进行汇报,并对个人新学期学习计划和支部工作安排进行讨论。(N)

5. 活动时间及地点

2019年××月××日,教学主楼1005会议室。

6. 宣传方式

(1) 建立专门的微信公众号。

(2) 将活动的影像记录和心得体会在公众号上进行展示和评选。

7. 活动要求

(1) 每位党员必须参加,特殊情况需履行请假手续。

(2) 组织委员进行考勤,挂好党旗,并做好活动记录。

(3) 着装正式,佩戴党徽。

(4) 所有党员统一用红色语言,彼此称呼"××同志"。

(5) 活动紧紧围绕主题,积极展现支部风采。

(6) 宣传委员影像记录,做好后期宣传工作(网络、专栏)等。

三、启示与思考

旅管土管学生党支部设计与开展的"我与党史共成长"系列红色主题党日活动,是对当前高校学生党支部工作的创新性和拓展性的有益探索,特别是红色文化艺术与主题党日活动的融合对于高校学生党支部主题党日活动机制的创新和完善具有一定的理论和借鉴意义。

第一,创新性地解决了目前主题党日活动存在的主题陈旧、形式单一、内容贫乏等各类问题。

第二,"立德树人"是高校最核心、最根本的任务。高校学生党支部在一定程度上承担着高校"立德树人"的任务。而红色文化艺术是目前我国主流价值观的体现,有着较好的德育功能。由此可见,"育人"便是连接两者的内在桥梁,此次活动富有创造性地结合两者的"育人"功能,特别是"德育"功能。

第三,此次主题党日活动以"红色文化"和"党史党情"等为主题,通过多元红色文化艺术更加生动地展现主题党日活动的"主题",利用主题党日活动的形式强化红色文化艺术所彰显的崇高精神,使两者有机结合且互为补充,走出一条主题党日活动的"红色文化艺术"之路。

【专家点评】

我院旅管土管党支部开展的"我与党史共成长"系列红色主题党日活动是对高校学生党支部主题党日活动的创新尝试。当前,学生党支部的主题党日活动一般都是开展一次定一个主题,开展一次换一个形式,很难做到主题有计划、有连贯,能将红色文化艺术与党建相结合的模式基本上局限于艺术类的院校或艺术类专业。所以此次开展的主题党日活动将红色文化艺术与已有的党建模式有机融合,主题鲜明,形式活泼,将文化艺术的魅力与党建活动的严肃性恰当结合,取得了较好的教育效果。目前该活动已经开展了三期,成为我院党建工作创新的典型案例,对其他学生党支部开展党建活动具有很好的借鉴意义。今后应当在制度保障和反馈评价方面深入研究实践,确保教育效果的实效性和延续性。

陈青松　广东海洋大学管理学院党委书记,副教授

论时代之事　发内心之声

🚩【作者简介】

> 周鸣，女，硕士，助理研究员，现为广东金融学院辅导员。曾获得校优秀辅导员、优秀党务工作者、就业工作"先进个人"、广东省高校辅导员年度人物提名奖等荣誉，所带学生支部获批教育部全国首批"样板党支部"。

一、案例简介

"论公行嗓"系列活动是广东金融学院公共管理学院的学生党建工作品牌项目，它以铸魂育人为目标，通过"翻转课堂"的形式，有效地将"第一课堂"与"第二课堂"相结合，将"育才"与"育人"相结合，真正地做到了因事而化、因时而进、因势而新，是该院开展基层党建工作的创意探索，开展至今已经5年了。

经过了多年的反复探索、实践、总结和提升，该活动于2017年起连续三年被评为广东金融学院基层党建工作创新案例。2018年，公共管理学院学生党支部成功入选教育部首批"全国样板党支部"建设名单，"论公行嗓"作为其品牌活动在广东省高校党建交流会上得到专家的进一步指导和点评。2019年，该项目在"南方+"平台上得到进一步的推广和宣传，并被评为广东省高校基层党建品牌活动优秀项目。

二、案例分析

为了能够更好地发挥"论公行嗓"党建特色活动在"组织育人"中的作用，公共管理学院党总支在工作中着力做好以下几点：

（一）品牌内涵

"论公行嗓"系列活动，其名取义自"天下为公"的思想，意为"论时代之事，发内心之声"。

它有着三个层面的蕴意：一是鼓励学生党员认真学习党章党史和时事政治，及时了解国内外的时政热点，用思想理论武装头脑，提高爱国热情；二是将专业建设和人才培养目标相结合，着力培养和提高学生的综合素质；三是通过"翻转课堂"的形式，在学院范围内形成一种勤于思考、敢于思辨、善于思索的良好氛围。

（二）目标定位

"论公行嗓"系列活动以铸魂育人为目标，通过"翻转课堂"的形式，有效地将"第一课堂"与"第二课堂"相结合，将"育才"与"育人"相结合，将"显性教育"与"隐性教育"相结合，赋予高校思想政治教育工作和基层党建工作丰富的内容和多彩的表现形式，做到因事而化、因时而进、因势而新，起到"全员育人、全程育人、全方位育人"的作用，是该院开展基层党建工作的创意探索，切实提高基层党建工作的覆盖面和影响力。

（三）实施方法

公共管理学院党总支成立了该项工作的领导小组，总支书记亲自对工作进行部署，并由思政课老师、专业课老师、教工党务干部和学生党员骨干做好每次活动的价值引领、活动审核和工作筹备。学生党工委则在党总支的指导下，与活动开展的班级做好沟通、协调，对活动的细节严格把关，确保做到组织有效、开展有序、特色鲜明，拓宽基层党建工作的覆盖面。

在活动开展的过程中，公共管理学院注重将"PICP"的工作模式引入过程管理，较好地保证了该项品牌活动的长期有效开展。

"PICP"操作方式：

P（prepare），活动前确定承办班级、活动专题、教学课程以及活动形式。

I（implement），注重形式的多样性，将演讲、情景剧、知识竞赛、朗诵等形式带入课堂，通过"翻转课堂"的形式，提高教师与学生的积极性，确保课堂教学取得实效。

C（conclusion），及时做好总结，为日后更好地开展同类活动积累经验。

P（publicize），及时进行评估和宣传，形成反馈报告，发挥激励机制的作用，表彰优秀个人、班级。

（四）特色与成效

1. 将基层党建活动与思政课相结合，发挥马克思主义学院老师的专业优势，着力做好"立德"的工作

在"论公行嗓"系列主题活动中，课堂是主渠道，课程是重要载体。在思政课堂上，学生们根据学科知识点,选取相应的专题开展活动,并且邀请思政课老师进行专题点评,帮助学生对知识点有更为深刻的理解,真正做到入脑、入心。在这其中,马克思主义学院的专业老师聚焦立德树人,围绕着马列主义理论和党的治国理政的方针政策,教育学生掌握科学理论知识,树立社会主义核心价值观,培养集德智体美劳于一身的社会主义合格建设者和接班人。在这过程中,教师是引导者和参与者,学生是课堂的主导者。活动通过"翻转课堂"的形式,将"第一课堂"与"第二课堂"相结合,学生与教师积极互动,极大地调动了课堂教学的气氛,提高了课堂教学的成效。

2. 将基层党建活动与专业课程相结合,发挥专业教育在思政工作中的作用,着力做好"树人"的工作

"课程思政"是指高校所有课程的知识体系都体现德育元素,所有课堂教学都肩负起立德树人的使命,高校所有老师都承担起立德树人的任务。开展"课程思政"是落实习近平总书记在全国高校思想政治工作上提出"使各类课程与思想政治理论课同向同行,形成协同效应"的要求。

专业课上,教师在教学过程中会在专业学科体系中寻找与德育知识相结合的"触点",用学生喜闻乐见的方式,润物无声地开展德育教育。公共管理学院将专业教育与思想政治教育相结合,将"课程思政"浸润到每个细节,在内容上紧扣国家的时事政策以及专业课的相关知识点,有效地变封闭的课堂为开放的课堂。同时,培养了学生关注时事热点的习惯,深化了理论学习,拓宽了知识面,提高了政治站位,能更加深刻地理解国家和党的各项方针政策,真正做到爱国爱党。

3. 以基层党建工作为平台,搭建"大思政"的"四梁八柱"

公共管理学院非常注重将"论公行嗓"系列活动与社会主义核心价值观、中华传统文化相融合,开展如"端午爱国情""五四青年说""建国奋斗史"等内容丰富的主题活动,突出中华优秀传统文化和红色文化的现实价值,引导广大学生建立"四个自信"。同时,该活动还积极宣传习近平总书记治国理政新理念、新思想、新战略,引导学生做共产主义的坚定信仰者、积极传播者、模范践行者,与祖国同呼吸共命运。

在开展活动的过程中,公共管理学院非常注重发挥朋辈教育的作用,组织各班的学生党员和入党积极分子带头参与"论公行嗓"活动。他们带头进行活动策划、课件制作,配合教学内容组织互动环节,并在课堂上积极发言,与师生交流思想。这些都能促进学生党员、入党积极分子在日常学习中加强理论学习,发挥表率作用,在班内营造"我要学""向我学"的积极氛围。至此,在"论公行嗓"的系列活动中,就有马克思主义学院的老师、专业教师、党务工作

教师以及学生党员干部共同组成的队伍，共同搭建起"大思政"的"四梁八柱"，为该项活动实现"三全育人"的教育理念奠定了良好的基础（图10-9-1）。

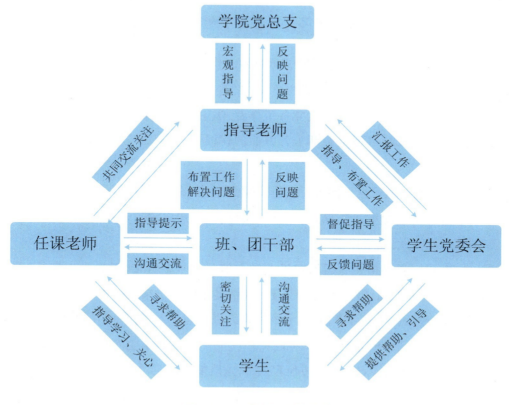

图 10-9-1 "四梁八柱"模型

三、启示与思考

（一）以新时代党的教育方针为引领，突出学生的主体地位

育人，是"三全育人"的核心。推进高校"三全育人"的工作，首先就必须坚持新时代党的教育方针，各项工作都紧紧围绕着育人这个核心问题来开展。

"论公行嗓"，尊重学生的主体地位。它将铸魂育人作为工作目标，通过完善的项目管理机制、丰富的师资和校园文化资源，结合"95后""00后"大学生的心理特征和成长成才规律，深度挖掘当前的时事政治热点，传播中华优秀传统文化、革命文化以及社会主义先进文化，传播社会主义核心价值观。"论公行嗓"通过"翻转课堂"的形式，成功地将"第一课堂"和"第二课堂"相结合，将"显性教育"和"隐性教育"相结合，变单一的"说教"为师生良性互动，让学生做学习的主人,做课堂的主人,以学生喜闻乐见的形式来达到教育的目标,真正做到入心入脑,知行合一。

(二) 创新活动载体,多元主体协同参与,各类资源高效整合

"论公行噪"系列活动改变了传统的思政教育工作和党建教育单一、枯燥的模式,融课程思政和思政课程于一体,创新人才培养的模式,在"育人"的同时做好"育才"。活动实施主体是由思政课老师、专业课老师、学院的党务工作者、学生管理工作团队、学生党工委的干部、承办班级学生共同组成,可谓是调动了各方面的积极性,实现了"全员育人",形成了教育合力。

在活动开展过程中,根据不同年级、不同专业的特点,有针对性、有计划性的选择课堂和课程,开展相应的主题教育活动,帮助学生在掌握好专业知识的同时,也逐步培养优良的道德品质和价值观念,做到"全程育人"。

在活动前,我们会将相关专题的知识点在微信公众号上宣传,引导学生进行"课前自习"。活动开展后,在微信、微博和网站上及时对活动中涌现出来的先进个人和班级进行表彰,并且对活动班级进行"积分考核"。考核优秀的班级和个人将在每年的"优秀班集体"评选活动、综合测评中获得相应的加分,以此来进一步调动班级、学生参与的积极性。通过聚集多方合力,汇集多种资源,做到"全方位育人"。这既能有效应对思政工作中出现的多种问题,也能够使得各方优势互补,共同进步,最终增强"三全育人"的效果。

(三) 丰富活动形式,增强交流互动,拓宽党建工作的覆盖面

"论公行噪"活动是立足于当下国家、社会现状,与党中央的路线方针始终保持高度一致,与国家的政策方针路线做到同向同行。活动形式根据"95后""00后"大学生的特点精心设置,课程中穿插辩论、情景短剧、电影配音等多种形式,活跃了课堂氛围,班级成员的参与率达到了100%。而专业课老师、思政课老师或党务教师则在活动中与学生积极交流,对相关知识点进行梳理和提升,把握好课堂的节奏和方向。在这过程中,师生都做到了积极思考、深度交流,而思想政治教育和党建工作则把握了政治方向,做到了润物细无声,深化了工作成效,拓宽了工作的覆盖面。

(四) 突出特色,加强宣传,建立长效机制

特色鲜明是树立活动品牌的核心要素,源源不断的创新力是保持品牌活力的源泉。学生党建品牌活动需要有鲜明的政治特色、清晰的教育理念、明确的品牌定位、不断突破创新

的能力,这些都是保持品牌活动生命力的基本条件。同时,学生党建品牌活动也需要完善的实施方案、具体的项目负责人、规范的活动细则、良好的反馈机制以及强大的宣传力度,不断深化党建品牌活动的渗透力和影响力,这是品牌活动的长效机制。

公共管理学院的"论公行嗓"系列活动有独立的项目负责领导小组,并且有学生党工委全程跟进负责每一期活动的策划、开展、宣传、总结提升等工作。学生党员干部形成了一支品牌活动文化的维护团队,经营和传承好这项活动。学生党员干部不仅严格按照"PICP"的工作原则组织开展每一期的活动,而且及时总结不足,对活动分析利弊得失,不断凝练提升,使之成为公共管理学院学生党建工作亮丽的名牌。

【专家点评】

> 公共管理学院"论公行嗓"特色党建活动,品牌内涵立意高远,形式载体精彩纷呈,有效提升了基层党建与思想政治工作的亲和力。尤其是该品牌活动突出和尊重学生的主体地位,紧密结合"95后""00后"大学生思想特点和成长需求,创新活动载体,实现多元素多资源的高效整合,引导青年学子自觉把青春梦融入伟大的中国梦,实现"论时代之事,发内心之声"之主题,把无悔的青春刻写在实现中华民族伟大复兴的历史丰碑上。
>
> "论公行嗓"特色党建活动创新了基层党建和思想政治教育工作的方式方法,探索发挥"三全育人"的工作的有效途径,既是对当前高校基层党建工作品牌化建设理论体系的完善,也是我校抓好大学生思想政治教育和党建工作的有益尝试,在校内外具有较好的评价和示范效应。
>
> **陈学文** 广东金融学院党委宣传部常务副部长兼财经与新传媒学院党总支书记,副教授

推进"三个一"工程构建学生党员经常性教育体系

【作者简介】

陈金波,男,硕士,助理研究员,北京师范大学生命科学学院党委副书记。曾获得北京师范大学弘德辅导员等荣誉。

殷实,女,硕士,助理研究员,北京师范大学生命科学学院团委书记。曾获得第六届全国高校辅导员职业能力大赛三等奖等荣誉。

一、案例简介

加强大学生党员的经常性教育是高校党建工作的一项重要任务,是落实"两学一做"学习教育的题中之义,它不仅关系到学生党员队伍的发展和质量,而且关系到社会主义事业接班人的培养。院系作为学校的组织基础,是实现学校各项目标和任务的重要环节,在院系层面做好党员经常性教育,构建科学完善的教育体系,对进一步解决党员队伍中存在的问题,激发基层党组织活力,保障立德树人根本任务的实现和教育质量的提升起着关键作用。

大学生党员经常性教育是一项系统性工程,北京师范大学生命科学学院秉持"科学性、多样性、长效性"教育理念,从教育内容、教育方法以及途径、教育的保障机制三个关键要素上下功夫,构筑一套课程、一个微信订阅号、一本手册"三个一"工程,各要素环环相扣、相互支撑,共同促进经常性教育产生实效。通过学生党员经常性教育体系,落实党员经常性教育,切实引导学生党员增强"四个自信",强化"四个意识",做到"两个维护"。

二、案例分析

（一）一套课程，以科学方案保证教育系统化

党员经常性教育课程以增强党性、提高素质为重点，以规范化、内涵化、多样化、个性化为特色，秉持"立德树人、锤炼党性、增强本领、创先争优"的教育理念，以期培养德才兼备、信仰坚定、本领过硬、卓越创新的社会主义建设者和接班人。

学院制定菜单式、学分制课程——《党员经常性教育方案（试行）》，从教育理念、教育目标、教学安排、成绩考核、学生评价等五个方面进行方案设计。课程涵盖理论武装、党的建设、党史知识、形势政策、实践锻炼等五个方面，包括选修和必修两类，通过网上学习、讨论学习、专题讲座、实践学习等多种方式，利用撰写心得体会、签到记录、竞赛考核、学分考核等多种考核方式，对学生党员开展较为全面的经常性教育。具体安排见表10-10-1。

表 10-10-1　菜单式、学分制课程表

模块名称	内容	类型	培训方式	考核方式	学时	学分
理论武装	专题讲座	集中学习	专题报告	签到记录	2	2
	"嘹亮生命号" 党建指南:党章党规 党建指南:习大大说 党建风向:十九大 党建视听:微党课	日常学习	网络学习 交流学习	≥100字平台留言	1	1
	党的理论知识竞赛	集中学习	知识竞赛	网络+现场问答	3	3
	理论学习中心组例会（支委）	集中学习	专题理论学习	签到记录	2	2
党的建设	支部书记主题党课	日常学习	支部书记讲党课	签到记录	2	2
	支部党员大会	日常学习	结合本职岗位开展学习讨论	签到记录	2	2
	支部组织生活会	日常学习	批评与自我批评	支部自行确定	2	2
	党小组会（部分支部）	日常学习	党小组自行确定	党小组自行确定	2	2
	支部委员会（支委）	日常学习	支部自行确定	支部自行确定	2	2

续表

模块名称	内容	类型	培训方式	考核方式	学时	学分
党史知识	"嘹亮生命号" 党建指南：今日党史 党建风向：党建故事	日常学习	网络学习 交流学习	≥100字平台留言	1	1
形势政策	"嘹亮生命号" 党建视听：生声不息	日常学习	网络学习 交流学习	发出声音	3	3
形势政策	"嘹亮生命号" 党建视听：生声不息	日常学习	网络学习 交流学习	≥100字平台留言	1	1
形势政策	主题展览	集中学习	党委或党支部组织参观相关主题展览	≥200字参观感想	2	2
形势政策	"传播中国故事"主题观影	集中学习	党委或党支部组织观看主题影片、话剧、音乐会等	照片打卡	2	2
实践锻炼	"心中的雷锋"志愿服务	实践学习	党委或党支部组织的志愿服务活动	照片打卡	4	4
实践锻炼	"识微知著"微党课大赛	实践学习	参加学院或学校组织的微党课大赛	参加比赛	4	4
实践锻炼	"红色足迹"开放式组织生活	实践学习	党委或党支部组织参观爱国主义教育基地开展开放式组织生活	照片打卡	2	2
实践锻炼	"脚踏实地"调查研究	实践学习	（1）5人以内组成课题组，参考每学年选题开展调查研究 （2）申报或指导（研究生）学校暑期社会实践或寒假返乡调研项目	调研报告	4	4
实践锻炼	实践学习（支委）	实践学习	学校或学院组织的党员骨干实践学习等	签到记录	—	—

（二）一个微信订阅号，以新媒体促进教育多样化

搭建网上教育平台——微信订阅号"嘹亮生命号"（图10-10-1），丰富教育内容的展现形式。订阅号涵盖党建指南、党建风向、党建视听等多个主题，通过图文、语音、视频等形式，增强了党员经常性教育的可看性、趣味性、灵活性、自主性。各学生党支部自主录制"有声党章""红色家书""微党课"等视频在订阅号播放，增强了教育的参与度，使教育内容集理论性与趣味性于一身，更有吸引力，形式更容易被大学生接受，有效利用学生的碎片化时间对实

体教育进行必要的补充,拓展了经常性教育载体。截至 2019 年 12 月 31 日,订阅号共发布原创图文 1529 条,原创视频 99 条,原创音频 66 条,丰富了宝贵的线上教育资源库。

图 10-10-1 "两学一做"版块

(三)一本手册,以规范性促进教育长效化

大学生党员经常性教育的落脚点在于建立教育的长效机制,关键在于基层党支部的贯彻落实。为进一步加强对支部的指导,积极推进党建工作规范化进程,结合学院工作实际和相关经验,依据《中国共产党支部工作条例(试行)》等文件,学院党委编制《北京师范大学生命科学学院党建工作手册(试行)》并不断更新完善(图 10-10-2)。手册为各党支部提供了切实可用和行之有据的指导规范,包括"三会一课"、主题党日、民主评议、党员发展、党员教育管理、党务公开、党风廉政建设等多项具体工作。在总结多年党建工作经验的基础上,手册将常规工作流程化,编制了系列工作流程图,并设计了"党委委员进支部八个一"制度等一系列体现学院党委职能、促进基层党建完善发展的制度。

在学院党建工作手册的基础上,2016 年学院党委编制了《高等学校院系级党组织建设工作手册》,将基层党组织规范化建设的经验总结为具有推广价值的文字成果。

在学校相关部门的支持下,"三个一"学生党员经常性教育体系荣获"北京师范大学实效奖",相关成果在核心杂志《党建》上发表。

图 10-10-2　学院党建手册

三、启示与思考

"一套课程,以科学方案保证教育系统化"的举措灵活方便,学院制定的学分制课程——《党员经常性教育方案(试行)》涵盖内容丰富,有利于对学生党员开展理论与实践结合的经常性教育。

"一个微信订阅号,以新媒体促进教育多样化"。"嘹亮生命号"可以充分利用学生党员的碎片化时间进行理论学习,并与"学习强国"App等新媒体学习资源相互配合,这种智能的多媒体党建方式改变了以往党建工作相对简单的宣传方式,使党建宣传从单一走向多样,实现学生党员教育工作与现代信息技术的融合共生。信息技术的进步使得人们获取信息的可能性和便利性大大提高,也为创新教育工作提供了宝贵的时代资源。只有更好地引导和推动新媒体教育健康发展,才能使党员教育工作焕发生机与活力,最终贴近时代,发挥更好的作用。

"一本手册,以规范性促进教育长效化"。学院着眼于基层党组织规范化建设和基层党支部的贯彻落实,以一本手册切实指导党支部具体工作,增强支部工作的流程性、规范性、可操作性,为党员经常性教育提供强有力保障。

【专家点评】

生科院通过推进"三个一"工程来构建学生党员经常性教育体系,其中"一个微信订阅号,以新媒体促进教育多样化"的措施值得借鉴。

在信息爆炸的新媒体时代,利用微信订阅号来推进学生党员经常性教育可以充分利用碎片化阅读成果,加强理论教育。网上教育平台——微信订阅号"嘹亮生命号"的展现形式丰富多样,涵盖了思想理论、时政社论、党史知识、党建"微行动"等多个主题,语音和视频的形式有效增强了学生党员经常性教育的可看性、趣味性、灵活性和自主性。

同时,各学生党支部自主录制的"微党课"在订阅号播放,微党课作为顺应时代而产生的一种党教新载体,在较短的时间内,运用身边微小事例阐述深刻道理,形式鲜活,内容生动,具有"以小见大、见微知著"的特点。这种形式使教育内容集理论性与趣味性于一身,更容易被当代大学生接受,不仅丰富了经常性教育的内容,还增强了学生党员运用多媒体开展党员教育的能力和水平,有助于提高全体师生党员的理论学习质量。

罗松涛　北京师范大学哲学学院副院长,教授

高校大学生基层党组织功能提升与实践

【作者简介】

刘晓彤,女,硕士,讲师,济南大学材料学院团委书记、讲师,国家三级心理咨询师。曾获得山东省辅导员职业能力大赛三等奖、校优秀青年工作者等。

一、案例简介

目前,大学生基层党组织功能整体建设和提升正面临"结构转型"以至趑趄不前。例如,基层党组织对自身定位不甚清晰,整体性不强,凝聚力不够;高校党建工作缺乏再教育措施,以致重发展轻管理;党员模范带头作用及先进性建设力度不够,整体功能尚未凸显等。按照功能划分,当代政党内部组织功能建设可分为研究、设计、宣传、计划和实施等功能,对于其他各级组织来说,又各有侧重点。

就基层党组织而言,从《党章》规定的基本任务出发,力求从整体上探索建立以高校基层党组织的引领、组织、实践和保障功能于一体的党组织工作管理模型,从而破解高校党建工作短板上的瓶颈制约,调动和激发高校学生基层党组织的活力和战斗力。党的十九大首次提出建设"学习型、服务型、创新型"马克思主义执政党,由是,改进高校基层党组织整体功能建设,发挥学生基层党组织在发展党员、服务青年、促进人心和谐方面的作用,朝"学习型、创新型、服务型"基层党组织发展业已成为根本趋势。

二、案例分析

(一)明确工作思路,建立高校学生基层党组织功能提升整体机制

新媒体时代党员的思维方式和价值取向潜移默化地发生着改变,这为高校基层党组织

的主体功能建设带来了挑战。为此，建立适应新形势特征的基层党组织功能模型，破解基层党组织目标定位不明确、教育体系不健全之瓶颈，通过理论价值和实际应用价值的推广，凸显基层党建工作"实效性""科学性"和"针对性"，切实激发高校基层党组织生命力，推进立德树人工作的落地生根。为此，尝试以"三能"指引为方向、"四化"融合为过程、"五育"实践为载体，系统化构建高校基层党组织功能机制（图 10-11-1）。

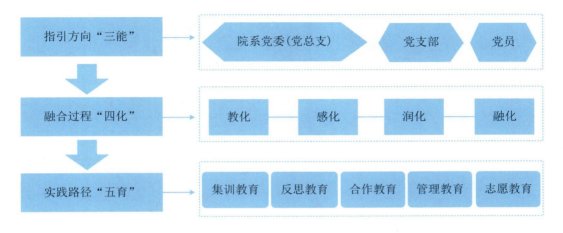

图 10-11-1　基层党组织功能模型

（二）设定"三能"目标，保障党组织发展方向

高校基层党组织建设，在目标层面的"三能"是指思想影响力、生活表现力和科技创新力。"三能"统领功效的实现，需要相应运行机制的配合，即发挥院系党委（党总支）、党组织、党员三方主体作用，切实提升支部的向心力。在院系（党总支）方面，发挥顶层设计作用，组织、制定、计划、实施好党的路线方针和政策，在大学生党员教育中发挥思想引领、政策支持作用；在党组织管理方面，实行严格的考核评价制度，规范党员教育的关键环节或流程，确保党的路线方针政策落地；在党员自身方面，大学生党员应该有明确清晰的个人规划，自觉用"党员标准"进行价值培育、自我激励、自觉行动，自觉引领好、倡导好、实践好社会主义核心价值观（图 10-11-2）。

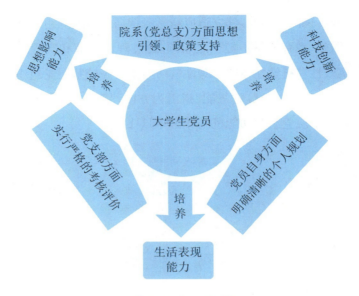

图 10-11-2 "三能"

(三) 建立"四化"载体，全面夯实党员培养基础

"四化"是指基层党支部紧扣党员发展的四个阶段，即"申请—积极—预备—正式"，有针对性地进行"教化—感化—融化—润化"四个步骤，从而产生情感共振，实现高效育人。教化的主要对象是推选优秀团员，使其进入党校学习以达到促进教化；感化的重点是入党积极分子评选，在这一过程中以党的精神、队伍文化进行感化；融化的重点对象是预备党员，将其预备期中在思想、学习、生活上的表现作为入党呈现方式之一；润化的重点对象是正式党员，目标是保证其入党后不忘初心，利用自我反思形成党性自觉性。这有利于提高支部党员思想政治教育工作的情境性，并切实做好党员的分阶段管理。

(四) 深化"五育"实践，完善支部建设育人载体

深化"五育"实践，完善支部建设育人载体。主要涵盖了五个方面内容：一是集训教育，即在集中学习、专题讨论过程中通过思想反省等方式评价大学生党员的思想状况；二是反思教育，通过小组批评、支部评议等规定动作了解大学生党员的政治意识，培育支部成员良好的政治风范；三是合作教育，依据成员在团队作业中的表现进行评价，通过合作项目的形式培养良好的集体观；四是管理教育，在党组织自我约束、自我激励的氛围中培养大学生自治能力，把"自我"与"支部"命运联系起来，使党性文化进内心；五是志愿教育，依托院系学生会、志愿服务组织，使支部传承良好的公益精神，通过公益活动、市民学校等措施激励品性教育，保障志愿活动受益范围和受益度。

三、启示与思考

（一）提升了基层党组织对于思想教育的引领功能

作为与群众接触最紧密的"窗口"，基层党组织应坚持做好思想引领工作，贯穿教书育人的全过程。一是通过让教工党员与新进教师结对子，老党员带新党员；二是以党建带动团建，引领和服务青年学生；三是运用"互联网＋党建"模式，通过官网、学院党建微信群、宣传栏等平台积极宣传中国特色社会主义共同理想。

（二）提升了基层党组织对于夯实基础的组织功能

通过各项支部组织进一步落实组织原则，加强基层党组织的组织建设和廉政文化建设，在党组织领导班子建设和党组织具体组织建设上做好选任与构建工作，既有民主，又讲集中，充分开展好党组织各项工作。

（三）提升了基层党组织对于行为规范的实践功能

例如，学生支部以学生最为关注的学风建设和科技创新为抓手，扎实开展契合学生需求的实习实践和志愿服务活动，让学生支部建设成为带动学生成长的动力源，成立由学生党员组成的学风督查小组，全方面覆盖督查学生出勤情况，利用青年团组织、学生会、团支部组织双创竞赛，激发学生内在驱动力，多措并举，营造良好的学习氛围；围绕"两学一做"主要内容，由党委书记创新方式讲党课。

（四）提升了基层党组织对于制度完善的保障功能

建立起了更加契合师生实际和需求的工作运行机制和制度体系，让制度成为支部建设的坚实保障。落实各项制度要求，建立健全党组织"三会一课"，在制度架构上保障党组织作用的发挥，并将党组织制度建设与日常业务工作相结合。

（五）在功能上真正建立起了"纵向管理模型"

基于年级、专业和班级全方位连结机制，由块状变条状、由横变纵，以建立专业党支部为总体框架，提出建立学生基层党支部"纵向管理模型"的构想，旨在强化党员自我教育、自主管理、自主服务，从而促进高校学生党支部的可持续发展。党支部"纵向管理模型"，即把相同专业以及从第一学年至第四学年的全部纵向班级设置为一个支部；将相同专业相异年级的班级编入同一个党小组；将同一专业各个班级推选的入党积极分子根据年级组成不同培养团队，而各年级入党积极分子将由各个团支部在党小组的监督下进行考察和选拔；下设管理机构，强化领导、监督和管理。

同时，完善"学院党委领导党组织—党组织领导党小组—党小组选拔、培养入党积极分子—入党积极分子源自团支部"的管理模式，有利于充分整合不同学院、不同专业优势和支部力量，在支部中充分开展专业活动，在专业活动中进行后续党性教育，形成学生党建、学风建设互补融合、相得益彰的良好氛围（图10-11-3）。

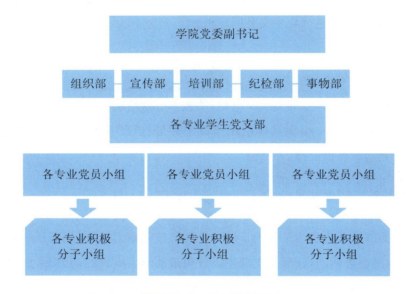

图10-11-3　纵向管理模型

【专家点评】

　　新媒体时代党员的思维方式和价值取向潜移默化地发生着改变，这为高校基层党组织的主体功能建设带来了挑战。因此，建立适应新形势特征的基层党组织功能模型，破解基层党组织目标定位不明确、教育体系不健全之瓶颈尤为重要，我们可通过理论价值和实际应用价值的推广，凸显基层党建工作"实效性""科学性"和"针对性"，切实激发高校基层党组织生命力，推进立德树人工作的落地生根。该案例尝试以"三能"指引为方向、"四化"融合为过程、"五育"实践为载体，系统化构建高校基层党组织功能机制，有较好的应用推广价值。

宋莉璐　济南大学音乐学院辅导员，副教授

青春转角处　扬帆向"灯塔"

【作者简介】

> 刘妍萍,女,硕士学历,西安工程大学党委宣传部秘书,曾从事辅导员工作八年。曾荣获全国第五届辅导员职业能力大赛(西北赛区)三等奖、陕西省第四届辅导员职业能力大赛一等奖,陕西省"优秀辅导员"等荣誉;指导学生团队获陕西省暑期"三下乡"社会实践示范团队,获全国"挑战杯"大赛三等奖,全国RoboCup机器人大赛特等奖、一等奖等奖项。近年来,她主持校级哲学社会科学研究项目1项,公开发表论文8篇(其中核心2篇),参编著作2部,获得校级各类奖励40余项。

一、案例简介

(一)事件回顾

小连,男,他性格开朗,朋友很多,自制力较差。他是一名高中已经入党的学生党员,进入大学后,在军训期间,很快和同学们打成一片,表现出较强的组织领导能力,全票当选班长。但是进入大一下学期,他不光在班里带头逃课去上网,不积极参加党支部活动,思想汇报也存在抄袭现象。我找到他了解情况时,他说逃课不对,会改正,但自己以后只想从事与本专业相关的工作,并不想进入党政机关或事业单位,因此觉得这些支部活动对自己的意义不大,参不参加无所谓。

(二)问题关键点

1. 准确定义问题性质,恰当把握处理原则

该事件的问题本质属于学生党员教育管理的问题,因此,在处理过程中必须遵循思想政

治教育和大学生意识形态发展规律,以端正思想态度问题为切入口,以提高学生党员的党性修养为目的,进一步做好学生党员的教育管理与培养工作。

2. 了解学生思想动态,全面掌握真实情况

该生在入党以后出现了入党动机和认识上的偏差,这就要通过与本人谈话,并向周围同学及党支部书记、班主任等了解情况后,综合所有信息,找准方法来处理此类问题。

3. 提高学生党员的党性修养,发挥模范带头作用是关键

高校学生党员是学生中的骨干力量,端正学生党员的思想认识及个人作风、学风,不仅对个人能力的提升、自身的发展起重要作用,还影响着学校的稳定。要避免学生党员有偏差的党员意识,引导其充分发挥模范带头作用。

二、案例分析

(一)案例分析及解决思路

1. 背景分析

"00后"学生成长环境优越,面对我国目前社会价值观多元化的发展,其人生观和价值观的形成有时可能出现偏差。作为学生党员应坚定理想信念,端正入党动机,提高党性修养,在同学中起到模范带头作用。因此,学生党员的教育管理问题也成了辅导员和学生党员的大学必修课。

2. 以了解情况为前提,确保学生党员身心健康成长

该生对党规、党纪认识不足,没有较高的党性修养,同时面对大学相对于高中较宽松的学习环境,在自制力不强的情况下出现逃课现象,出现了一些行为上的偏差,必须立即对其进行思想认识上的引导和干预,提高其党性修养,使其尽快回到正常的学习生活中。

3. 以纠正认知为关键,准确掌握学生党员思想认识

学生党员在学习生活中,应是普通同学的标杆,因此对其要严格要求和实时把控,端正其思想意识,发挥其模范带头作用,助力他们成长成才。因此,在找出党员自身问题的同时,不能一味地批评,要适时拿出方法鼓励其参与工作,体会收获的快乐。

4. 以多措并举为手段，提升学生党员先锋模范作用

辅导员要充分发挥党团组织在大学生思想政治教育中的重要作用，发挥党的政治优势和组织优势，做好大学生思想政治教育工作。对大学生党员要加强党员先进性教育，使他们严格要求自己，提高党性修养，充分发挥在大学生思想政治教育中的骨干带头作用和先锋模范作用。

5. 以立德树人为目标，助力学生党员全面健康发展

学生党员是学生中的优秀代表，他们承载着学校、家长更高的期望，在校期间的学习能力和个人作风表现关系到综合素质的提升，影响将来的个人发展，辅导员更应培养学生党员在大学生思想政治教育中更好地发挥桥梁和纽带作用，助力其成长。

（二）具体处理措施

1. 了解情况，纠正认知

我在找到小连单独谈话时，着重指出了他的不足和他所面临的突出问题，如学业和学习态度问题，指出了他与其他党员的差距，表现在党性修养不足方面。因为《党章》中明确规定，作为党员，参加组织生活会、提高自己的觉悟和修养是党员的权利，更是党员的义务；同时指出，小连在反映党员党性修养的思想汇报中存在抄袭现象，暴露了他入党动机和认识不纯的问题。

2. 提出要求，及时跟进

《普通高等学校辅导员队伍建设规定》中指出，辅导员是开展大学生思想政治教育的骨干力量，是高校学生日常思想政治教育和管理工作的组织者、实施者和指导者。辅导员应当努力成为学生的人生导师和健康成长的知心朋友。所以，我找到了小连的党支部书记老师和班主任老师，与他们沟通了小连的具体情况，我们保持密切配合，及时关注小连的后续表现，着重从思想政治、道德品质、日常表现、同学评议、思想汇报等各个方面对小连加强考量。同时，积极鼓励小连在日常生活学习中发挥先锋模范带头作用，提高他的组织归属感和个人认知能力。

3. 加强指导，助力成长

小连存在对入党和今后就业工作的认识误区，表现在小连认为发展入党和今后所从事

专业无相关性。所以,辅导员要以专业学习和职业发展方向为切入点,帮助他端正入党动机、提高党性修养并且在发挥日常先锋模范作用的同时,搞好个人学习,做好自己的职业生涯规划,助力其成长成才。同时,在班上我抓住"党在我心中"主题讨论、"三下乡"社会实践、爱心志愿服务、科技发明等有力抓手,让小连在各项活动中发挥模范带头作用,让其体会学生党员的先进性,帮助他健康成长。

4. 以点带面,开展教育

小连作为学生党员中的典型代表,在全面从严治党的背景下,我也在工作当中看到了自己的不足。在学生党员的教育管理工作中,要做到抓好平时、做好日常,小连的问题带有一定的代表性,作为他的辅导员,我认为在做好党员发展的同时,一定要做好学生党员的后续教育和管理工作,要及时跟进,不能只注重发展党员的入口关,还要加强学生党员的纪律观念和先锋意识。

(三)处理结果

经过对该生的党性教育提升和端正入党动机的良性塑造,该生找回了作为学生党员的工作和学习热情,通过努力带领,该班于大三下学期荣获校级先进集体,该生也随后获得了校级优秀毕业生干部和综合奖学金。该生毕业一年后,顺利进入深圳某世界五百强公司工作,我也意外地收到了他发来的感谢邮件。信中一段话令人印象深刻:"老师,我从毕业到现在一直在参与各种企业面试,失败了许多次,不过我一直在坚持自己的想法,一个很重要的原因就是我是一名党员,就像您说的,努力付出才能有所收获,跟着'灯塔'就能找到方向……我会继续努力的!"

加强学生党员干部的教育管理是提高学生干部心理素质、加强学生干部队伍建设,构建安全稳定校园的必然要求,通过这个案例,带给我们的思考可以总结为四个"度"。

三、启示与思考

(一)"站好高度"——确立和学生党员干部的信任关系

辅导员要想及时做好学生党员的管理教育工作,离不开耐心、爱心、细心,必须始终站在学生身边,这是建立和学生干部的信任关系、顺利开展思想教育工作的基础。

(二)"把握准度"——科学深入了解突发事件缘由

在日常工作中要建立和善于运用学生信息反馈渠道,全面了解,掌握动向,还要学会将心理学知识与思想教育工作相结合。例如,运用诸如"合理情绪疗法(ABC理论)"对学生状况进行分析,准确定性,切实解决学生问题。

(三)"完善制度"——做好学生党员干部综合素质培养

要建立全程化、全方位的学生干部培养机制,将其贯穿在四年的学业和生活中,时刻关注干部思想动态,给予学生心理帮扶。除了工作能力的培养外,还要善于结合多种活动形式进行心理素质的培养,例如,开展典型事例分析、学生干部心理团辅等活动。

(四)"拓宽广度"——由点及面关注学生心理状态

学生党员干部作为学生中的优秀分子尚且如此,对于其他同学来讲,更值得引起我们的关注。可以通过加强学生信息网建设、切实利用好网络阵地等新媒体、充分借助专业心理教师及机构的力量等措施,启发、帮助、教育学生解决心理冲突与问题。

大学生思想政治教育工作中,我们在培养具有社会责任感、创新精神和实践能力的成才大学生的同时,一定要抓好党员这个先锋队伍,保证发展党员质量,建设一支规模适度、结构合理、素质优良、纪律严明、作用突出的学生党员队伍。

【专家点评】

本案例紧紧围绕着"立德树人"的教育目标,结合新时代大学生的特点,准确研判学生出现问题的深层次根源,围绕"四个度"采取多项措施进行跟进帮扶,加强理想信念教育与学业辅导,端正学习目标,将一名可能因为学习目标不清晰的学生干部引领成为一名理想信念坚定、学业成绩优秀、群众基础扎实的学生党员,实属不易。从本案例可以看出,辅导员要成为象牙塔里面的领路人,一定要深入学生中间,善于发现和找到学生身上的问题,深度挖掘其身上的闪光点,再通过自身的专业素养和技能实现对学生的精准帮扶。

周　鸣　广东金融学院学生工作处副处长,助理研究员